Olfert · Investition



umweltfreundlich
... weil auf chlor- und
säurefreiem Papier gedruckt.

**Kompendium der praktischen Betriebswirtschaft**

Herausgeber Prof. Dipl.-Kfm. Klaus Olfert

# Investition

von

Prof. Dipl.-Kfm. Klaus Olfert

6., durchgesehene und aktualisierte Auflage

Kiehl

*Zur Herstellung dieses Buches wurde chlor- und säurefreies Papier, zur Umschlagkaschierung eine Folie verwendet, die bei der Entsorgung keine Schadstoffe entstehen läßt. Auf diese Weise wollen wir einen aktiven Beitrag zum Schutz unserer Umwelt leisten.*

Die Deutsche Bibliothek - CIP-Einheitsaufnahme

**Olfert, Klaus:**
Investition / von Klaus Olfert. - 6., durchges. u. aktualisierte Aufl. - Ludwigshafen (Rhein) : Kiehl, 1995
(Kompendium der praktischen Betriebswirtschaft)
ISBN 3-470-70476-7

Herausgeber:
Prof. Dipl.-Kfm. Klaus Olfert
Hochschule für Technik, Wirtschaft und Kultur Leipzig
Fachbereich Wirtschaftswissenschaften
Postfach 66, 04251 Leipzig

ISBN 3 470 **70476** 7 · 6. Auflage[3] · 1995

Herstellung: Druckhaus Beltz, Hemsbach

# Kompendium der praktischen Betriebswirtschaft

Das Kompendium der praktischen Betriebswirtschaft soll dazu dienen, das allgemein anerkannte und praktisch verwertbare Grundlagenwissen der modernen Betriebswirtschaftslehre praxisgerecht, übersichtlich und einprägsam zu vermitteln.

Dieser Zielsetzung gerecht zu werden, ist gemeinsames Anliegen des Herausgebers und der Autoren, die durch ihr Wirken an Hochschulen, als leitende Mitarbeiter von Unternehmen und in der betriebswirtschaftlichen Unternehmensberatung vielfältige Kenntnisse und Erfahrungen sammeln konnten.

Das Kompendium der praktischen Betriebswirtschaft umfaßt mehrere Bände, die einheitlich gestaltet sind und jeweils aus zwei Teilen bestehen:

- Dem **Textteil**, der systematisch gegliedert sowie mit vielen Beispielen und Abbildungen versehen ist, welche die Wissensvermittlung erleichtern. Zahlreiche Kontrollfragen mit Lösungshinweisen dienen der Wissensüberprüfung. Umfassende Literaturverzeichnisse zu jedem Kapitel verweisen auf die verwendete und weiterführende Literatur.

- Dem **Übungsteil**, der eine Vielzahl von Aufgaben und Fällen enthält, denen sich ausführliche Lösungen anschließen, die schrittweise und in verständlicher Form in die betriebswirtschaftlichen Fragestellungen einführen.

Als praxisorientierte Fachbuchreihe wendet sich das Kompendium der praktischen Betriebswirtschaft vor allem an:

- **Studierende** der Fachhochschulen und Universitäten, Akademien und sonstigen Institutionen, denen eine systematische Einführung in die betriebswirtschaftlichen Teilgebiete vermittelt werden soll, die eine praktische Umsetzbarkeit gewährleistet.

- **Praktiker** in den Unternehmen, die sich innerhalb ihres Tätigkeitsfeldes weiterbilden, sich einen fundierten Einblick in benachbarte Bereiche verschaffen oder sich eines umfassenden betrieblichen Handbuches bedienen wollen.

Für Anregungen, die der weiteren Verbesserung der Fachbuchreihe dienen, bin ich dankbar.

Klaus Olfert
Herausgeber

# Vorwort zur 6. Auflage

Nachdem die Vorauflage wiederum rasch vergriffen war, ist eine Neuauflage notwendig geworden. Das Buch wurde insgesamt durchgesehen und aktualisiert.

Anregungen zur Neuauflage sind mir willkommen.

Leipzig/Neckargemünd, im Januar 1995

Klaus Olfert

# Vorwort zur 5. Auflage

Die Neuauflage wurde in allen Kapiteln überarbeitet, verbessert und neu gestaltet. Das Kapitel »Grundlagen« wurde wesentlich erweitert. Es gibt nunmehr nicht nur einen Überblick über die finanzwirtschaftlichen Funktionen, sondern auch über die finanzwirtschaftliche Führung.

Ebenfalls verbessert und erweitert wurde das Kapitel »Investitionsplanung«. Bei den Kapiteln »Investitionsrechnungen ...« und »Nutzwertrechnungen...« erfolgte eine Überarbeitung, die bei den Finanzinvestitionen auch zu einer Erweiterung führte.

Neu hinzugekommen ist das Kapitel »Finanzwirtschaftliche Analyse«, das einen Überblick über die wichtigsten finanzwirtschaftlichen Kennzahlen vermittelt. Damit wurde einem mehrfach geäußerten Wunsch der Leser entsprochen.

Schließlich wurde die Zahl der Kontrollfragen beträchtlich erhöht. Gleiches gilt für den Übungsteil, der außerdem aktualisiert wurde.

Neckargemünd, im März 1992

Klaus Olfert

# Benutzungshinweis

## Kontrollfragen

Die Kontrollfragen dienen der Wissenskontrolle. Sie finden sich am Ende eines jeden Kapitels. Zur Wissenskontrolle wird folgende Vorgehensweise vorgeschlagen:

- Beantwortung der Kontrollfragen und Vermerk in der Spalte »bearbeitet«.
- Vergleich der beantworteten Kontrollfragen mit den in der Spalte »Lösungshinweis« gegebenen Textstellen.
- Vermerk in der Spalte »Lösung«, ob die beantworteten Kontrollfragen befriedigend (+) oder unbefriedigend (-) gelöst wurden.

## Aufgaben/Fälle

Die Aufgaben/Fälle im Übungsteil dienen der Wissens- und Verständniskontrolle. Auf sie wird jeweils im Textteil hingewiesen:

1
2
3
4
5
.
.
.

Der Übungsteil befindet sich als »blauer Teil« am Ende des Buches. Es wird empfohlen, die Aufgaben/Fälle unmittelbar nach Bearbeitung der entsprechenden Textstellen zu lösen.

# Inhaltsverzeichnis

## C. Statische Investitionsrechnungen zur Beurteilung von Sachinvestitionen



## D. Dynamische Investitionsrechnungen zur Beurteilung von Sachinvestitionen

**F. Nutzwertrechnungen zur Beurteilung von Investitionen**

## G. Finanzwirtschaftliche Analyse

# A. Grundlagen

Unternehmen werden zu dem Zwecke betrieben, Leistungen zu erstellen. Dies geschieht durch die Kombination der Produktionsfaktoren

- Arbeit
- Betriebsmittel
- Werkstoffe

im Rahmen eines **güterwirtschaftlichen Prozesses**, der es notwendig macht, daß die Produktionsfaktoren beschafft und planvoll eingesetzt werden, um die betrieblichen Leistungen zu bewirken und zu verwerten.

Um die Bereitstellung der für den güterwirtschaftlichen Prozeß erforderlichen Güter nach Art, Menge und Zeit sorgen sich verschiedene Abteilungen des Unternehmens:

- Die **Materialwirtschaft** hat die Materialien - Rohstoffe, Hilfsstoffe, Betriebsstoffe, Zulieferteile, Waren - bereitzustellen.
- Die **Fertigungswirtschaft** hat sich mit den Betriebsmitteln - Maschinen, maschinellen Anlagen, Vorrichtungen - zu befassen.
- Die **Personalwirtschaft** hat die kaufmännischen und gewerblichen Mitarbeiter bereitzustellen und zu betreuen.

Die Beschaffung der Produktionsfaktoren auf der einen Seite und der Absatz der betrieblichen Leistungen auf der anderen Seite sind aber nicht nur Elemente eines güterwirtschaftlichen Prozesses, sondern erfordern ebenso einen **finanzwirtschaftlichen Prozeß**, denn für die zu beschaffenden Produktionsfaktoren fallen Ausgaben an, die betrieblichen Leistungen führen zu Einnahmen.

Der güterwirtschaftliche Prozeß steht damit in wechselseitiger Beziehung zu dem finanzwirtschaftlichen Prozeß, die Leistungsströme fließen den Zahlungsströmen entgegen und umgekehrt. Beide Prozesse sind aber nicht völlig deckungsgleich, denn es gibt auch **Zahlungsströme**, **denen keine Leistungsströme gegenüberstehen**.

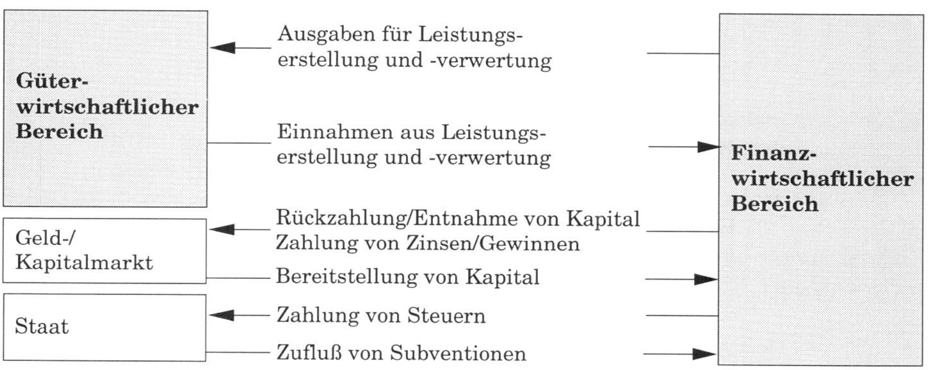

Der Finanzwirtschaft obliegt die Planung, Steuerung und Kontrolle der Einnahmen und Ausgaben des Unternehmens. Ein typischer **finanzwirtschaftlicher Prozeß** kann in folgender Weise ablaufen:

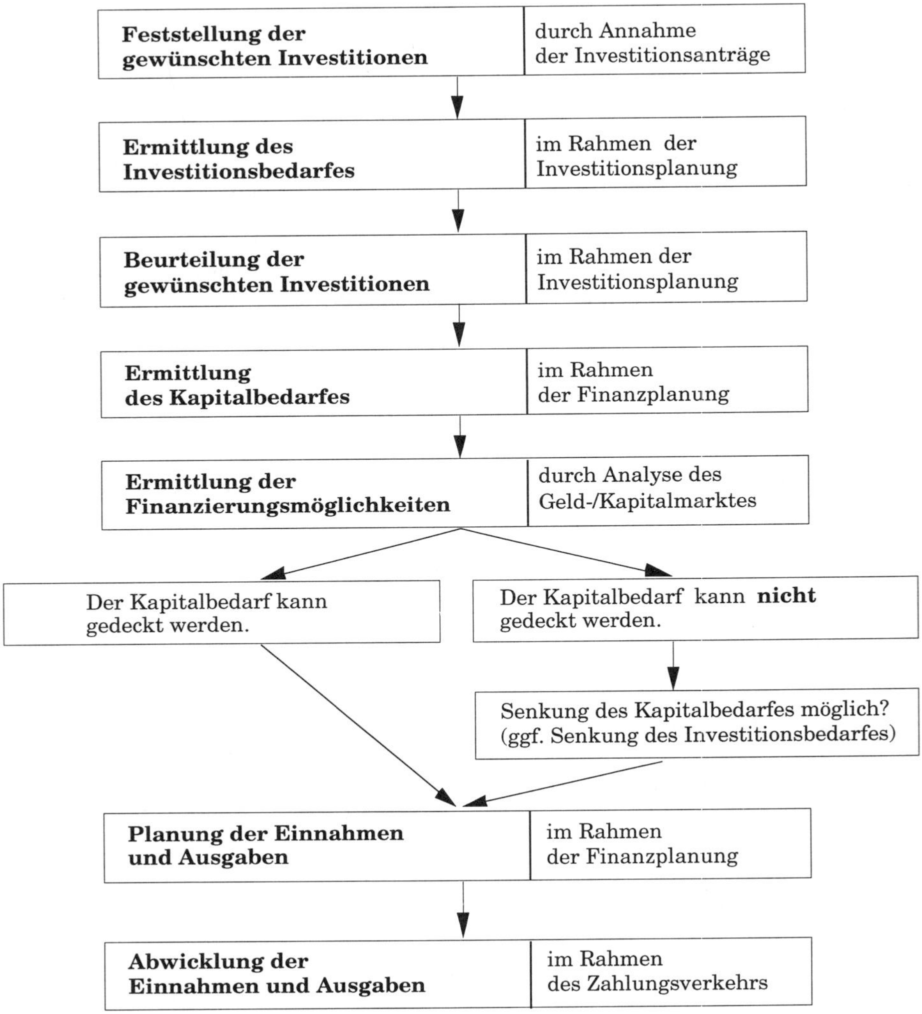


Wie zu sehen ist, sind zentrale Begriffe in der Finanzwirtschaft die Investition, die Finanzierung und der Zahlungsverkehr. Sie stellen die **Funktionen** der Finanzwirtschaft dar:

- Als **Kapitalverwendung** oder **Investition**, die dazu dient, das beschaffte Kapital im Unternehmen einzusetzen. Sie wird nachfolgend ausführlich dargestellt.
- Als **Kapitalbeschaffung** oder **Finanzierung**, die zur Aufgabe hat, das Unternehmen mit dem erforderlichen Kapital zu versorgen. Auf sie wird eingegangen, soweit das dem finanzwirtschaftlichen Verständnis dient - siehe ausführlich *Olfert* .

- Als **Kapitalverwaltung**, welche die Abwicklung der Einnahmen und Ausgaben des Unternehmens ermöglicht, die im Rahmen des **Zahlungsverkehrs** erfolgt.

Investition, Finanzierung und Zahlungsverkehr sind nicht nur Funktionen der Finanzwirtschaft. Sie müssen auch geplant, gesteuert und kontrolliert werden. Das geschieht im Rahmen der **finanzwirtschaftlichen Führung**.

Organisatorisch kann die Finanzwirtschaft im Unternehmen auf unterschiedliche Weise eingegliedert werden. Unter der Annahme einer Linienorganisation kann sie sein:

- Bei **kleineren** und gegebenenfalls auch **mittleren Unternehmen** ein mit dem Rechnungswesen zusammengefaßter bzw. diesem angegliederter Bereich.

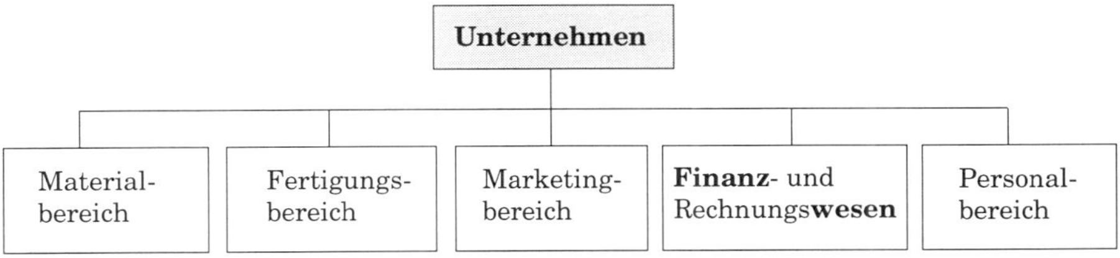


- Bei **größeren** und **großen Unternehmen** ein eigenständiger Bereich, der gleichberechtigt neben den anderen Unternehmensbereichen steht.

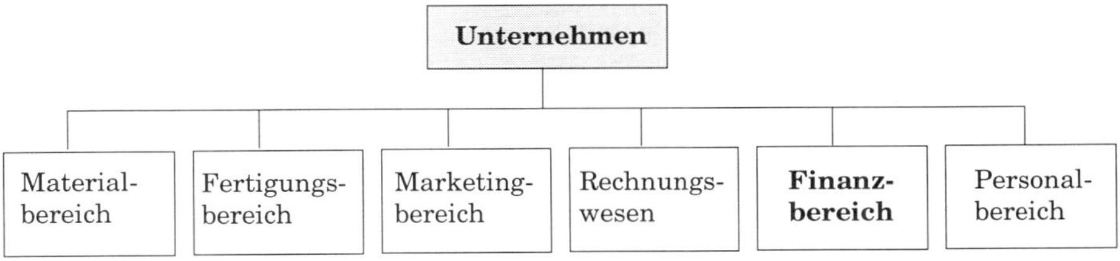


Die im Rahmen der Finanzwirtschaft zu lösenden Aufgaben sind vielfältig und komplex. Je größer ein Unternehmen ist, das gegebenenfalls noch konzernmäßige und/ oder internationale Verflechtungen aufweist, umso schwieriger sind die Aufgaben optimal zu gestalten. In diesem Falle wird in jüngerer Zeit vermehrt eine **Funktionsteilung** im finanzwirtschaftlichen Bereich vorgenommen:

- Der **Controller** nimmt Aufgaben eines Gewinn-Managers wahr.
- Der **Treasurer** wirkt als Finanz-Manager.

Dabei können sich zwischen Controller und Treasurer folgende **Unterschiede** ergeben *(Pfohl / Zettelmeyer, Eilenberger)*:

| | **Controller** | **Treasurer** |
|---|---|---|
| **Funktion** | Gewinn-Manager | Finanz-Manager |
| **Position** | Leiter des Rechnungswesens | Leiter der Finanzwirtschaft |
| **Aufgabe** | Sicherung der Gewinnerzielung | Sicherung jederzeitiger Zahlungsfähigkeit |
| **Steuerungsgröße** | Gewinn | Liquidität |
| **Bezugsgrößen** | Aufwand / Ertrag<br>Kosten / Leistungen | Einnahmen / Ausgaben |
| **Ebenen** | operativ | operativ |
| | taktisch | dispositiv |
| **Aufgaben** | Allgemeine Unternehmensplanung und Kontrolle des Geschäftsablaufes | Kapitalbeschaffung in Ausführung der Unternehmenspläne |
| | Berichterstattung und Interpretation des Unternehmensergebnisses | Liquiditätssicherung durch kurzfristige Finanzierungsmaßnahmen |
| | Unterstützung des Managements zur Erreichung der vorgegebenen Ziele | Pflege der Beziehungen zu den Kreditgebern und Aktionären |
| | Bereitstellung von Unterlagen für das Finanzamt und andere staatliche Stellen | Überwachung der Gewährung von Kundenkrediten einschl. Forderungseingang |
| | Sicherung des Vermögens durch innerbetriebliche Kontrollen | Regelung und Koordination von Kapitalanlagen außerhalb des Unternehmens |

Die Merkmale und Aufgaben des Controllers und Treasurers können in der betrieblichen Praxis - entsprechend unterschiedlicher Gegebenheiten im Unternehmen - durchaus von den oben beispielhaft dargestellten Regelungen abweichen.

Ergänzend zum Controller und zum Treasurer bietet es sich für das Unternehmen an, auf der strategischen Ebene einen **»Potential«-Manager** einzusetzen, dessen Aufgabe es ist, das Erfolgspotential des Unternehmens unter Beachtung der zukünftigen Technologien, Kundenprobleme, Wettbewerber usw. zu sichern *(Hopfenbeck)*.

Im folgenden werden beschrieben:

| | |
|---|---|
| **Finanzwirtschaft** | **Kapital** |
| | **Finanzwirtschaftliche Funktionen** |
| | **Finanzwirtschaftliche Führung** |

# 1. Kapital

Das Kapital als zu verwendendes, zu beschaffendes oder zu verwaltendes Kapital ist ein grundlegender finanzwirtschaftlicher Begriff. Er wird in der Betriebswirtschaftslehre verschieden weit gefaßt, beispielsweise:

- Kapital ist die abstrakte Wertsumme in der Bilanz.
- Kapital ist Geld für Investitionszwecke.
- Kapital ist gleich Geld.

Es lassen sich unterscheiden:

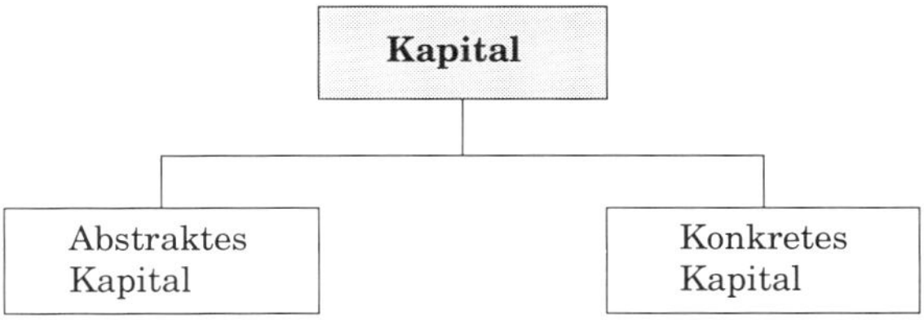


## 1.1 Abstraktes Kapital

Das abstrakte Kapital umfaßt die Gesamtheit der Positionen, die sich auf der Passiv-Seite der Bilanz befinden. Dem abstrakten Kapital steht - als Gegenposten - auf der Aktiv-Seite das Vermögen als konkretes Kapital gegenüber.

| Aktiva **Bilanz** | Passiva |
|---|---|
| Vermögen | Kapital |

Verwendung des Kapitals Herkunft des Kapitals

Der Ausweis des abstrakten Kapitals in der Bilanz dient mehreren **Zwecken**. So kann beispielsweise

- die Kapitalherkunft offengelegt werden,
- eine Kapitalbewertung vorgenommen werden,
- die Kapitalerhaltung überprüft werden.

Warum überhaupt Herkunft des Kapitals angeben.

Entsprechend seiner Herkunft läßt sich das abstrakte Kapital unter rechtlichen Gesichtspunkten untergliedern in:

- **Eigenkapital** eines Unternehmens, das sich grundsätzlich aus mehreren bilanziellen Positionen zusammensetzt. Das können sein:

| | |
|---|---|
| **Geschäftsanteile** | Das sind die Einlagen der Gesellschafter, die bei Kapitalgesellschaften das gezeichnete Kapital darstellen. |
| **Kapitalrücklage** | Sie gibt es - als Zuführungen von Mehrbeträgen durch Gesellschafter in das Eigenkapital - bei Kapitalgesellschaften. |
| **Gewinnrücklagen** | Sie kommen - als Zuführungen von Beträgen aus dem Jahresüberschuß - bei Kapitalgesellschaften vor. |
| **Gewinnvortrag** | Er ergibt sich aus der Beschlußfassung der Gesellschafterversammlung bei Kapitalgesellschaften. |
| **Jahresüberschuß** | Das ist das im abgelaufenen Geschäftsjahr entstandene Ergebnis. |

Dazu kommen in der Bilanz nicht erkennbar ausgewiesene **stille Reserven**.

Das Eigenkapital weist folgende **Eigenschaften** auf:

| | |
|---|---|
| **Rechtsverhältnis** | Das Eigenkapital begründet ein Beteiligungsverhältnis. |
| **Haftung** | Der Eigenkapitalgeber haftet als (Mit-)Eigentümer je nach Rechtsform mindestens in Höhe der Einlage, gegebenenfalls auch mit seinem gesamten Privatvermögen. |
| **Vermögen** | Der Eigenkapitalgeber hat einen anteiligen Anspruch, wenn der Liquidationserlös die Schulden übersteigt. |
| **Entgelt** | Der Eigenkapitalgeber ist anteilig am Gewinn und Verlust beteiligt. |
| **Mitbestimmung** | Der Eigenkapitalgeber ist grundsätzlich zur Mitbestimmung berechtigt, praktisch kann aber mitunter eine Begrenzung erfolgen. |
| **Verfügbarkeit** | Das Eigenkapital ist grundsätzlich zeitlich unbegrenzt verfügbar, kann aber teilweise kurzfristig gekündigt werden. |
| **Steuern** | Eigenkapitalzinsen sind steuerlich nicht absetzbar, der Gewinn wird voll belastet, je nach Rechtsform durch ESt, KSt, GewSt. |
| **Umfang** | Das Eigenkapital ist durch die finanzielle Kapazität und/oder die Bereitschaft bisheriger und neuer Kapitalgeber begrenzt. |
| **Interesse** | Der Eigenkapitalgeber hat üblicherweise ein Interesse am Erhalt des Unternehmens. |

- Das **Fremdkapital** eines Unternehmens, das die Gesamtheit seiner Schulden darstellt und bilanziell ausgewiesen wird als:

| | |
|---|---|
| **Rückstellungen** | Sie sind durch das Merkmal der Ungewißheit zum Zeitpunkt der Bilanzerstellung gekennzeichnet, die sich auf den Verpflichtungsgrund und/oder die Höhe der Schulden bezieht. |
| **Verbindlichkeiten** | Sie sind - im Gegensatz zu den Rückstellungen - betragsmäßig und terminlich genau festgelegt. |

Das Fremdkapital kann kurzfristiger, mittelfristiger oder langfristiger Natur sein. Es hat folgende **Eigenschaften**:

| | |
|---|---|
| **Rechtsverhältnis** | Das Fremdkapital begründet ein Schuldverhältnis. |
| **Haftung** | Der Fremdkapitalgeber haftet als Gläubiger des Unternehmens nicht. |
| **Vermögen** | Der Fremdkapitalgeber hat Anspruch auf Rückzahlung des zur Verfügung gestellten Kapitals. |
| **Entgelt** | Der Fremdkapitalgeber hat grundsätzlich einen festen Zinsanspruch, er ist üblicherweise nicht am Gewinn bzw. Verlust beteiligt. |
| **Mitbestimmung** | Der Fremdkapitalgeber ist grundsätzlich nicht zur Mitbestimmung berechtigt, praktisch kann dies aber in unterschiedlichem Umfang eingeräumt werden. |
| **Verfügbarkeit** | Das Fremdkapital ist grundsätzlich zeitlich begrenzt verfügbar. |
| **Steuern** | Fremdkapitalzinsen sind steuerlich als Aufwand absetzbar (mit Einschränkung bei der GewSt). |
| **Umfang** | Das Fremdkapital ist durch die Einschätzung des mit der Hingabe verbundenen Risikos und den Umfang verfügbarer Sicherheiten begrenzt. |
| **Interesse** | Der Fremdkapitalgeber ist am Erhalt seines Kapitals interessiert. |

## 1.2 Konkretes Kapital

Das konkrete Kapital ist ein Wertausdruck, der Vermögenscharakter besitzt. Es tritt in Erscheinung als

- Geld
- Rechte
- Sachgüter

In der Bilanz des Unternehmens umfaßt das konkrete Kapital die **Vermögensseite**. Sie besteht insbesondere aus zwei Positionen:

- Dem **Anlagevermögen**, in dem all jene Vermögensgegenstände zusammengefaßt sind, die dem Unternehmen dauernd dienen.

  **Beispiele:** Sachanlagen, Finanzanlagen, immaterielle Vermögensgegenstände.

- Dem **Umlaufvermögen**, das alle Gegenstände umfaßt, die nicht zum Anlagevermögen gehören.

  **Beispiele:** Vorräte, Forderungen, Wertpapiere, Kassenbestand, Schecks, Guthaben.

Das konkrete Kapital stellt, soweit es sich nicht um Geld oder geldähnliche Vermögensgegenstände handelt, **Investitionen** dar.

In der modernen Betriebswirtschaftslehre verwendet man häufig den konkreten, **monetären Kapitalbegriff**, da er funktional auf die finanzwirtschaftlichen Problemstellungen ausgerichtet ist.

1

# 2. Finanzwirtschaftliche Funktionen

Die Funktionen der Finanzwirtschaft sind, wie bereits gezeigt wurde:

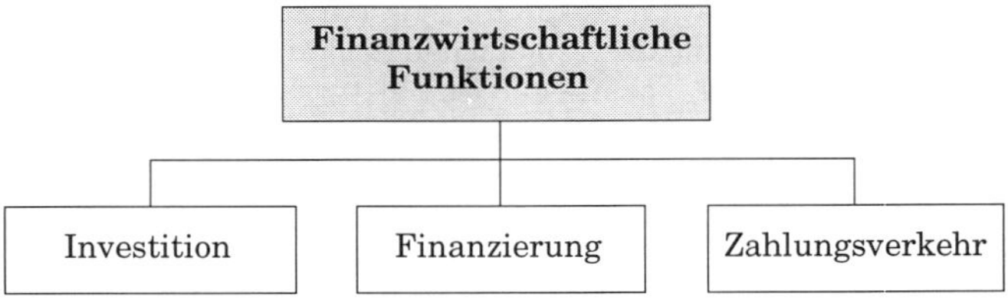


Die finanzwirtschaftlichen Funktionen geben Aufschluß darüber, auf welche Arten die Zahlungsströme des Unternehmens bewirkt und abgewickelt werden können.

Der dispositive Teil zu diesen Funktionen, die Planung, Steuerung und Kontrolle der Zahlungsströme, geschieht in der **finanzwirtschaftlichen Führung**.

## 2.1 Investition

Als Investition wurde allgemein die Kapitalverwendung beschrieben. Die Betriebswirtschaftslehre versteht unter Investition sehr Unterschiedliches. Ohne auf einzelne Begriffe differenziert eingehen zu wollen, sollen zusammenfassend erläutert werden:

- Der **vermögensbestimmte Investitionsbegriff**, der von der Umwandlung des Kapitals in Vermögen ausgeht, wobei der Vermögensbegriff unterschiedlich weit gefaßt wird:

  – Anlagevermögen zur Produktion

    ◦ zuzüglich Umlaufvermögen zur Produktion
    ◦ zuzüglich die der Leistungsverwertung dienenden Aktiva
    ◦ zuzüglich sonstigen Anlagevermögens
    ◦ zuzüglich sonstigen Umlaufvermögens

  Der am weitesten gefaßte vermögensbestimmte Investitionsbegriff bezieht sich auf alle Vermögenswerte, die auf der Aktiv-Seite der Bilanz enthalten sind.

- Der **kombinationsbestimmte Investitionsbegriff**, der die Kombination der beschafften Investitionsobjekte zu einer neuen Produktionsausrüstung und die Eingliederung der beschafften Investitionsobjekte umfaßt.

  Die ausschließliche Berücksichtigung des leistungswirtschaftlichen Aspektes läßt den kombinationsbestimmten Investitionsbegriff für die betriebliche Praxis als zu eng erscheinen.

- Der **zahlungsbestimmte Investitionsbegriff**, der unterschiedlich weit gefaßt wird und auf den Ausgaben für Vermögensteile beruht, die sein können:

  – Sach-Anlagevermögen
  – Sach-Umlaufvermögen

    ◦ zuzüglich Finanz-Anlagevermögen
    ◦ zuzüglich Finanz-Umlaufvermögen
    ◦ zuzüglich Dienstleistungen

  Damit wird der finanzwirtschaftliche Aspekt berücksichtigt, was **vorteilhaft** erscheint.

  Der zahlungsbestimmte Investitionsbegriff kann dem vermögensbestimmten Investitionsbegriff - bei weiter Auslegung beider Begriffe - nahekommen.

Mit der Investition werden vor allem folgende grundlegenden **Fragen** verbunden:

- Welche Vermögensteile sind vom Unternehmen zu beschaffen?
- Wie sehen optimale - insbesondere kostenminimale - Investitionen aus?
- Wie lange dauern die Kapitalbindungen?

Im folgenden werden betrachtet:

- **Prozeß**
- **Merkmale**
- **Arten**

## 2.1.1 Prozeß

Der Investitionsprozeß, der die zeitliche Abfolge des Investierens darstellt, kann grundsätzlich einen bestimmten, typischen Verlauf nehmen:

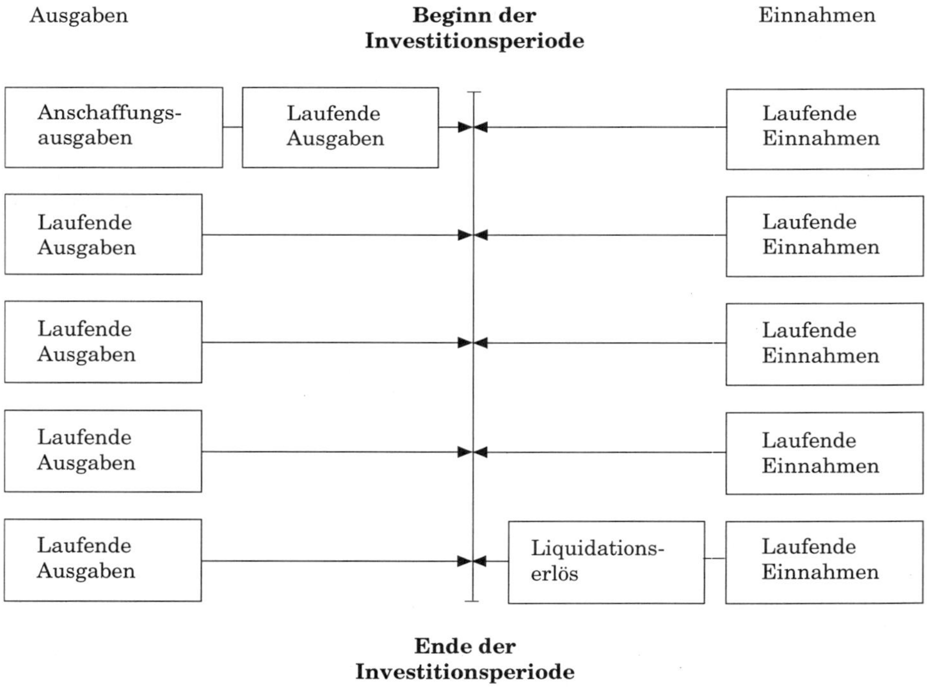


Wie zu sehen ist, beginnt der Investitionsprozeß mit der ersten Ausgabe, die für die Beschaffung des einzelnen Investitionsobjektes erforderlich ist. Es folgen laufende Ausgaben, beispielsweise für Löhne und Materialien.

Das auf diese Weise gebundene Kapital wird nach und nach wieder freigesetzt, indem die mit Hilfe des Investitionsobjektes erstellten Leistungen abgesetzt werden, wodurch Einnahmen erfolgen. Die letzte Einnahme aus dem jeweiligen Investitionsobjekt kann der Liquidationserlös sein.

Die über den Absatzmarkt erfolgende Wiederfreisetzung der durch das Investitionsobjekt gebundenen Mittel wird **Desinvestition** genannt.

*Kern* unterscheidet vier Arten von Wertbewegungen:

| | |
|---|---|
| **Bestands-abhängige Zahlungsströme** | Anschaffung des Investitionsobjektes |
| | Desinvestition des Investitionsobjektes |
| **Nutzungs-abhängige Zahlungsströme** | Laufende Ausgaben |
| | Laufende Einnahmen aus Absatzerlösen |

- Die **bestandsabhängigen Zahlungsströme** können - wie oben schematisch dargestellt - einmalig sein. Sie können aber auch sukzessive erfolgen, beispielsweise bei Bezahlung des Investitionsobjektes in mehreren Teilbeträgen.

- Die **nutzungsabhängigen Zahlungsströme** ergeben sich bei produktionswirtschaftlichen Investitionen grundsätzlich in sukzessiver Weise.

Graphisch läßt sich der Investitionsprozeß darstellen:

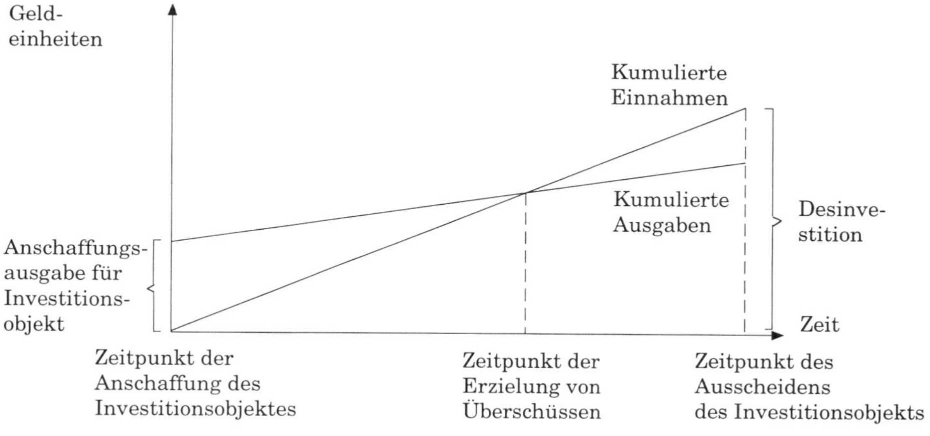


## 2.1.2 Merkmale

Investitionen und die damit verbundenen Investitionsprozesse sind durch drei Merkmale gekennzeichnet:

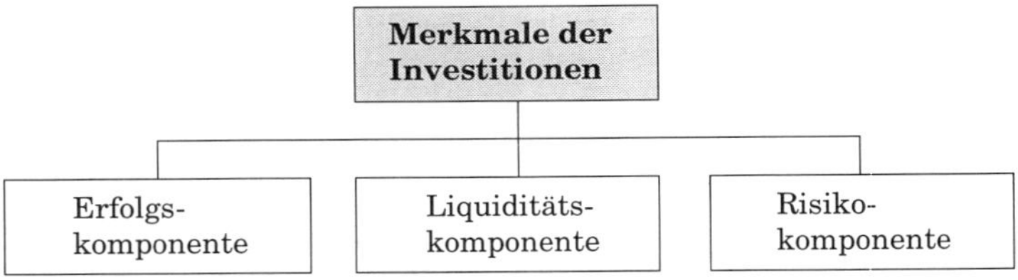


Sie finden bei der **Führung** im Investitionsbereich entsprechende Beachtung:

- Die **Erfolgskomponente** bezieht sich auf die Erwartung, daß jede Investition zum Erfolg des Unternehmens beizutragen hat, und legt offen, inwieweit dies im Einzelfall geschieht.

  Die Höhe des Erfolges läßt sich mit Hilfe der **Investitionsrechnungen** messen - siehe ausführlich Kapitel C, D, E. Der Erfolg einer Investition wird dabei grundsätzlich um so höher bewertet, je größer der aus der Investition resultierende Überschuß ist.

  **Beispiel:** 1989 wurden zwei Investitionsobjekte beschafft, die 1995 ausschieden. Investitionsobjekt I verursachte Ausgaben von insgesamt 860.000 DM und erwirtschaftete Einnahmen von insgesamt 840.000 DM. Investitionsobjekt II verursachte Ausgaben von insgesamt 790.000 DM und erwirtschaftete Einnahmen von insgesamt 910.000 DM.

  Das Investitionsobjekt II ist nicht nur das vorteilhaftere Investitionsobjekt mit einem Überschuß von insgesamt 120.000 DM. Es ist auch zu erkennen, daß das Investitionsobjekt I eine Fehlinvestition darstellt, da es zu keinem Überschuß, sondern zu einem Verlust von insgesamt 20.000 DM geführt hat.

- Die **Liquiditätskomponente** bezieht sich auf die Erwartung, daß jede Investition zur Sicherung der Liquidität des Unternehmens, die unabdingbare Voraussetzung für dessen Bestand ist, beizutragen hat. Die Liquidität wird durch den Prozeß der Investition und Desinvestition beeinflußt.

- Die **Risikokomponente** kommt dadurch zum Ausdruck, daß die den Investitionsobjekten planerisch zugerechneten Werte von Ausgaben und Einnahmen bzw. Kosten und Erträgen dem tatsächlichen Verlauf entsprechen oder davon abweichen können.

  Praktisch bezieht sich die Risikokomponente damit auf zwei **Risiken**:

  - Das **Erfolgsrisiko** als der Gefahr, daß der Erfolg nicht planmäßig eintritt. Es kann sich grundsätzlich ergeben als:
    - Das **betragsmäßige Risiko**, wenn die gesamten Kosten bzw. Ausgaben über den gesamten Erträgen bzw. Einnahmen liegen.
    - Das **zeitmäßige Risiko**, wenn die gesamten Kosten bzw. Ausgaben zwar geringer sind als die gesamten Erträge bzw. Einnahmen, letztere sich aber über einen größeren Zeitraum verteilen als geplant.

– Aus der Realisierung des Erfolgsrisikos ergibt sich unmittelbar das **Liquiditätsrisiko**. Darunter ist die Gefahr zu verstehen, daß die Desinvestition nicht oder nur verzögert erfolgt. Wie beim Erfolgsrisiko sind zu unterscheiden:

  ◦ Das **betragsmäßige Risiko**, wenn die Liquidität des Unternehmens durch eine unvollständige Desinvestition gefährdet wird, die auch nicht durch eine Verlängerung der Investitionsperiode herbeigeführt werden kann, weil das Investitionsobjekt nicht länger nutzbar ist.

  ◦ Das **zeitmäßige Risiko**, wenn eine vollständige Desinvestition während der geplanten Investitionsperiode zwar nicht möglich ist, aber durch eine Verlängerung der Investitionsperiode - verzögert - bewirkt werden kann, weil das Investitionsobjekt noch nutzbar ist.

Das Liquiditätsrisiko ist für das Unternehmen um so gravierender, je höher der Anteil von Fremdkapital für die Beschaffung des Investitionsobjektes ist, das normalerweise planmäßig zurückzuzahlen ist.

## 2.1.3 Arten

Als Arten der Investitionen können unterschieden werden:

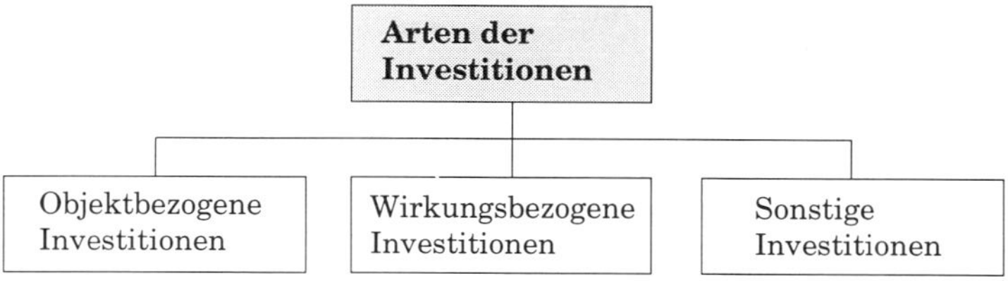


### 2.1.3.1 Objektbezogene Investitionen

Objektbezogene Investitionen sind:

- **Sachinvestitionen**, die am Leistungsprozeß des Unternehmens direkt beteiligt sind - beispielsweise als Maschinen - oder den Leistungsprozeß ermöglichen - beispielsweise als Gebäude.

  Anstelle von Sachinvestitionen kann auch gesprochen werden von:

  – leistungswirtschaftlichen Investitionen
  – produktionswirtschaftlichen Investitionen
  – Realinvestitionen

  Welche Investitionen den Sachinvestitionen zuzurechnen sind, hängt vom gewählten Investitionsbegriff ab. In weitester Auslegung umfassen sie:

- Gesamtes Sach-Anlagevermögen
- Gesamtes Sach-Umlaufvermögen
- Dienstleistungen zur Erfüllung des Betriebszweckes

Durch die Sachinvestitionen werden **Zahlungsströme** bewirkt:

- Die Höhe der sich ergebenden **Ausgaben** bzw. **Kosten** ist relativ einfach feststellbar.

- Dagegen kann es sich als schwierig erweisen, die Höhe der durch die Sachinvestitionen bewirkten **Einnahmen** bzw. **Erträge** genau zu erfassen.

**Beispiel:** Eine Fräsmaschine wird im Rahmen eines mehrstufigen, komplexen Fertigungsprozesses eingesetzt. Es ist ohne große Schwierigkeiten möglich, die von dieser Fräsmaschine verursachten Ausgaben bzw. Kosten zu ermitteln.

Welchen Anteil diese Fräsmaschine an den Einnahmen bzw. Erträgen des Unternehmens hat, ist wegen der Mehrstufigkeit und Komplexität des Fertigungsprozesses unmittelbar überhaupt nicht und mittelbar nicht ohne weiteres festzustellen.

- **Finanzinvestitionen**, die sich auf das Finanzanlagevermögen des Unternehmens beziehen. Sie können auch bezeichnet werden als:

  - finanzwirtschaftliche Investitionen
  - Nominalinvestitionen

  Die Finanzinvestitionen umfassen:

  - **Forderungsrechte**, beispielsweise Bankguthaben, festverzinsliche Wertpapiere, gewährte Darlehen.

  - **Beteiligungsrechte**, beispielsweise Aktien und sonstige Beteiligungen an Unternehmen.

  Für die Zurechenbarkeit der **Zahlungsströme** von Finanzinvestitionen gilt:

  - Die Höhe der sich ergebenden **Ausgaben** ist - wie bei den Sachinvestitionen - genau zurechenbar.

  - Anders als bei den Sachinvestitionen läßt sich auch die Höhe der durch die Finanzinvestitionen bewirkten **Einnahmen** genau erfassen, weil die Investitionsobjekte abgrenzbar sind.

- **Immaterielle Investitionen**, die sich vor allem auf drei Bereiche beziehen und dazu dienen, das Unternehmen wettbewerbsfähig zu halten bzw. seine Wettbewerbsfähigkeit zu stärken:

  - Den **Personalbereich**, durch den Investitionen in geeignete Mitarbeiter, Aus- und Fortbildungsinvestitionen sowie Sozialinvestitionen erfolgen.

- Den **Forschungs- und Entwicklungsbereich**, in dem die Schaffung neuer Erzeugnisse und neuer, günstigerer Fertigungsverfahren als Investitionen erfolgt.

- Den **Marketingbereich**, der werbende und imageverbessernde Investitionen vornimmt.

Bezüglich der Zurechenbarkeit der **Zahlungsströme** ist für alle immateriellen Investitionen gemeinsam:

- Die Höhe der **Ausgaben** bzw. **Kosten** ist mehr oder weniger genau erfaßbar.

- Für die Zurechnung der Höhe von **Einnahmen** bzw. **Erträgen** gibt es kaum geeignete Verfahren, so daß deren Erfassung schwer ist.

### 2.1.2.2 Wirkungsbezogene Investitionen

Nach ihrer Wirkung lassen sich folgende Arten von Investitionen unterscheiden:

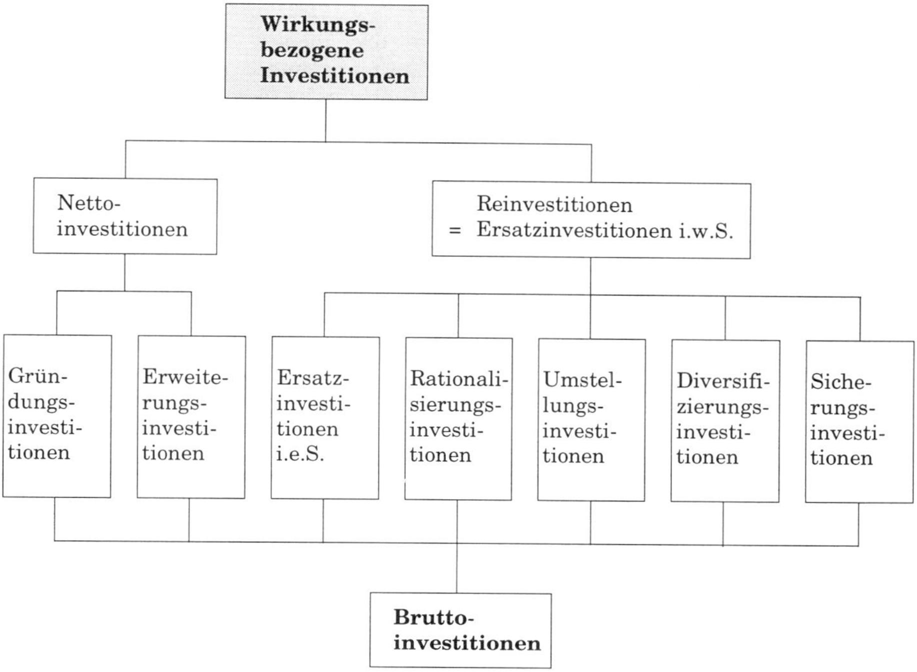

Sie sollen näher erläutert werden:

- **Nettoinvestitionen** sind Investitionen, die erstmals im Unternehmen vorgenommen werden, und zwar als:

  - **Gründungsinvestitionen**, die bei der Gründung eines Unternehmens oder beim Kauf eines Unternehmens - und danach im Unternehmen nie mehr - anfallen. Sie werden auch bezeichnet als:

    - Anfangsinvestitionen
    - Erstinvestitionen
    - Errichtungsinvestitionen
    - Neuinvestitionen

  - **Erweiterungsinvestitionen**, die der Vergrößerung eines vorhandenen Leistungspotentials oder der Schaffung eines neuen Leistungspotentials dienen, wodurch sich die Kapazität des Unternehmens erhöht.

- **Reinvestitionen** sind Investitionen, die ein Wiederauffüllen des während einer Periode durch Gebrauch oder Verbrauch oder durch sonstige Umstände verminderten Bestandes an Produktionsfaktoren darstellen und sein können:

  - **Ersatzinvestitionen** im engeren Sinne, die dazu dienen, die Leistungsfähigkeit des Unternehmens zu erhalten, indem nicht mehr nutzbare Investitionsobjekte durch neue gleichartige Investitionsobjekte ersetzt werden.

    **Beispiel:** Eine ausscheidende Fräsmaschine wird durch eine neue Fräsmaschine ersetzt, die im wesentlichen über die gleichen technischen Daten verfügt.

  - **Rationalisierungsinvestitionen**, die der Steigerung der Leistungsfähigkeit des Unternehmens dienen, indem vorhandene Investitionsobjekte durch neue Investitionsobjekte ersetzt werden, die technisch verbessert sind.

    **Beispiel:** Die zuvor angesprochene ausscheidende Fräsmaschine wird durch eine neue teilautomatisierte Fräsmaschine ersetzt, die über eine höhere Kapazität verfügt und in der Lage ist, eine verbesserte Oberflächengüte der Werkstücke zu erreichen.

  - **Umstellungsinvestitionen** die auf mengenmäßigen Verschiebungen im Fertigungsprogramm beruhen, ohne daß das Fertigungsprogramm in seiner sachlichen Zusammensetzung eine Veränderung erfährt.

    **Beispiel:** Ein Unternehmen fertigt drei Produkte A, B und C. Für die Produkte sind teilweise unterschiedliche Maschinen erforderlich. Im letzten Jahr setzte sich der Umsatz zusammen aus:

| | | |
|---|---|---|
| Produkt A: 25 % | Produkt B: 40 % | Produkt C: 35 % |

In diesem Jahr hat sich die Absatzlage zugunsten von Produkt A (45 %) und zu Lasten von Produkt B (20 %) verändert. Umstellungsinvestitionen werden erforderlich, um dem erhöhten Fertigungsbedarf des Produktes A gerecht zu werden.

- **Diversifizierungsinvestitionen**, die eine Veränderung des Absatzprogrammes oder/und der Absatzorganisation des Unternehmens bewirken. Das Unternehmen will sich damit einen neuen Markt erschließen, wobei erfahrungsgemäß vorrangig eine Streuung des Risikos erfolgen soll.

  **Beispiel:** Die oben erwähnte ausscheidende Fräsmaschine wird nicht wieder als solche ersetzt, sondern für den durch Desinvestition zurückgewonnenen Geldbetrag wird eine Abfüllanlage für ein neu aufgenommenes Produkt angeschafft, das in keinem unmittelbaren Zusammenhang mit den sonstigen seither gefertigten Produkten des Unternehmens steht.

- **Sicherungsinvestitionen**, die vorgenommen werden, um den Bestand des Unternehmens sicherzustellen.

  **Beispiele**:
  - Beteiligung an einem Rohstoffbetrieb
  - Investition in Forschung und Entwicklung
  - Investition in Werbemaßnahmen
  - Investition in Umweltschutzmaßnahmen

- Die **Bruttoinvestition** ergibt sich aus den Nettoinvestitionen und Reinvestitionen, stellt also die Gesamtheit der in einer Wirtschaftsperiode erfolgenden Investitionen dar.

### 2.1.2.3 Sonstige Investitionen

Als weitere Arten von Investitionen lassen sich vor allem unterscheiden:

**Sonstige Investitionen**

| | | | |
|---|---|---|---|
| **Hierarchiebezogene Investitionen** | Investitionen können auf verschiedenen hierarchischen Ebenen geplant werden. | **Strategische Investitionen** | Langfristige, auf oberster Unternehmensebene geplante Investitionen |
| | | **Taktische Investitionen** | Mittelfristige, auf mittlerer Hierarchieebene geplante Investitionen |
| | | **Operative Investitionen** | Kurzfristige, meist routinemäßige Investitionen |

| Investitionsart | Erläuterung | Unterart | Beschreibung |
|---|---|---|---|
| **Investorbezogene Investitionen** | Investitionen können von verschiedenen Investoren erfolgen. | **Investitionen der Unternehmen** | Beispielsweise Maschinen, Beteiligungen, Vorräte |
| | | **Investitionen der Öffentlichen Hand** | Beispielsweise Straßen, Schulen, Krankenhäuser |
| | | **Investitionen der privaten Haushalte** | Beispielsweise Haushaltsgeräte, Fahrräder, Autos |
| **Umschlagbezogene Investitionen** | Investitionen können auf verschiedenen hierarchichen Ebenen geplant werden. | **Schnell umschlagende Investitionen** | Beispielsweise Rohstoffe, Handelswaren, Zulieferteile |
| | | **Mittelfristig umschlagende Investitionen** | Beispielsweise Maschinen, Fahrzeuge |
| | | **Langsam umschlagende Investitionen** | Beispielsweise Grundstücke, Gebäude, Beteiligungen |
| **Umfangbezogene Investitionen** | Investitionen können wertmäßig unterschiedlichen Umfang aufweisen. | **Routine-Investitionen** | Investitionen kleineren Umfanges |
| | | **Unternehmenspolitische Investitionen** | Investitionen größeren Umfanges |
| **Häufigkeitsbez. Investitionen** | Investitionen können unterschiedlich häufig erfolgen. | **Einzelinvestitionen** | Investitionen ohne Wiederholung |
| | | **Investitionsfolgen** | Wiederholte Investitionen |
| | | **Investitionsketten** | Nacheinander wiederholte Investitionen |
| **Abhängigkeitsbez. Investitionen** | Investitionen können unterschiedliche Auswirkungen im Unternehmen haben. | **Isolierte Investitionen** | Investitionen ohne Auswirkungen auf andere Funktionsbereiche |
| | | **Interdependente Investitionen** | Investitionen mit Auswirkungen auf andere Funktionsbereiche |

## 2.2 Finanzierung

Kapital wird zur Leistungserstellung und Leistungsverwertung benötigt. Die Beschaffung des Kapitals wird Finanzierung genannt. Sie bezieht sich auf alle Maßnahmen der Beschaffung von Geld und geldwerten Gütern. Damit umfaßt sie grundsätzlich

- Geld
- Sachgüter
- Rechte.

Die Passiv-Seite der Bilanz, die das abstrakte Kapital enthält, gibt Auskunft über die Art und den Umfang des beschafften Kapitals. Die Aktiv-Seite, auf der das konkrete Kapital ausgewiesen ist, läßt erkennen, welche Arten von Gütern von Kapitalgebern bereitgestellt wurden.

Die Kapitalbeschaffung erfolgt in der betrieblichen Praxis überwiegend durch Zuführung von Geld. Ist dies nicht der Fall und werden Sachgüter oder Rechte zugeführt, dann fallen Finanzierung und Investition in einem Zeitpunkt zusammen.

Mit der Finanzierung verbunden sind folgende grundlegende **Fragestellungen**:

- Wie groß ist der Kapitalbedarf des Unternehmens?
- Welche Finanzierungsarten bieten sich zur Deckung des Kapitalbedarfes an?
- Wie sieht die optimale - insbesondere kostenminimale - Finanzierung aus?

Die Kapitalbeschaffung läßt sich nach verschiedenen Kriterien systematisieren. Möglichkeiten können vor allem sein - siehe ausführlich *Olfert*:

- **Finanzierung mit unterschiedlichen Kapitalarten**
- **Finanzierung mit unterschiedlicher Kapitalherkunft**
- **Finanzierung mit unterschiedlichen Fristigkeiten**.

Dabei kann die Finanzierung für Investitonszwecke erfolgen oder finanzierungseigenen Zwecken dienen, beispielsweise indem Kapital ausgetauscht wird, weil es dem Unternehmen entzogen wurde bzw. ein Wechsel von einer Kapitalart in eine andere Kapitalart vorteilhaft erscheint.

Weiterhin kann die Finanzierung eine laufende Finanzierung sein oder nur aus einem bestimmten, einmalig oder gelgentlich auftretenden Anlaß erfolgen, beispielsweise in Verbindung mit einer

- Gründung
- Kapitalerhöhung
- Kapitalherabsetzung
- Umwandlung
- Fusion
- Liquidation.

## 2.2.1 Finanzierung mit unterschiedlichen Kapitalarten

Die Finanzierung mit unterschiedlichen Kapitalarten - Eigenkapital (EK) oder Fremdkapital (FK) - kann folgende Arten umfassen:

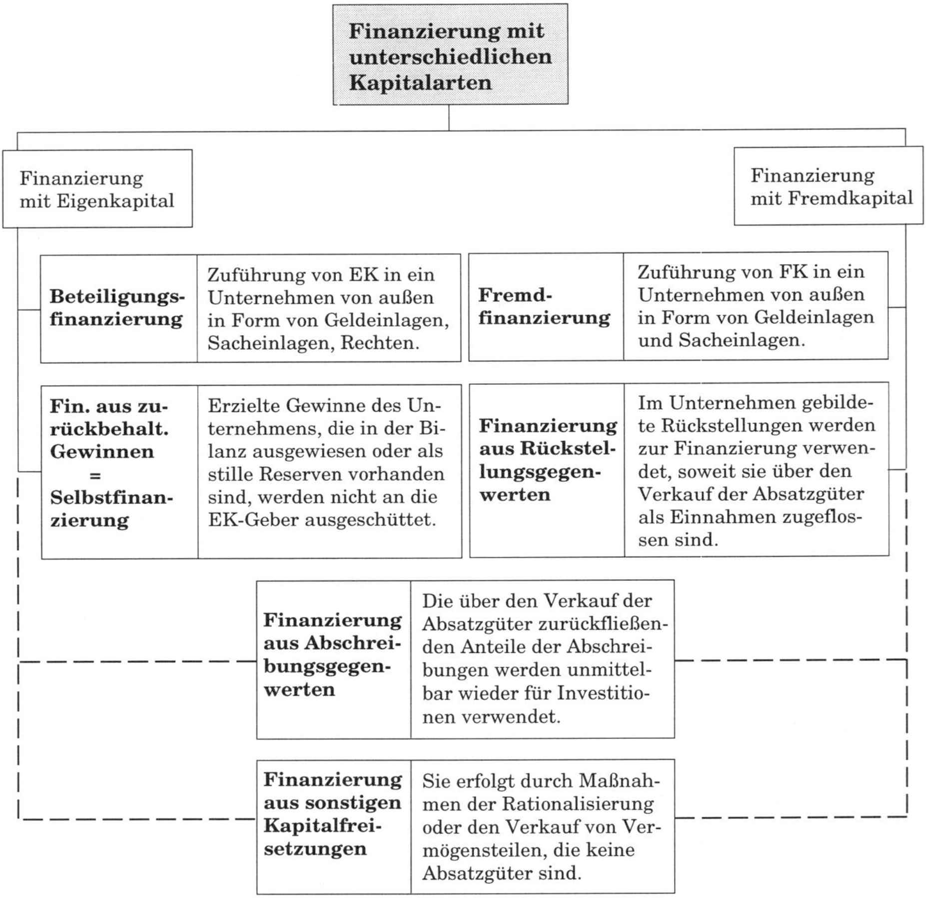


Die Finanzierung aus Abschreibungsgegenwerten und sonstigen Kapitalfreisetzungen kann - wie oben erkennbar ist - nicht eindeutig dem Eigenkapital oder Fremdkapital zugeordnet werden.

Die Beteiligungsfinanzierung wird auch als **Einlagenfinanzierung**, die Fremdfinanzierung als **Kreditfinanzierung** bezeichnet.

## 2.2.2 Finanzierung mit unterschiedlicher Kapitalherkunft

Nach der unterschiedlichen Herkunft des Kapitals lassen sich Außenfinanzierung und Innenfinanzierung gegenüberstellen:

**Finanzierung mit unterschiedlicher Kapitalherkunft**

- **Außenfinanzierung**: Kapital wird - unbeschadet seiner rechtlichen Stellung - von außerhalb des Unternehmens zugeführt.
  - **Beteiligungsfinanzierung**: Zuführung von EK in ein Unternehmen von außen in Form von Geldeinlagen, Sacheinlagen, Rechten.
  - **Fremdfinanzierung**: Zuführung von FK in ein Unternehmen von außen in Form von Geldeinlagen oder Sacheinlagen.
- **Innenfinanzierung**: Sie ist eine Finanzierung des Unternehmens von innen, d.h. aus eigener Kraft.
  - **Finanzierung aus Umsatzerlösen**: Sie ist eine Finanzierung aus zurückbehaltenen Gewinnen, Abschreibungsgegenwerten, Rückstellungs-Gegenwerten.
  - **Finanzierung aus sonstigen Kapitalfreisetzung**: Sie erfolgt durch Maßnahmen der Rationalisierung oder den Verkauf von Vermögensteilen, die keine Absatzgüter sind.

Die Finanzierung aus Umsatzerlösen wird auch als **Überschußfinanzierung** oder als **Cash Flow-Finanzierung** bezeichnet.

### 2.2.3 Finanzierung mit unterschiedlichen Fristigkeiten

Als Finanzierung mit unterschiedlichen Fristigkeiten lassen sich nennen:

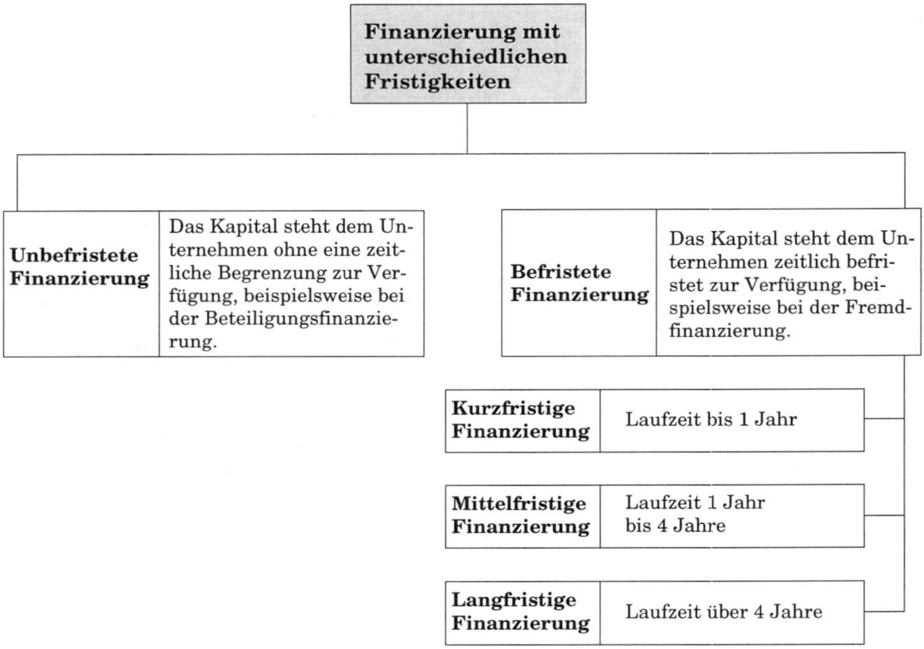


Mitunter werden bei mittelfristigen Finanzierungen andere maximale Laufzeiten genannt, beispielsweise 5 Jahre. In diesen Fällen verändern sich die Laufzeiten langfristiger Finanzierungen entsprechend.

3

## 2.3 Zahlungsverkehr

Investition und Finanzierung müssen im Unternehmen abgewickelt werden, d.h. es sind finanzielle Transaktionen als Einnahmen und Ausgaben erforderlich. Dies geschieht im Rahmen der Kapitalverwaltung, die sich insbesondere mit der Abwicklung des Zahlungsverkehrs befaßt.

Grundsätzlich kann der Zahlungsverkehr auf drei **Arten von Zahlungsmitteln** beruhen:

Bei einer Hingabe an **Erfüllungs Statt** ist durch die Hingabe die Verpflichtung des Schuldners gegenüber dem Gläubiger erfüllt, beispielsweise beim Bargeld oder Buchgeld in Form einer Überweisung.

Erfolgt eine Hingabe **erfüllungshalber**, ist die Verpflichtung des Schuldners gegenüber dem Gläubiger erst erfüllt, wenn das Zahlungsmittel, beispielsweise der Scheck oder der Wechsel eingelöst wurde.

Der Zahlungsverkehr des Unternehmens kann - unter Verwendung der genannten Arten von Zahlungsmitteln - abgewickelt werden als:

- **Barzahlungsverkehr**
- **Halbbarer Zahlungsverkehr**
- **Bargeldloser Zahlungsverkehr**.

## 2.3.1 Barzahlungsverkehr

Beim Barzahlungsverkehr wird Bargeld übertragen. Dies kann auf folgende **Arten** geschehen - siehe ausführlich *Olfert*:

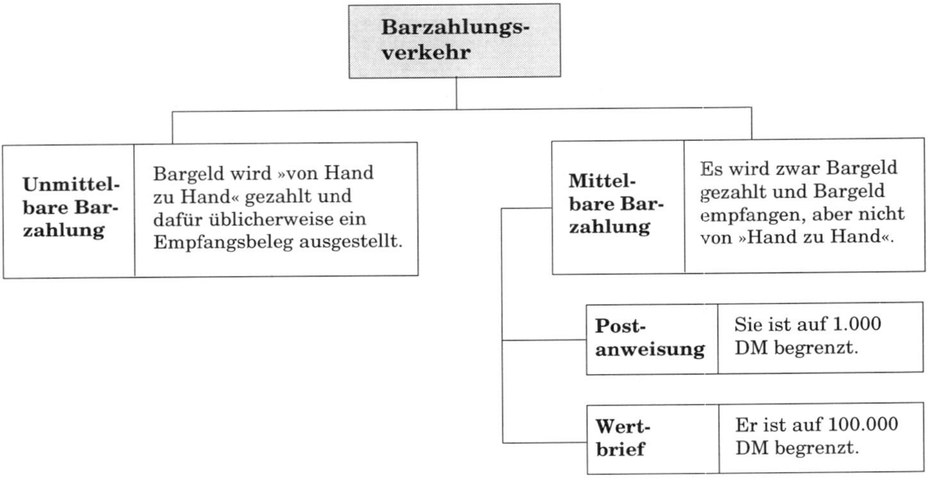


Im Geschäftsverkehr hat der Barzahlungsverkehr im wesentlichen nur bei Handelsbetrieben und Dienstleistungsbetrieben größere Bedeutung, die private Kunden haben. Im Handel wird er zunehmend - immer noch aber ohne überragende Bedeutung - **ersetzt** durch folgende Möglichkeiten des bargeldlosen Zahlungsverkehrs:

- die Verwendung von Eurocheques,
- die Verwendung von Kreditkarten,
- den Einsatz von Electronic Cash-Systemen.

### 2.3.2 Halbbarer Zahlungsverkehr

Beim halbbaren Zahlungsverkehr wird Bargeld in Buchgeld umgewandelt oder umgekehrt. Damit muß einer der beiden am Zahlungsverkehr Beteiligten über ein Konto verfügen. Zu unterscheiden sind - siehe ausführlich *Olfert*:

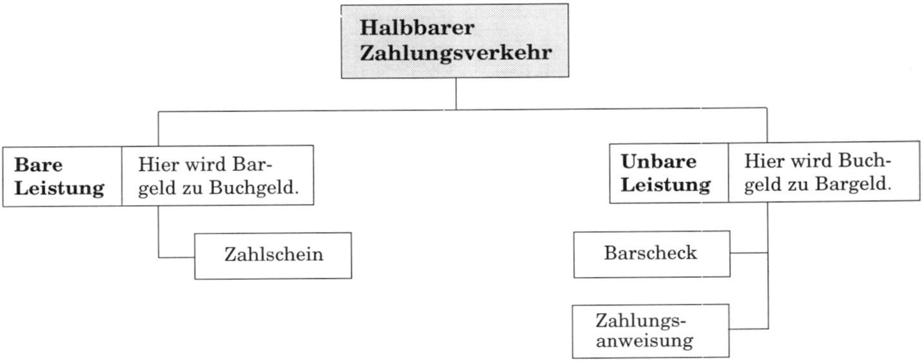

Die **Bedeutung** des halbbaren Zahlungsverkehrs ist in der betrieblichen Praxis im wesentlichen auf den Zahlschein begrenzt, der von den Unternehmen vielfach den Rechnungen beigelegt wird.

## 2.3.3 Bargeldloser Zahlungsverkehr

Beim bargeldlosen Zahlungsverkehr kommen weder der Zahlungspflichtige noch der Zahlungsempfänger mit Bargeld in Berührung. Beide verfügen über ein Konto.

Die Konten müssen nicht beim gleichen Kreditinstitut geführt werden, Buchgeld kann auch von Konten bei Kreditinstituten auf Konten bei Postgiroämtern übertragen werden und umgekehrt. Dies setzt die Vernetzung der Kreditinstitute untereinander und mit den Postgiroämtern voraus.

Der Zahlungsverkehr zwischen Unternehmen ist fast ausschließlich bargeldloser Zahlungsverkehr. Er kommt in folgenden **Arten** vor - siehe ausführlich *Olfert*:

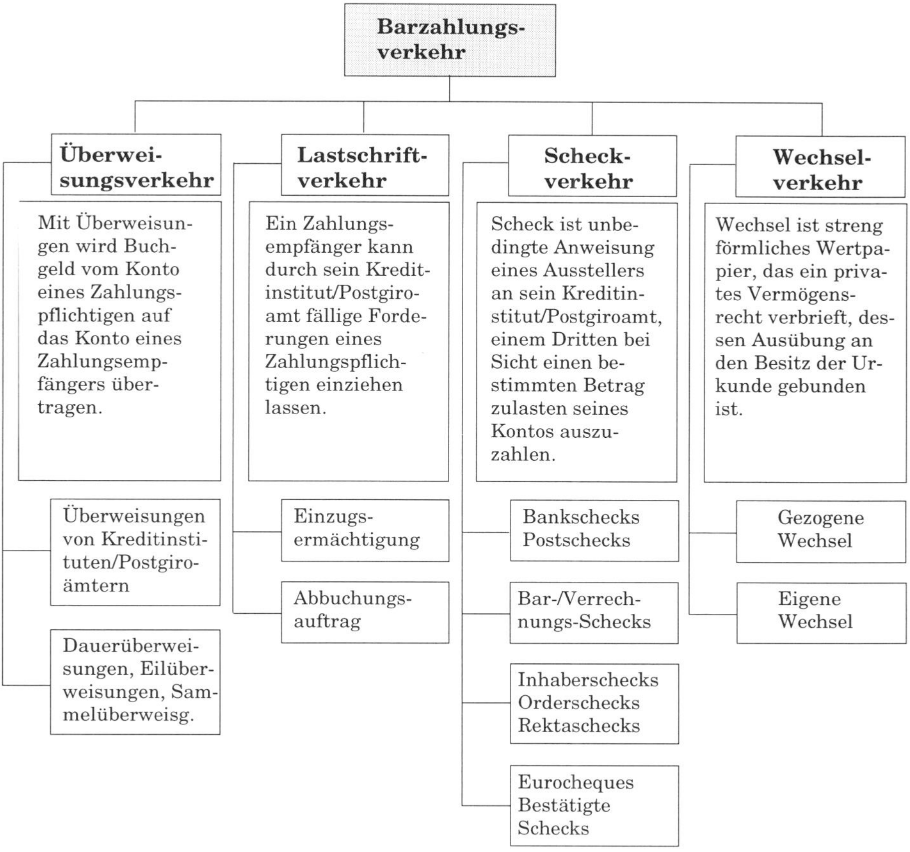

Instrumente des bargeldlosen Zahlungsverkehrs, die sich in den letzten Jahren entwickelt haben, sind insbesondere

- Kreditkarten
- Electronic Cash-Systeme.

4

# 3. Finanzwirtschaftliche Führung

Der finanzwirtschaftlichen Führung fällt die Aufgabe zu, die Investition, Finanzierung und den Zahlungsverkehr unter Beachtung der Ziele des Unternehmens zu steuern. Sie wird auch bezeichnet als:

- Finanz(wirtschaftliches) Management
- Finanz(wirtschaftliches) Controlling
- Kapitalmanagement.

Führung - und damit auch finanzwirtschaftliche Führung - erfolgt in mehreren Führungs- bzw. Managementebenen. *Grochla* versucht, die Führungsebenen nach Tätigkeitsschwerpunkten abzugrenzen:

| | |
|---|---|
| **Top-Management**<br>= Oberste Unternehmensleitung | **Beispiele:**<br>Vorstand<br>Geschäftsführer |
| **Middle-Management**<br>= Mittlere Führungsebene | **Beispiele:**<br>Werksleiter<br>Abteilungsdirektor<br>(Haupt)abteilungsleiter |
| **Lower-Management**<br>= Unterste Führungsebene | **Beispiele:**<br>Büroleiter<br>Meister<br>Gruppenleiter |

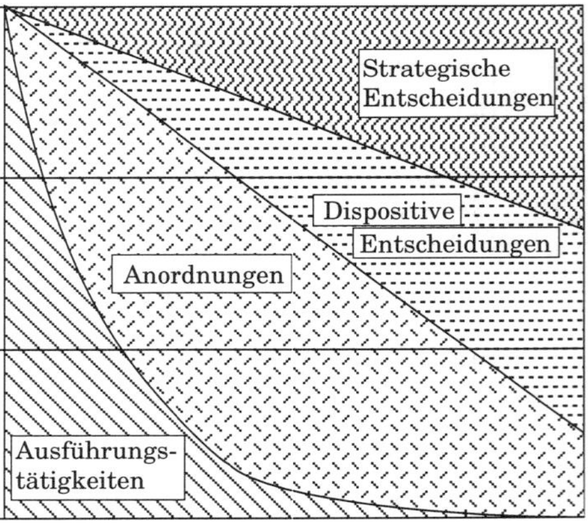


Der Prozeß der finanzwirtschaftlichen Führung erfolgt - wie jeder Führungsprozeß in vier **Phasen**:

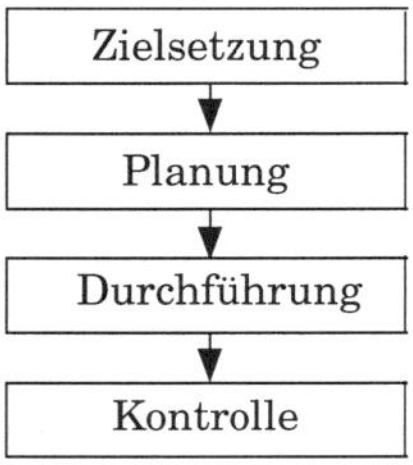

Sie sollen kurz erläutert werden:

- Der Führungsprozeß beginnt mit der **Zielsetzung**. Sie bezieht sich auf den Zustand, den das Unternehmen in der Zukunft erreichen will.

  Die Ziele sind dabei eindeutig vorzugeben nach

  - Inhalt
  - Ausmaß
  - Zeit.

  Ziele lassen sich nach einer Vielzahl von **Kriterien** unterscheiden:

| | |
|---|---|
| **Formalisierungsgrad** | **Formalziele** beziehen sich auf die Art und Weise des betrieblichen Handelns und dienen der Ableitung von Verhaltensmaximen. |
| | **Sachziele** dienen zur Realisierung der Formalziele und beziehen sich unmittelbar auf die Leistungserstellung. Dabei kann üblicherweise zwischen mehreren Alternativen gewählt werden. |
| **Bedeutung** | **Hauptzielen** kommt besonders große Bedeutung zu. |
| | **Nebenziele** haben geringere Bedeutung. |
| **Hierarchische** | **Oberziele** werden - meist relativ global - auf der oberen Hierarchieebene formuliert und können Formalziele und Sachziele sein. |
| | **Unterziele** werden aus den Oberzielen abgeleitet und stellen konkrete Handlungsanweisungen dar. Sie können nur Sachziele sein. |
| **Inhalt** | **Monetäre Ziele** können beispielsweise Gewinn, Umsatz, Rentabilität sein. |
| | **Nicht-monetäre Ziele** sind beispielsweise Unabhängigkeit, Sicherheit, Wachstum, Macht. |
| **Zusammenhang** | **Komplementäre Ziele** fördern sich in ihrer Erreichung gegenseitig. |
| | **Konkurrierende Ziele** behindern oder schließen sich in ihrer Erreichung gegenseitig aus. |
| | **Indifferente Ziele** stehen in keiner Abhängigkeit zueinander. |

Die **Zielbildung** wird durch interne und externe Interessengruppen beeinflußt, beispielsweise durch Eigenkapitalgeber, Fremdkapitalgeber, Mitarbeiter, Kunden, Lieferanten, Gewerkschaften, Arbeitgeberverbände, staatliche Einrichtungen.

Die Ziele der Unternehmen können vielfältiger Art sein. *Ulrich/Fluri* nennen:

| | |
|---|---|
| – **Marktleistungsziele** | Produktqualität, Produktinnovation, Kundenservice |
| – **Marktstellungsziele** | Umsatz, Marktanteil, Marktgeltung, neue Märkte |
| – **Rentabilitätsziele** | Gewinn, Umsatz-, Kapitalrentabilität |
| – **Finanzielle Ziele** | Kreditwürdigkeit, Liquidität, Kapitalstruktur |
| – **Soziale Ziele** | Einkommen, Arbeitszufriedenheit, Integration |
| – **Machtziele** | Unabhängigkeit, Image, Prestige, Einfluß |

- Die **Planung** ist die systematische und zielorientierte Herbeiführung von Entscheidungen. Sie wird auch als **Willensbildung** bezeichnet.

  Nach allgemeiner Auffassung umfaßt sie drei **Phasen**:

| | |
|---|---|
| **Anregungsphase** | Sie bezieht sich auf die Feststellung des Problems und seine Klärung mit Hilfe einer Ursachenanalyse. Es gilt,<br>• das Problem zu erkennen<br>• die Ausgangssituation zu analysieren<br>• die Unternehmensziele festzustellen<br>• die Unternehmensziele zu beachten<br>• die Entscheidungsaufgabe zu präzisieren<br>• die Entscheidungsaufgabe festzulegen |
| **Suchphase** | Sie dient der Vorbereitung der Entscheidung und umfaßt als Maßnahmen:<br>• Bestimmen der Entscheidungskriterien<br>• Suchen alternativer Lösungsmöglichkeiten<br>• Ausarbeiten alternativer Lösungsmöglichkeiten<br>• Ermitteln der Konsequenzen alternativer Lösungen<br>• Beurteilen der Konsequenzen alternativer Lösungen |
| **Entscheidungsphase** | Sie baut auf den Erkenntnissen aus der Suchphase auf und schließt die Planung ab, indem<br>• die Lösungsalternativen beurteilt werden,<br>• eine Rangordnung der Alternativen vorgenommen wird,<br>• die vorteilhafteste Lösungsalternative ausgewählt wird. |

- Der Planung schließt sich die **Durchführung** als Prozeß der **Willensdurchsetzung** an. Ein frühzeitiges Einbinden der von der Entscheidung betroffenen Personen kann den Durchsetzungsprozeß erleichtern.

- Nach der Planung und der Durchführung erfolgt im Führungsprozeß die **Kontrolle**. Sie besteht aus drei **Phasen**:

| | |
|---|---|
| **Erstellung der Kontrollstandards** | Sie müssen meßbar sein, beispielsweise 10 % Gewinnsteigerung oder ein Umsatz von 20 Millionen DM. |
| **Soll-Ist-Vergleich** | Die geplanten und tatsächlich eingetretenen Werte werden miteinander verglichen. |
| **Abweichungs-analyse** | Die Gründe von Abweichungen der Soll- und Ist-Werte werden offengelegt und Korrekturentscheidungen vorbereitet. |

Die finanzwirtschaftliche Führung bezieht sich auf:

# 3.1 Investition

Da Investitionen sich vielfach durch umfangreiche und langfristige Kapitalbindungen auszeichnen, die finanzwirtschaftlich erheblichen Liquiditätsrisiken und Erfolgsrisiken unterliegen, kann der Bestand des Unternehmens leicht gefährdet werden, wenn die Investitionen nicht sorgsam bewirkt werden.

Dies sicherzustellen, ist Aufgabe der Führung im Investitionsbereich. Der Führungsprozeß erfolgt in den **Phasen**, wie sie allgemein für den Führungsprozeß dargestellt wurden:

| | |
|---|---|
| **Zielsetzung** | Die investitionsbezogenen Ziele werden im folgenden behandelt. |
| **Planung** | Die investitionsbezogene Planung wird im Kapitel B ausführlich dargestellt, die in Verbindung mit der Planung einzusetzenden Vorteilhaftigkeits-Rechnungen in den Kapiteln C, D, E, F. |
| **Durchführung** | Auf die Durchführung der Investitionen wird in Kapital B eingegangen. |
| **Kontrolle** | Die Kontrolle wird innerhalb der Investitionsplanung - Kapitel B - ausgeübt. Sie ist außerdem Gegenstand der finanzwirtschaftlichen Analyse, die im Kapitel G behandelt wird. |

Das **Entscheidungsproblem**, das sich der Führung im Investitionsbereich stellt, kann sich beziehen:

- Auf eine **Einzelinvestition**, bei der es um die Entscheidung geht, die Vorteilhaftigkeit eines einzelnen Investitionsobjektes zu beurteilen, für das es keine Alternativen gibt.

  **Beispiel:** Eine bestimmte, für die Fertigung notwendige Spezialmaschine wird nur von einem einzigen Unternehmen angeboten.

  Das bedeutet, daß die Investitionsentscheidung nicht zwischen mehreren, gleichartigen Investitionsobjekten erfolgt, sondern lediglich im Hinblick darauf, inwieweit das betrachtete Investitionsobjekt als vorteilhaft anzusehen ist oder nicht. Bei mangelnder Vorteilhaftigkeit wird das Investitionsobjekt gegebenenfalls nicht beschafft.

- Auf mehrere alternative Investitionsobjekte, wie das für die meisten Investitionsentscheidungen typisch ist. Es besteht das **Auswahlproblem**.

  **Beispiel:** Eine Drehmaschine mit bestimmten, für die Fertigung erforderlichen technischen Daten wird von fünf Herstellern angeboten. Aus diesen alternativen Investitionsobjekten ist die vorteilhafteste Drehmaschine auszuwählen.

  Bei der Feststellung der Vorteilhaftigkeit ist zu beachten, daß jenes alternative Investitionsobjekt, das als das vorteilhafteste ermittelt wurde, lediglich eine Vorteilhaftigkeit aufweist, die zu den übrigen alternativen Investitionsobjekten relativ größer ist. Damit ist aber noch keineswegs gesagt, daß dieses Investitionsobjekt auch absolut vorteilhaft ist und die Investition vorgenommen werden sollte.

  **Beispiel:** Es ist denkbar, daß eine vom Unternehmen festgesetzte Mindestrentabilität auch vom vorteilhaftesten Investitionsobjekt nicht erreicht wird.

- Auf das **Ersatzproblem**. Dabei geht es um die Frage, wann es vorteilhaft ist, ein in Nutzung befindliches, technisch durchaus weiter verwendbares Investitionsobjekt durch ein neues, gleichartiges Investitionsobjekt zu ersetzen.

  **Gründe** für den Ersatz eines Investitionsobjektes können sein:

  - Steigende Reparaturkosten
  - Steigende Ausschußquote
  - Fallende quantitative Kapazität
  - Fallende qualitative Kapazität
  - Fallende Produktqualität

  In der betrieblichen Praxis ist diese Entscheidung häufig besonders schwierig. Auch in der Theorie gibt es keine völlig abgesicherten Überlegungen dazu, welcher Zeitpunkt des Ersatzes optimal ist.

Zur Führung im Investitionsbereich dienen:

- **Ziele**
- **Instrumente.**

## 3.1.1 Ziele

Die Führung im Investitionsbereich hat sich an den Zielen zu orientieren, die im Unternehmen - insbesondere langfristig - vorgegeben sind, und entwickelt aus diesen Zielen weitere Ziele, beispielsweise Unterziele.

Aus der obigen Zusammenstellung betrieblicher Ziele - Seite 42 - lassen sich Ziele erkennen, die für den Investitionsbereich keine unmittelbare Bedeutung aufweisen. Es sind aber auch Ziele festzustellen, die **für den Investitionsbereich bedeutsam** sind, insbesondere:

- Rentabilitätsziele
- finanzwirtschaftliche Ziele.

Jedes Unternehmen wird zu einem individuellen Zielsystem gelangen müssen, in das beim Investitionsbereich auch technisch orientierte Ziele einzubeziehen sind. Als allgemeine, jedem Unternehmen im Investitionsbereich dienliche **Ziele** können genannt werden:

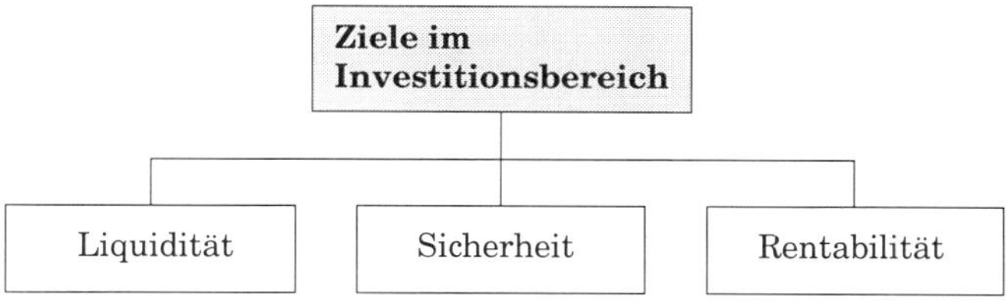


### 3.1.1.1 Liquidität

Die Sicherung der Liquidität ist für das Unternehmen lebensnotwendig. Unter Liquidität wird grundsätzlich die gegenwärtige und in absehbarer Zukunft liegende Liquidität verstanden. Sie kann auch als **aktuelle Liquidität** bezeichnet werden.

Es ist aber auch möglich, die Liquidität unter langfristiger Betrachtung - als **strukturelle Liquidität** - zu sehen. Sie ist im Finanzierungsbereich von Bedeutung, wenn es um die Frage geht, wie - mit Eigenkapital, Fremdkapital, kurzfristig, langfristig - Investitionen zu finanzieren sind - siehe ausführlich *Olfert*.

Die aktuelle Liquidität soll gewährleisten, daß das Unternehmen nicht zahlungsunfähig wird. Sie kann sein:

- **Absolute Liquidität**
- **Relative Liquidität**.

Die absolute Liquidität betrachtet lediglich die Aktivseite der Bilanz, während die relative Liquidität sich auch auf die Passivseite der Bilanz bezieht.

#### 3.1.1.1.1 Absolute Liquidität

Die absolute Liquidität ist die Eigenschaft von Vermögensteilen, als Zahlungsmittel verwendet oder in Zahlungsmittel umgewandelt zu werden. Danach wird einem Vermögensgegenstand eine umso höhere Liquidität zugesprochen, je rascher er sich in Zahlungsmittel umwandeln läßt.

Es erscheint unzweckmäßig, dies als (absolute) Liquidität zu bezeichnen. Vielmehr sollte hier von **Liquidierbarkeit** gesprochen werden, der durchaus praktische Bedeutung zuzumessen ist.

Für die Beurteilung der Liquidierbarkeit gilt es, zwei Gesichtspunkte zu beachten:

- Zunächst ist die **Liquidierungsdauer** festzustellen. Das ist der Zeitraum zwischen der Entscheidung zur Liquidierung eines Vermögensgegenstandes und dem Eingang des Liquidationserlöses.

  Tendenziell kann unterstellt werden, daß die Liquidierungsdauer umso niedriger sein kann, je »weiter unten« ein Vermögensgegenstand in der Bilanz ausgewiesen wird:

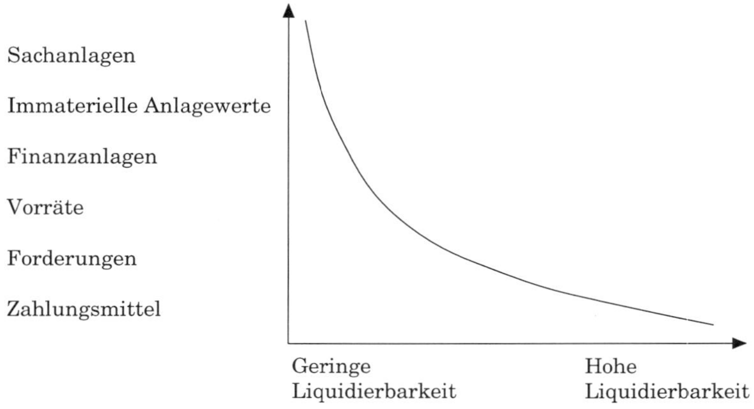


  Die vorangegangenen Ausführungen lassen den Schluß zu, daß anlageintensive Unternehmen im Hinblick auf die Liquidierbarkeit von Vermögensteilen eine geringere Elastizität aufweisen als umlaufintensive Unternehmen.

- Neben der Liquidierungsdauer gilt es, den **Liquidierungsbetrag** festzustellen. Das ist der Geldbetrag, mit dem als Liquidationserlös zu rechnen ist. Er läßt sich nicht ohne Berücksichtigung der Situation, in der das Unternehmen sich befindet, und der Marktsituation ermitteln.

Die Kenntnis der absoluten Liquidität bzw. der Liquidierbarkeit der Vermögensgegenstände ist für die Leitung des finanzwirtschaftlichen Bereiches von Interesse und zur Sicherung des Unternehmensbestandes zweifellos nützlich. Allerdings reichen diese Informationen nicht aus, um den Bestand des Unternehmens gewährleisten zu können.

#### 3.1.1.1.2 Relative Liquidität

Die relative Liquidität kann statisch oder dynamisch betrachtet werden:

- Die **statische Liquidität** beschreibt das Verhältnis, das zwischen den Zahlungsmitteln, kurzfristigen Forderungen, Vorräten und den kurzfristigen Verbindlichkeiten besteht.

  Kurzfristige Liquiditätsgrade sollen dazu dienen, die Flüssigkeit des Unternehmens im Hinblick auf seine Zahlungsverpflichtungen zu beurteilen:

| | |
|---|---|
| **Barliquidität** | $\text{Liquidität 1. Grades} = \frac{\text{Zahlungsmittel}}{\text{Kurzfristige Verbindlichkeiten}}$ |
| **Liquidität auf kurze Sicht** | $\text{Liquidität 2. Grades} = \frac{\text{Zahlungsmittel} + \text{kurzfristige Forderungen}}{\text{Kurzfristige Verbindlichkeiten}}$ |
| **Liquidität auf mittlere Sicht** | $\text{Liquidität 3. Grades} = \frac{\text{Zahlungsmittel} + \text{kurzfristige Forderungen} + \text{Vorräte}}{\text{Kurzfristige Verbindlichkeiten}}$ |

  Die Erwartungen, die in die Aussagekraft der Liquiditätsgrade gelegt werden, erweisen sich als nicht erfüllbar, denn die Liquidität wird nur zu einem einzigen Zeitpunkt gemessen. Unmittelbar vor oder nach diesem Zeitpunkt kann sie völlig anders aussehen.

  Außerdem sind die Liquiditätsgrade zu eng mit der Bilanz verknüpft. Ob ein Unternehmen zahlungsfähig ist, läßt sich aus einzelnen aktiven oder passiven Bilanzpositionen nicht ohne weiteres entnehmen. Gründe dafür sind *(Wöhe / Bilstein)*:

  - Die Fälligkeiten kurzfristiger Forderungen und Verbindlichkeiten sind nicht bekannt.

– Die bilanziell ausgewiesenen Verbindlichkeiten enthalten nicht alle zu leistenden Angaben.

– Die einbezogenen Bilanzpositionen unterliegen der Bewertung.

– Zur Sicherheit übereignete, verpfändete oder abgetretene Teile des Vermögens sind nicht erkennbar.

– Die Möglichkeiten zur Beschaffung oder Verlängerung kurzfristiger Kredite sind nicht erkennbar.

Mit Hilfe der statischen Liquidität lassen sich demnach keine hinreichend genauen Aussagen machen, um den Bestand des Unternehmens kontinuierlich gewährleisten zu können.

- Die **dynamische Liquidität** bezieht sich - als relative Liquidität - nicht auf eine bilanzbezogene, zeitpunktbeschränkte Betrachtung.

Liquidität muß ständig, d.h. in allen Zeitpunkten des Unternehmenslebens vorhanden sein. Illiquidität gefährdet den Bestand des Unternehmens. So wird nach der Konkursordnung als Konkursgrund angesehen, wenn vorliegt:

– Zahlungsunfähigkeit bei einer OHG bzw. KG,

– Zahlungsunfähigkeit und Überschuldung bei einer AG, KGaA bzw. GmbH.

**Zahlungsunfähigkeit** ist das auf dem Mangel an Zahlungsmitteln beruhende Unvermögen des Schuldners, seine fälligen Geldschulden noch im wesentlichen zu erfüllen. **Überschuldung** liegt vor, wenn das Vermögen die Schulden nicht mehr deckt.

Mit Hilfe der dynamischen Liquidität ist es möglich, das Unternehmen finanzwirtschaftlich in geeigneter Weise zu steuern. Dabei soll - mit *Witte* - unter der Liquidität die **Fähigkeit des Unternehmens** verstanden werden, **die zu einem Zeitpunkt zwingend fälligen Zahlungsverpflichtungen uneingeschränkt erfüllen zu können, die zu jedem Zeitpunkt seines Bestehens gegeben sein muß.**

Praktisch bedeutet dies, daß die so beschriebene Liquidität folgenden Erfordernissen gerecht zu werden hat:

– Es sind sämtliche Einnahmen und Ausgaben zu erfassen.

– Die Zahlungsströme sind in geeigneter Weise - nämlich unter Verwendung von Finanzplänen - zu erfassen.

Damit wird es möglich, nicht nur die momentane Liquidität festzustellen, die auf einen bestimmten Tag bezogen ist, sondern auch die Periodenliquidität planerisch zu ermitteln, wodurch offengelegt werden kann, inwieweit die Liquidität künftig gefährdet oder ungefährdet ist.

Die Liquidität - als dynamische Liquidität - läßt sich mit Hilfe der Finanzplanung sichern, in welche die Investitionsplanung eingeht.

Bei hoher **Risikobereitschaft** der Führung im Investitionsbereich ist es möglich, daß der Liquidität zugunsten der Rentabilität geringere Bedeutung zugemessen wird. In kleineren Unternehmen hingegen kommt dem Sicherheitsgedanken - und damit auch Liquiditätsgedanken - mitunter größere Bedeutung zu, was die Rentabilität negativ beeinflussen kann.

### 3.1.1.2 Sicherheit

Mit jeder Investition ist die Chance verbunden, Gewinne daraus zu ziehen. Jede Investition birgt aber auch das **Risiko**, daß ein

- Gewinn nicht im erwarteten Umfang erzielt wird,
- Gewinn nicht erzielt wird,
- Verlust erwirtschaftet wird.

Investitionen sollten den Bestand des Unternehmens nicht in Gefahr bringen dürfen. Insofern sind zu hohe Risiken, die mit Investitionen verbunden sein können, zu vermeiden. Das gilt umso mehr, je hochwertiger die Investitionsobjekte sind und je länger sie im Unternehmen gebunden sind.

Langfristig kann sich ein Unternehmen nicht positiv weiterentwickeln, wenn es nicht zumindest angemessene Gewinne erzielt.

### 3.1.1.3 Rentabilität

Die Rentabilität ist eine Maßzahl, die sich aus dem Verhältnis von Gewinn und Kapital bzw. Umsatz ergibt, beispielsweise als

$$\text{Gesamtkapitalrentabilität} = \frac{\text{Gewinn} + \text{Fremdkapitalzinsen}}{\text{Gesamtkapital}} \cdot 100$$

$$\text{Eigenkapitalrentabilität} = \frac{\text{Gewinn}}{\text{Eigenkapital}} \cdot 100$$

$$\text{Umsatzrentabilität} = \frac{\text{Gewinn}}{\text{Umsatz}} \cdot 100$$

Die **Eigenkapitalgeber** erwarten für das von ihnen eingesetzte oder einzusetzende Kapital einen angemessenen Gewinn und damit auch eine entsprechende Rentabilität. Aber auch für die **Fremdkapitalgeber** ist die Rentabilität von Interesse. Obwohl sie daraus keinen ertragsmäßigen Nutzen ziehen können, gibt die Rentabilität ihnen einen Hinweis auf die Einschätzung des Risikos, das sie mit der Bereitstellung ihres Kapitals eingehen.

Die Rentabilität des Unternehmens kann im Investitionsbereich durch die Wahl wirtschaftlich vorteilhafter Investitionsobjekte positiv beeinflußt werden.

5

## 3.1.2 Instrumente

Die Instrumente, die der finanzwirtschaftlichen Führung zur Verfügung stehen, um die Ziele im Investitionsbereich erreichen zu können, sind insbesondere:

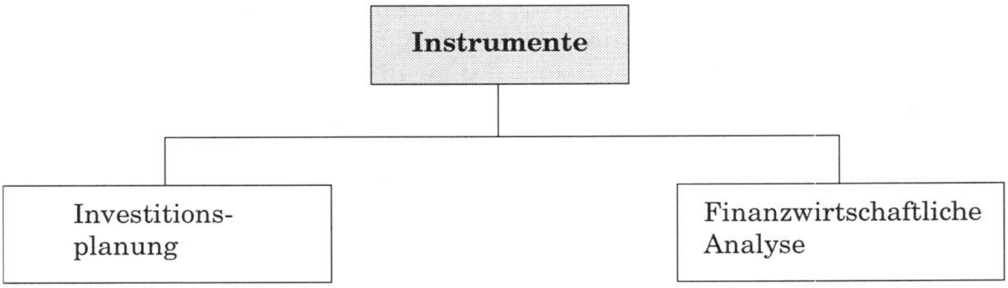


### 3.1.2.1 Investitionsplanung

Die Investitionsplanung dient der zielgerichteten Gestaltung des Investitionsbereiches. Mit ihrer Hilfe soll nicht nur die Liquidität und damit der Bestand des Unternehmens gesichert werden. Die Investitionsplanung ist auch geeignet, die weiteren Ziele

- Sicherheit
- Rentabilität

in ihrer Erreichung zu unterstützen.

Die Investitionsplanung kann sein:

- Eine **strategische Planung**, die langfristig ausgerichtet ist.
- Eine **taktische Planung**, die mittelfristiger Natur ist.
- Eine **operative Planung**, die kurzfristigen Charakter aufweist.

Im Rahmen der Investitionsplanung wird der **Investitionsplan** erstellt, der nicht nur Planwerte aufweist, sondern auch nach der Durchführung der Investition die tatsächlich eingetretenen Istwerte, um im Rahmen der Kontrolle aufgetretene Abweichungen feststellen und analysieren zu können. Der Investitionsplan enthält das für eine Rechnungsperiode geplante Investitionsprogramm.

Die Investitionsplanung wird ausführlich in Kapitel B dargestellt.

### 3.1.2.2 Finanzwirtschaftliche Analyse

Die finanzwirtschaftliche Analyse hat - als **Investitionsanalyse** - die Aufgabe, das investive Gebahren des Unternehmens zu untersuchen. Dabei kommt der Jahresabschluß - Bilanz, GuV-Rechnung, dem Anhang und gegebenenfalls dem Lagebericht - die zentrale Bedeutung zu.

Die finanzwirtschaftliche Analyse umfaßt vor allem:

| | |
|---|---|
| **Substanzanalyse** | Die einzelnen **Positionen** der Bilanz werden überprüft im Hinblick auf<br>• ihr Zustandekommen<br>• ihre Zusammensetzung<br>• ihre Entwicklung |
| **Kennzahlenanalyse** | **Kennzahlen** sind Zahlen, die sich auf wirtschaftlich wichtige Tatbestände beziehen und diese in konzentrierter Form darstellen. |
| | **Investitionsanalyse** als<br>• Analyse der Investitionsstruktur<br>• Analyse der Investitionspolitik |
| | **Finanzierungsanalyse** als<br>• Analyse der Finanzierungsstruktur<br>• Analyse der Finanzierungsdauer |
| | **Liquiditätsanalyse** als<br>• statische Liquiditätsanalyse<br>• dynamische Liquiditätsanalyse<br>– Cash-Flow<br>– Kapitalflußrechnung |
| | **Sonstige Analysen** als<br>• Ergebnisanalyse<br>• Rentabilitätsanalyse |

## 3.2 Finanzierung

Im Finanzierungsbereich hat sich die Führung - gleichermaßen wie im Investitionsbereich - an den **Zielen** des Unternehmens zu orientieren, die allgemein vor allem sind:

- Die **Liquidität** als Fähigkeit des Unternehmens, die zwingend fälligen Zahlungsverpflichtungen uneingeschränkt erfüllen zu können.

- Die **Rentabilität**, die einen Ausdruck des Unternehmenserfolges darstellt.

- Die **Unabhängigkeit**, die sich das Unternehmen so weit wie möglich - insbesondere den Fremdkapitalgebern gegenüber - erhalten sollte.

**Instrumente** der Führung im Finanzierungsbereich sind insbesondere - siehe ausführlich *Olfert*:

- Die **Finanzplanung**, in der sämtliche Einnahmen und Ausgaben geplant und kontrolliert werden.

- Die **Finanzdisposition**, die der Überwachung und Steuerung des Dispositionsbestandes an liquiden Mitteln dient und heute vielfach als Cash Management bezeichnet wird.

- Die **finanzwirtschaftliche Analyse** als Finanzierungsanalyse, die Aufschluß über die Entwicklung im Finanzierungsbereich des Unternehmens gibt.

## 3.3 Zahlungsverkehr

Die Führung im Bereich des Zahlungsverkehrs hat die Abwicklung der finanziellen Transaktionen des Unternehmens zielgerichtet zu steuern. **Allgemeine Ziele** sind dabei vor allem:

- Liquidität
- Sicherheit
- Rentabilität

Im Rahmen der Führung gilt es auch, geeignete **Regelungen** zu treffen, mit denen

- die technischen Voraussetzungen zur Zahlungsmittelübertragung geschaffen,
- und damit die Zahlungswege vorgegeben werden,
- der organisatorische Rahmen der Abwicklung geschaffen wird,
- und damit die einzuschaltenden Mittler des Zahlungsverkehrs festgelegt werden.

Dazu gehört auch die Steuerung des Abrechnungsverkehrs unter Großunternehmen - das Industrieclearing - und innerhalb eines Konzerns - das Konzernclearing.

Die Schnittstellen zwischen der Abwicklung und der Führung der Kapitalverwaltung verwischen mit dem Einsatz von EDV-gesteuerten Cash Management-Systemen teilweise.

| | Kontrollfragen | bearbeitet | Lösungshinweis | Lösung + | Lösung - |
|---|---|---|---|---|---|
| 01 | Beschreiben Sie den güterwirtschaftlichen Prozeß! | | 15 | | |
| 02 | Inwieweit ist der finanzwirtschaftliche Prozeß ein Spiegelbild des güterwirtschaftlichen Prozesses? | | 15 | | |
| 03 | Stellen Sie schematisch dar, wie der finanzwirtschaftliche Prozeß grundsätzlich ablaufen kann! | | 16 | | |
| 04 | Welche Funktionen hat die Finanzwirtschaft zu erfüllen? | | 17 | | |
| 05 | Wie kann die Finanzwirtschaft im Unternehmen eingegliedert sein? | | 17 | | |
| 06 | Welche Aufgaben hat der Controller? | | 18 | | |
| 07 | Worin bestehen die Aufgaben des Treasurers? | | 18 | | |
| 08 | Was ist ein Potential-Manager? | | 18 | | |
| 09 | Was kann unter Kapital verstanden werden? | | 19 | | |
| 10 | Was versteht man unter abstraktem Kapital? | | 19 | | |
| 11 | Aus welchen bilanziellen Positionen kann das Eigenkapital bestehen? | | 20 | | |
| 12 | Beschreiben Sie die Eigenschaften des Eigenkapitals! | | 20 | | |
| 13 | Wie kann das Fremdkapital bilanziell ausgewiesen werden? | | 21 | | |
| 14 | Welche Eigenschaften hat das Fremdkapital? | | 21 | | |
| 15 | Was versteht man unter konkretem Kapital? | | 21 | | |
| 16 | Welche Positionen umfaßt die Vermögensseite der Bilanz? | | 22 | | |
| 17 | Erläutern Sie, was unter Investition verstanden werden kann! | | 23 | | |
| 18 | Mit welchen grundlegenden Fragen hat sich der Investitionsbereich zu befassen? | | 23 | | |
| 19 | Beschreiben Sie den Ablauf des Investitionsprozesses! | | 24 | | |
| 20 | Was ist unter der Desinvestition zu verstehen? | | 25 | | |
| 21 | Welche Arten von Wertbewegungen lassen sich unterscheiden? | | 25 | | |
| 22 | Durch welche Merkmale sind Investitionsprozesse gekennzeichnet? | | 26 | | |
| 23 | Was versteht man unter der Erfolgskomponente? | | 26 | | |
| 24 | Beschreiben Sie die Liquiditätskomponente! | | 26 | | |
| 25 | Worin kann sich die Risikokomponente äußern? | | 26 f. | | |
| 26 | Welche objektbezogenen Investitionen können unterschieden werden? | | 27 f. | | |

| | **Kontrollfragen** | bear- beitet | Lösungs- hinweis | Lösung + | - |
|---|---|---|---|---|---|
| 27 | Wie lassen sich die Zahlungsströme den Sachinvestitionen zurechnen? | | 28 | | |
| 28 | Was sind Finanzinvestitionen? | | 28 | | |
| 29 | Inwieweit können die Zahlungsströme den Finanzinvestitionen zugerechnet werden? | | 28 | | |
| 30 | Wozu dienen immaterielle Investitionen? | | 28 | | |
| 31 | Wie lassen sich die Zahlungsströme den immateriellen Investitionen zurechnen? | | 29 | | |
| 32 | Welche wirkungsbezogenen Investitionen lassen sich unterscheiden? | | 29 | | |
| 33 | Worin unterscheiden sich Netto- und Bruttoinvestitionen? | | 30 f. | | |
| 34 | Erläutern Sie die Arten der Nettoinvestitionen! | | 30 | | |
| 35 | Welche Reinvestitionen lassen sich unterscheiden? | | 30 f. | | |
| 36 | Stellen Sie die »sonstigen« Investitionen in einem Schaubild zusammen! | | 31 f. | | |
| 37 | Was versteht man unter Finanzierung? | | 33 | | |
| 38 | Welche grundlegenden Fragestellungen sind mit der Finanzierung verbunden? | | 33 | | |
| 39 | Stellen Sie die Finanzierung mit unterschiedlichen Kapitalarten in einem Schaubild dar! | | 34 | | |
| 40 | Systematisieren Sie die Finanzierungen mit unterschiedlicher Kapitalherkunft! | | 35 | | |
| 41 | Welche Finanzierungen mit unterschiedlicher Fristigkeit lassen sich unterscheiden? | | 36 | | |
| 42 | Geben Sie einen Überblick über die Zahlungsmittel! | | 37 | | |
| 43 | Was heißt es, die Hingabe eines Zahlungsmittels erfolge an Erfüllungs Statt bzw. erfüllungshalber? | | 37 | | |
| 44 | Welche Arten des Zahlungsverkehrs lassen sich unterscheiden? | | 37 | | |
| 45 | Welche Möglichkeiten gibt es, Barzahlungsverkehr abzuwickeln? | | 38 | | |
| 46 | Wie ist die Bedeutung des Barzahlungsverkehrs einzuschätzen? | | 38 | | |
| 47 | Was versteht man unter dem halbbaren Zahlungsverkehr? | | 38 | | |
| 48 | Welche Möglichkeiten gibt es, bargeldlosen Zahlungsverkehr durchzuführen? | | 39 | | |
| 49 | Welche Aufgabe hat die finanzwirtschaftliche Führung? | | 40 | | |

| | Kontrollfragen | bear-beitet | Lösungs-hinweis | Lösung + | Lösung - |
|---|---|---|---|---|---|
| 50 | Welche Tätigkeitsschwerpunkte können den einzelnen Führungsebenen zugeschrieben werden? | | 40 | | |
| 51 | Aus welchen Phasen besteht der finanzwirtschaftliche Führungsprozeß? | | 40 | | |
| 52 | Erläutern Sie, welche Arten von Zielen sich nach verschiedenen Kriterien unterscheiden lassen! | | 41 | | |
| 53 | Wodurch wird die Zielbildung im Unternehmen beeinflußt? | | 41 | | |
| 54 | Welche betrieblichen Ziele können unterschieden werden? | | 42 | | |
| 55 | In welchen Phasen verläuft die Planung? | | 42 | | |
| 56 | In welchen Phasen erfolgt die Kontrolle? | | 43 | | |
| 57 | Erläutern Sie die Entscheidungsprobleme, die sich dem Investitionsbereich stellen! | | 44 | | |
| 58 | Welche Bedeutung haben die betrieblichen Ziele für den Investitionsbereich? | | 45 | | |
| 59 | Welche allgemeinen Ziele lassen sich für den Investitionsbereich nennen? | | 45 | | |
| 60 | Wozu dient die Liquidität? | | 45 | | |
| 61 | Worin unterscheiden sich aktuelle und strukturelle Liquidität? | | 45 | | |
| 62 | Beschreiben Sie die absolute Liquidität! | | 46 | | |
| 63 | Welche Arten der relativen Liquidität lassen sich unterscheiden? | | 47 | | |
| 64 | Welche kurzfristigen Liquiditätsgrade lassen sich nennen und wie sind sie zu beurteilen? | | 47 | | |
| 65 | Beschreiben Sie die dynamische Liquidität! | | 48 | | |
| 66 | Erläutern Sie, was unter »Sicherheit« zu verstehen ist! | | 49 | | |
| 67 | Was versteht man unter Rentabilität? | | 49 | | |
| 68 | Welche Arten der Rentabilität lassen sich unterscheiden? | | 49 | | |
| 69 | Welche Bedeutung hat die Rentabilität als Ziel des Investitionsbereiches? | | 50 | | |
| 70 | Welcher Instrumente kann sich die finanzwirtschaftliche Führung im Investitionsbereich bedienen? | | 50 | | |
| 71 | Wozu dient die Investitionsplanung? | | 50 | | |
| 72 | Welche Arten der Investitionsplanung können unterschieden werden? | | 50 | | |
| 73 | Wie sieht der Investitionsplan aus? | | 51 | | |

| | Kontrollfragen | bearbeitet | Lösungshinweis | Lösung + | Lösung - |
|---|---|---|---|---|---|
| 74 | Welche Aufgaben hat die Investitionsanalyse? | | 51 | | |
| 75 | An welchen allgemeinen Zielen hat sich die Führung im Finanzierungsbereich zu orientieren? | | 52 | | |
| 76 | Was sind die Instrumente der Führung im Finanzierungsbereich? | | 52 | | |
| 77 | Was geschieht bei der Finanzdisposition? | | 52 | | |
| 78 | Welchen allgemeinen betrieblichen Zielen muß die Führung im Zahlungsverkehrsbereich gerecht werden? | | 52 | | |
| 79 | Welche Regelungen hat die Führung im Zahlungsverkehrsbereich zu treffen? | | 52 f. | | |
| 80 | Wie nennt man die Steuerung des Abrechnungsverkehrs unter Groß- und Konzernunternehmen? | | 53 | | |

# B. Investitionsplanung

Investitionsplanung ist die planerische Tätigkeit im finanzwirtschaftlichen Bereich, die sich mit der Beschaffung von Investitionsobjekten befaßt. Wie jede Planung ist auch die Investitionsplanung durch drei **Merkmale** gekennzeichnet:

- Sie ist ein gedanklicher Prozeß.
- Sie liegt vor der Ausführung.
- Sie ist auf zukünftiges Handeln gerichtet.

Die Investitionsplanung stellt eine **Teilplanung** der Unternehmensplanung dar, in die sie eingebunden ist. Sie wird im Investitionsplan dokumentiert und kann sein:

- Eine **strategische Planung**, die in der obersten Führungsebene erfolgt. Sie bezieht sich auf die Produkt- und Marktstrategien des Unternehmens und ist langfristig ausgerichtet.

  **Beispiele:** Investitionen zur Erweiterung der Kapazität, zur Forschung und Entwicklung, zur Einführung neuer Produkte, zur Qualitätssicherung.

- Eine **taktische Planung**, die sich aus der strategischen Planung ergibt, diese umsetzt und mittelfristig ausgerichtet ist. Sie bezieht sich auf die Aufrechterhaltung des laufenden Geschäftes.

  **Beispiele:** Investitionen zur Ersatzbeschaffung, oder zur Rationalisierung.

- Eine **operative Planung**, die aus der taktischen Planung abgeleitet wird, eine Ausführungsplanung ist und kurzfristigen Charakter hat. Sie bezieht sich insbesondere auf **Routine-Investitionen**.

  **Beispiele:** Laufende Neu- oder Ersatzbeschaffung geringerwertiger Investitionsobjekte.

Als Teilplanung der Unternehmensplanung hat die Investitionsplanung eine **herausragende Bedeutung**. Dafür gibt es mehrere Gründe:

- Investitionen bewirken vielfach **längere Kapitalbindungen**, bei strategischen Investitionen betragen sie mehr als 4 bis 5 Jahre, mitunter 10 Jahre und mehr, bei taktischen Investitionen sind es bis zu 4 oder 5 Jahren. Diese Kapitalbindungen können vor Ablauf der Planungsperioden nicht oder nur unter Inkaufnahme von Verlusten verändert oder aufgehoben werden. Das betrifft vor allem

  - das Leistungsprogramm
  - die Leistungsstruktur
  - das Leistungsvolumen

  Wie starr die Kapitalbindungen sind, hängt auch von den besonderen Merkmalen der Investitionsobjekte ab.

**Beispiel:** Ein metallverarbeitendes Unternehmen kann bei rückläufigem Absatz ohne neue Investitionen nicht auf die Herstellung von voraussichtlich gut absetzbaren chemischen Produkten übergehen.

Die Herstellung anderer metallbezogener Produkte ist aber durchaus möglich, wenn das Unternehmen über hinreichend universelle Maschinen verfügt. Hat es dagegen spezialisierte Maschinen oder Automatenstraßen, ist auch diese Lösung fraglich.

- Investitionen verändern vielfach die **Kostenstruktur** des Unternehmens. Mit ihnen erhöht sich der Anteil der fixen Kosten, die bekanntlich auch dann anfallen, wenn die Investitionsobjekte nicht oder in gering(er)em Umfang genutzt werden. Das kann besonders bei Gütern des Sach-Anlagevermögens problematisch sein.

  **Beispiel:** Eine Abfüllanlage verursacht im Jahr 80.000 DM fixe Kosten, insbesondere Abschreibungen, gleichgültig ob sie mit maximaler Kapapzität - 1.000 Einheiten/Tag - oder mit gegenwärtig nur 200 absetzbaren Einheiten/Tag arbeitet.

- Investitionen sind an den Möglichkeiten der **Finanzierung** auszurichten. Dabei ist nicht nur wichtig, daß die Investitionsobjekte überhaupt finanziert werden können. Je nach Investition kann auch bedeutsam sein, mit welchem Kapital - Eigenkapital, Fremdkapital, kurzfristig, langfristig - und zu welchen Bedingungen zu finanzieren ist.

  **Beispiele:** Von einer Investition, die einen geringeren Zinssatz erwirtschaftet als das notwendigerweise aufzunehmende Fremdkapital kostet, ist grundsätzlich abzuraten.

  Ebenso ist von der Beschaffung einer Fertigungsstraße abzuraten, die nur mit kurzfristigem Fremdkapital finanziert werden könnte.

- Investitionen müssen in die übrigen **betrieblichen Teilplanungen** eingebunden und mit diesen abgestimmt werden.

  **Beispiel:** Eine noch so wirtschaftlich arbeitende Maschine ist für ein Unternehmen nutzlos, wenn die mit ihr zu fertigenden Produkte nicht abgesetzt werden können oder wenn sie des Einsatzes von Personal bedarf, das im Unternehmen weder vorhanden noch in absehbarer Zeit beschaffbar ist.

  Die Investition hätte am Absatzplan bzw. Personalplan ausgerichtet werden müssen.

- Investitionen sind vielfach wichtige **Träger des technischen Fortschritts**. Als solche fördern sie die Sicherung und Weiterentwicklung des Unternehmens, das den Wünschen bzw. Erwartungen der Kunden gerecht werden und sich den Wettbewerbern gegenüber behaupten kann.

  **Beispiele:** Investitionen zur Forschung und Entwicklung, zur Mitarbeiterqualifikation, in neue Fertigungsverfahren.

Die **Eignung** der Investitionsplanung, einzelne Investitionsobjekte oder ein ganzes Investitionsprogramm auf ihre bzw. seine Vorteilhaftigkeit und Durchführbarkeit hin zu beurteilen, hängt davon ab, inwieweit die Investitionsplanung folgenden Erfordernissen gerecht wird:

- Die Investitionsplanung muß **alle Investitionsobjekte** des Unternehmens einschließen, sie darf sich nicht nur auf hochwertige Investitionsobjekte oder bestimmte Arten von Investitionsobjekten beschränken.

  Allerdings müssen die Anstrengungen der Investitionsplanung in einem vernünftigen wirtschaftlichen Verhältnis zum erzielbaren Erfolg stehen. So werden Routineinvestitionen keinen so hohen planerischen Aufwand rechtfertigen wie die Beschaffung höher- oder hochwertiger Investitionsobjekte.

- Die Investitionsplanung muß sich an den **langfristigen Zielen** des Unternehmens orientieren. Mit den aufgrund der Investitionsplanung zu realisierenden Investitionsobjekten müssen diese Unternehmensziele verwirklicht werden können.

- Die Investitionsplanung muß auf der Grundlage genau festgelegter **Beurteilungskriterien** mit Hilfe zuverlässiger, problemgerechter **Verfahren** durchgeführt werden.

  Die Verwendung von Faustregeln, die weder Erfolgs- noch andere objektspezifische Kriterien berücksichtigen, ist abzulehnen.

  **Beispiele für ersatzbezogene Faustregeln:**

  - Ersatz der ältesten Investitionsobjekte
  - Ersatz der abgeschriebenen Investitionsobjekte
  - Ersatz der Investitionsobjekte bestimmten Alters
  - Ersatz der Investitionsobjekte bestimmter Laufzeit

- Die Investitionsplanung muß das **Informationsproblem** zu lösen versuchen, das sich daraus ergibt, daß die zukünftig erwartete Entwicklung zu beurteilen ist. Informationen über die Vergangenheit und Gegenwart sind dabei von keinem bzw. geringerem Nutzen.

  Gerade für strategische und taktische Investitionen läßt sich das Informationsproblem nur sehr schwer befriedigend in den Griff bekommen, da sowohl die Qualität als auch die Quantität der Informationen begrenzt ist.

- Die Investitionsplanung bedarf qualifizierter **Entscheidungsträger**, die hinreichend über fachliches Wissen und Erfahrungen verfügen. Sie müssen in eine geeignete **organisatorische Struktur** eingebunden sein:

  - Bei größeren Unternehmen gibt es vielfach eine ständig existente Investitionsabteilung als **Stabsstelle**, die auch als Investitionsplanung bezeichnet werden kann:

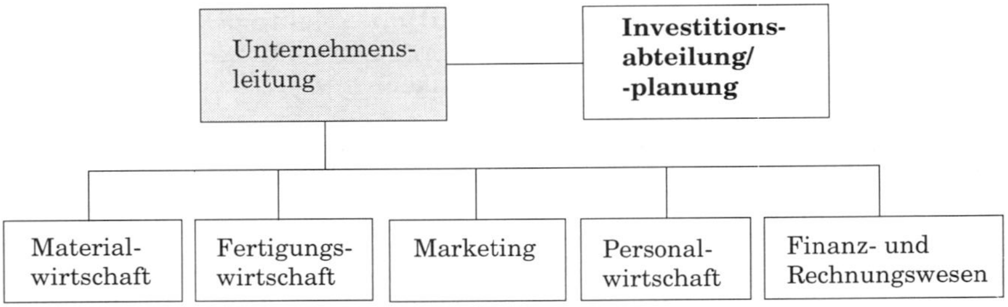


– Bei kleineren Unternehmen existiert häufig ein bedarfsweise zusammentretendes Gremium, der **Investitionsausschuß**. Er besteht erfahrungsgemäß aus Vertretern der betrieblichen Bereiche

  ○ Materialwirtschaft
  ○ Fertigungswirtschaft
  ○ Finanzwirtschaft
  ○ Marketing

  Aus rechtlichen Gründen kann es sich anbieten, den Investitionsausschuß zu ergänzen beispielsweise durch

  ○ Sicherheitsbeauftragte
  ○ Juristen
  ○ Betriebsärzte
  ○ Betriebsratsmitglieder

Die Hinzuziehung von Vertretern aus den betrieblichen Bereichen und sonstigen Personen - wie beim Investitionsausschuß beschrieben - kann auch bei der Stabsstelle erfolgen.

Stabsstelle wie auch Investitionsausschuß haben folgende **Aufgaben**:

– Annahme der Investitionsanträge
– Prüfung der Investitionanträge
– Entscheidungsvorbereitung
– Kontrolle der Investitionen

Bei Unternehmen, die lediglich über einen bedarfsweise zusammentretenden Investitionsausschuß verfügen, ist es den einzelnen Bereichen vielfach möglich, Investitionen bis zu einem bestimmten Wert selbständig vorzunehmen.

Bei solchen Regelungen ist darauf zu achten, daß Investitionen nicht zunächst »zerlegt« werden, damit sie nicht den genehmigungspflichtigen Wert erreichen, um danach wieder »zusammengefügt« zu werden.

Die Investitionsplanung ist auf die Planung von einzelnen Investitionen, deren Vorteilhaftigkeit festgestellt werden soll, ebenso wie auf die Planung eines ganzen

Investitionsprogrammes ausgerichtet. Zunächst soll gezeigt werden, wie einzelne Investitionen zu behandeln sind, danach erfolgt - unter Verwendung dieser Erkenntnisse - die Planung des Investitionsprogrammes:

| | |
|---|---|
| **Investitionsplanung** | Planung von Einzelinvestitionen |
| | Planung des Investitionsprogrammes |

# 1. Planung von Einzelinvestitionen

Die Planung von Einzelinvestitionen kann unabhängig von der Planung des Investitionsprogrammes oder im Verlaufe der Planung des Investitionsprogrammes erfolgen.

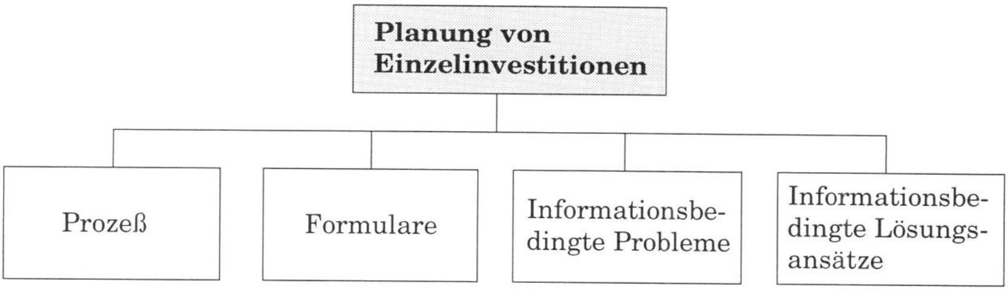


Der Prozeß der Planung von Einzelinvestitionen erfolgt in mehreren Phasen. In der betrieblichen Praxis empfiehlt es sich, diesbezüglich Formulare zu verwenden, die den Vorteil haben, daß

- alle notwendigerweise mit einer Investition verbundenen Fragestellungen systematisch abgearbeitet werden müssen,

- die Einheitlichkeit, wie Investitionen zu beurteilen sind, für den Entscheidungsprozeß förderlich ist,

- die Kontrolle der Investitionen gleichermaßen systematisch und in einem einheitlichen Rahmen möglich ist.

Da mit den Investitionen in der Zukunft liegende Gegebenheiten zu beurteilen sind, entsteht das Problem der Information. Es ist davon auszugehen, daß die Informationen eher von Ungewißheit als von Sicherheit geprägt sind.

Aus diesem Grunde sind in der betrieblichen Praxis wie auch im wissenschaftlichen Bereich Verfahren entwickelt worden, die helfen sollen, die gegebene Ungewißheit möglichst zu überbrücken.

## 1.1 Prozeß

Der Planungsprozeß für einzelne Investitionen läuft in mehreren **Phasen** ab, wie bei der finanzwirtschaftlichen Führung bereits allgemein dargestellt, die noch in einzelne **Stufen** unterteilt werden können.

| | |
|---|---|
| **Anregungsphase** | Anregung der Investition |
| | Beschreibung des Investitionsproblems |
| **Suchphase** | Festlegung der Bewertungskriterien |
| | Festlegung der Begrenzungsfaktoren |
| | Ermittlung der Investitionsalternativen |
| **Entscheidungsphase** | Vorauswahl der Investitionsalternativen |
| | Bewertung der Investitionsalternativen |
| | Bestimmung der vorteilhaftesten Investitionsalternative |
| **Durchführungsphase** | |
| **Kontrollphase** | Soll-Ist-Vergleich |
| | Abweichungsanalyse |

Während die Durchführung - auch bei weiter Auslegung des Planungsbegriffes - kein Bestandteil der Planung ist, kann die Kontrolle als abschließende Phase der Planung angesehen werden.

Die planerischen Aktivitäten können umso wirkungsvoller gestaltet werden, je umfassender die Rückkopplung über die Kontrolle erfolgt. Sie darf sich nicht darauf beschränken, die Abweichungen zwischen den Plan- und Istwerten lediglich festzustellen bzw. zu dokumentieren. Die Kontrolle muß die Abweichungen auch analysieren.

Planungs- oder Ausführungsfehler können auf diese Weise aufgedeckt und wesentliche Erkenntnisse zur Vermeidung solcher Fehler in künftigen Planungsprozessen gewonnen werden.

Die einzelnen Stufen der Investitionsplanung werden in der betrieblichen Praxis grundsätzlich nacheinander in Angriff genommen. Dabei kann es sich aber ergeben, daß der Planungsprozeß in einer bestimmten Stufe abgebrochen und in einer früheren Stufe wieder aufgenommen wird, wenn sich bei der Planung Schwierigkeiten ergeben.

### 1.1.1 Anregung der Investition

Die Anregung zu einer Investition ist Ausgangspunkt der Investitionsplanung. Sie kann aus dem Unternehmen oder von außerhalb des Unternehmens kommen:

| | |
|---|---|
| **Anregung der Investition** | Unternehmensinterne Anregung |
| | Unternehmensexterne Anregung |

Die **unternehmensinterne Anregung** zu einer Investition ist von allen Unternehmensbereichen möglich. Es bieten sich aber besonders an:

- Die **Fertigungswirtschaft**, die

  - das Nutzungsende
  - die Qualitätsverschlechterung
  - die Kapazitätsabnahme
  - die Kostensteigerung
  - die Reparaturanfälligkeit
  - den Ersatzteilbedarf

  einer vorhandenen Maschine erkennen kann oder

  - wiederholte Terminüberschreitungen
  - wiederholte Engpaßsitutationen
  - wiederholt erforderliche Überstunden

  aufgrund unzureichender Kapazität des Maschinenparks feststellt oder

  - Fachartikel
  - Anzeigen
  - Prospekte
  - Angebote

  zur Kenntnis erhält, die Hinweise auf verbesserte Betriebsmittel geben, oder

  - neue Fertigungsverfahren
  - neue Materialien

  einzusetzen beabsichtigt.

- Von der **Forschung und Entwicklung**, die Anregungen gewinnen kann durch:

  - Erkenntnisse praktischer Forschungs- und Entwicklungstätigkeit
  - Studium der Fachliteratur

- Erfahrungsaustausch der Fachleute
- Beobachten der Entwicklung von Schutzrechten

• Vom **Marketingbereich**, der durch seinen Kontakt mit dem Handel, den Absatzhelfern* und den Endverbrauchern oder Endverwendern der Produkte sowie durch Anstrengungen der Marktforschung erkennen kann:

- Aktivitäten der Konkurrenz
- Erwartungen des Handels
- Erwartungen der Absatzhelfer
- Einstellungen der Endverbraucher
- Einstellungen der Endverwender
- Veränderungen des Marktes
- Verschiebungen des Absatzprogrammes.

• Vom **Rechnungswesen**, das Veränderungen in der Kosten- und Ertragsstruktur feststellen kann, die sich ergeben können durch:

- veränderte Personalkosten
- veränderte Materialkosten
- veränderte Verkaufsmengen
- veränderte Verkaufspreise.

• Von der **Investitionsabteilung** oder von dem **Investitionsausschuß**, die nicht nur die Aufgabe haben, aus dem Unternehmen kommende Anregungen zu Investitionen im Zusammenwirken mit den entsprechenden Abteilungen einer Prüfung zu unterziehen, sondern die auch selbst Anregungen zu Investitionen geben können und sollen.

• Von den **Mitarbeitern**, die dem Unternehmen aufgrund ihrer Kenntnisse und Erfahrungen, die sie in Erledigung ihrer Arbeitsaufgaben gewonnen haben, **Vorschläge** unterbreiten - siehe ausführlich *Steinbuch / Olfert:*

- **Verbesserungsvorschläge**, die gemacht werden und - bei Eignung - zu Prämienzahlungen führen können,

- **Schutzfähige Erfindungen**, die dem Unternehmen zur Kenntnis gebracht und zur Nutzung angeboten werden müssen, wofür es - bei Annahme - eine Erfindervergütung zu zahlen hat.

Die Vorschläge können sich beziehen auf:

- Verfahrensgestaltung
- Arbeitsplatzgestaltung
- Arbeitsablaufgestaltung.

---

* Das sind u.a. Handelsvertreter, Kommissionäre, Handelsmakler, Spediteure, Frachtführer, Lagerbetriebe, Banken, Versicherungen.

Die **unternehmensexterne Anregung** zu einer Investition, die erfolgen kann:

- Von **Marktpartnern**, die als Handel, Absatzhelfer, Endverwender und Endverbraucher auf das Unternehmen einwirken.

- Vom **Beratungsunternehmen**, die beispielsweise als Forschungsinstitute oder Ingenieurbüros technisch sowie als Marktforschungsinstitute oder Werbeagenturen wirtschaftlich orientiert sein können.

- Vom **Gesetzgeber**, der durch Erlaß neuer Vorschriften - beispielsweise im Unfallschutz, Umweltschutz - Initiator von Investitionen ist.

Die Anregung zu einer Investition kann - wie zu sehen ist - aus vielen Quellen kommen und alle Bereiche des Unternehmens betreffen.

**Beispiel*:** Die Metall GmbH stellt 8 verschiedene Produktarten her, die teilweise auf universellen, teilweise auf spezialisierten Maschinen gefertigt werden.

Der Fertigungsplan ist nach den Angaben des Marketingbereiches erstellt und sieht für dieses Jahr folgende **Fertigungsmengen pro Monat** vor:

| Produktart | Produktmenge Stück/Monat |
|---|---|
| A | 8.000 |
| B | 12.000 |
| C | 10.000 |
| D | 8.000 |
| E | 18.000 |
| F | 4.000 |
| G | 9.000 |
| H | 2.000 |

Der Marketingbereich informiert Ende April, daß sich die monatlichen Absatzmengen der Produkte D und G - durch Konkurrenzaktivitäten bedingt - um jeweils 1.000 Stück vermindern werden. Andererseits ist ein Großabnehmer für das Produkt F gefunden worden, der ab Mitte des Jahres zusätzlich 2.000 Stück/Monat abnehmen wird.

Diese Information ist als Anregung für die Investitionsplanung zu verstehen, die näher zu untersuchen ist.

---

* Dieses Beispiel wird über die verschiedenen Stufen der Planung fortgeführt.

## 1.1.2 Beschreibung des Investitionsproblems

Die Anregung der Investition, die in allgemeiner Weise erfolgt ist, bedarf der Konkretisierung, um feststellen zu können, ob investitionsbezogene Maßnahmen zu ergreifen sind und wie diese gegebenenfalls auszusehen haben.

Dies geschieht durch eine möglichst umfassende Beschreibung des Investitionsproblems, die folgende **Informationen** enthalten sollte:

- Darstellung des Investitionsproblems
- Begründung des Investitionsproblems
- Dringlichkeit der Investition
- Vorteile der Investition
- Nachteile der Investition.

**Beispiel:** Der Betriebsleiter gibt aufgrund der veränderten Prognose des Marketingbereiches am 15. Mai folgende - hier vereinfachte - Stellungnahme ab:

*Das Produkt D wird auf drei Universalmaschinen und einer Spezialmaschine gefertigt; letztere kann nicht zur Herstellung anderer Produkte eingesetzt werden. Das Produkt G wird ausschließlich auf Spezialmaschinen gefertigt, die ebenfalls nicht zur Herstellung sonstiger Produkte zu verwenden sind.*

*Das Produkt F wird auf zwei Universalmaschinen - einer Drehmaschine und einer Fräsmaschine - und drei Spezialmaschinen gefertigt. Die drei Spezialmaschinen verfügen über eine ausreichende Kapazitätsreserve, um die Leistungssteigerung auf 6.000 Stück / Monat zu ermöglichen. Durch verminderten Bedarf für das Produkt D ist die Fräsmaschine ebenfalls in der Lage, die Mehrfertigung bei Produkt F zu realisieren. Es muß aber darauf hingewiesen werden, daß damit bei den genannten Maschinen die Kapazitätsgrenzen erreicht sind. Eine weitere, auch geringe Erhöhung der Fertigungszahlen wird bei diesen Maschinen ohne zusätzliche Investition nicht möglich sein.*

*Die erhöhten Fertigungszahlen des Produktes F sind mit der vorhandenen Drehmaschine nicht realisierbar. Hier ist eine entsprechende **Investition** vorzunehmen, die folgende Daten aufweist:*

*1 Universaldrehmaschine*
*(Termin: 20. Juni)*

*Technische Daten:*

..........................................................................................

..........................................................................................

..........................................................................................

*1 Energieanschluß*
*(Termin: 20. Juni)*

*1 Dreher*
*(Termin: 1. Juli)*

*Aufstellung und Installation der Drehmaschine müssen bis zum 25. Juni abgeschlossen sein.*

*Die Investition ist **dringlich**.*

*Sie ermöglicht es, die beim Ausfall von Spezialdrehmaschinen durch Wartung oder Reparatur immer wieder auftretenden Kapazitätsprobleme durch eine Kapazitätsreserve von 30 % besser bewältigen zu können.*

Damit ist das Investitionsproblem exakt beschrieben und begründet.

### 1.1.3 Festlegung der Bewertungskriterien

Mit der Beschreibung des Investitionsproblems ist bekannt, worüber eine Entscheidung getroffen werden muß. Um aber die Entscheidung vornehmen zu können, bedarf es der Festlegung geeigneter Bewertungskriterien.

Diese sind aus den **Zielen** des Unternehmens abzuleiten, die sein können:

- **Formalziele**, welche die übergeordneten Unternehmensziele darstellen. Dazu zählen:

  - **Gewinnstreben**, das seinen Ausdruck im Wunsch des Unternehmens findet, einen bestimmten Mindestgewinn oder einen möglichst hohen Gewinn pro Jahr zu erwirtschaften.

  - **Umsatzstreben**, das einen bestimmten Mindestumsatz oder einen möglichst hohen Umsatz, auf den Markt bezogen gegebenenfalls auch einen bestimmten Mindest-Marktanteil oder einen möglichst hohen Marktanteil, erreichen will.

  - **Wachstumsstreben**, das in einer bestimmten Steigerung - insbesondere von Gewinn oder Umsatz - besteht, aber auch Prestigeüberlegungen beinhalten kann.

  - **Sicherheitsstreben**, bei welchem das Unternehmen - häufig in Verbindung mit dem Wachstumsstreben - seinen Bestand sichern will, indem es einen Risikoausgleich zu schaffen versucht.

  - **Sozialstreben**, welches den Menschen als soziales Wesen und seine Umwelt in den unternehmerischen Planungen angemessen berücksichtigt.

- **Sachziele**, die formuliert werden müssen, um die Formalziele praktisch zu realisieren. Sie beziehen sich unmittelbar auf betriebliche Handlungen.

  So kann das als **Gewinnstreben** bezeichnete Formalziel möglicherweise zu folgenden Sachzielen führen:

- **Verbesserung der Erlössituation**

  **Beispiel:** Sie kann durch Steigerung des Absatzes aufgrund von werbenden und verkaufsfördernden Maßnahmen oder durch Variation der Erzeugnisse erfolgen.

- **Verbesserung der Kostensituation**

  **Beispiel:** Sie ist durch Kostendegression aufgrund des Einsatzes wirtschaftlicher arbeitender Betriebsmittel oder durch Übernahme vor- oder nachgelagerter Fertigungsstufen möglich.

- **Beseitigung innerbetrieblicher Engpässe**

  **Beispiel:** Sie können durch eine Verbesserung des Arbeitsablaufes oder durch eine Veränderung der Unternehmensgröße beseitigt werden.

- **Ausnutzung steuerlicher Möglichkeiten**

  **Beispiel:** Sie sind durch Schaffung von Abschreibungsmöglichkeiten oder durch Ausnutzung von Investitionszulagen möglich.

Die aus den Zielen des Unternehmens abzuleitenden Bewertungskriterien lassen sich unterscheiden in:

| | |
|---|---|
| **Quantitative Bewertungs-kriterien** | Sie werden nachfolgend im Überblick und ausführlich in den Kapiteln C, D, E beschrieben. |
| **Qualitative Bewertungs-kriterien** | Sie werden in den Nutzwertrechnungen berücksichtigt und im Kapital F näher dargestellt. |

## 1.1.3.1 Quantitative Bewertungskriterien

Quantitative Bewertungskriterien sind Maßstäbe der Vorteilhaftigkeit von Investitionen, die bei den **traditionellen Investitionsrechnungen** verwendet werden. Es ist darauf hinzuweisen, daß auch andere als die dort zugrunde gelegten Kriterien quantifizierbar wären, in der betrieblichen Praxis aber - besonders aus Gründen der Vereinfachung oder Erleichterung - eine Quantifizierung nicht erfolgt.

Quantifizierte Bewertungskriterien sind vor allem:

- Die **Kosten**, deren Höhe mit Hilfe der Kostenvergleichsrechnung ermittelt werden.

- Der **Gewinn**, dessen Höhe auf der Grundlage der Gewinnvergleichsrechnung festgestellt wird.

- Die **Rentabilität**, deren Ausmaß unter Verwendung des Gewinnes und des durchschnittlich gebundenen Kapitals mit Hilfe der Rentabilitätsvergleichsrechnung ermittelt wird.

- Die **Amortisationszeit**, die im Rahmen der Amortisationsvergleichsrechnung offenlegt, in welcher Zeit die Überschüsse aus einer Investition den Kapitaleinsatz decken.

Kosten, Gewinn, Rentabilität und Amortisationszeit sind Bewertungskriterien der **statischen Investitionsrechnungen**. Sie werden in der betrieblichen Praxis gerne eingesetzt, da sie relativ einfach zu handhaben sind. Ihre Eignung, Informationen über die Vorteilhaftigkeit von Investitionen zu vermitteln, wird indessen unterschiedlich beurteilt. Die Gründe hierfür sind in ihren besonderen **Merkmalen** zu sehen:

- Sie beziehen sich lediglich auf eine Periode.
- Sie berücksichtigen keine Interdependenzen.
- Sie basieren auf Kosten und Erträgen.

Statische Investitionsrechnungen können geeignet sein, die Vorteilhaftigkeit abgrenzbaren, gleichartigen Investitionsobjekten auf der Grundlage repräsentativer oder durchschnittlicher Werte festzustellen.

- Der **Kapitalwert**, der sich auf der Grundlage der Kapitalwertmethode als Differenz der Barwerte von Einnahmen und Ausgaben ergibt.

- Der **interne Zinsfuß**, dessen Höhe mit Hilfe der Internen Zinsfuß-Methode als der Zinssatz ermittelt wird, der beim Abzinsen einer Einnahmenreihe und Ausgabenreihe zu einem Kapitalwert von Null führt.

- Die **Annuität**, die im Rahmen der Annuitätenmethode zeigt, wie hoch die jährlich gleich transformierten Überschüsse einer Investition sind.

Kapitalwert, interner Zinsfuß und Annuität sind Bewertungskriterien der **dynamischen Investitionsrechnungen**, die in der betrieblichen Praxis weniger häufig eingesetzt werden als statische Investitionsrechnungen. Sie sind schwerer zu handhaben. Ihre Eignung, Informationen über die Vorteilhaftigkeit von Investitionen zu vermitteln, ist indessen positiver zu beurteilen als bei den statischen Investitionrechnungen. Die Gründe hierfür sind in ihren besonderen **Merkmalen** zu sehen:

- Sie beziehen sich auf alle Nutzungsperioden.
- Sie bedienen sich finanzmathematischer Methoden.
- Sie basieren auf Einnahmen und Ausgaben.

Dynamische Investitionsrechnungen können geeignet sein, die Vorteilhaftigkeit von abgrenzbaren Investitionsobjekten festzustellen.

Nach einer Untersuchung von *Grabbe* finden die genannten quantitativen Bewertungskriterien in der betrieblichen Praxis folgende Anwendung:

| **Bewertungs-kriterium** | **Prozentzahl der anwendenden Unternehmen*** |
|---|---|
| Amortisationszeit | 77 % |
| Interner Zinsfuß | 40 % |
| Rentabilität | 29 % |
| Kosten | 24 % |
| Kapitalwert | 20 % |
| Gewinn | 9 % |
| Annuität | 6 % |

Neben den dargestellten quantitativen Bewertungskriterien gibt es noch weitere, spezielle Kriterien, die sich auf die **Unternehmensbewertung** beziehen, vor allem:

- Den **Ertragswert** als Zukunftserfolgswert, der den Gegenwartswert der zukünftig erwarteten Gewinne darstellt.

- Den **Reproduktionswert** als **Substanzwert**, der die Summe der einzelnen Beschaffungspreise zur Erstellung des Unternehmens umfaßt und als **Teilreproduktionswert** die immateriellen Güter nicht berücksichtigt.

- Den **Mittelwert**, der sich aus dem arithmetischen Mittel von Ertragswert und (Teil)Reproduktionswert ergibt.

**Beispiel:** Die zu beschaffende Universaldrehmaschine könnte nach folgenden quantitativen Bewertungsfaktoren beurteilt werden:

- Amortisationszeit
- Interner Zinsfuß.

### 1.1.3.2 Qualitative Bewertungskriterien

Qualitative Bewertungskriterien sind Maßstäbe der Vorteilhaftigkeit von Investitionen, die nicht quantifiziert werden sollen oder können und in den **Nutzwertrechnungen** verwendet werden.

Die traditionellen - statischen und dynamischen - Investitionsrechnungen reichen für eine zweckentsprechende Investitionsentscheidung vielfach nicht aus, weil sie lediglich monetär quantifizierbare Bewertungskriterien berücksichtigen, indem sie vor allem mit Kosten und Erträgen bzw. Ausgaben und Einnahmen rechnen.

---

* Die Prozentzahlen ergeben insgesamt mehr als 100 %, weil viele Unternehmen mehrere der Bewertungskriterien nebeneinander verwenden.

Die Grenzen dieser Investitionsrechnungen liegen zunächst dort, wo eine Quantifizierung der Bewertungskriterien nicht möglich ist. Praktisch indessen sind die Grenzen enger gezogen, da es eine ganze Reihe an sich quantifizierbarer Bewertungskriterien gibt, die aber keinen Eingang in die traditionellen Investitionsrechnungen finden. Hierfür gibt es zwei Gründe:

- Die traditionellen Investitionsrechnungen sollen möglichst einfach anwendbar sein. Eine Aufnahme von weiteren quantifizierbaren Bewertungskriterien würde ihre Komplexität - möglicherweise beträchtlich - erhöhen.

- Die Tatsache, daß Bewertungskriterien quantifizierbar sind, sagt noch nicht darüber aus, welcher Aufwand für die Quantifizierung notwendig ist. Er kann gegebenenfalls wirtschaftlich unvertretbar hoch sein.

Unbeschadet dessen dürfen Investitionsrechnungen nicht darauf beschränkt sein, die Vorteilhaftigkeit von Investitionen lediglich unter Anlegung quantifizierter Bewertungskriterien zu ermitteln. In eine Investitionsentscheidung müssen alle bedeutsamen Bewertungskriterien Eingang finden, also auch qualitative Bewertungskriterien.

Die Nutzwertrechnungen können geeignet sein, den Mangel der traditionellen Investitionsrechnungen durch **qualitative Bewertung** - auch von quantifizierbaren Kriterien - zu überwinden und eine umfassende Beurteilung von Investitionsobjekten zu gewährleisten. Sie ermöglichen es, alternative Investitionsobjekte unter Berücksichtigung verschiedener Ziele des Investors ihrer Vorteilhaftigkeit nach einzuordnen. Maßstäbe der Vorteilhaftigkeit sind die **Nutzwerte** der alternativen Investitionsobjekte.

Es lassen sich vor allem die folgenden qualitativen Bewertungskriterien unterscheiden:

- **Wirtschaftliche Bewertungskriterien**

  **Beispiel:** Die zu beschaffende Universaldrehmaschine könnte den folgenden wirtschaftlichen Bewertungskriterien unterzogen werden:

  - Garantie
  - Kundendienst
  - Kulanz
  - Zuverlässigkeit.

- **Technische Bewertungskriterien**

  **Beispiel:** Die zu beschaffende Universaldrehmaschine könnte nach den folgenden technischen Bewertungskriterien beurteilt werden:

  - Genauigkeitsgrad
  - Kapazitätsreserve
  - Werkstückdimension
  - Störunanfälligkeit.

- **Soziale Bewertungskriterien**

  **Beispiel:** Die zu beschaffende Universaldrehmaschine könnte unter den folgenden sozialen Bewertungskriterien betrachtet werden:

  – Ästhetik
  – Umweltfreundlichkeit.

- **Rechtliche Bewertungskriterien**

  Hier wird die rechtliche Zulässigkeit beurteilt, die alternativen Investitionsobjekte zu realisieren.

Die qualitativen Bewertungskriterien können - ihrer Bedeutung entsprechend - zusätzlich **gewichtet** werden. Damit wird der Tatsache Rechnung getragen, daß nicht alle qualitativen Bewertungskriterien für die Beurteilung der alternativen Investitionsobjekte die gleiche Bedeutung haben.

### 1.1.4 Festlegung der Begrenzungsfaktoren

Neben den Bewertungskriterien, die daraufhin untersucht werden, ob sie mehr oder weniger erfüllt sind, gibt es meist Begrenzungsfaktoren für die Investitionsentscheidung. Das sind **Nebenbedingungen**, die unbedingt erfüllt sein müssen, wenn die Investitionsalternative als zulässig angesehen werden soll.

Investitionsalternativen, die den Begrenzungsfaktoren nicht uneingeschränkt entsprechen, sind für das Unternehmen uninteressant, weiterverfolgt zu werden. Sie scheiden bei der Vorauswahl der Investitionsalternativen aus.

Die Begrenzungsfaktoren können

- wirtschaftlicher
- technischer
- sozialer
- rechtlicher

Art sein, wie bei den Bewertungsfaktoren dargestellt. Es ist auch möglich, daß einzelne Bewertungskriterien im speziellen Fall als Begrenzungsfaktoren wirken. So kann von einem Unternehmen eine bestimmte Rentabilität der Investitionsalternativen vorausgesetzt werden, deren Nichterreichen die betreffende Investitionsalternative einer weiteren Untersuchung entzieht, oder eine Investition muß innerhalb eines bestimmten Zeitraums zwingend erfolgen, was bedeutet, daß eine sonst vorteilhafte Investitionsalternative unzulässig ist, wenn sie nicht innerhalb dieses Zeitraumes beschaffbar ist.

**Beispiel:** Für die zu beschaffende Universaldrehmaschine sollen als Begrenzungsfaktoren angenommen werden:

- Technische Daten
- Lieferzeit
- Unfallverhütungsvorschriften

## 1.1.5 Ermittlung der Investitionsalternativen

Der Festlegung geeigneter Bewertungskriterien schließt die Ermittlung der möglichen Investitionsalternativen an. Je nach Art des Investitionsproblems kann die Ermittlung der möglichen Investitionsalternativen erfolgen durch:

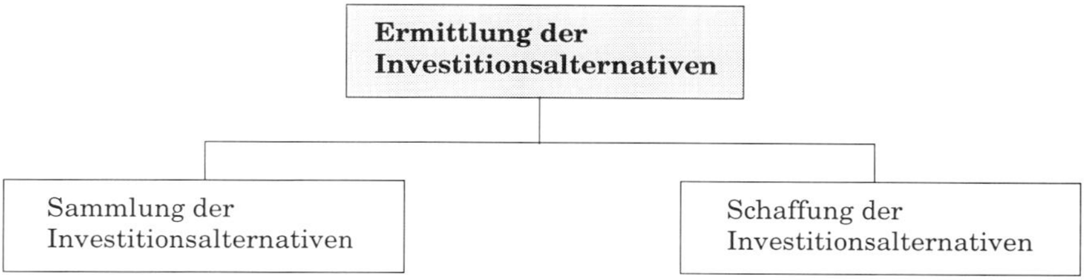


### 1.1.5.1 Sammlung der Investitionsalternativen

Bezieht sich die Investition auf standardisierte Objekte, beispielsweise die oben angesprochene Universaldrehmaschine, ist es lediglich erforderlich, sich unter Ausnutzung aller zweckdienlich erscheinenden Quellen einen Überblick zu verschaffen, der Aufschluß über die möglichen Investitionsalternativen gibt.

**Quellen** können sein:

- Kataloge
- Preislisten
- Prospekte
- Fachzeitschriften
- Zeitungen
- Branchenhandbücher
- Bezugsquellenverzeichnisse
- Lieferantenkarteien
- Messen
- Ausstellungen.

**Beispiel:** Für die zu beschaffende Universaldrehmaschine werden vom Unternehmen 8 mögliche Alternativen zusammengetragen:

| Alternative Nr. | Hersteller/ Lieferer | Preis DM |
|---|---|---:|
| I | Maschinenbau GmbH | 19.260 |
| II | Müller Drehmaschinen | 18.790 |
| III | Gebrüder Neumaier | 20.043 |
| IV | Werkzeugmaschinen AG | 25.217 |
| V | Pfälzische Maschinenfabrik GmbH | 18.310 |
| VI | Universalmaschinen GmbH | 26.050 |
| VII | Adolf Schmidt & Co. | 21.009 |
| VIII | Spezialmaschinen GmbH | 24.910 |

Die als möglich erkannten Investitionsalternativen werden im nächsten Schritt auf ihre Zulässigkeit hin überprüft.

### 1.1.5.2 Schaffung von Investitionsalternativen

Handelt es sich bei der angestrebten Investition nicht um ein standardisiertes Objekt, wie oben beispielhaft dargestellt, sondern um ein komplexes, möglicherweise auch technologisch neuartiges Objekt, genügt die Sammlung von Informationen meist nicht. Problemlösungen müssen erarbeitet werden.

Zur Schaffung von Investitionsalternativen dienen bestimmte Verfahren, die sich in der betrieblichen Praxis bewährt haben:

- Das **Brainstorming**, bei dem es sich um die Schaffung kreativer Leistungen durch eine in einer Gruppensitzung ungehemmte Diskussion handelt.

  Die Gruppe sollte maximal 10 Teilnehmer mit möglichst unterschiedlichen Kenntnissen und Erfahrungen umfassen, denen das zu diskutierende Thema bzw. Problem frühzeitig und möglichst genau vorzugeben ist.

  Die Gruppensitzung beginnt mit der Bekanntgabe der Sitzungsregeln, der sich der Austausch der Ideen anschließt, die zu protokollieren sind. Die Sitzungsdauer sollte 30 Minuten nicht übersteigen.

  **Grundregeln** der Sitzung sind:

  - Keine Kritik
  - Quantität vor Qualität
  - Weiterentwicklung der Ideen
  - Freier Lauf der Phantasie
  - Freier Lauf der Assoziation
  - Keine Killerphasen.

  Die bei der Gruppensitzung entwickelten Ideen sind anschließend daraufhin zu überprüfen, ob sie unmittelbar, mittelbar oder nicht verwertbar sind.

- Die **Methode 635**, die mit dem Brainstorming verwandt ist. Bei ihr schreiben anläßlich einer Gruppensitzung

  - 6 Gruppenmitglieder
  - 3 Vorschläge auf, die
  - 5 mal weiterentwickelt werden.

  Dafür sind geeignete Vordrucke bereitzustellen. Die Vordrucke mit den drei Lösungsalternativen werden jeweils den Nachbarn weitergegeben, welche die Lösungsalternativen weiterentwickeln. Bei fünfmaliger Weitergabe der Vordrucke und entsprechender Weiterentwicklung der Lösungsalternativen ergeben sich 108 mögliche Lösungen.

Die Auswertung der Lösungsalternativen erfolgt wie beim Brainstorming.

- Die **morphologische Methode**, die der möglichst vollständigen Erfassung aller Lösungsalternativen und der Prüfung ihrer Kombinationsmöglichkeiten dient.

  Das Investitionsproblem ist möglichst allgemein festzulegen, damit Lösungsmöglichkeiten nicht von vornherein ausgeschlossen werden.

  Der **Ablauf** der morphologischen Methode erfolgt:

  - Aufstellung eines morphologischen Kastens
  - Festlegung der Funktionen des Investitionsobjektes
  - Eintragung der Funktionen in der Vertikalen
  - Für jede Funktion getrennte Suche nach Lösung
  - Eintragung der alternativen Lösungen in der Horizontalen
  - Kombination der alternativen Lösungen
  - Auswahl der optimalen Lösung.

**Beispiel:** Konstruktion einer Kaffeemaschine nach *Geschka* (Beschränkung auf 3 Lösungsalternativen)

| **Funktionen** | **Lösungsalternativen** | | |
|---|---|---|---|
| | 1 | 2 | 3 |
| Wasser kochen | Heizplatte (außen) | Heizspirale (innen) | Induktions-erhitzung |
| Kaffee filtern | Filter-papier | poröses Material | Zentrifuge |
| Kaffee warmhalten | Wärme-zufuhr | Isolierung | Wärmehaube |
| Kaffee aus-schenken | Zweitbehälter zum Ausgießen | Pumpe zum Ausgeben | Hahn zum Ausschenken |

Aus dem morphologischen Kasten können beispielsweise zwei **Alternativen** entwickelt werden:

| **Funktion** | **Alternative 1** | **Alternative 2** |
|---|---|---|
| kochen<br>filtern<br>wärmen<br>ausschenken | Heizplatte<br>poröses Material<br>Wärmehaube<br>Hahn | Heizspirale<br>Filterpapier<br>Isolierung<br>Zweitbehälter |

Die zusammengestellten Investitionsalternativen, die gesammelt oder geschaffen wurden, sind zweckmäßigerweise auf entsprechenden **Formularen** systematisch festzuhalten und - soweit vorhanden - an die Investitionsabteilung weiterzugeben, durch die eine zentrale Bearbeitung erfolgen kann.

## 1.1.6 Vorauswahl der Investitionsalternativen

Die möglichen Investitionsalternativen - im Beispiel waren es 8 Maschinen - sind auf ihre Vorteilhaftigkeit hin zu untersuchen. Aus Kosten- und Zeitgründen erscheint es aber nicht zweckmäßig, unmittelbar nach der Ermittlung der möglichen Investitionsalternativen alle diese einer umfassenden Untersuchung zu unterziehen.

Erfahrungsgemäß gibt es häufig einzelne Investitionsalternativen, welche den **Begrenzungsfaktoren**

- wirtschaftlicher Art
- technischer Art
- sozialer Art
- rechtlicher Art,

denen die Investition unterliegt, nicht gerecht werden. Als Begrenzungsfaktoren sind jene Kriterien anzusehen, deren Nichterfüllung die betreffende Investitionsalternative aus der weiteren Betrachtung fallen läßt. Dabei wird eine Investitionsalternative bereits dann ausgeschieden, wenn lediglich ein Begrenzungsfaktor - von möglicherweise mehreren - nicht erfüllt ist.

Die Vorauswahl kann - sofern vorhanden - von der Investitionsabteilung im Zusammenwirken mit den betroffenen Abteilungen erfolgen.

**Beispiel:** Für die zu beschaffende Universaldrehmaschine wurden bei Formulierung des Investitionsproblems am 15.05. des Jahres die technischen Daten genannt. Die Verfügbarkeit der Maschine wurde auf den 20.06. des Jahres terminiert, die Einhaltung der Unfallverhütungsvorschriften gefordert.

Diese Daten sind als Begrenzungsfaktoren anzusehen, die unbedingt erfüllt sein müssen. Es ergibt sich am 18.05. des Jahres folgendes Bild:

| Alternative Nr. | Technische Daten | Lieferzeit | Unfallverhütungsvorschriften |
|---|---|---|---|
| I | erfüllt | 3 Wochen | erfüllt |
| II | erfüllt | 2 Wochen | erfüllt |
| III | erfüllt | 6 Wochen | erfüllt |
| IV | erfüllt | 5 Wochen | erfüllt |
| V | erfüllt | 4 Wochen | erfüllt |
| VI | nicht erfüllt | 2 Wochen | erfüllt |
| VII | erfüllt | 3 Wochen | erfüllt |
| VIII | erfüllt | 2 Wochen | erfüllt |

Die Investitionsalternativen III und IV entfallen, weil ihre Lieferfristen zu lang sind. Die Investitionsalternative VI wird ebenfalls nicht weiterverfolgt, da sie den technischen Erfordernissen nicht gerecht wird.

## 1.1.7 Bewertung der Investitionsalternativen

Die zulässigen Investitionsalternativen werden schließlich einer eingehenden Beurteilung unterzogen, wobei die oben festgelegten Bewertungskriterien zugrunde gelegt werden.

Die Bewertung der Investitionsalternativen geschieht mit Hilfe der traditionellen Investitionsrechnungen und - für die nicht quantifizierten Bewertungskriterien - unter Verwendung der Nutzwertrechnungen.

**Beispiel:** Als Bewertungskriterien und zulässige Investitionsalternativen haben sich für die Universaldrehmaschine bis jetzt ergeben.

| Bewertungs-kriterium | Alternative I | Alternative II | Alternative V | Alternative VII | Alternative VIII |
|---|---|---|---|---|---|
| Amortisationszeit<br>Interner Zinsfuß | | | | | |
| Garantie<br>Kundendienst<br>Zuverlässigkeit<br>Kulanz | | | | | |
| Genauigkeitsgrad<br>Kapazitätsreserve<br>Werkstückdimension<br>Störunanfälligkeit | | | | | |
| Ästhetik<br>Umweltfreundlichkeit | | | | | |
| **Wertzahl** | | | | | |

Die Investitionsalternativen sind nun hinsichtlich ihrer Vorteilhaftigkeit zu beurteilen, wobei sich bei den ersten beiden Kriterien reale Zahlen ergeben, die übrigen Kriterien werden mit Punkten bewertet:

| | |
|---|---|
| 5 Punkte | sehr gut (erfüllt) |
| 4 Punkte | gut (erfüllt) |
| 3 Punkte | befriedigend (erfüllt) |
| 2 Punkte | ausreichend (erfüllt) |
| 1 Punkt | mangelhaft (erfüllt) |
| 0 Punkte | ungenügend (erfüllt) |

Dabei mag sich unter Verwendung der erforderlichen Investitions- und Nutzwertrechnungen, die später beschrieben werden, folgende Bewertung ergeben:

| **Bewertungs-kriterium** | **Alternative I** | **Alternative II** | **Alternative V** | **Alternative VII** | **Alternative VIII** |
|---|---|---|---|---|---|
| Amortisationszeit | 4,4 Jahre | 4,9 Jahre | 4,1 Jahre | 3,6 Jahre | 3,8 Jahre |
| Interner Zinsfuß | 12,0 % | 11,4 % | 11,8 % | 13,8 % | 12,4 % |
| Garantie | 3 | 2 | 2 | 4 | 4 |
| Kundendienst | 5 | 4 | 4 | 4 | 3 |
| Zuverlässigkeit | 4 | 3 | 3 | 5 | 4 |
| Kulanz | 4 | 3 | 3 | 5 | 5 |
| Genauigkeitsgrad | 3 | 3 | 4 | 4 | 4 |
| Kapazitätsreserve | 4 | 4 | 4 | 5 | 5 |
| Werkstückdimension | 5 | 4 | 5 | 4 | 4 |
| Störunanfälligkeit | 2 | 4 | 5 | 4 | 4 |
| Ästhetik | 3 | 3 | 5 | 3 | 4 |
| Umweltfreundlichkeit | 4 | 4 | 4 | 5 | 4 |
| **Wertzahl** | **37** | **34** | **39** | **43** | **41** |

Es ist nochmals darauf hinzuweisen, daß die qualitativen Bewertungskriterien zusätzlich noch **gewichtet** werden können, worauf hier verzichtet wurde.

## 1.1.8 Bestimmung der vorteilhaftesten Investitionsalternative

Die Bewertung der Investitionsalternativen ermöglicht es, die vorteilhafteste Investitionsalternative zu bestimmen. Das geschieht, indem die bewerteten Investitionsalternativen in eine **Rangordnung** gebracht werden.

**Beispiel:**

| **Kriterium** | **Rang 1** | **Rang 2** | **Rang 3** | **Rang 4** | **Rang 5** |
|---|---|---|---|---|---|
| Amortisationszeit | VII | VIII | V | I | II |
| Interner Zinsfuß | VII | VIII | I | V | II |
| Wertzahl | VII | VIII | V | I | II |

Die vorteilhafteste Investitionsalternative ist die Alternative VII.

Die Erstellung einer endgültigen Rangordnung und damit die Bestimmung der vorteilhaftesten Investitionsalternative kann sich in der betrieblichen Praxis schwieriger gestalten, wenn die Rangfolge der einzelnen abschließenden Bewertungskriterien jeweils unterschiedlich ist. In diesem Fall muß eine sorgsame Abwägung, gegebenenfalls die Beschaffung zusätzlicher Informationen erfolgen.

Mit der Bestimmung der vorteilhaftesten Investitionsalternative ist die Planung im engeren Sinne abgeschlossen. Es folgt die Realisierung, der sich dann die Kontrolle anschließt.

## 1.1.9 Realisierung der Investition

Die Realisierung der Investition erfolgt aufgrund des **Beschlusses**, die Investition vorzunehmen, der grundsätzlich gefaßt werden kann durch:

- Die **Unternehmensleitung**, vor allem in kleineren Unternehmen und/oder ab einer bestimmten, festgelegten Investitionssumme.
- Die **Investitionsabteilung** als Stabstelle der Unternehmensleitung.
- Den **Investitionsausschuß** als Gremium, das zu diesem Zwecke zusammenkommt.
- Die **Abteilungsleitung** des Bereiches, in welchem die Investition vorgenommen werden soll, insbesondere wenn die Investition einen bestimmten, durch die Unternehmensleitung festgelegten Betrag nicht übersteigt und/oder wenn die Investition innerhalb eines durch die Unternehmensleitung genehmigten Budgets liegt.

Ist im Unternehmen geregelt, bis zu welchem Betrag eine Investition auf einer bestimmten Entscheidungsebene verabschiedet werden darf, beispielsweise kleinere Investitionen durch die Abteilungsleitung, ohne daß sie durch die Investitionsplanung, den Investitionsausschuß oder die Unternehmensleitung genehmigt werden müssen, besteht die Gefahr, daß Investitionsobjekte, die diese Grenzen überschreiten, in mehrere Teile zerlegt werden, um die übergeordneten Instanzen nicht in das Genehmigungsverfahren einbeziehen zu müssen.

Der Beschluß, eine beantragte Investition vorzunehmen, ist dem Antragsteller und den mit dem Vollzug des Beschlusses befaßten Stellen des Unternehmens mitzuteilen.

## 1.1.10 Kontrolle der Investition

Die vom Unternehmen realisierte Investition ist einer Kontrolle zu unterziehen. Hierfür gibt es drei **Gründe**:

- **Abweichungen** zwischen den planerisch erfaßten und den sich tatsächlich ergebenden Daten sollen festgestellt werden.

  **Beispiele:** Die Materialkosten liegen höher als geplant, weil die angeschaffte Maschine eine geringere Werkstoffausbeute ermöglicht als erwartet.

  Die Störanfälligkeit der Maschine ist höher als erwartet.

  Die Anschaffungskosten der Maschine sind höher als geplant, da noch zusätzliche, nicht kalkulierte Kosten anfallen.

- **Anpassungsmaßnahmen** der sich tatsächlich ergebenden Daten als Ist-Werte an die planerisch erfaßten Daten als Soll-Werte sollen ermöglicht werden, sofern diese noch durchführbar sind.

  **Beispiele:** Eine geringere Werkstoffausbeute kann gegebenenfalls durch Veränderungen in Fertigungsablauf oder durch Ersetzen von Maschinenteilen behoben werden. Eine Störanfälligkeit kann eventuell durch Ersetzen bestimmter Maschinenteile ausgeschaltet werden. Höhere Anschaffungskosten lassen sich dagegen kaum durch nachträgliche Anpassungsmaßnahmen korrigieren.

- **Erfahrungswerte** sollen für künftige Planungen gewonnen werden, um realistischere Daten ansetzen zu können und sicherzustellen, daß Datenmanipulationen nicht möglich sind.

  **Beispiele:** Die mit einer bestimmten Art von Maschinen erzielte Werkstoffausbeute bietet die Grundlage für künftige Planungen. Das gleiche gilt für die Störanfälligkeit und die damit verbundenen Reparaturkosten, die für die Zukunft zu schätzen sind. Bei den Anschaffungskosten zeigen die Erfahrungswerte, mit welchen Nebenkosten künftig gegebenenfalls noch zu rechnen ist.

Die Investitionskontrolle kann als **individuelle Kontrolle** erfolgen, die sich auf die einzelne Investition bezieht. Dabei sind die gleichen Bewertungskriterien zugrundezulegen, wie sie in der Planung verwendet wurden. Nur so ist es möglich, eine konkrete Vergleichbarkeit herbeizuführen.

**Beispiel:** Wurde die anzuschaffende Maschine quantitativ anhand ihrer Amortisationszeit und ihres internen Zinsfußes beurteilt, sind diese Kriterien auch für die Kontrolle anzulegen.

Die Investitionskontrolle ist auch als **summarische Kontrolle** durchführbar, bei der alle Investitionen von Teilbereichen oder des gesamten Unternehmens zusammengefaßt werden. Dies geschieht vor allem mit Hilfe von Bewegungsbilanzen.

Die Kontrolle der Investition kann grundsätzlich zu verschiedenen Zeitpunkten erfolgen. Es ist möglich, die Kontrolle

- einmalig
- mehrfach

vorzunehmen. Für die Häufigkeit der Kontrolle sollte ausschlaggebend sein, inwieweit eine mehrfache Kontrolle zweckmäßig und wirtschaftlich vertretbar ist.

Um gegebenenfalls noch Anpassungsmaßnahmen beim Investitionsobjekt vornehmen zu können, ist eine frühzeitige Kontrolle zweckmäßig. Eine Kontrolle, die erst beim Ausscheiden des Investitionsobjektes erfolgt, erscheint vielfach zu spät und weniger nützlich.

*Lüder* schlägt als **Zeitpunkt der Kontrolle** vor:

- Das Ende der geplanten Anlaufperiode.

- Die Zeitpunkte, in denen verbesserte, funktionsgleiche Investitionsobjekte verfügbar werden.

- Die Zeitpunkte, in denen größere Reparaturen erforderlich werden.
- Die Zeitpunkte, in denen Programmumstellungen für das betreffende Investitionsobjekt vorgenommen werden sollen.
- Das Ende der Amortisationszeit.
- Das Ende von Gewährleistungs- oder Garantiefristen.
- Die Zeitpunkte, in denen zusätzliche Investitionsobjekte angeschafft werden sollen.
- Das Ende der geplanten wirtschaftlichen Nutzungsdauer.

6

# 1.2 Formulare

| **Investitionsantrag** | | | | | | Blatt 1 |
|---|---|---|---|---|---|---|
| Investitionsprogramm | Pos. Nr. | | Investitions-Nr. | **Genehmig. gruppe** | **Invest.-gruppe** | Investitionsbetrag DM |
| | | | | | | |

Text (kurze Beschreibung des Vorhabens):

| Inventar-Nr. | Aufstellungsort | | für Abteilung | Datum des Antrages |
|---|---|---|---|---|
| | Geb. | Gesch. | | |

**Begründung**

(Einzelangaben, gegebenenfalls mit Anlagen)

Energiekapazität und -Zuführung ist .................. vorhanden.

| Beantragende Abteilung | Unterschriften | |
|---|---|---|
| | Betriebs- bzw. Abteilungsleiter | Technische Direktion |
| | | |

| Investitionsantrag | | | | | | | Blatt 2 |
|---|---|---|---|---|---|---|---|
| Investitionsprogramm | Pos. Nr. | | Investitions-Nr. | **Genehmig. gruppe** | **Invest.-gruppe** | Investitionsbetrag DM | |
| | | | | | | | |

| Text (kurze Beschreibung des Vorhabens): | | | | |
|---|---|---|---|---|
| | | | | |
| Inventar-Nr. | Aufstellungsort | | für Abteilung | Datum des Antrages |
| | Geb. | Gesch. | | |

**Kostenvoranschlag**

Gegliedert nach Bauleistungen, Haupt- und Nebenaggregaten und Vorrichtungen- Montage, Umräumarbeiten, Installation - gegebenenfalls mit quantitativen Angaben und Erstellungsterminen auf beigegebenen Sonderanlagen

| Lfd. Nr. | Schlüssel-Nr. | Art der Leistung | Eigen-leistungen DM | Fremd-leistungen DM | Voranschlag lt. Angebot oder Eigen-kalkulation |
|---|---|---|---|---|---|
| 1 | | | | | |
| 2 | | | | | |
| 3 | | | | | |
| 4 | | | | | |
| 5 | | | | | |
| 6 | | | | | |
| 7 | | | | | |
| 8 | | | | | |
| 9 | | | | | |
| 10 | | | | | |
| 11 | | | | | |
| 12 | | | | | |
| 13 | | | | | |
| 14 | | | | | |
| 15 | | | | | |
| 16 | | | | | |
| 17 | | | | | |
| 18 | | | | | |
| 19 | | | | | |
| 20 | | | | | |
| 21 | | | | | |
| 22 | | | | | |
| 23 | | | | | |
| 24 | | | | | |
| 25 | | | | | |
| | | Summe | | | |

| Investitionsantrag | | | | | | | Blatt 3 |
|---|---|---|---|---|---|---|---|
| Investitionsprogramm | Pos. Nr. | | Investitions-Nr. | Genehmig.-gruppe | Invest.-gruppe | Investitionsbetrag DM | |
| | | | | | | | |

Text (kurze Beschreibung des Vorhabens):

| Inventar-Nr. | Aufstellungsort | | für Abteilung | Datum des Antrages |
|---|---|---|---|---|
| | Geb. | Gesch. | | |

**Zahlungsplan**

Die Zahlungstermine sind Grundlage der Finanzvorschau und daher möglichst genau zu planen. Eintretende Änderungen sind der Betriebsabrechnung sofort zu melden.

| Lfd. Nr. | Art der Leistung | Betrag DM | im 1. Monat | … | im 9. Monat | im 10.-12. Monat | im 13.-15. Monat | im 16.-18. Monat | nach 1½ Jahren |
|---|---|---|---|---|---|---|---|---|---|
| 1 | | | | … | | | | | |
| 2 | | | | … | | | | | |
| 3 | | | | … | | | | | |
| 4 | | | | … | | | | | |
| 5 | | | | … | | | | | |
| 6 | | | | … | | | | | |
| 7 | | | | … | | | | | |
| 8 | | | | … | | | | | |
| 9 | | | | … | | | | | |
| 10 | | | | … | | | | | |
| 11 | | | | … | | | | | |
| 12 | | | | … | | | | | |
| 13 | | | | … | | | | | |
| 14 | | | | … | | | | | |
| 15 | | | | … | | | | | |
| 16 | | | | … | | | | | |
| 17 | | | | … | | | | | |
| 18 | | | | … | | | | | |
| 19 | | | | … | | | | | |
| 20 | | | | … | | | | | |
| 21 | | | | … | | | | | |
| 22 | | | | … | | | | | |
| 23 | | | | … | | | | | |
| 24 | | | | … | | | | | |
| 25 | | | | … | | | | | |
| | Summe | | | … | | | | | |

| Investitionsantrag | | | | | | | Blatt 4 |
|---|---|---|---|---|---|---|---|
| Investitionsprogramm | Pos. Nr. | | Investitions-Nr. | **Genehmig. gruppe** | **Invest.-gruppe** | Investitionsbetrag DM | |
| | | | | | | | |

Text (kurze Beschreibung des Vorhabens):

| Inventar-Nr. | Aufstellungsort | | für Abteilung | Datum des Antrages |
|---|---|---|---|---|
| | Geb. | Gesch. | | |

**Wirtschaftlichkeitsberechnung der Technik**

(Darstellung der quantitativen Auswirkung nach Zeit, Menge, Material, Personalaufwand etc., gegebenenfalls Vergleichszahlen und Anlagen)

| **Investitionsantrag** | | | | | | | Blatt 5 |
|---|---|---|---|---|---|---|---|
| Investitionsprogramm | Pos. Nr. | | Investitions-Nr. | Genehmig. gruppe | Invest. gruppe | Investitionsbetrag DM | |

Text (kurze Beschreibung des Vorhabens):

| Inventar-Nr. | Aufstellungsort | | für Abteilung | Datum des Antrages |
|---|---|---|---|---|
| | Geb. | Gesch. | | |

**Kaufmännische Beurteilung**

(Marktanalysen, Umsatz- und Gewinnerwartung, Wirtschaftlichkeits- und Amortisationsermittlung etc., gegebenenfalls Anlagen)

598.235 / 9105 / 29151.

| **Investitionsantrag** | | | | | | | Blatt 6 |
|---|---|---|---|---|---|---|---|
| Investitionsprogramm | Pos. Nr. | | Investitions-Nr. | | Genhmig. gruppe | Invest. gruppe | Investitionsbetrag DM |
| | | | | | | | |

| Text (kurze Beschreibung des Vorhabens) | | | |
|---|---|---|---|
| Inventar-Nr. | Aufstellungsort | für Abteilung | Datum des Antrages |
| | Geb. / Gesch. | | |

| **Zusammenfassung** | |
|---|---|
| Investitionsart | |
| Investitionsbetrag | |
| jährl. Gewinn / Ersparnis | |
| jährl. Rückfluß (nach St.) | |
| Amortisationszeit | |
| Mindestamortisationsteil (Vergleichswert unter Berücksichtigung der geforderten Kapitalverzinsung) | |

Baubeginn

Beendigung

**Finanzierung aus:**

**Bewilligung nach Teilbeträgen und Terminen**

| Termin | 19 | 19 | 19 | 19 | 19 | Gesamt |
|---|---|---|---|---|---|---|
| DM | | | | | | |

**genehmigt, den 19**

3347/8310 Hausdr.

# INVESTITIONSKONTROLLE

| Investitionsprogramm | Pos. Nr. | | Investitions-Nr. | Genehmig. gruppe | Invest. gruppe | Investitionsbetrag DM |
|---|---|---|---|---|---|---|
| | | | | | | |

Text (kurze Beschreibung des Vorhabens):

| Inventar-Nr. | Aufstellungsort | | für Abteilung | Datum des Antrages |
|---|---|---|---|---|
| | Geb. | Gesch. | | |

Antrag genehmigt am:

**Investitionsaufwand**

Genehmigter Betrag DM

Abgerechneter Betrag (lt. Notiz Betriebsabrechnung vom DM

Über / ~~Unter~~schreitung DM

**Einhaltung der geplanten Liefer- und Zahlungstermine**

**Beurteilung der techn. Ausführung**

**Wirtschaftlichkeitsrechnung**

| | | | | |
|---|---|---|---|---|
| **Verzinsung** | Soll | % | **Amortisation** | Soll |
| | Ist | % | | Ist |

| | |
|---|---|
| Datum: | Unterschrift: gez. ........... |

## 1.3 Informationsbedingte Probleme

Die Planung einer Investition läßt sich - wie beschrieben - in verschiedenen Stufen vornehmen, wobei es sich als zweckmäßig erweist, wenn der Prozeß der Planung formularmäßig durchgeführt wird. Organisatorisch ist die Investitionsplanung ohne größere Schwierigkeiten realisierbar.

Bei der Darstellung des Planungsprozesses wurde unterstellt, daß die **Informationen** vorliegen bzw. beschaffbar sind, die für die Beurteilung der Vorteilhaftigkeit eines Investitionsobjektes benötigt werden. Dies ist in der betrieblichen Praxis aber vielfach nicht ohne weiteres der Fall, insbesondere wenn es gilt, die quantitativen Investitionsrechnungen mit Daten zu füllen.

Wie bei jeder Planung, so sind auch bei der Investitionsplanung verschiedene **Daten** zu unterscheiden, die geprägt sein können von:

- **Sicherheit**, bei der die Daten eindeutig und bekannt sind. Von ihr auszugehen, ist in einem marktwirtschaftlichen System meist unrealistisch, da vollkommene Voraussicht unterstellt wird.

- **Ungewißheit**, die dadurch gekennzeichnet ist, daß nicht bekannt ist, welche Werte die Daten annehmen werden. Sie ist durch die Entwicklung des Marktes geprägt, die nicht oder nur bedingt im Entscheidungsbereich des Unternehmens liegt, aber auch dadurch, daß Handlungen des Unternehmens in ihren Auswirkungen nicht ohne weiteres berechenbar sind. Die Ungewißheit ist grundsätzlich um so größer, je länger sich der Planungszeitraum erstreckt.

  Die Ungewißheit kann im übrigen in zwei **Formen** auftreten:

  – Als **Risiko**, bei dem eine bedingte Ungewißheit darüber herrscht, wie die Daten sich entwickeln werden. Sie läßt sich überbrücken, indem objektive Wahrscheinlichkeiten über die Entwicklung der Daten ermittelt werden. Das ist möglich, wenn Informationen aus der Vergangenheit vorliegen, die nutzbar gemacht werden können.

  – Als **Unsicherheit**, bei der die Ungewißheit vollkommen ist, also keine objektiven Wahrscheinlichkeiten ermittelbar sind. Es ist denkbar, daß überhaupt keine Wahrscheinlichkeiten über die Entwicklung der Daten gebildet werden können. Möglich ist aber auch, daß subjektive Wahrscheinlichkeiten zugrundegelegt werden, welche die persönliche Einschätzung des Planers wiedergeben.

Wenn die Vorteilhaftigkeit eines Investitionsobjektes im Rahmen der Investitionsplanung quantitativ durch Investitionsrechnungen beurteilt werden soll, ist es erforderlich, sich mit den folgenden informationsbedingten Problemen zu befassen:

- **Anschaffungskosten/-ausgaben**
- **Rest(erlös)wert/Liquidationserlös**

- **Gewinn/Überschuß**
- **Nutzungsdauer**
- **Kalkulationszinssatz.**

## 1.3.1 Anschaffungskosten/-ausgaben

Die mit der Beschaffung eines Investitionsobjektes verbundenen Kosten bzw. Ausgaben lassen sich informationsmäßig ohne besondere Schwierigkeiten ermitteln. Es ist lediglich darauf zu achten, daß ihre Feststellung im erforderlichen **Umfang** erfolgt:

- Grundlage ist zunächst der **Nettopreis** des Investitionsobjektes:

| | |
|---|---|
| | Angebotspreis |
| – | Rabatt |
| – | Bonus |
| + | Mindermengenzuschlag |
| = | **Zielpreis** |
| – | Skonto |
| = | **Barpreis** |
| + | Verpackung |
| + | Fracht |
| + | Rollgeld |
| + | Versicherung |
| + | Zoll |
| = | **Nettopreis** |

- Dazu können noch Kosten bzw. Ausgaben kommen, die anfallen, um das Investitionsobjekt tatsächlich nutzen zu können. Das können sein:

  – **Umbaukosten** für die Änderung und Verlegung vorhandener Wirtschaftsgüter.

  – **Installationskosten** für Aufstellung, Einbau, Energieanschluß usw.

  – **Anlaufkosten** für Inbetriebnahme, Probeläufe, Einarbeitung usw.

  – **Projektierungskosten** für in Zusammenhang mit dem Investitionsobjekt stehende Entwürfe, Untersuchungen, Gutachten usw.

Das Investitionsobjekt muß nicht immer von außen beschafft, sondern kann auch selbst hergestellt werden. In diesem Falle sind die **Herstellungskosten** bzw. die **Ausgaben für die Herstellung** anzusetzen.

## 1.3.2 Rest(erlös)wert/Liquidationserlös

In den Investitionsrechnungen sind nicht nur die Anschaffungskosten bzw. die für die Anschaffung erforderlichen Ausgaben zu berücksichtigen, sondern auch gegebenenfalls der Betrag, der für das Investitionsobjekt noch zu erlangen ist, wenn es ausscheidet.

Bei den statischen Investitionsrechnungen wird dieser Betrag meist als Restwert bzw. Resterlöswert, bei den dynamischen Investitionsrechnungen üblicherweise als Liquidationserlös bezeichnet.

Dieser Betrag ist zu schätzen, was wegen des meist mehrere Jahre zu überbrückenden Zeitraumes schwierig ist. Kann angenommen werden, daß der Rest(erlös)wert oder Liquidationserlös den Abbaukosten für das ausscheidende Investitionsobjekt entspricht, ist es möglich, auf seinen Ansatz zu verzichten.

## 1.3.3 Gewinn/Überschuß

Während der Zeit seiner Nutzung bewirkt das Investitionsobjekt Erträge und Kosten, deren Differenz bei den statischen Investitionsrechnungen als Gewinn bezeichnet wird bzw. Einnahmen und Ausgaben, deren Differenz bei den dynamischen Investitionsrechnungen der Überschuß ist. Sie sind grundsätzlich für jedes einzelne Nutzungsjahr planerisch zu erfassen.

Die **Zurechnung** erweist sich in der betrieblichen Praxis jedoch als **schwierig:**

- **Gewinne** bzw. **Überschüsse** lassen sich wegen mangelnder Information in ihrer Höhe nicht ohne weiteres auf die einzelnen teilweise weit in der Zukunft liegenden Nutzungsjahre projizieren.

- **Erträge** bzw. **Einnahmen** können einzelnen Investitionsobjekten nicht ohne weiteres zugerechnet werden, wenn Abhängigkeiten zwischen den Produktionsfaktoren bestehen.

  **Beispiel:** Mehrstufige, komplexe Produktionsprozesse.

- **Kosten** bzw. **Ausgaben** sind einzelnen Investitionsobjekten eher zurechenbar, wenngleich auch hier Probleme zu sehen sind, sofern Abhängigkeiten zwischen den Produktionsfaktoren bestehen.

## 1.3.4 Nutzungsdauer

Die Nutzungsdauer eines Investitionsobjektes, die bei der quantitativen Ermittlung seiner Vorteilhaftigkeit festgelegt werden muß, ist der Zeitraum, in dem das Investitionsobjekt zweckentsprechend verwendet werden kann. Es lassen sich unterscheiden:

- **Die technische Nutzungsdauer**, die den Zeitraum umfaßt, in dem das Investitionsobjekt maximal genutzt werden kann. Sie ist schwer bestimmbar und hängt davon ab, inwieweit man bereit ist, Kosten für Reparaturen in Kauf zu nehmen.

  **Beispiel:** Eine Maschine, die immer wieder repariert und mit Ersatzteilen versehen wird, kann über Jahrzehnte hinweg technisch genutzt werden.

  Die Verwendung der technischen Nutzungsdauer zur quantitativen Beurteilung der Vorteilhaftigkeit eines Investitionsobjektes macht Schwierigkeiten. Einerseits ist die technische Nutzungsdauer grundsätzlich größer als die wirtschaftliche Nutzungsdauer, andererseits erfordert ihre Feststellung das Vorliegen statistischer Daten als Erfahrungswerte.

- **Die wirtschaftliche Nutzungsdauer**, die den Zeitraum umfaßt, in dem das Investitionsobjekt unter ökonomischen Gesichtspunkten genutzt werden kann. Sie liegt grundsätzlich unter der technischen Nutzungsdauer.

  **Beispiel:** Die wirtschaftliche Nutzungsdauer endet beispielsweise dann, wenn die Reparatur einer Maschine zwar technisch problemlos, wirtschaftlich aber nicht mehr vertretbar ist.

  **Einflußfaktoren** der wirtschaftlichen Nutzungsdauer sind vor allem:

  – Der **technische Verschleiß** des Investitionsobjektes, der durch seine Nutzung, aber auch außerhalb seiner Nutzung - beispielsweise durch Rosten - erfolgt.
  – Die **technische Entwicklung**, die dazu führt, daß neue für die spezielle Problemlösung geeignete Investitionsobjekte auf den Markt kommen, die gegebenenfalls kostengünstiger, vielseitiger oder qualitativ besser arbeiten.
  – Die **wirtschaftliche Entwicklung**, die Güter nicht mehr oder in geringerem Umfang absetzbar macht, die mit Hilfe eines Investitionsobjektes erstellt werden.

- **Die betriebsgewöhnliche Nutzungsdauer**, die den Zeitraum umfaßt, der für das einzelne Investitionsobjekt von der Finanzverwaltung als grundsätzlich typisch festgelegt ist. Sie läßt sich der AfA-Tabelle entnehmen.

  Auch die betriebsgewöhnliche Nutzungsdauer bietet keine hinreichend genauen Informationen, da es sich hier nur um einen standardisierten, nicht auf den speziellen Einzelfall bezogenen Wert handelt.

- **Die rechtliche Nutzungsdauer**, die den Zeitraum umfaßt, den ein Investitionsobjekt durch rechtsverbindliche Vereinbarung für den Investor nutzbar ist, auch wenn das Investitionsobjekt technisch und/oder wirtschaftlich weiter genutzt werden könnte.

  Sie läßt sich in bestimmten Fällen - nämlich bei fest vereinbarten Nutzungsfristen - zur Beurteilung der Vorteilhaftigkeit eines Investitionsobjektes gut heranziehen.

  **Beispiele:** Vergebene Lizenzen, gemietete Gebäude, geleaste Maschinen, gewährten Darlehen.

Überwiegend wird man sich zur Beurteilung der Vorteilhaftigkeit eines Investitionsobjektes an der wirtschaftlichen Nutzungsdauer orientieren müssen, für die es allerdings kein gesichertes Verfahren ihrer Ermittlung gibt, auch wenn theoretisch Ansätze entwickelt worden sind.

Letztlich muß der Versuch gemacht werden, den technischen Verschleiß sowie die technische und wirtschaftliche Entwicklung gedanklich vorwegzunehmen, wobei aktuelle Sachinformationen und Erfahrungswerte der Vergangenheit hilfreich sein können.

## 1.3.5 Kalkulationszinssatz

Der Kalkulationszinssatz dient dazu, die Finanzierungskosten für ein Investitionsobjekt bei der Beurteilung seiner Vorteilhaftigkeit zu erfassen. Woran sich die Höhe des Kalkulationszinssatzes orientieren sollte, wird vielfach diskutiert. Möglichkeiten sind:

- Die Orientierung am **Kapitalmarktzins**, wobei dieser als Untergrenze für die Festlegung des Kalkulationszinssatzes anzusehen ist, weil die Kapitalbindung im Investitionsobjekt ein zusätzliches Risiko darstellt, das zu berücksichtigen wäre.

  Der Kapitalmarktzins kann eine vertretbare Grundlage für die Festlegung des Kalkulationszinssatzes sein, vor allem dann, wenn ein Investitionsobjekt weitgehend eigen- oder fremdfinanziert ist. Bei einer Eigenfinanzierung würde der Habenzinssatz, bei einer Fremdfinanzierung der Sollzinssatz des Kapitalmarktes gewählt werden können.

- Die Orientierung am **Branchenzins**, der sich als durchschnittliche Rendite in der betreffenden Branche darstellt.

  Der Branchenzins muß nicht geeignet sein, als Orientierung für den Kalkulationszinssatz zu dienen, da unternehmensspezifische Gegebenheiten vom Branchendurchschnitt abweichen können.

- Die Orientierung am **Unternehmenszins**, der sich als durchschnittliche Rendite für langfristig im Unternehmen gebundenes Kapital ergibt.

  Liegt eine gemischte Finanzierung vor, die unternehmenstypisch ist, beispielsweise 60 % Fremdfinanzierung und 40 % Eigenfinanzierung, kann der Unternehmenszins die Grundlage für den Kalkulationszinssatz sein.

Daneben können **subjektive Erwartungen** des Investors zur Feststellung der Höhe des Kalkulationszinssatzes führen. Dies ist allerdings nicht unproblematisch, wenn die Erwartungen nicht auf einer gesicherten Basis beruhen.

In der betrieblichen Praxis wird vielfach ein bestimmter Kalkulationszinssatz festgelegt, der von der im Einzelfall praktizierten Finanzierung unabhängig ist. *Grabbe* berichtet, daß nur 10 % von ihm befragter Unternehmen bereit gewesen seien, ihre Kalkulationszinssätze offenzulegen, sie verwendeten Kalkulationszinssätze zwischen 8 % und 15 %.

Wie zu sehen ist, lassen sich Ausgangspunkte für die Festlegung des Kalkulationszinssatzes durchaus feststellen. Problematisch wird es aber, wenn das mit der Investition verbundene Risiko berücksichtigt werden soll, was zu fordern ist.

## 1.4 Informationsbedingte Lösungsansätze

Zur Bewältigung der dargestellten Probleme, die sich vor allem aus den unzureichenden Informationen über die in der Zukunft liegenden Daten ergeben, sind in der betrieblichen Praxis, aber auch in der Theorie verschiedene Verfahren entwickelt worden, die helfen sollen, die Ungewißheit zu überbrücken.

Es lassen sich vor allem unterscheiden:

- **Korrekturverfahren**
- **Sensitivitätsanalyse**
- **Risikoanalyse**
- **Entscheidungsbaum-Verfahren.**

### 1.4.1 Korrekturverfahren

Beim Korrekturverfahren wird die Ungewißheit, von der die Daten geprägt sind, überbrückt, indem diese mit

- Risikozuschlägen
- Risikoabschlägen

versehen werden. Dadurch wird dem Grundsatz eines vorsichtigen Planansatzes Rechnung getragen.

Das Korrekturverfahren wird vor allem bei folgenden **Daten** eingesetzt:

- Beim **Kalkulationszinssatz**, wenn dieser sich in seiner Höhe an der Ungewißheit orientiert, die mit dem Investitionsobjekt verbunden ist. Es können mehrere Risikokategorien gebildet werden, die mit unterschiedlichen Risikozuschlägen versehen werden.

**Beispiel:**

| Risiko-kategorie | Ausmaß des Risikos | Vorläufiger Kalkulations-zinssatz | Risiko-zuschlag | Kalkulations-zinssatz |
|---|---|---|---|---|
| I | Kein Risiko | 10 % | 0 % | 10 % |
| II | Geringes Risiko | 10 % | 2 % | 12 % |
| III | Mittleres Risiko | 10 % | 6 % | 16 % |
| IV | Hohes Risiko | 10 % | 12 % | 22 % |

Ein Investitionsobjekt wird einer Risikokategorie zugeordnet und deren Kalkulationszinssatz in der Investitionsrechnung angesetzt. Dabei bietet es sich an, für wesensgleiche Gruppen von Investitionsobjekten operationale Kriterien festzulegen, die es ermöglichen, die Zuordnung in eine Risikokategorie problemlos vorzunehmen.

Weitere Möglichkeiten der Korrektur können auch sein:

- die **doppelte Diskontierung**
- die **Diskontierung mit ansteigenden Zinssätzen**

- Bei der **Nutzungsdauer**, indem diese umso kürzer angesetzt wird, je höher die Ungewißheit eingeschätzt wird.

**Beispiel:**

| | | |
|---|---|---|
| | Technische Nutzungsdauer | 10 Jahre |
| | Wirtschaftliche Nutzungsdauer | 8 Jahre |
| – | Risikoabschlag | 2 Jahre |
| = | Angesetzte Nutzungsdauer | 6 Jahre |

- Beim **Rest(erlös)wert** bzw. **Liquidationserlös**, indem dieser umso niedriger angesetzt wird, je höher die Ungewißheit eingeschätzt wird.

**Beispiel:**

| | | |
|---|---|---|
| | Erwarteter Rest(erlös)wert/Liquidationserlös | 8.000 DM |
| – | Risikoabschlag | 2.000 DM |
| = | Angesetzter Rest(erlös)wert/Liquidationserlös | 6.000 DM |

- Bei **Gewinnen** bzw. **Überschüssen**, indem diese umso niedriger angesetzt werden, je höher die Ungewißheit eingeschätzt wird. Dabei können die Kosten bzw. Ausgaben mit Risikozuschlägen und/oder die Erträge bzw. Einnahmen mit Risikoabschlägen versehen werden.

Es ist aber möglich, die wahrscheinlichen Kosten bzw. Ausgaben und Erträge bzw. Einnahmen zu erfassen und den Risikoabschlag erst bei der Ermittlung der Gewinne bzw. Überschüsse anzusetzen.

**Beispiel:**

| | **Wahrscheinlicher Wert 1995** | **Korrektur um 5 %** | **Korrigierter Wert 1995** |
|---|---|---|---|
| Erträge bzw. Einnahmen | 900.000 | – 45.000 | 855.000 |
| – Kosten bzw. Ausgaben | 700.000 | + 35.000 | 735.000 |
| = Gewinne bzw. Überschüsse | 200.000 | | 120.000 |

Das Korrekturverfahren wird in der betrieblichen Praxis bevorzugt angewendet. Dies ist in seiner relativ **einfachen Handhabung** begründet. Indessen hat das Korrekturverfahren mehrere **Nachteile:**

- Die Risikozuschläge und/oder Risikoabschläge erfolgen nicht auf analytischer Grundlage, sondern lediglich summarisch.
- Die Risikozuschläge und/oder Risikoabschläge lassen sich in ihrer Höhe nicht objektivieren, da entsprechende Maßstäbe fehlen.
- Die Risikozuschläge und/oder Risikoabschläge können - bei Anwendung auf mehrere Daten - zu einer Negativ-Kumulation führen und ein Investitionsobjekt dadurch »totrechnen«.
- Die Risikozuschläge und/oder Risikoabschläge können sich auf Daten beziehen, die an sich nicht in besonderer Weise unsicher sind.

## 1.4.2 Sensitivitätsanalyse

Als Sensitivitätsanalyse werden verschiedene Verfahren bezeichnet, mit deren Hilfe man Erkenntnisse darüber zu gewinnen vermag, wie empfindlich ein durch ein investitionsrechnerisches Verfahren ermitteltes Ergebnis ist, wenn sich darin eingehende Daten verändern.

Der Sensitivitätsanalyse stehen grundsätzlich zwei **Rechenverfahren** zur Verfügung:

- Die **Ergebnis-Änderungs-Rechnung**, wenn ermittelt werden soll, wie sich das Ergebnis einer Investitionsrechnung bei Variation eines Eingabewertes verändert. In Anlehnung an *Blohm / Lüder* lassen sich folgende Schritte zur Durchführung der Ergebnis-Änderungs-Rechnung nennen:

- Auswahl der als unsicher erachteten Eingabewerte.

- Aufstellung der mathematischen Funktion des betreffenden Verfahrens der Investitionsrechnung unter Berücksichtigung der Abhängigkeiten zwischen den Eingabewerten.

- Festlegung der Höhe der Abweichungen bei den Eingabewerten.

- Bestimmung der Ergebnis-Änderung bei Änderung der einzelnen Eingabewerte und Konstellationen.

• Die **Kritische Werte-Rechnung**, wenn ermittelt werden soll, wie sich ein oder mehrere Eingabewerte verändern dürfen, ohne daß sich das Ergebnis außerhalb einer bestimmten, vorgegebenen Wertspanne bewegt. In Anlehnung an *Blohm / Lüder* ist folgende Vorgehensweise möglich:

- Auswahl des oder der Eingabewerte, deren kritische(r) Wert(e) ermittelt werden soll(en).

- Aufstellung der mathematischen Funktion des betreffenden Verfahrens der Investitionsrechnung.

- Auflösung der mathematischen Funktion nach dem Eingabewert bzw. den Eingabewerten, die als kritisch angesehen werden.

Mit Hilfe der Sensitivitätsanalyse läßt sich zwar das Problem der Ungewißheit nicht umfassend und eindeutig lösen. Das Verfahren gibt aber einen wertvollen **Einblick in die Struktur eines Investitionsobjektes** und in die Auswirkungen der Ungewißheit.

Sensitivitätsanalysen werden in der betrieblichen Praxis in geringem Umfang eingesetzt.

## 1.4.3 Risikoanalyse

Als Risikoanalyse werden verschiedene Verfahren zusammengefaßt, deren Zweck die Gewinnung einer **Wahrscheinlichkeitsverteilung** für die in ein Verfahren der Investitionsrechnung eingehenden Eingabewerte ist.

Die Risikoanalyse* stellt ein theoretisch interessantes Modell dar, das in der betrieblichen Praxis aber **keine nennenswerte Bedeutung** erlangt hat.

---

* Siehe ausführlich *Blohm / Lüder, Cohen, Heider, Hertz, Hillier, Mertens, Mariani / Schmidt, Müller-Merbach.*

## 1.4.4 Entscheidungsbaum-Verfahren

Das Entscheidungsbaum-Verfahren kann vorzugsweise bei einem mehrstufigen Investitions-Planungsprozeß eingesetzt werden, der durch Ungewißheit gekennzeichnet ist.

**Grundlage** für das Entscheidungsbaum-Verfahren ist der Entscheidungsbaum, mit dessen Hilfe der Planungsprozeß klar und übersichtlich dargestellt werden kann. Dabei soll - nach *Däumler* - der optimale Weg durch den Entscheidungsbaum gesucht werden, der

- vom Ursprung des Entscheidungsbaumes
- über verschiedene Zufallsereignisknoten
- zu den Endpunkten führt.

Die Endpunkte werden durch die erwarteten Überschüsse (ü) charakterisiert, die mit bestimmten Wahrscheinlichkeiten (w) erreicht werden.

**Beispiel** von *Perridon / Steiner*:

Ein Unternehmen steht vor der Entscheidung, ein neu zu fertigendes Erzeugnis

- vollautomatisch zu fertigen
  (Alternative A)
- in Lohnauftrag fertigen zu lassen
  (Alternative B).

Die Alternative A erfordert einen Kapitaleinsatz von 1,8 Mio DM, die Alternative B einen Kapitaleinsatz von 1,1 Mio DM.

Die maximale Fertigungsmenge liegt bei A wesentlich höher als bei B und hat damit höhere Gewinnerwartungen, andererseits erfordert A eine höhere minimale Fertigungsmenge als B, um Verluste zu vermeiden.

Es müssen außerdem **Folgeentscheidungen** getroffen werden:

- Soll eine Einführung des Produktes im Ausland erfolgen?
- Soll der Absatz des Produktes durch eine Werbemaßnahme verbessert werden?
- Soll eine Zusatzinvestition realisiert werden?

Mit Hilfe des **Rollback-Verfahrens** erfolgt eine Optimierung vom Prozeßende her. Dabei wird jeweils diejenige Alternative, die den höheren Erwartungswert aufweist, als die vorteilhaftere angesehen.

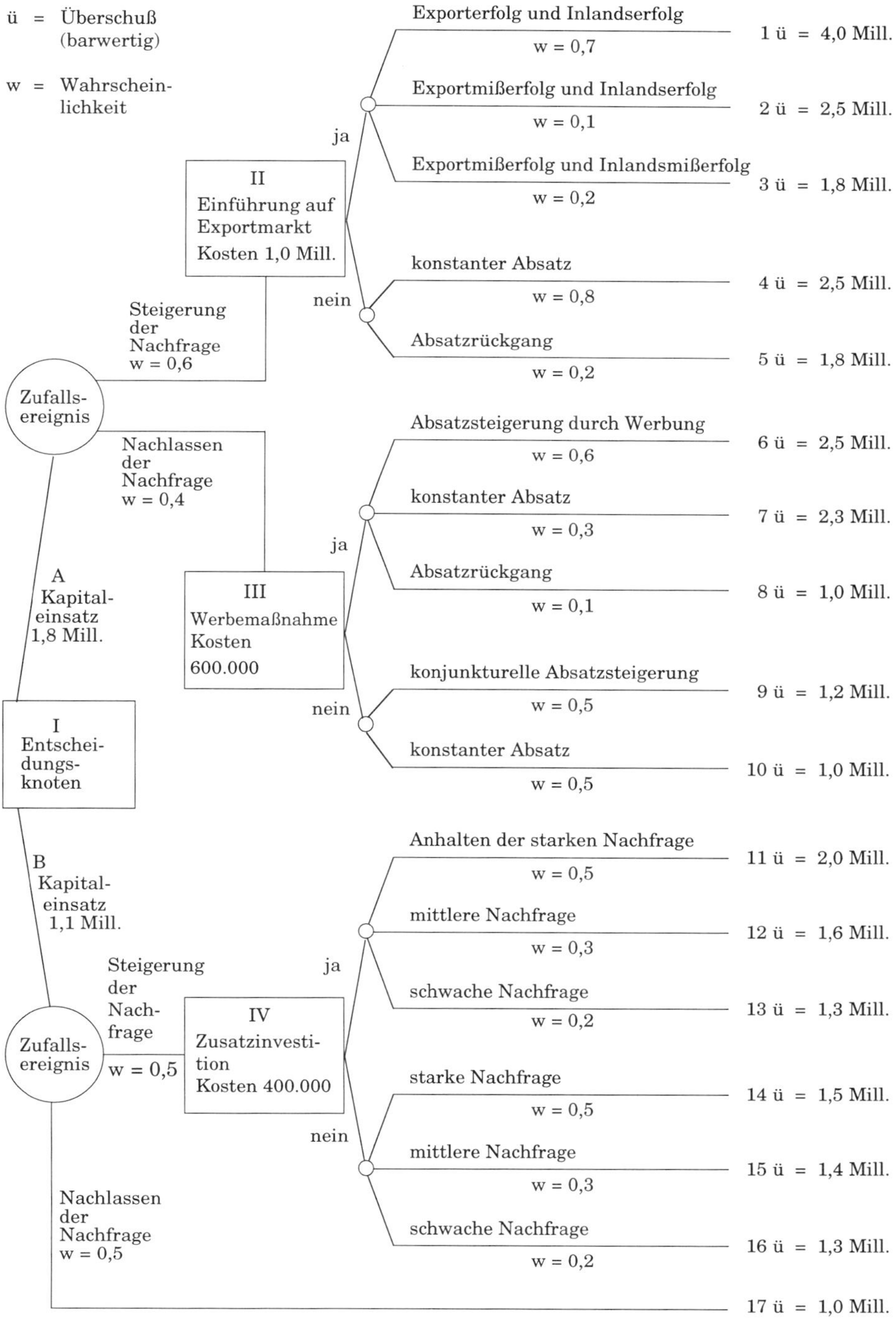
ü = Überschuß (barwertig)
w = Wahrscheinlichkeit
I Entscheidungsknoten
A Kapitaleinsatz 1,8 Mill.
Zufallsereignis
Steigerung der Nachfrage w = 0,6
II Einführung auf Exportmarkt Kosten 1,0 Mill.
ja
Exporterfolg und Inlandserfolg w = 0,7
1 ü = 4,0 Mill.
Exportmißerfolg und Inlandserfolg w = 0,1
2 ü = 2,5 Mill.
Exportmißerfolg und Inlandsmißerfolg w = 0,2
3 ü = 1,8 Mill.
nein
konstanter Absatz w = 0,8
4 ü = 2,5 Mill.
Absatzrückgang w = 0,2
5 ü = 1,8 Mill.
Nachlassen der Nachfrage w = 0,4
III Werbemaßnahme Kosten 600.000
ja
Absatzsteigerung durch Werbung w = 0,6
6 ü = 2,5 Mill.
konstanter Absatz w = 0,3
7 ü = 2,3 Mill.
Absatzrückgang w = 0,1
8 ü = 1,0 Mill.
nein
konjunkturelle Absatzsteigerung w = 0,5
9 ü = 1,2 Mill.
konstanter Absatz w = 0,5
10 ü = 1,0 Mill.
B Kapitaleinsatz 1,1 Mill.
Zufallsereignis
Steigerung der Nachfrage w = 0,5
IV Zusatzinvestition Kosten 400.000
ja
Anhalten der starken Nachfrage w = 0,5
11 ü = 2,0 Mill.
mittlere Nachfrage w = 0,3
12 ü = 1,6 Mill.
schwache Nachfrage w = 0,2
13 ü = 1,3 Mill.
nein
starke Nachfrage w = 0,5
14 ü = 1,5 Mill.
mittlere Nachfrage w = 0,3
15 ü = 1,4 Mill.
schwache Nachfrage w = 0,2
16 ü = 1,3 Mill.
Nachlassen der Nachfrage w = 0,5
17 ü = 1,0 Mill.

(1) **Entscheidung in Knoten II**

| **Einführung des Erzeugnisses** | | | | | |
|---|---|---|---|---|---|
| Überschüsse für Ergebnisknoten II | | | Wahrscheinlichkeit | | Erwartungswert |
| 1 | 4.000.000 | · | 0,7 | = | 2.800.000 |
| 2 | 2.500.000 | · | 0,1 | = | 250.000 |
| 3 | 1.800.000 | · | 0,2 | = | 360.000 |
| | | | | | 3.410.000 |
| – | Zusätzliche Kosten | | | | 1.000.000 |
| | | | | | 2.410.000 |

| **Keine Einführung des Erzeugnisses** | | | | | |
|---|---|---|---|---|---|
| 4 | 2.500.000 | · | 0,8 | = | 2.000.000 |
| 5 | 1.800.000 | · | 0,2 | = | 360.000 |
| | | | | | 2.360.000 |

Die Einführung des Erzeugnisses im Ausland ist vorteilhaft.

(2) **Entscheidung in Knoten III**

| **Durchführung einer Werbemaßnahme** | | | | | |
|---|---|---|---|---|---|
| Überschüsse für Ergebnisknoten III | | | Wahrscheinlichkeit | | Erwartungswert |
| 6 | 2.500.000 | · | 0,6 | = | 1.500.000 |
| 7 | 2.300.000 | · | 0,3 | = | 690.000 |
| 8 | 1.000.000 | · | 0,1 | = | 100.000 |
| | | | | | 2.290.000 |
| – | Kosten für Werbung | | | | 600.000 |
| | | | | | 1.690.000 |

| **Keine Durchführung einer Werbemaßnahme** | | | | | |
|---|---|---|---|---|---|
| 9 | 1.200.000 | · | 0,5 | = | 600.000 |
| 10 | 1.000.000 | · | 0,5 | = | 500.000 |
| | | | | | 1.100.000 |

Die Durchführung der Werbemaßnahme ist vorteilhaft.

(3) **Entscheidung in Knoten IV**

| **Durchführung der Zusatzinvestition** | | | | | |
|---|---|---|---|---|---|
| Überschüsse für Ergebnisknoten IV | | | Wahrscheinlichkeit | | Erwartungswert |
| 11 | 2.000.000 | · | 0,5 | = | 1.000.000 |
| 12 | 1.600.000 | · | 0,3 | = | 480.000 |
| 13 | 1.300.000 | · | 0,2 | = | 260.000 |
| | | | | | 1.740.000 |
| – | Kosten | | | | 400.000 |
| | | | | | 1.340.000 |

| **Keine Durchführung einer Zusatzinvestition** | | | | | |
|---|---|---|---|---|---|
| 14 | 1.500.000 | · | 0,5 | = | 750.000 |
| 15 | 1.400.000 | · | 0,3 | = | 420.000 |
| 16 | 1.300.000 | · | 0,2 | = | 260.000 |
| | | | | | 1.430.000 |

Die Durchführung der Zusatzinvestition ist **nicht** vorteilhaft.

(4) **Entscheidung in Knoten I**

| **Alternative A** | | | | | |
|---|---|---|---|---|---|
| Zufallsereignis | Erwartungswert des Überschusses | | Wahrschein-lichkeit | | Erwartungs-wert |
| Steigerung der Nachfrage | 2.410.000 | · | 0,6 | = | 1.446.000 |
| Nachlassen der Nachfrage | 1.690.000 | · | 0,4 | = | 676.000 |
| | | | | | 2.122.000 |
| – Kapitaleinsatz A | | | | | 1.800.000 |
| | | | | | 322.000 |

| **Alternative B** | | | | | |
|---|---|---|---|---|---|
| Steigerung der Nachfrage | 1.430.000 | · | 0,5 | = | 715.000 |
| Nachlassen der Nachfrage | 1.000.000 | · | 0,5 | = | 500.000 |
| | | | | | 1.215.000 |
| – Kapitaleinsatz B | | | | | 1.100.000 |
| | | | | | 115.000 |

Die Alternative A ist vorteilhafter als die Alternative B.

Das Entscheidungsbaum-Verfahren wird in der betrieblichen Praxis nur in geringem Umfang eingesetzt, und dann auch nur in großen Unternehmen. Es geht von einigen **Voraussetzungen** aus, die bei der praktischen Anwendung nicht ohne weiteres unterstellt werden können. Das sind:

- Risikoneutralität des Investors
- Quantifizierbarkeit der Wahrscheinlichkeiten
- Quantifizierbarkeit der Überschüsse.

7

# 2. Planung des Investitionsprogrammes

Die Investitionsplanung wurde zunächst auf eine einzelne Investition bezogen, bei der mehrere alternative Investitionsobjekte untersucht wurden.

Das Unternehmen hat in einer Rechnungsperiode aber nicht nur eine Investition abzuwickeln, sondern eine **Vielzahl von Investitionen** zu planen, die letztlich das Investitionsprogramm darstellen und im Investitionsplan dokumentiert werden.

Dabei ergibt sich als typischer **Ablauf** der Planung:

Die Planung des Investitionsprogrammes kann erfolgen als:

- **Simultanplanung**, worunter man die gleichzeitige Planung der Einnahmen und Ausgaben versteht, die sich auf sämtliche Investitionen des Unternehmens bezieht. Dabei werden die einzelnen Investitionen in bezug auf ihre Vorteilhaftigkeit beurteilt und das **optimale Investitionsprogramm** zusammengestellt.

  Das Kriterium, woran das Optimum sich auszurichten hat, kann unterschiedlicher Art sein, beispielsweise der Kapitalwert oder das Endvermögen.

  Die Simultanplanung ist mit Hilfe der Verfahren des **Operations Research** möglich. Dabei ist eine Zielfunktion zu erstellen, welche die komplexen betrieblichen Interdepenzen widerspiegelt. Außerdem sind Nebenbedingungen zu formulieren.

  Beides ist schwierig. Noch problematischer ist vielfach aber die Beschaffung der erforderlichen Informationen, mit denen das mathematische Modell ausgefüllt werden muß.

  Es werden vor allem zwei **Arten** von Ansätzen bei der Simultanplanung unterschieden:

  - **Kapitaltheoretische Ansätze** sollen dazu dienen, optimale Investitions- und Finanzierungsprogramme simultan zu ermitteln. Sie enthalten alle zur Verfügung stehenden alternativen Investitionsobjekte und alle alternativen Finanzierungsformen als Variable, die in die Zielfunktion eingehen. Die Beziehungen der einzelnen Variablen untereinander werden in den Nebenbedingungen ausgedrückt.

    **Beispiele:**

    Beim **Einperioden-Modell von *Albach*** gehen die einzelnen Investitionsvorhaben mit ihren positiven Kapitalwerten und die verschiedenen Finanzierungsmöglichkeiten mit ihren negativen Kapitalwerten in die Zielfunktionen ein. Es werden diejenigen Investitionen und Finanzierungsmaßnahmen ausgewählt, die zu einem maximalen Kapitalwert führen. Dabei gelten als Nebenbedingungen:

    - die Erhaltung des finanziellen Gleichgewichtes
    - die gegebenen Absatzbedingungen.

    Beim **Ansatz von *Hax*** wird eine andere Zielfunktion zugrundegelegt. Sie ist auf die Maximierung des Endvermögens gerichtet. Im Vergleich zum *Albach*'schen Modell hat der Ansatz von *Hax* zwei **Vorteile**:

    - den Verzicht auf einen Kalkulationszinssatz
    - die Berücksichtigung mehrerer Perioden.

    Das Problem betrieblicher Interdependenzen wird aber auch durch diesen Ansatz nicht gelöst.

  - **Produktionstheoretische Ansätze** beziehen sich darauf, optimale Investitions- und Produktionsprogramme simultan zu ermitteln. Sie berücksichtigen und erfassen den untrennbaren Zusammenhang zwischen der Investitionsplanung und der Produktionsplanung, der sich vielfach daraus ergibt, daß Entscheidungen im Produktionsbereich auch den Investitionsbereich betreffen. Umgekehrt gibt es viele Fälle, bei denen Entscheidungen über Investitionen zu Auswirkungen im Produktionsbereich führen.

In die Modelle, die u.a. von *Förster-Henn, Jacob, Swoboda* vorgeschlagen werden, gehen die Produktions- und Investitionsvariablen ein.

- **Sukzessivplanung**, die in der betrieblichen Praxis üblicherweise erfolgt. Dabei wird mit einem Teilplan begonnen, dem ausschlaggebende Bedeutung zugemessen wird. Nach und nach werden dann die übrigen Teilpläne entwickelt, also auch der Investitionsplan.

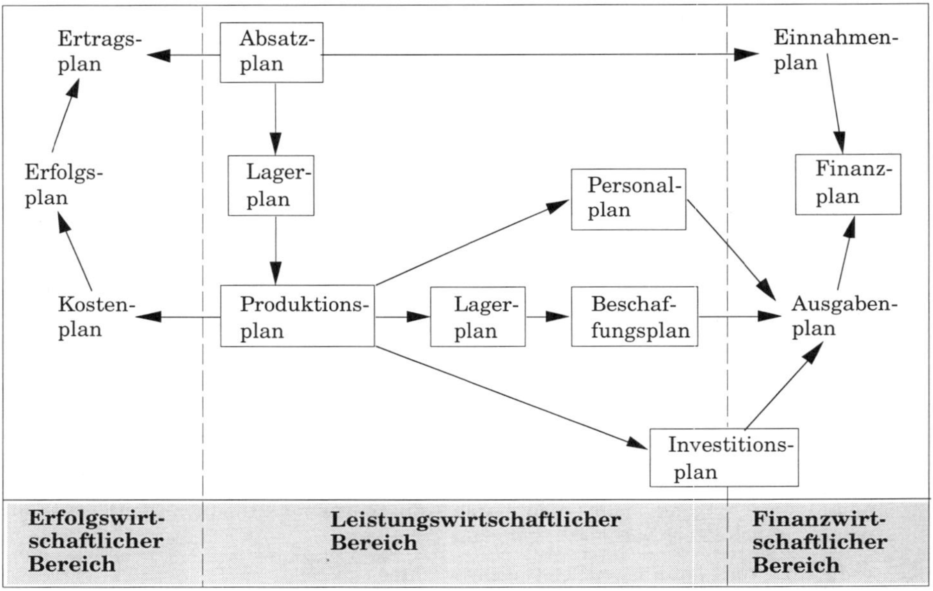


Für den Investitionsplan sind zwei Pläne von besonderer Bedeutung:

– Meist dient der **Absatzplan** des Unternehmens als Ausgangsplan. Er enthält die Absatzerwartungen für die zu betrachtende Wirtschaftsperiode, die auch als **Primärbedarf** bezeichnet werden können und den Bedarf an Fertigerzeugnissen darstellen. Aus dem Primärbedarf werden der Sekundärbedarf und Tertiärbedarf abgeleitet.

  Der Absatzplan ist **nicht geeignet**, als Ausgangsplan verwendet zu werden, wenn in einem Teilbereich des Unternehmens ein **Engpaß** besteht. In diesem Fall muß planerisch vom Engpaßbereich ausgegangen werden.

**Beispiel:** Wenn ein kapazitativer, personeller oder finanzieller Engpaß besteht, nützt es nichts, von Absatzerwartungen auszugehen, die zwar den Möglichkeiten des Marktes entsprechen, sich aber wegen des Engpasses nicht ausschöpfen lassen.

- Im **Produktionsplan** ist der aus dem Primärbedarf abzuleitende

  ○ **Sekundärbedarf** als Bedarf an Rohstoffen und Werkstoffen

  ○ **Tertiärbedarf** als Bedarf an Hilfsstoffen, Betriebsstoffen, Werkzeugen

  enthalten. Außerdem zeigt sich, welche Investitionen bei den Betriebsmitteln notwendig werden.

Diese Ausführungen gelten nicht für **Finanzinvestitionen**, die sich wesentlich an unternehmenspolitischen Zielsetzungen orientieren.

In Anlehnung an den oben beschriebenen Ablauf der Planung des Investitionsprogrammes sind darzustellen:

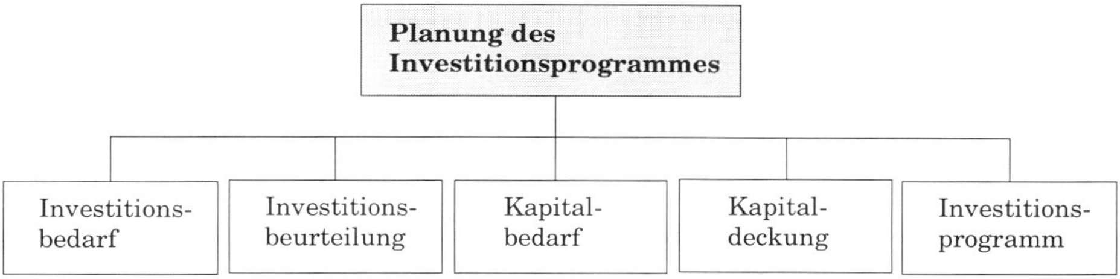


Die Ermittlung des Investitionsbedarfes, die Investitionsbeurteilung und die Festlegung des Investitionsprogrammes erfolgen im Investitionsbereich des Unternehmens.

Die Ermittlung des Kapitalbedarfes und die Kapitaldeckung sind dem Finanzierungsbereich des Unternehmens zuzuordnen. Da sie aber in enger Verzahnung zum Investitionsbereich stehen und das Investitionsprogramm wesentlich beeinflussen, soll ebenfalls auf sie eingegangen werden.

## 2.1 Investitionsbedarf

Um das Investitionsprogramm festzulegen, muß zunächst der Investitionsbedarf ermittelt werden. Darunter ist die **Summe aller in der Anregungsphase** des Investitions-Planungsprozesses **gewünschten Investitionen** zu verstehen:

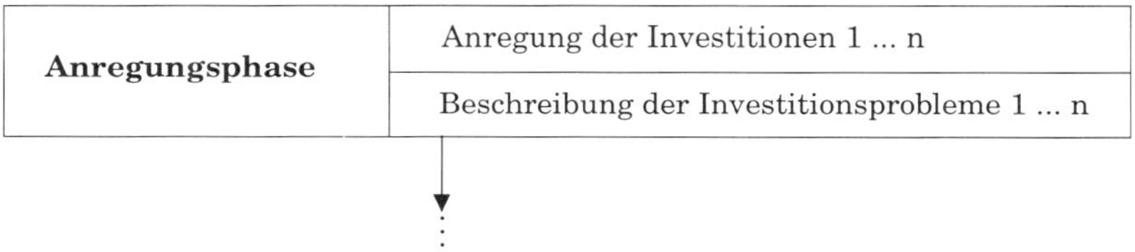

Der Investitionsbedarf umfaßt alle für eine Rechnungsperiode gewünschten Investitionen. Dabei ist davon auszugehen, daß deren Durchführung in unterschiedlichem Maße notwendig sein können. Insofern sollten die einzelnen Investitionswünsche entsprechend gekennzeichnet sein.

Die einfachste Unterscheidung könnte die Einteilung sein in:

- **Notwendige Investitionen**, die - wenn sie nicht vorgenommen würden - zu einer wesentlichen Beeinträchtigung der Erreichung betrieblicher Ziele führen würden.

  **Beispiel:** Die Erhaltung der Leistungsbereitschaft durch den Ersatz einer nicht mehr nutzbaren für die Produktion aber unbedingt notwendigen Maschine.

- **Erwünschte Investitionen**, die nicht zwingend erforderlich sind, um die Leistungsfähigkeit des Unternehmens zu sichern. Sie können aber die Erreichung der betrieblichen Ziele ebenfalls mit fördern.

  Ob sie letztlich zu verwirklichen sind, hängt von bestimmten Begrenzungsfaktoren ab, beispielsweise der Möglichkeit ihrer Finanzierung.

## 2.2 Investitionsbeurteilung

Die sich als Investitionsbedarf darstellenden Investitionen sind einzeln zu beurteilen, wie dies ausführlich bei der Planung der Einzelinvestitionen beschrieben wurde.

Die einzelnen Beurteilungen dienen dazu, festzustellen,

- inwieweit die Investitionen überhaupt vorteilhaft sind,
- welche alternativen Investitionsobjekte am vorteilhaftesten sind.

Die Ergebnisse dieser Beurteilungen können dazu führen, daß Investitionen, die zunächst gewünscht wurden, nicht weiter im angestrebten Investitionsprogramm verbleiben.

## 2.3 Kapitalbedarf

Für die Festlegung des Investitionsprogrammes ist es notwendig zu wissen, ob die geplanten Investitionen finanzierbar sind. In diesem Zusammenhang muß festgestellt werden, wie die Investitionen des angestrebten Investitionsprogrammes den Kapitalbedarf des Unternehmens beeinflussen und inwieweit eine Finanzierung des sich ergebenden Kapitalbedarfes möglich ist.

Der Kapitalbedarf entsteht dadurch, daß vom Unternehmen Ausgaben - beispielsweise für Maschinen, Rohstoffe, Personal - zu leisten sind, denen umittelbar keine zumindest gleich hohen Einnahmen - beispielsweise aus dem Verkauf der erstellten Produkte - gegenüberstehen.

Die **Größe** des Kapitalbedarfes hängt ab:

- Von der Höhe der Ausgaben und Einnahmen.
- Vom zeitlichen Abstand zwischen den Ausgaben und Einnahmen.

Damit ist der Kapitalbedarf - bei unveränderten Ausgaben und Einnahmen - umso höher, je weiter die Zahlungsströme zeitlich auseinanderfallen.

Der Kapitalbedarf ergibt sich allgemein durch Subtraktion der kumulierten Einnahmen von den kumulierten Ausgaben in einem bestimmten Zeitpunkt:

| Kapitalbedarf | = | Kumulierte Ausgaben | – | Kumulierte Einnahmen |
|---|---|---|---|---|

**Beispiel:**

| Monat | Ausgaben | Einnahmen |
|---|---|---|
| Januar | 1.000 DM | 0 DM |
| Februar | 2.000 DM | 0 DM |
| März | 3.000 DM | 1.000 DM |
| April | 1.000 DM | 2.000 DM |
| Mai | 2.000 DM | 2.000 DM |
| Juni | 1.000 DM | 2.000 DM |

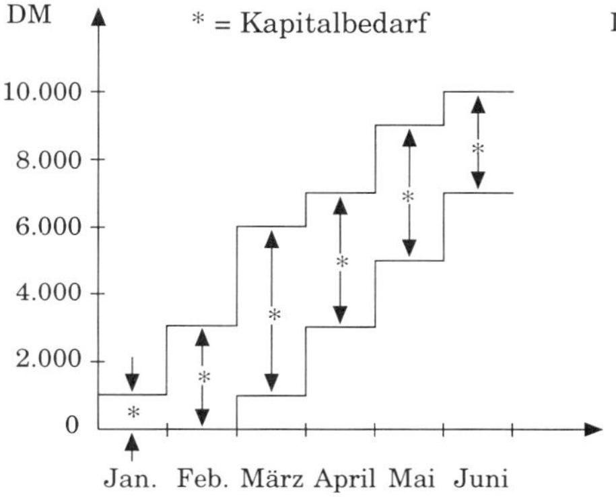


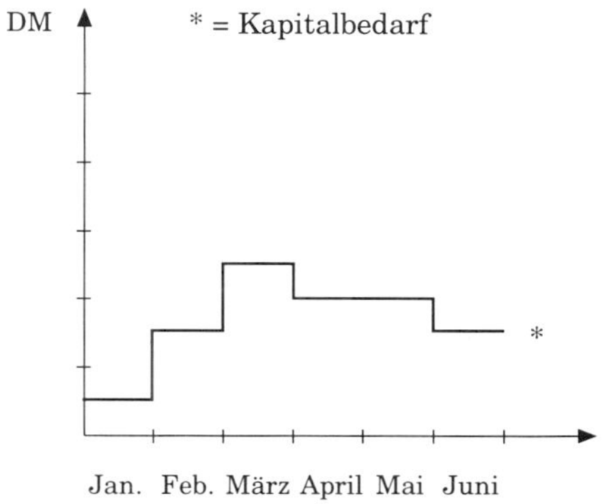


Wenn den Ausgaben unmittelbar gleich hohe - oder gar höhere - Einnahmen gegenüberstehen, gibt es keinen bzw. einen »negativen« Kapitalbedarf und damit nicht das Erfordernis, Finanzierungsmaßnahmen einzuleiten. Diese Situation ist in der betrieblichen Praxis aber selten anzutreffen.

**Beispiel:**

| Monat | Ausgaben | Einnahmen |
|---|---|---|
| Januar | 1.000 DM | 0 DM |
| Februar | 2.000 DM | 0 DM |
| März | 3.000 DM | 3.000 DM |
| April | 0 DM | 4.000 DM |
| Mai | 1.000 DM | 2.000 DM |
| Juni | 2.000 DM | 1.000 DM |

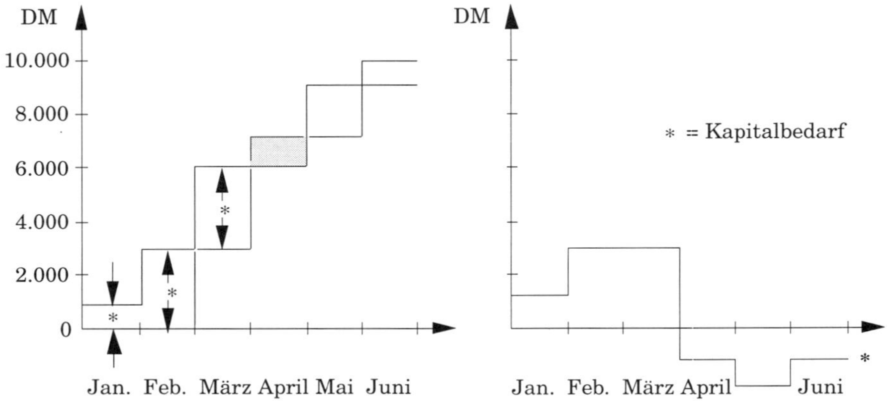


Wie zu sehen ist, gibt es in den Monaten April, Mai, Juni keinen (positiven) Kapitalbedarf, der durch Finanzierungsmaßnahmen zu decken wäre. Es steht Kapital zu Anlagezwecken zur Verfügung.

8

Der Kapitalbedarf soll betrachtet werden im Hinblick auf:

- **Elemente**
- **Einflußfaktoren**
- **Ermittlung**

## 2.3.1 Elemente

Elemente des Kapitalbedarfes sind Ausgaben und Einnahmen:

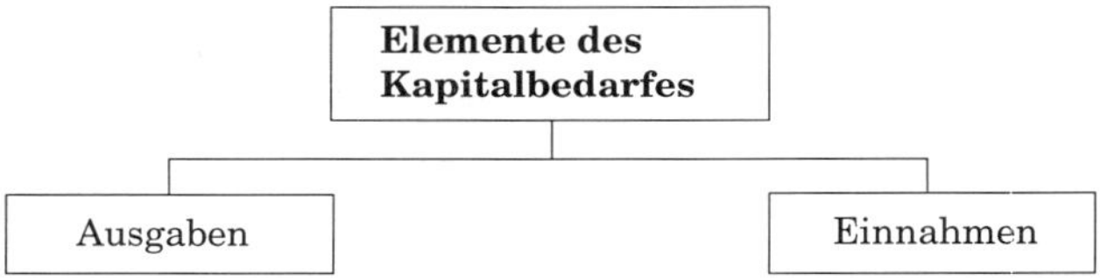

### 2.3.1.1 Ausgaben

Als Ausgaben können allgemein folgende Vorgänge unterschieden werden:

| Ausgaben | Beispiele | |
|---|---|---|
| **Sachanlagen** | Erwerb von ...<br>Grundstücken<br>Gebäuden<br>Maschinen<br>machinelle Anlagen | <br>Betriebs- und<br>Geschäftsausstattung<br>Anlagen im Bau<br>Anzahlungen von Anlagen |
| **Immaterielle Anlagen** | Beschaffung von ...<br>Konzessionen<br>Patenten<br>Lizenzen<br>Markenrechten<br>Urheberrechten<br>Werksrechten<br>Gebrauchsmustern | <br>Warenzeichen<br>Zuteilungsquoten<br>Syndikatsrechten<br>Nutzungsrechten<br>Erfindungen<br>Rezepten<br>Geheimverfahren |
| **Finanzanlagen** | Erwerb von ...<br>Beteiligungen<br>Wertpapieren | Gewährung von ...<br>Ausleihungen |
| **Material** | Erwerb von ...<br>Rohstoffen<br>Hilfsstoffen<br>Betriebsstoffen | <br>Zulieferteilen<br>Waren |
| **Personal** | Ausgaben für ...<br>Löhne<br>Gehälter<br>sonstigen Personalkosten | <br>Sozialkosten<br>– Rentenversicherung (AG-Anteil)<br>– Krankenversicherung (AG-Anteil)<br>– Pflegeversicherung (AG-Anteil)<br>– Arbeitslosenversicherung (AG-Anteil)<br>– gesetzl. Unfallversicherung |
| **Steuern/ Abgaben** | Ausgaben für ...<br>Steuern vom Einkommen<br>Steuern vom Ertrag<br>Steuern vom Vermögen | <br>sonstige Steuern<br>steuerliche Abgaben |
| **Eigenkapital** | Tilgung von Eigenkapital | |
| **Fremdkapital** | Tilgung von Fremdkapital | |
| **Zinsen/ Provisionen/ Gewinne** | Ausgaben für ...<br>Finanzierungsvorgänge<br>laufende Zinsen<br>Bereitstellungszinsen | <br>zinsähnliche Kosten<br>Bereitstellungsprovisionen<br>Gewinnausschüttungen |
| **Sonstige Ausgaben** | Ausgaben für ...<br>Energie<br>Instandhaltung<br>Reparaturen<br>Versicherungen | <br>Entwicklung<br>Werbung<br>Vertrieb<br>Miete usw. |

### 2.3.1.2 Einnahmen

Einnahmen können allgemein folgende Vorgänge umfassen:

| Einnahmen | Beispiele | |
|---|---|---|
| **Umsätze** | Verkauf von ... | |
| | Erzeugnissen | Handelswaren |
| **Sachanlagen** | Verkauf von ... | |
| | Grundstücken<br>Gebäuden<br>Maschinen | maschinellen Anlagen<br>Betriebs- und Geschäftsausstattung |
| **Immaterielle Anlagen** | Abgabe von ... | |
| | Konzessionen<br>Patenten<br>Lizenzen<br>Markenrechten<br>Urheberrechten<br>Werksrechten<br>Gebrauchsmustern | Warenzeichen<br>Zuteilungsquoten<br>Syndikatsrechten<br>Nutzungsrechten<br>Erfindungen<br>Rezepten<br>Geheimverfahren |
| **Finanzanlagen** | Verkauf von ... | Tilgung von ... |
| | Beteiligungen<br>Wertpapieren | gewährten Ausleihungen |
| **Eigenkapital** | Aufnahme von Eigenkapital | |
| **Fremdkapital** | Aufnahme von Fremdkapital | |
| **Zinsen/ Provisionen/ Gewinne** | Einnahmen aus ... | |
| | Finanzierungsvorgängen<br>Beteiligungen | Wertpapieren<br>gewährten Ausleihungen |
| **Sonstige Einnahmen** | Einnahmen aus ... | |
| | Vermietung<br>Verkauf von Abfallstoffen | Steuererstattungen<br>usw. |

## 2.3.2 Einflußfaktoren

Es lassen sich mehrere Faktoren nennen, die auf die Höhe des Kapitalbedarfes Einfluß ausüben können. *Gutenberg* und *Hahn* nennen:

| **Mengenbezogene Einflußfaktoren** | | | | **Zeitbezogener Einflußfaktor** | **Wertbezogener Einflußfaktor** |
|---|---|---|---|---|---|
| Prozeß-anordnung | Unternehmens-größe | Leistungs-programm | Beschäfti-gung | Prozeßge-schwindigkeit | Preis |

### 2.3.2.1 Mengenbezogene Einflußfaktoren

Bei den mengenbezogenen Einflußfaktoren wird angenommen, daß die Erstellung der betrieblichen Leistungen eines **Grundprozesses** bedarf. Der hieraus resultierende Kapitalbedarf ergibt sich - *Hahn* zufolge - aus drei Arten von Kapitalbindungen:

- Der Einsatz des Anlagevermögens bindet Kapital.
- Das Halten von Werkstoff- und Fertigerzeugnis-Lägern bindet Kapital.
- Das Gewähren von Anzahlungen und Zahlungszielen bindet Kapital.

Als mengenbezogene Einflußfaktoren sollen dargestellt werden:

- **Prozeßanordnung**
- **Unternehmensgröße**
- **Leistungsprogramm**
- **Beschäftigung.**

#### 2.3.2.1.1 Prozeßanordnung

Als betrieblicher **Prozeß** wird die zeitlich fixierte Abfolge güter- und finanzwirtschaftlicher Vorgänge verstanden, die von der Beschaffung der Einsatzgüter bis zum Absatz der Erzeugnisse reicht:

- Beschaffung der Materialien
- Lagerung der Materialien
- Fertigung
- Lagerung der Erzeugnisse
- Absatz der Erzeugnisse.

Mit der Beschaffung der Materialien sind Ausgaben verbunden. Ebenso fallen Ausgaben bei der Lagerung der Materialien, der Fertigung und bei der Lagerung der Erzeugnisse an. Schließlich verursacht der Absatz ebenfalls Ausgaben. Nach erfolgtem Absatz fließen dem Unternehmen Einnahmen zu.

Aus dieser Betrachtung wird ersichtlich, daß das Unternehmen sich zwecks Minimierung des Kapitalbedarfes bemühen sollte, die betrieblichen Prozesse optimal anzuordnen. Dabei gibt es drei grundsätzliche **Gestaltungsmöglichkeiten**:

- Die betrieblichen Prozesse werden **zeitlich nebeneinander** angeordnet, d.h. mehrere Prozesse beginnen und enden jeweils zur gleichen Zeit.

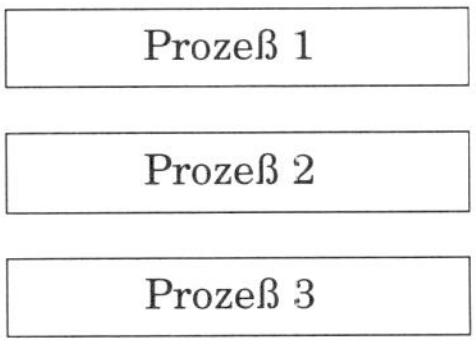

Bei dieser Vorgehensweise steigt der Kapitalbedarf zu Beginn des ersten Prozesses beträchtlich an, da Ausgaben anfallen, ohne daß zunächst Einnahmen zu verzeichnen sind. Sie kommen erst mit dem Verkauf der gefertigten Güter in das Unternehmen, wobei sie den Kapitalbedarf unmittelbar absinken lassen.

**Beispiel:** Die Metallbau GmbH erstellt gleichartige Maschinen, wobei stets drei Maschinen zeitlich nebeneinander gefertigt werden. Pro Maschine fallen als Ausgaben an:

| | | |
|---|---|---|
| Woche 1: 5.000 DM | Woche 2: 7.500 DM | Woche 3: 1.500 DM |

Der betriebliche Prozeß dauert jeweils 5 Wochen, in der Woche 6 erfolgen die Einnahmen in Höhe von DM 14.000 pro Maschine.

| Woche / Prozeß | 1 | 2 | 3 | 4 | 5 | 6 | 7 | 8 | 9 | 10 | 11 | 12 | 13 | 14 | 15 |
|---|---|---|---|---|---|---|---|---|---|---|---|---|---|---|---|
| 1 – 3 | 15.000 | 22.500 | 4.500 | – | – | 42.000 | | | | | | | | | |
| 4 – 6 | | | | | | 15.000 | 22.500 | 4.500 | – | – | 42.000 | | | | |
| 7 – 9 | | | | | | | | | | | 15.000 | 22.500 | 4.500 | – | – |
| Kumulierte Ausgaben | 15.000 | 37.500 | 42.000 | 42.000 | 42.000 | 57.000 | 79.500 | 84.000 | 84.000 | 84.000 | 99.000 | 121.500 | 126.000 | 126.000 | 126.000 |
| Kumulierte Einnahmen | 0 | 0 | 0 | 0 | 0 | 42.000 | 42.000 | 42.000 | 42.000 | 42.000 | 84.000 | 84.000 | 84.000 | 84.000 | 84.000 |
| **Kapitalbedarf** | **15.000** | **37.500** | **42.000** | **42.000** | **42.000** | **15.000** | **37.500** | **42.000** | **42.000** | **42.000** | **15.000** | **37.500** | **42.000** | **42.000** | **42.000** |

- Die betrieblichen Prozesse werden **zeitlich gestaffelt** angeordnet, d.h. wenn ein Prozeß bis zu einem gewissen Punkt fortgeschritten ist, beginnt der nächste Prozeß.

Prozeß 1

Prozeß 2

Prozeß 3

Die Höhe des Kapitalbedarfes wird sich bei dieser überlappenden Anordnung im Vergleich zu der zeitlich nebeneinanderliegenden Anordnung vermindern. Die Extremwerte des Kapitalbedarfes werden abgebaut, da Einnahmen aus abgeschlossenen Prozessen erfolgen, wenn Ausgaben für folgende Prozesse anfallen. Es erfolgt eine Nivellierung des Kapitalbedarfes.

**Beispiel:** Die Metallbau GmbH erstellt gleichartige Maschinen, wobei stets dann eine neue Maschine gebaut wird, wenn sich die derzeit gefertigte Maschine in der Woche 3 befindet. Ausgaben, Einnahmen und Prozeßdauer entsprechen dem vorangegangenen Beispiel.

| Woche / Prozeß | 1 | 2 | 3 | 4 | 5 | 6 | 7 | 8 | 9 | 10 | 11 | 12 | 13 | 14 | 15 |
|---|---|---|---|---|---|---|---|---|---|---|---|---|---|---|---|
| 1 | 5.000 | 7.500 | 1.500 | – | – | 14.000 | | | | | | | | | |
| 2 | | | 5.000 | 7.500 | 1.500 | – | – | 14.000 | | | | | | | |
| 3 | | | | | 5.000 | 7.500 | 1.500 | – | – | 14.000 | | | | | |
| 4 | | | | | | | 5.000 | 7.500 | 1.500 | – | – | 14.000 | | | |
| 5 | | | | | | | | | 5.000 | 7.500 | 1.500 | – | – | 14.000 | |
| 6 | | | | | | | | | | | 5.000 | 7.500 | 1.500 | – | – |
| 7 | | | | | | | | | | | | | 5.000 | 7.500 | 1.500 |
| Kumulierte Ausgaben | 5.000 | 12.500 | 19.000 | 26.500 | 33.000 | 40.500 | 47.000 | 54.500 | 61.000 | 68.500 | 75.000 | 82.500 | 89.000 | 96.500 | 98.000 |
| Kumulierte Einnahmen | 0 | 0 | 0 | 0 | 0 | 14.000 | 14.000 | 28.000 | 28.000 | 42.000 | 42.000 | 56.000 | 56.000 | 70.000 | 70.000 |
| **Kapitalbedarf** | **5.000** | **12.500** | **19.000** | **26.500** | **33.000** | **26.500** | **33.000** | **26.500** | **33.000** | **26.500** | **33.000** | **26.500** | **33.000** | **26.500** | **28.000** |

- Die betrieblichen Prozesse werden **zeitlich nacheinander** angeordnet, d.h. der Beginn eines neuen Prozesses setzt voraus, daß der bisherige Prozeß abgeschlossen ist.

Prozeß 1

Prozeß 2

Prozeß 3

Das bedeutet, daß der Kapitalbedarf sich auf niedrigem Niveau bewegen wird, da den Ausgaben für den jeweils neu zu beginnenden Prozeß Einnahmen aus dem beendeten Prozeß gegenüberstehen.

**Beispiel:** Die Metallbau GmbH erstellt gleichartige Maschinen, wobei immer nur eine Maschine Gegenstand des betrieblichen Prozesses ist. Ausgaben, Einnahmen und Prozeßdauer entsprechen den beiden vorangegangenen Beispielen.

| Woche / Prozeß | 1 | 2 | 3 | 4 | 5 | 6 | 7 | 8 | 9 | 10 | 11 | 12 | 13 | 14 | 15 |
|---|---|---|---|---|---|---|---|---|---|---|---|---|---|---|---|
| 1 | 5.000 | 7.500 | 1.500 | – | – | 14.000 | | | | | | | | | |
| 2 | | | | | | 5.000 | 7.500 | 1.500 | – | – | 14.000 | | | | |
| 3 | | | | | | | | | | | 5.000 | 7.500 | 1.500 | – | – |
| Kumulierte Ausgaben | 5.000 | 12.500 | 14.000 | 14.000 | 14.000 | 19.000 | 26.500 | 28.000 | 28.000 | 28.000 | 33.000 | 40.500 | 42.000 | 42.000 | 42.000 |
| Kumulierte Einnahmen | 0 | 0 | 0 | 0 | 0 | 14.000 | 14.000 | 14.000 | 14.000 | 14.000 | 28.000 | 28.000 | 28.000 | 28.000 | 28.000 |
| **Kapitalbedarf** | **5.000** | **12.500** | **14.000** | **14.000** | **14.000** | **5.000** | **12.500** | **14.000** | **14.000** | **14.000** | **5.000** | **12.500** | **14.000** | **14.000** | **14.000** |

### 2.3.2.1.2 Unternehmensgröße

Die Veränderung der Unternehmensgröße führt grundsätzlich zu einer Veränderung des Kapitalbedarfes. Indessen können gesicherte Aussagen über das Ausmaß der Veränderung des Kapitalbedarfes nicht ohne weiteres gemacht werden.

Der Kapitalbedarf kann sich gegebenenfalls verändern:

| | **Zunehmende Unternehmensgröße** | **Abnehmende Unternehmensgröße** |
|---|---|---|
| **Anlagevermögen** | Unterproportionaler Anstieg möglich, wenn Kapazitätsreserven vorhanden sind. | Unterproportionale Abnahme möglich. |
| | Häufig überproportionaler Anstieg möglich wegen Verfahrensänderungen und verstärkten Absatzbemühungen. | Häufig unterproportionaler Abnahme möglich. |
| **Umlaufvermögen** | Proportionaler Anstieg möglich, unterproportional bei Rationalisierung und mengenbedingt geringeren Preisen. | Proportionale oder unterproportionale Abnahme möglich. |

### 2.3.2.1.3 Leistungsprogramm

Die Auswirkungen von Veränderungen im Leistungsprogramm des Unternehmens lassen sich nicht ohne weiteres vorhersagen.

Grundsätzlich ist anzunehmen, daß ein Unternehmen mit großer Typenvielfalt einen höheren Kapitalbedarf aufweisen wird als ein Unternehmen mit geringer Typenvielfalt bzw. mit nur einem Erzeugnis.

Bei Veränderungen im Leistungsprogramm kann es drei **Ausgangssituationen** geben:

- Die für die Veränderung des Leistungsprogrammes erforderliche **Kapazität** ist **vorhanden**, d.h. sie reicht quantitativ und qualitativ aus.

  In diesem Fall wird nicht mit einem merklichen Ansteigen oder Absinken des Kapitalbedarfes zu rechnen sein.

- Die für die Veränderung des Leistungsprogrammes erforderliche **Kapazität** ist **nicht vorhanden**.

Bei Aufnahme neuer Erzeugnisse ergibt sich eine Erhöhung des Kapitalbedarfes, die erheblich sein kann. Dagegen ist nicht unbedingt eine merkliche Verminderung des Kapitalbedarfes festzustellen, wenn Erzeugnisse aus dem Leistungsprogramm eliminiert werden, die freiwerdenden Kapazitäten aber weiter bestehen bleiben. Möglicherweise sinken lediglich die Ausgaben für Güter des Umlaufvermögens.

- Bei der Veränderung des Leistungsprogrammes besteht ein **Substitutionsverhältnis** zwischen einem bisher gefertigten Erzeugnis und einem künftig zu erstellenden Erzeugnis.

  In diesem Falle wäre denkbar, daß aus dem Verkauf des auslaufenden Erzeugnisses dem Unternehmen noch Einnahmen zufließen, die für Ausgaben verwendet werden, die das neue Erzeugnis betreffen.

### 2.3.2.1.4 Beschäftigung

Unter Beschäftigung wird die tatsächliche Nutzung des Leistungsvermögens eines Unternehmens verstanden. Variationen der Beschäftigung können Auswirkungen auf die Höhe des Kapitalbedarfes haben.

Die Beschäftigung kann auf drei **Arten** variiert werden:

- Bei der **quantitativen Anpassung** verändert das Unternehmen die Zahl seiner Arbeitsplätze. Der Kapitalbedarf

  - erhöht sich etwa proportional bei einer Erhöhung der Arbeitsplätze,
  - vermindert sich etwa proportional bei einer Verminderung der Arbeitsplätze, wenn entsprechend weniger Werkstoffe verbraucht sowie die nicht mehr benötigten Mitarbeiter und Maschinen freigesetzt werden.

    Ist das nicht der Fall, vermindert sich der Kapitalbedarf unterproportional.

- Bei der **zeitlichen Anpassung** wird die Arbeitszeit verändert, wobei die Zahl der Arbeitsplätze und die Prozeßgeschwindigkeit als unverändert angesehen werden.

  Der Kapitalbedarf verhält sich beim Umlaufvermögen und bei den Löhnen im wesentlichen proportional, bei Überstundenzuschlägen leicht überproportional. Beim Anlagevermögen bleibt er unverändert.

- Bei der **intensitätsmäßigen Anpassung** wird die Beschäftigung durch eine Variation der Prozeßgeschwindigkeit verändert, ohne daß die Zahl der Arbeitsplätze oder der Umfang der Arbeitszeit verändert werden.

  Die Veränderung des Kapitalbedarfes wird bei der nachfolgenden Darstellung der Prozeßgeschwindigkeit erörtert.

### 2.3.2.2 Prozeßgeschwindigkeit

Die Prozeßgeschwindigkeit ist - im Gegensatz zu den oben dargestellten mengenbezogenen Einflußfaktoren des Kapitalbedarfes - ein zeitbezogener Einflußfaktor.

Unter Prozeßgeschwindigkeit wird der zeitliche Bedarf verstanden, den der einzelne betriebliche Prozeß benötigt. Ihre Höhe und die Höhe des Kapitalbedarfes stehen in engem Verhältnis zueinander. Je größer die Prozeßgeschwindigkeit ist, um so näher liegen die Ausgaben und Einnahmen zeitlich beieinander, was eine Minderung des Kapitalbedarfes zur Folge haben kann.

Der Kapitalbedarf entwickelt sich bei **Veränderung der Prozeßgeschwindigkeit** grundsätzlich unterschiedlich:

- Bei zeitlich **nebeneinander angeordneten Prozessen** nimmt die Dauer der Kapitalbindung ab, wenn die Prozeßgeschwindigkeit erhöht wird. Der Kapitalbedarf vermindert sich aber nur dann, wenn freiwerdende Kapazitäten anderweitig Verwendung finden oder liquidiert werden.

- Bei zeitlich **gestaffelt angeordneten Prozessen** kann eine Verminderung des Kapitalbedarfes erreicht werden, wenn die erhöhte Prozeßgeschwindigkeit die Einnahmen vorverlagert, sodaß sie vor den Ausgaben liegen.

Eine **Steigerung der Prozeßgeschwindigkeit** ist sowohl im güterwirtschaftlichen Bereich als auch im finanzwirtschaftlichen Bereich möglich:

- Im **güterwirtschaftlichen Bereich** ist eine Beschleunigung der Prozeßgeschwindigkeit - insbesondere durch eine Verkürzung der Verweilzeiten bei der Fertigung und Lagerung - erreichbar, sofern diese Möglichkeiten technisch nicht schon ausgeschöpft sind.

  **Beispiel:** Die Erstellung eines Erzeugnisses verursacht folgende Ausgaben:

  | | | | | | |
  |---|---|---|---|---|---|
  | Tag 1: | 2.000 DM | Tag 2: | 1.500 DM | Tag 3: | 1.000 DM |

  Am Tag 7 erfolgen Einnahmen von 4.500 DM.

  Der einzelne betriebliche Prozeß dauert 6 Tage. Jeweils ab dem 4. Tag wird mit der Erstellung eines neuen Erzeugnisses begonnen.

  Durch Rationalisierungsmaßnahmen im Bereich des Lagers sollen die Güter dem Verkauf zwei Tage früher zur Verfügung stehen, wodurch die Einnahmen bereits am Tag 5 erfolgen.

Kapitalbedarf **vor** der Rationalisierungsmaßnahme:

| Prozeß \ Tag | 1 | 2 | 3 | 4 | 5 | 6 | 7 | 8 | 9 | 10 | 11 | 12 | 13 | 14 |
|---|---|---|---|---|---|---|---|---|---|---|---|---|---|---|
| 1 | 2.000 | 1.500 | 1.000 | – | – | – | 4.500 | | | | | | | |
| 2 | | | | 2.000 | 1.500 | 1.000 | – | – | – | 4.500 | | | | |
| 3 | | | | | | | 2.000 | 1.500 | 1.000 | – | – | – | 4.500 | |
| 4 | | | | | | | | | | 2.000 | 1.500 | 1.000 | – | – |
| Kumulierte Ausgaben | 2.000 | 3.500 | 4.500 | 6.500 | 8.000 | 9.000 | 11.000 | 12.500 | 13.500 | 15.500 | 17.000 | 18.000 | 18.000 | 18.000 |
| Kumulierte Einnahmen | 0 | 0 | 0 | 0 | 0 | 0 | 4.500 | 4.500 | 4.500 | 9.000 | 9.000 | 9.000 | 13.500 | 13.500 |
| **Kapital-bedarf** | **2.000** | **3.500** | **4.500** | **6.500** | **8.000** | **9.000** | **6.500** | **8.000** | **9.000** | **6.500** | **8.000** | **9.000** | **4.500** | **4.500** |

Kapitalbedarf **nach** der Rationalisierungsmaßnahme:

| Prozeß \ Tag | 1 | 2 | 3 | 4 | 5 | 6 | 7 | 8 | 9 | 10 | 11 | 12 | 13 | 14 |
|---|---|---|---|---|---|---|---|---|---|---|---|---|---|---|
| 1 | 2.000 | 1.500 | 1.000 | – | 4.500 | | | | | | | | | |
| 2 | | | | 2.000 | 1.500 | 1.000 | – | 4.500 | | | | | | |
| 3 | | | | | | | 2.000 | 1.500 | 1.000 | – | 4.500 | | | |
| 4 | | | | | | | | | | 2.000 | 1.500 | 1.000 | – | 4.500 |
| 5 | | | | | | | | | | | | | 2.000 | 1.500 |
| Kumulierte Ausgaben | 2.000 | 3.500 | 4.500 | 6.500 | 8.000 | 9.000 | 11.000 | 12.500 | 13.500 | 15.500 | 17.000 | 18.000 | 20.000 | 21.500 |
| Kumulierte Einnahmen | 0 | 0 | 0 | 0 | 4.500 | 4.500 | 4.500 | 9.000 | 9.000 | 9.000 | 13.500 | 13.500 | 13.500 | 18.000 |
| **Kapital-bedarf** | **2.000** | **3.500** | **4.500** | **6.500** | **3.500** | **4.500** | **6.500** | **3.500** | **4.500** | **6.500** | **3.500** | **4.500** | **6.500** | **3.500** |

| | | | | | | | | | | | | | | |
|---|---|---|---|---|---|---|---|---|---|---|---|---|---|---|
| **Verringe-rung des Kapital-bedarfs** | 0 | 0 | 0 | 0 | 4.500 | 4.500 | 0 | 4.500 | 4.500 | 0 | 4.500 | 4.500 | –2.000 | 1.000 |

- Im **finanzwirtschaftlichen Bereich** kann die Prozeßgeschwindigkeit vor allem eine Veränderung erfahren, indem sich die Zahlungsgewohnheiten der Kunden oder die Zahlungsbedingungen der Lieferanten wandeln.

Eine Steigerung der Prozeßgeschwindigkeit ist allerdings nur dann wirklich realisierbar, wenn der Markt dies erlaubt.

**Beispiel:** Ist es branchenüblich, daß Kundenzahlungen innerhalb einer Frist von vier Wochen geleistet werden, erscheint es für das Unternehmen nicht ohne weiteres möglich, eine vierzehntägige Zahlungsfrist zu verlangen, wenn es nicht Gefahr laufen will, Kunden zu verlieren.

### 2.3.2.3 Preis

Der Preis ist ein wertbezogener Einflußfaktor des Kapitalbedarfes. Er beeinflußt den Kapitalbedarf in seiner Höhe.

Sinken die Preise der zu beschaffenden Güter, mindert sich auch der Kapitalbedarf, da die Ausgaben für eine bestimmte Bezugsmenge abnehmen.

Bei Preissteigerungen treten entgegengesetzte Wirkungen ein.

## 2.3.3 Ermittlung

Der Kapitalbedarf des Unternehmens muß hinreichend genau ermittelt werden, um frühzeitig Maßnahmen der Kapitaldeckung - also der Finanzierung - einleiten zu können, damit der Bestand des Unternehmens nicht gefährdet wird. Grundsätzlich kann der Kapitalbedarf mit Hilfe der Kapitalbedarfsrechnung oder im Finanzplan ermittelt werden:

| | |
|---|---|
| **Kapitalbedarfs-rechnung** | Sie kann bei Gründungen und Unternehmenserweiterungen den Kapitalbedarf auf relativ einfache Weise als Näherungswert ermitteln. Dies ist umso besser möglich, je mehr sie unternehmerspezifisch oder zumindest branchenspezifisch aufgebaut ist. |
| **Finanzplan** | Er enthält alle prognostizierten Ausgaben und Einnahmen des Unternehmens. Durch ihre Gegenüberstellung kann der Kapitalbedarf festgestellt werden - siehe ausführlich *Olfert*.<br>Er ist nicht ohne weiteres bei Gründungen und Unternehmenserweiterungen zur Ermittlung des Kapitalbedarfes geeignet, da Prognosen mangels Vergangenheitsdaten schwerlich erstellbar sind. |

Die Kapitalbedarfsrechnung wird in drei **Schritten** durchgeführt:

| | |
|---|---|
| 1 | Ermittlung des Anlagekapitalbedarfes |
| ↓ | |
| 2 | Ermittlung des Umlaufkapitalbedarfes |
| ↓ | |
| 3 | Feststellung des Gesamtkapitalbedarfes |

Mit der getrennten Ermittlung des Anlage- und Umlaufkapitalbedarfes wird den unterschiedlichen Eigenschaften des Anlagevermögens und des Umlaufvermögens - besonders unter zeitlichem Bezug - Rechnung getragen.

### 2.3.3.1 Anlagekapitalbedarf

Der Anlagekapitalbedarf ist der Kapitalbedarf, der durch das Anlagevermögen des Unternehmens verursacht wird und dazu dient, die Betriebsbereitschaft des Unternehmens sicherzustellen.

Um den Anlagekapitalbedarf zu ermitteln, sind die Anschaffungskosten für die Anlagegüter festzustellen, die sich insbesondere zusammensetzen können aus:

| | |
|---|---|
| | Anschaffungspreis |
| + | Transportkosten |
| + | Montagekosten |
| + | Versicherungen |
| + | Provisionen |
| = | **Anschaffungskosten** |

Die für die Anlagegüter zu leistenden Ausgaben werden addiert und ergeben den Anlagekapitalbedarf.

**Beispiel:**

| | |
|---|---|
| Grundstücke | 280.000 DM |
| Gebäude | 420.000 DM |
| Maschinen | 80.000 DM |
| Betriebs- und Geschäftsausstattung | 30.000 DM |
| Anlagekapitalbedarf | 810.000 DM |

Wird die Kapitalbedarfsrechnung aus Anlaß der Gründung des Unternehmens erstellt, sind noch Ausgaben für die Gründung und Ingangsetzung des Geschäftsbetriebes anzusetzen:

- Ausgaben für die **Gründung** können sein:
  - Gerichtskosten
  - Notariatskosten
  - Maklergebühren
  - Provisionen
  - Sonstige Vergütungen

- Ausgaben der **Ingangsetzung des Geschäftsbetriebes** sind beispielsweise
  - Personalbeschaffungskosten
  - Ausgaben für Marktstudien
  - Ausgaben für Einführungswerbung
  - Ausgaben für Organisationsgutachten

## 2.3.3.2 Umlaufkapitalbedarf

Der Umlaufkapitalbedarf ist der Kapitalbedarf, der durch das Umlaufvermögen des Unternehmens verursacht wird und dazu dient, die Durchführung des **Leistungsprozesses** sicherzustellen.

Die Ermittlung des Umlaufkapitalbedarfes gestaltet sich schwieriger als beim Anlagekapitalbedarf. Das ist insbesondere darin begründet, daß die täglichen Ausgaben und die Dauer ihrer Bindung nicht ohne weiteres ermittelbar sind.

Der Umlaufkapitalbedarf wird in drei **Schritten** ermittelt:

- Zunächst wird die **Kapitalbindungsdauer** des Umlaufvermögens festgestellt.

  Sie ergibt sich aus *(Peridon / Steiner)*:

  – der Rohstofflagerdauer
  – der Produktionsdauer
  – der Fertigerzeugnis-Lagerdauer
  – dem Kundenziel

  Das Lieferantenziel kann bei der Kapitalbindung für Werkstoffe abgesetzt werden.

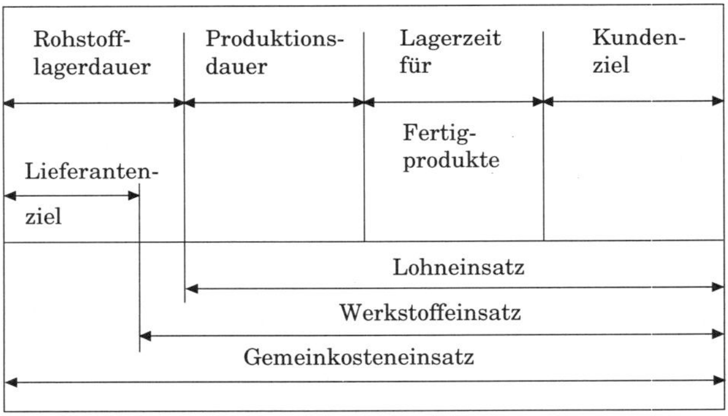


- Sodann werden die **durchschnittlichen täglichen Ausgaben** ermittelt:

  – täglicher Werkstoffeinsatz
  – täglicher (Fertigungs)Lohneinsatz
  – täglicher Gemeinkosteneinsatz
  (soweit sie zu Ausgaben führen)

- Schließlich wird der Umlaufkapitalbedarf ermittelt, wobei zwei **Methoden** eingesetzt werden können:

- Die **kumulative Methode**, bei der die gesamte Kapitalbindungsdauer ermittelt und mit den durchschnittlichen täglichen Ausgaben multipliziert wird:

| Umlauf-kapitalbedarf | = | Kapitalbindungs-dauer abzüglich Lieferantenziel | · | Durchschnitt-liche tägliche Ausgaben |
|---|---|---|---|---|

| **Beispiel:** | Rohstofflagerdauer | 25 Tage |
|---|---|---|
| | Lieferantenziel | 10 Tage |
| | Produktionsdauer | 20 Tage |
| | Fertigerzeugnis-Lagerdauer | 5 Tage |
| | Kundenziel | 15 Tage |
| | ø täglicher Lohneinsatz | 15.000 DM |
| | ø täglicher Werkstoffeinsatz | 5.000 DM |
| | ø täglicher Gemeinkosteneinsatz | 8.000 DM |

Umlaufkapitalbedarf = (15 + 5 + 20 + 25 – 10) · (5.000 + 15.000 + 8.000)
= 55 · 28.000 = 1.540.000 DM

Der ermittelte Umlaufkapitalbedarf kann nur so genau sein, wie die angewendete Methode es ermöglicht. Die Tatsache, daß Ausgaben zu unterschiedlichen Zeitpunkten und in verschiedenen Abständen zu leisten sind, findet hier keine hinreichende Berücksichtigung. Deshalb ergibt sich ein überhöhter Kapitalbedarf.

- Die **elektive Methode**, die genauer ist als die kumulative Methode. Sie berücksichtigt die unterschiedlichen Bindungsdauern des Lohneinsatzes, Werkstoffeinsatzes und Gemeinkosteneinsatzes.

**Beispiel:** Es gelten die Werte aus dem vorangegangenen Beispiel.

Umlaufkapitalbedarf =
= (15 + 5 + 20) · 15.000 + (15 + 5 + 20 + 25 – 10) · 5.000 + (15 + 5 + 20 + 25) · 8.000
= 40 · 15.000 + 55 · 5.000 + 65 · 8.000 = 1.395.000 DM

Unter Verwendung der elektiven Methode ist der Umlaufkapitalbedarf um 145.000 DM geringer als bei der kumulativen Methode.

Trotz ihrer größeren Genauigkeit ist es auch mit der elektiven Methode nicht möglich, genaue Aussagen über den Umlaufkapitalbedarf zu machen.

## 2.3.3.3 Gesamtkapitalbedarf

Der gesamte Kapitalbedarf ergibt sich aus der Addition von Anlagekapitalbedarf und Umlaufkapitalbedarf.

**Beispiel:**

| | Kumulative Methode | Elektive Methode |
|---|---|---|
| Anlage-kapitalbedarf | 810.000 DM | 810.000 DM |
| Umlauf-kapitalbedarf | 1.540.000 DM | 1.395.000 DM |
| **Kapitalbedarf** | **2.350.000 DM** | **2.205.000 DM** |

10

## 2.4 Kapitaldeckung

Die Kapitaldeckung wird im Rahmen der Finanzplanung ermittelt - siehe ausführlich *Olfert*. Grundlage ist der **Finanzplan**, der beispielsweise folgendes Aussehen haben kann:

**Finanzplan vom 01.01.1995 bis 31.12.1995**

| **Beträge in TDM** | **Januar** | | **Februar** | | **März** | | . . . |
|---|---|---|---|---|---|---|---|
| | Plan | Ist | Plan | Ist | Plan | Ist | |
| **A. Zahlungsmittel-Anfangsbestand** | | | | | | | |
| **Einnahmen** | | | | | | | |
| Umsätze | | | | | | | |
| Sachanlagen | | | | | | | |
| Immaterielle Anlagen | | | | | | | |
| Finanzanlagen | | | | | | | |
| Eigenkapital | | | | | | | |
| Fremdkapital | | | | | | | |
| Zinsen/Provisionen/Gewinne | | | | | | | |
| Sonstige | | | | | | | |
| **B. Gesamte Einnahmen** | | | | | | | |
| **Ausgaben** | | | | | | | |
| Sachanlagen | | | | | | | |
| Immaterielle Anlagen | | | | | | | |
| Finanzanlagen | | | | | | | |
| Material | | | | | | | |
| Personal | | | | | | | |
| Steuern/Abgaben | | | | | | | |
| Eigenkapital | | | | | | | |

| | | | | | | | |
|---|---|---|---|---|---|---|---|
| Fremdkapital<br>Zinsen/Provisionen/Gewinne<br>Sonstige | | | | | | | |
| **C. Gesamte Ausgaben** | | | | | | | |
| **D. Zahlungsmittel-Schlußbestand**<br>(A + B – C) | | | | | | | |

Die Einnahmen-Seite gibt Auskunft über die Finanzierung. Die Ausgaben-Seite enthält im wesentlichen die Investition, insbesondere in den ersten fünf Positionen.

Bei der Kapitaldeckung geht es nicht nur um die Frage, mit welchem Kapital die gewünschten Investitionen zu finanzieren sind:

- Eigenkapital
- Fremdkapital.

Es ist auch zu beachten,

- welche Kapitalkosten, beispielsweise Zinsen, es verursacht,
- ob mögliche Zinsen fest oder variabel sind,
- welcher Fristigkeit das Kapital ist,
- welche Kündigungsfristen für das Kapital gelten,
- welche Einflußmöglichkeiten die Kapitalgeber haben oder fordern,
- welche Sicherheiten für das Kapital zu stellen sind.

Beispielsweise sollten hochwertige Investitionsobjekte mit langfristig zur Verfügung stehendem Kapital finanziert werden, um Risiken des Kapitalanschlusses und erhöhter Zinsen zu entgehen.

## 2.5 Investitionsprogramm

Die Festlegung des Investitionsprogrammes für eine zu planende Rechnungsperiode orientiert sich also an:

- dem notwendigen Investitionsbedarf
- dem wünschenswerten Investitionsbedarf
- dem sich daraus ergebenden Kapitalbedarf
- den Finanzierungsmöglichkeiten zur Deckung des Kapitalbedarfes.

Dabei kann es sich ergeben, daß die gewünschten Investitionen finanzierbar sind. Es kann aber auch sein, daß die finanziellen Mittel nicht für alle Investitionen ausreichen. Dementsprechend unterscheidet man folgende zu ergreifenden **Maßnahmen**, um das Investitionsprogramm festzulegen:

- **Anpassung des Investitionsplanes**
- **Anpassung des Finanzierungsplanes.**

## 2.5.1 Anpassung des Investitionsplanes

Der Bedarf an Investitionen ergibt sich aus der Ausgaben-Seite des Finanzplanes. Wie gezeigt wurde, dient grundsätzlich der Absatzplan als Ausgangspunkt dazu, den Bedarf an Investitionen zu ermitteln.

Ergänzend ist der Bedarf an Finanzinvestitionen festzustellen, der nicht unmittelbar auf Absatzüberlegungen, sondern auf unternehmenspolitischen Zielsetzungen beruht.

Da die Kapitaldeckung normalerweise einen Engpaß im Unternehmen darstellt, gilt es - wie oben erläutert - den Investitionsbedarf zu unterteilen in:

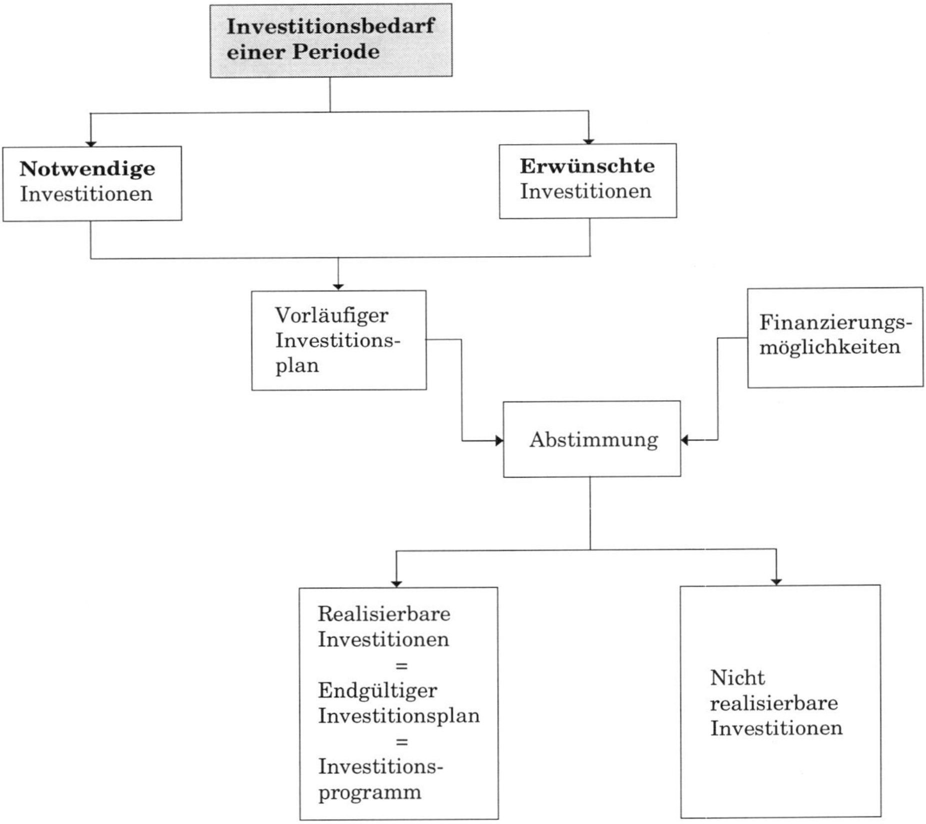


In das Investitionsprogramm müssen nach Möglichkeit alle notwendigen Investitionen aufgenommen werden. Soweit der Finanzierungsplan es erlaubt, sind außerdem möglichst viele erwünschte, aber nicht zwingend notwendige Investitionen im Investitionsprogramm zu berücksichtigen.

Dabei erweist es sich als Vorteil, wenn die **Dringlichkeit** der einzelnen Investitionen in der Planungsstufe »Beschreibung des Investitionsproblems« dargelegt wurde. Neben der Trennung von notwendigen und erwünschten Investitionen läßt sich für letztere eine Präferenzordnung aufstellen, mit deren Hilfe rasch festgelegt werden kann, welche erwünschte Investition im Investitionsprogramm zu berücksichtigen ist.

Unter der Annahme, daß der Finanzierungsplan es ermöglicht, alle notwendigen Investitionen und einen begrenzten Teil der erwünschten Investitionen zu realisieren, ist der vorläufige **Investitionsplan** in seinen Ansätzen **zu revidieren**.

**Beispiel:**

| | **Vorläufiger Ansatz 1995 TDM** | **Revidierter Ansatz 1995 TDM** | |
|---|---|---|---|
| **Finanzierungsplan** – Einnahmen – | | | |
| Umsätze | 1.455 | | |
| Sachanlagen | 15 | | |
| Immaterielle Anlagen | 22 | | |
| Finanzanlagen | 48 | | |
| Eigenkapital | 0 | | |
| Fremdkapital | 410 | | |
| Zinsen/Provisionen/Gewinne | 8 | | |
| Sonstige | 6 | | |
| | **1.964** | | |
| **Investitionsplan** – Ausgaben – | | | |
| Sachanlagen | 850 | – 110 | → 740 |
| Immaterielle Anlagen | 85 | – 40 | → 45 |
| Finanzanlagen | 110 | – 25 | → 85 |
| Material | 440 | – 30 | → 410 |
| Personal | 530 | – 40 | → 490 |
| Steuern/Abgaben | 63 | – 5 | → 58 |
| Eigenkapital | 0 | 0 | → 0 |
| Fremdkapital | 119 | – 10 | → 109 |
| Zinsen/Provisionen/Gewinne | 41 | – 23 | → 18 |
| Sonstige | 12 | – 3 | → 9 |
| | 2.250 | – 286 | → 1.964 |

Vereinfachend wurde bei der Revision des Investitionsplanes unterstellt, daß die Veränderung des Investitionsplanes nicht zu Veränderungen beim Finanzierungsplan führt, was in der betrieblichen Praxis nicht ohne weiteres angenommen werden kann.

## 2.5.2 Anpassung des Finanzierungsplanes

Im Unternehmen kann aber auch die Situation auftreten, daß mit den vorläufig geplanten finanziellen Mitteln der Bedarf an notwendigen Investitionen nicht gedeckt werden kann.

In diesen Fällen wäre die Liste der als notwendig ausgewiesenen Investitionen nochmals zu überprüfen und festzustellen, ob einzelne Investitionen nicht doch noch verschiebbar sind. Ist das nicht oder nicht in dem für die Finanzierung erforderlichen Umfang möglich, wird das Unternehmen nicht umhin können, den **Finanzierungsplan** entsprechend **anzupassen**.

**Beispiel:**

| | **Vorläufiger Ansatz 1995 TDM** | **Revidierter Ansatz 1995 TDM** | |
|---|---|---|---|
| **Finanzierungsplan**<br>– Einnahmen – | | | |
| Umsätze | 1.455 | 0 | → 1.455 |
| Sachanlagen | 15 | 0 | → 15 |
| Immaterielle Anlagen | 22 | 0 | → 22 |
| Finanzanlagen | 48 | 0 | → 48 |
| Eigenkapital | 0 | + 10 | → 10 |
| Fremdkapital | 410 | + 83 | → 493 |
| Zinsen/Provisionen/Gewinne | 8 | 0 | → 8 |
| Sonstige | 6 | 0 | → 6 |
| | 1.964 | + 93 | → 2.057 |
| **Investitionsplan**<br>– Ausgaben – | | | |
| Sachanlagen | 780 | | |
| Immaterielle Anlagen | 50 | | |
| Finanzanlagen | 85 | | |
| Material | 430 | | |
| Personal | 510 | | |
| Steuern/Abgaben | 58 | | |
| Eigenkapital | 0 | | |
| Fremdkapital | 109 | | |
| Zinsen/Provisionen/Gewinne | 23 | | |
| Sonstige | 12 | | |
| | 2.057 | | |

Veränderungen beim Finanzierungsplan können in der betrieblichen Praxis zu Veränderungen im Investitionsplan führen, was hier aus Gründen der Vereinfachung unberücksichtigt geblieben ist.

| | **Kontrollfragen** | bearbeitet | Lösungshinweis | Lösung + | Lösung - |
|---|---|---|---|---|---|
| 01 | Was versteht man unter Investitionsplanung? | | 59 | | |
| 02 | Durch welche Merkmale ist die Investitionsplanung gekennzeichnet? | | 59 | | |
| 03 | Worin wird die Investitionsplanung dokumentiert? | | 59 | | |
| 04 | Beschreiben Sie die strategische Investitionsplanung! | | 59 | | |
| 05 | Was ist unter der taktischen Investitionsplanung zu verstehen? | | 59 | | |
| 06 | Beschreiben Sie die operative Investitionsplanung! | | 59 | | |
| 07 | Aus welchen Gründen ist der Investitionsplanung eine herausragende Bedeutung zuzumessen? | | 59 ff. | | |
| 08 | Welche Forderungen sind zu stellen, damit die Investitionsplanung in geeigneter Weise durchgeführt werden kann? | | 61 | | |
| 09 | In welchen Organisationseinheiten kann die Investitionsplanung erfolgen? | | 62 | | |
| 10 | Beschreiben Sie, was unter dem Investitionsausschuß zu verstehen ist! | | 62 | | |
| 11 | Welche Aufgaben stellen sich dem Investitionsbereich? | | 62 | | |
| 12 | Wo liegen Gefahren, wenn die betrieblichen Abteilungen ihre Investitionen bis zu einem bestimmten Wert selbständig vornehmen können? | | 62 | | |
| 13 | In welchen Stufen wird die Investitionsplanung vorgenommen? | | 64 | | |
| 14 | Welche Unternehmensbereiche sind besonders geeignet, Anregungen für Investitionen zu geben? | | 65 f. | | |
| 15 | Nennen Sie Merkmale, die in der Fertigungswirtschaft auf die Notwendigkeit einer Investition hindeuten? | | 65 | | |
| 16 | Welche Merkmale zeigen bei den übrigen unternehmensinternen Quellen die Notwendigkeit einer Investition an? | | 65 f. | | |
| 17 | Welche unternehmensexternen Quellen gibt es, die eine Investition anregen können? | | 67 | | |
| 18 | Wozu dient die Beschreibung des Investitionsproblems? | | 68 | | |
| 19 | Welche Informationen sollten in der Beschreibung des Investitionsproblems enthalten sein? | | 68 | | |
| 20 | Woraus sind die Bewertungskriterien für eine Investition abzuleiten? | | 69 | | |
| 21 | Geben Sie Beispiele für Formalziele im Investitionsbereich! | | 69 | | |
| 22 | Weshalb müssen Sachziele aus den Formalzielen abgeleitet werden? | | 69 | | |

| | Kontrollfragen | bearbeitet | Lösungshinweis | Lösung + | Lösung - |
|---|---|---|---|---|---|
| 23 | Geben Sie Beispiele für Sachziele im Investitionsbereich! | | 70 | | |
| 24 | Was versteht man unter quantitativen Bewertungskriterien? | | 70 | | |
| 25 | Erläutern Sie die wichtigsten quantifizierten Bewertungskriterien! | | 70 f. | | |
| 26 | Bringen Sie diese Bewertungskriterien in eine Rangordnung bezüglich ihrer Verwendung in der Praxis! | | 72 | | |
| 27 | Welche quantifizierten Bewertungskriterien lassen sich für die Unternehmensbewertung heranziehen? | | 72 | | |
| 28 | Nennen Sie vier Gruppen von qualitativen Bewertungskriterien! | | 73 f. | | |
| 29 | Wozu dient die Gewichtung von qualitativen Bewertungskriterien? | | 74 | | |
| 30 | Welche Bedeutung haben Begrenzungsfaktoren für die Beurteilung einer Investition? | | 74 | | |
| 31 | Welcher Art können die Begrenzungsfaktoren sein? | | 74 | | |
| 32 | In welchen Fällen kann die Ermittlung von Investitionsalternativen durch deren Sammlung erfolgen? | | 75 | | |
| 33 | Welche Quellen bieten sich für die Sammlung von Investitionsalternativen vor allem an? | | 75 | | |
| 34 | Wann ist die Schaffung von Investitionsalternativen erforderlich? | | 76 | | |
| 35 | Nennen Sie die wichtigsten Verfahren zur Schaffung von Investitionsalternativen! | | 76 f. | | |
| 36 | Wie wird das Brainstorming durchgeführt? | | 76 | | |
| 37 | Beschreiben Sie die Methode 635! | | 76 f. | | |
| 38 | Stellen Sie die morphologische Methode dar! | | 77 | | |
| 39 | Wie erfolgt die Vorauswahl der Investitionsalternativen? | | 78 | | |
| 40 | Welche Rechnungen werden für die Bewertung der Investitionsalternativen eingesetzt? | | 79 | | |
| 41 | In welcher Weise wird die Bestimmung der vorteilhaftesten Investitionsalternative vorgenommen? | | 80 | | |
| 42 | Wie und durch wen kann die Realisierung der Investition erfolgen? | | 81 | | |
| 43 | Welche Gründe gibt es, Investitionen nach ihrer Realisierung einer Kontrolle zu unterziehen? | | 81 f. | | |
| 44 | Was versteht man unter individueller und summarischer Investitionskontrolle? | | 82 | | |

| | Kontrollfragen | bearbeitet | Lösungshinweis | Lösung + | Lösung - |
|---|---|---|---|---|---|
| 45 | Welche Überlegungen sind anzustellen, wenn festgelegt werden soll, wann und wie oft eine Investitionskontrolle vorgenommen wird? | | 82 | | |
| 46 | Welche Zeitpunkte während der Nutzung einer Investition bieten sich für die Kontrolle an? | | 82 f. | | |
| 47 | Worin bestehen die zentralen Probleme der Investitionsplanung? | | 91 | | |
| 48 | Beschreiben Sie, welche Daten es entsprechend ihrer unterschiedlichen Genauigkeit gibt! | | 91 | | |
| 49 | Worin liegt der Unterschied zwischen risikobehafteten und unsicheren Daten? | | 91 | | |
| 50 | Worauf ist bei der Erfassung der Anschaffungskosten/-ausgaben zu achten? | | 92 | | |
| 51 | Inwieweit läßt sich der Rest(erlös)wert/Liquidationserlös eines Investitionsobjektes abschätzen? | | 93 | | |
| 52 | Unter welcher Annahme kann in den Investitionsrechnungen auf den Ansatz des Rest(erlös)wertes/Liquidationserlöses verzichtet werden? | | 93 | | |
| 53 | Weshalb erweist sich die Zurechnung der Gewinne/Überschüsse eines Investitionsobjektes häufig als schwierig? | | 93 | | |
| 54 | Welche Arten von Nutzungsdauern können unterschieden werden? | | 94 | | |
| 55 | Welchen Einflußfaktoren unterliegt die wirtschaftliche Nutzungsdauer? | | 94 | | |
| 56 | Welche Nutzungsdauer ist für die Verwendung in Investitionsrechnungen geeignet? | | 95 | | |
| 57 | Erläutern Sie, woran sich der in den Investitionsrechnungen anzusetzende Kalkulationszinssatz orientieren kann! | | 95 | | |
| 58 | Was versteht man unter dem Korrekturverfahren? | | 96 | | |
| 59 | Erläutern Sie die Vorgehensweise beim Korrekturverfahren! | | 96 | | |
| 60 | Wie ist das Korrekturverfahren zu beurteilen? | | 96 f. | | |
| 61 | Beschreiben Sie die Sensitivitätsanalyse! | | 98 | | |
| 62 | Was ist unter der Risikoanalyse zu verstehen? | | 99 | | |
| 63 | Beschreiben Sie das Entscheidungsbaum-Verfahren! | | 100 | | |
| 64 | Beschreiben Sie den Ablauf der Planung des Investitionsprogrammes! | | 104 | | |
| 65 | Erläutern Sie, wie bei der Simultanplanung vorgegangen wird! | | 105 | | |

| | Kontrollfragen | bearbeitet | Lösungshinweis | Lösung + | Lösung - |
|---|---|---|---|---|---|
| 66 | Welche Ansätze lassen sich bei der Simultanplanung unterscheiden? | | 105 | | |
| 67 | Wie ist die Vorgehensweise bei der Sukzessivplanung? | | 106 | | |
| 68 | Welche Pläne sind bei der Sukzessivplanung von besonderer Bedeutung? | | 106 f. | | |
| 69 | Was versteht man unter dem Investitionsbedarf? | | 107 | | |
| 70 | Wie sollte der Investitionsbedarf unterteilt werden? | | 108 | | |
| 71 | Wie erfolgt die Beurteilung der Investitionen des Investitionsprogrammes? | | 108 | | |
| 72 | Welche Bedeutung hat der Kapitalbedarf für die Planung des Investitionsprogrammes? | | 108 | | |
| 73 | Wodurch wird die Größe des Kapitalbedarfes beeinflußt? | | 109 | | |
| 74 | Welche Ausgaben können unterschieden werden? | | 111 | | |
| 75 | Welche Einnahmen können unterschieden werden? | | 112 | | |
| 76 | Nennen Sie die Einflußfaktoren, die auf den Kapitalbedarf wirken können! | | 112 | | |
| 77 | Welche mengenbezogenen Einflußfaktoren lassen sich unterscheiden? | | 113 | | |
| 78 | Was versteht man unter einem betrieblichen Prozeß? | | 113 | | |
| 79 | Erläutern Sie die grundsätzlichen Gestaltungsmöglichkeiten betrieblicher Prozesse! | | 113 f. | | |
| 80 | Wie wirkt sich die Unternehmensgröße auf den Kapitalbedarf aus? | | 116 | | |
| 81 | Erläutern Sie, wie sich ein verändertes Leistungsprogramm auf den Kapitalbedarf auswirkt! | | 116 f. | | |
| 82 | Erläutern Sie die Arten, in denen die Beschäftigung variiert werden kann! | | 117 | | |
| 83 | Wie verändert sich der Kapitalbedarf bei Beschäftigungsänderungen? | | 117 | | |
| 84 | Was versteht man unter der Prozeßgeschwindigkeit? | | 118 | | |
| 85 | Wie verändert sich der Kapitalbedarf bei veränderter Prozeßgeschwindigkeit? | | 118 | | |
| 86 | Welchen Einfluß haben Veränderungen der Preise auf den Kapitalbedarf? | | 120 | | |
| 87 | Auf welche Weisen kann der Kapitalbedarf grundsätzlich ermittelt werden? | | 120 | | |

| | Kontrollfragen | bear-beitet | Lösungs-hinweis | Lösung + | - |
|---|---|---|---|---|---|
| 88 | Für welche Fälle eignet sich die Kapitalbedarfsrechnung? | | 120 | | |
| 89 | Nennen Sie die Schritte, in denen die Kapitalbedarfsrechnung durchgeführt wird! | | 120 | | |
| 90 | Wie wird der Anlagenkapitalbedarf festgestellt? | | 121 | | |
| 91 | Aus welchen Ausgaben können sich die Anschaffungskosten zusammensetzen? | | 121 | | |
| 92 | Welche Ausgaben können für die Gründung eines Unternehmens entstehen? | | 121 | | |
| 93 | Nennen Sie Beispiele für Ausgaben, die mit der Ingangsetzung des Geschäftsbetriebes entstehen können! | | 121 | | |
| 94 | Wie wird der Umlaufkapitalbedarf grundsätzlich ermittelt? | | 122 | | |
| 95 | Worin unterscheiden sich die kumulative und elektive Methode? | | 123 | | |
| 96 | Wie kann die Kapitaldeckung erfolgen? | | 124 | | |
| 97 | Nach welchen Kriterien sollte die Kapitaldeckung ausgerichtet werden? | | 125 | | |
| 98 | Woran orientiert sich das Investitionsprogramm? | | 125 | | |
| 99 | Zeigen Sie, wie der Investitionsplan gegebenenfalls an die zur Verfügung stehenden Finanzmittel angepaßt werden kann! | | 126 f. | | |
| 100 | Welche Überlegungen sind anzustellen, wenn der Wert der unbedingt notwendigen Investitionen über dem Wert der zur Verfügung stehenden Finanzmittel liegt? | | 128 | | |
| | | | | | |

# C. Statische Investitionsrechnungen zur Beurteilung von Sachinvestitionen

Statische Investitionsrechnungen werden in der betrieblichen Praxis häufig eingesetzt, da sie relativ einfach zu handhaben sind. Ihre Eignung, Informationen über die Vorteilhaftigkeit von Investitionen zu vermitteln, wird indessen unterschiedlich beurteilt.

Die Gründe hierfür sind in den besonderen **Merkmalen** der statischen Investitionsrechnungen zu sehen:

- Sie beziehen sich lediglich auf eine Periode.
- Sie berücksichtigen keine Interdependenzen.
- Sie basieren auf Kosten und Erträgen.

Die **Beschränkung** der statischen Investitionsrechnungen auf **eine Periode** kann ihre Einsetzbarkeit beeinflussen, je nachdem, welche Periode für die Beurteilung der Investitionen herangezogen wird:

- Ist die **Anfangsperiode**, das erste Nutzungsjahr von Investitionsobjekten, die Grundlage für die Investitionsentscheidung, muß die Eignung der statischen Investitionsrechnungen bezweifelt werden, die Vorteilhaftigkeit der Investitionsobjekte feststellen zu können, denn die Anfangsperiode ist üblicherweise nicht repräsentativ für die Gesamtheit der Nutzungsperioden.

  **Beispiel:** Materialkosten und Personalkosten, Ausbringungsmengen sowie Kosten für Instandhaltungen können sich im Zeitablauf - teilweise erheblich - verändern.

  Wenn die Investitionsentscheidung dennoch unter Verwendung von Daten gefällt wird, die für die Anfangsperiode gelten, kann der Grund nur darin gesehen werden, daß zeitlich weiterreichende Daten nicht zu ermitteln sind.

- Die Eignung der statischen Investitionsrechnungen ist positiver zu bewerten, wenn anstelle der Anfangsperiode von einer **Repräsentativperiode** ausgegangen wird, die für die Investitionsobjekte typische Daten aufweist. Welche Periode typisch ist, kann nicht generell gesagt werden, sondern ist vom einzelnen Investitionsobjekt und seiner spezifischen Nutzung abhängig.

- Eine weitere Verbesserung können die statischen Investitionsrechnungen erfahren, wenn der Investitionsentscheidung eine **Durchschnittsperiode** zugrundegelegt wird, die sich ergibt, indem die Ermittlung der Daten für alle Nutzungsperioden getrennt vorgenommen und aus den Ergebnissen das arithmetische Mittel gebildet wird.

  Voraussetzung ist, daß die in die Investitionsrechnungen einfließenden Daten nicht stark schwanken, denn das arithmetische Mittel sagt nichts über die unterschiedliche Bedeutung der Daten im Zeitablauf aus.

**Beispiel:**

| **Periode** | 1<br>DM | 2<br>DM | 3<br>DM | 4<br>DM | 5<br>DM | **Arithmetisches Mittel** |
|---|---|---|---|---|---|---|
| Gewinn aus Investition I | 20.000 | 17.000 | 14.000 | 11.000 | 8.000 | 14.000 |
| Gewinn aus Investition II | 8.000 | 11.000 | 14.000 | 17.000 | 20.000 | 14.000 |

Gewinne aus einer Investition sind für das Unternehmen um so positiver zu bewerten, je früher sie höchstmöglich erzielt werden. Das bedeutet für das obige Beispiel, daß die Investition I vorteilhafter ist als die Investition II, obgleich das arithmetische Mittel beider Investitionen den gleichen Wert aufweist.

Die Eignung der statischen Investitionsrechnungen zur Beurteilung der Vorteilhaftigkeit von Investitionsobjekten hängt auch davon ab, daß **betriebliche Interdependenzen** nicht in erheblichem Umfang bestehen; d.h. es muß eine gewisse Kontinuität in der Entwicklung der in die statischen Investitionsrechnungen eingehenden Daten gegeben sein, die durch Einflüsse der übrigen Funktionsbereiche des Unternehmens nicht (zu) stark beeinträchtigt wird.

Schließlich ist festzustellen, daß die statischen Investitionsrechnungen mit den traditionell im Rechnungswesen erfaßten Größen - **Kosten** und **Erträgen** - arbeiten, nicht aber mit Einnahmen und Ausgaben, wie die genaueren dynamischen Investitionsrechnungen.

Statische Investitionsrechnungen können geeignet sein, die **Vorteilhaftigkeit von abgrenzbaren, gleichartigen Investitionsobjekten auf der Grundlage repräsentativer oder durchschnittlicher Werte** festzustellen.

Nach den unterschiedlichen Kriterien zur Beurteilung der Vorteilhaftigkeit von Investitionsobjekten lassen sich als statische Investitionsrechnungen vor allem nennen:

| | |
|---|---|
| **Statische Investitionsrechnungen** | Kostenvergleichsrechnung |
| | Gewinnvergleichsrechnung |
| | Rentabilitätsvergleichsrechnung |
| | Amortisationsvergleichsrechnung |

Eine weitere - teilweise dynamisierte - Investitionsrechnung ist die **MAPI-Methode.** Sie findet in der betrieblichen Praxis keine größere Verwendung, weshalb auf eine ausführliche Darstellung verzichtet wird.

# 1. Kostenvergleichsrechnung

Die Kostenvergleichsrechnung ist das einfachste Verfahren der statischen Investitionsrechnung. Sie dient dazu, Investitionsobjekte auf ihre Vorteilhaftigkeit hin miteinander zu vergleichen, indem sie die von ihnen verursachten Kosten einander gegenüberstellt. Dasjenige Investitionsobjekt ist das vorteilhaftere bzw. vorteilhafteste, das die geringeren bzw. geringsten Kosten verursacht:

$$K_I \gtreqless K_{II}$$

Die **Erträge,** die durch die Investitionsobjekte verursacht werden, bleiben bei der Kostenvergleichsrechnung **unberücksichtigt.** Das bedeutet, daß gleich hohe Erträge der zu vergleichenden Investitionsobjekte zu unterstellen sind, um eine Vergleichbarkeit herbeizuführen. Diese Voraussetzung kann bei Rationalisierungsinvestitionen erfüllt sein, bei anderen Investitionen ist sie aber häufig nicht gegeben.

Der Umfang der in die Kostenvergleichsrechnung einzubeziehenden Kostenarten ist nicht unumstritten. In betrieblicher Praxis und Literatur wird diskutiert, ob es notwendig ist, alle in Zusammenhang mit den Investitionsobjekten stehenden Kostenarten beim Kostenvergleich zu berücksichtigen, oder ob es ausreicht, den Kostenvergleich lediglich auf diejenigen Kostenarten zu beschränken, die bei den zu vergleichenden Investitionsobjekten in unterschiedlicher Höhe anfallen.

**Beispiel:** Die Maschinenbau GmbH beabsichtigt, eine neue Fräsmaschine zu beschaffen. Drei Angebote unterschiedlicher Fabrikate liegen vor, die gleich hohe Personalkosten und Materialkosten verursachen, sich bei den übrigen Kosten aber unterscheiden.

Teilweise wird die Auffassung vertreten, daß ein Vergleich der voneinander abweichenden Kosten ausreiche, um die Vorteilhaftigkeit der zu vergleichenden Investitionsobjekte hinreichend beurteilen zu können. Indessen sollte in der betrieblichen Praxis grundsätzlich nicht darauf verzichtet werden, einen **umfassenden, differenzierten Kostenvergleich** vorzunehmen, in dem sämtliche bedeutsamen Kostenarten enthalten sind, da die relative Bedeutung von Kostenunterschieden mit dem Einbeziehen von wenigen oder vielen Kostenarten in den Kostenvergleich variiert.

Außerdem zwingt ein umfassender, differenzierter Kostenvergleich dazu, daß die Entscheidungsträger sich mit allen wichtigen Kostenarten eingehend beschäftigen müssen und weniger zu Globalurteilen gelangen, die auf Erfahrungswerten, nicht aber auf präzisen Erhebungen beruhen.

Die wesentlichen **Kostenarten,** die in den Kostenvergleich einbezogen werden sollten, sind:

- **Kapitalkosten,** die sich aus den kalkulatorischen Abschreibungen und kalkulatorischen Zinsen zusammensetzen:

– Die **kalkulatorischen Abschreibungen** werden für die Wertminderung materieller und immaterieller Gegenstände des Anlagevermögens in der Rechnungsperiode als Kosten angesetzt. Ihre Höhe wird auf unterschiedliche Weise ermittelt, je nachdem, ob linear, degressiv oder nach Leistung abgeschrieben wird - siehe ausführlich *Olfert*.

Üblicherweise geht man in der Investitionsrechnung von der linearen Abschreibung aus, bei der jede Periode der voraussichtlichen Nutzung des Investitionsobjektes gleichmäßig mit kalkulatorischen Abschreibungen belastet wird:

$$b = \frac{A - RW}{n}$$

b = Abschreibungen (DM/Periode)
A = Anschaffungskosten (DM)
RW = Restwert (DM)
n = Nutzungsdauer (Jahre)

– Die **kalkulatorischen Zinsen** werden angesetzt, um das im Unternehmen befindliche betriebsnotwendige Kapital zu verzinsen. Sie werden zweckmäßigerweise auf der Grundlage des Durchschnittswertes - das ist die Hälfte der Anschaffungskosten des Investitionsobjektes zuzüglich eines gegebenenfalls vorhandenen Restwertes - ermittelt:

$$Z = \frac{A + RW}{2} \cdot i$$

Z = Zinsen (DM/Periode)
A = Anschaffungskosten (DM)
RW = Restwert (DM)
i = Kalkulationszinssatz (%)

Die Kapitalkosten pro Periode, die auch als **Kapitaldienst** bezeichnet werden, ergeben sich als Summe aus den kalkulatorischen Abschreibungen und den kalkulatorischen Zinsen:

$$KD = \frac{A - RW}{n} + \frac{A + RW}{2} \cdot i$$

- Die **Betriebskosten,** die vor allem aus folgenden Kostenarten bestehen:

  – **Personalkosten,** die sein können:

  - **Löhne** als vertragsmäßiges Entgelt, das der Arbeitgeber dem Arbeiter für geleistete Arbeit zu zahlen verpflichtet ist, wobei ein Zeitlohn, Akkordlohn oder Prämienlohn vereinbart sein kann.

  - **Gehälter** als vertragsmäßiges Entgelt, das der Arbeitgeber dem kaufmännischen oder technischen Angestellten als Zeitlohn zu zahlen verpflichtet ist.
  - **Sozialleistungen,** die der Arbeitgeber aufgrund gesetzlicher Vorschriften als gesetzliche Sozialleistungen oder freiwilliger Vereinbarungen als freiwillige Sozialleistungen zu leisten verpflichtet ist.

- **Materialkosten,** die sich beziehen können auf:
  - **Fertigungsstoffe,** die als Hauptbestandteile unmittelbar in die Erzeugnisse eingehen, beispielsweise Rohstoffe, Werkstoffe.
  - **Hilfsstoffe,** die ebenfalls unmittelbar in die Erzeugnisse eingehen, jedoch nicht als Hauptbestandteile, beispielsweise Schrauben, Nieten, Nägel.
  - **Betriebsstoffe,** die nicht in die Erzeugnisse eingehen, sondern mittelbar oder unmittelbar bei der Herstellung der Erzeugnisse verbraucht werden, beispielsweise Schmierstoffe.

- **Instandhaltungskosten,** die sein können:
  - **Instandsetzungskosten,** die zur Herstellung der Funktionsfähigkeit des Investitionsobjektes anfallen.
  - **Inspektionskosten,** die für das Feststellen und Beurteilen des gegenwärtigen Zustandes des Investitionsobjektes anfallen.
  - **Wartungskosten,** die durch das Bewahren der Funktionsfähigkeit des Investitionsobjektes anfallen, indem Hilfsstoffe ersetzt oder ergänzt werden sowie ein Reinigen und Pflegen, Ein- und Nachstellen des Investitionsobjektes erfolgt.

- **Raumkosten,** die anteilig vor allem aus den Abschreibungen, Zinsen, Personalkosten, Instandhaltungskosten, Energiekosten für die Räume bestehen können.

- **Energiekosten,** die unter anderem durch den Verbrauch von Strom, Gas, Dampf, Druckluft, Wasser, Öl, Benzin entstehen können.

- **Werkzeugkosten,** die für Handwerkzeuge, Meßwerkzeuge und Maschinenwerkzeuge entstehen können.

Kapitalkosten und Betriebskosten sind die gesamten periodenbezogenen Kosten, die ein Investitionsobjekt verursacht:

$$K = KD + B$$

oder

$$K = \frac{A - RW}{n} + \frac{A + RW}{2} \cdot i + B$$

K = Kosten (DM/Periode)
KD = Kapitaldienst (DM/Periode)
B = Betriebskosten (DM/Periode)

Sie stellen den Maßstab zur Beurteilung der Vorteilhaftigkeit von Investitionsobjekten dar, der sich bei der Kostenvergleichsrechnung auf zwei Probleme beziehen kann:

**Einzelinvestitionen** können mit Hilfe der Kostenvergleichsrechnung hinsichtlich ihrer Vorteilhaftigkeit nicht beurteilt werden.

## 1.1 Auswahlproblem

Das Auswahlproblem stellt sich, wenn mehrere alternative Investitionsobjekte vorhanden sind, von denen das kostengünstigere bzw. kostengünstigste zu bestimmen ist. Der Kostenvergleich kann auf unterschiedliche Weise erfolgen:

- **Kostenvergleich pro Periode**
- **Kostenvergleich pro Leistungseinheit.**

Ist die voraussichtlich genutzte mengenmäßige Leistung - nicht die Kapazität als maximal mögliche Leistung - der alternativen Investitionsobjekte gleich hoch, genügt ein Kostenvergleich pro Periode. Es ist in diesem Fall aber ebenso möglich, einen Kostenvergleich pro Leistungseinheit vorzunehmen. Beide Vorgehensweisen führen zum gleichen Ergebnis.

Der Kostenvergleich pro Periode ist hingegen nicht durchführbar, wenn die voraussichtlich genutzte mengenmäßige Leistung der alternativen Investitionsobjekte unterschiedlich hoch ist. Hier bietet ausschließlich der Kostenvergleich pro Leistungseinheit hinreichend genaue Ergebnisse.

### 1.1.1 Kostenvergleich pro Periode

Der Kostenvergleich pro Periode kann bei voraussichtlich **gleich hohen Leistungen** der alternativen Investitionsobjekte auf zweifache Weise erfolgen:

- Als **tabellarischer Kostenvergleich,** für den in der betrieblichen Praxis unternehmensspezifische **Formulare** verwendet werden sollten. Er zeichnet sich durch seine Übersichtlichkeit aus.

  Die **Grundstruktur** für die Ermittlung der Kosten pro Periode läßt sich wie folgt darstellen:

| | | Investitions-objekt I | Investitions-objekt II |
|---|---|---|---|
| Leistung | Stück/Jahr | ...... | ...... |
| Fixe Kosten | DM/Jahr | ...... | ...... |
| Variable Kosten | DM/Jahr | ...... | ...... |
| Gesamte Kosten | DM/Jahr | ...... | ...... |
| **Kostendifferenz I - II** | DM/Jahr | ...... | |

**Beispiel:** Zwei alternative Investitionsobjekte sind zu vergleichen. Investitionsobjekt I arbeitet halbautomatisch, Investitionsobjekt II dagegen nicht. Die Investitionsobjekte weisen folgende Daten auf:

| | | Investitions-objekt I | | Investitions-objekt II | |
|---|---|---|---|---|---|
| Anschaffungskosten | DM | 200.000 | | 100.000 | |
| Restwert | DM | 0 | | 0 | |
| Nutzungsdauer | Jahre | 10 | | 10 | |
| Auslastung* | Stück/Jahr | 20.000 | | 20.000 | |
| Zinssatz | % | 10 | | 10 | |
| Abschreibungen | DM/Jahr | 20.000 | | 10.000 | |
| Zinsen | DM/Jahr | 10.000 | | 5.000 | |
| Raumkosten | DM/Jahr | 1.000 | | 1.000 | |
| Instandhaltungskosten | DM/Jahr | 2.000 | | 2.000 | |
| Gehälter** | DM/Jahr | 10.000 | | 10.000 | |
| Sonstige fixe Kosten | DM/Jahr | 4.000 | | 2.000 | |
| Fixe Kosten | DM/Jahr | | 47.000 | | 30.000 |
| Löhne** | DM/Jahr | 90.000 | | 110.000 | |
| Materialkosten | DM/Jahr | 190.000 | | 200.000 | |
| Energiekosten | DM/Jahr | 5.000 | | 5.500 | |
| Werkzeugkosten | DM/Jahr | 7.000 | | 7.500 | |
| Sonst. variable Kosten | DM/Jahr | 3.000 | | 3.000 | |
| Variabe Kosten | DM/Jahr | | 295.000 | | 326.000 |
| Gesamte Kosten | DM/Jahr | | 342.000 | | 356.000 |
| **Kostendifferenz I - II** | DM/Jahr | | **– 14.000** | | |

* Werden mehrere Erzeugnisse auf den alternativen Investitionsobjekten gefertigt, ist die Maschinenlaufzeit in Std./Jahr zu verwenden.

** Einschließlich Nebenkosten (Sozialleistungen).

Dem Investitionsobjekt I ist der Vorzug zu geben, da es um 14.000 DM/Jahr weniger Kosten verursacht als das Investitionsobjekt II.

- Als **mathematischer Kostenvergleich**, bei dem die **Ingenieurformel** Anwendung findet, die - für zwei alternative Investitionsobjekte - folgendes Aussehen hat:

– **ohne** Berücksichtigung eines Restwertes

$$B_I + \frac{A_I}{2} \cdot i + \frac{A_I}{n_I} \gtreqless B_{II} + \frac{A_{II}}{2} \cdot i + \frac{A_{II}}{n_{II}}$$

– **mit** Berücksichtigung eines Restwertes

$$B_I + \frac{A_I + RW_I}{2} \cdot i + \frac{A_I - RW_I}{n_I} \gtreqless B_{II} + \frac{A_{II} + RW_{II}}{2} \cdot i + \frac{A_{II} - RW_{II}}{n_{II}}$$

A = Anschaffungskosten (DM)
B = Betriebskosten (DM/Periode)
RW = Restwert (DM)
n = Nutzungsdauer (Jahre)
i = Kalkulationszinssatz (%)
I = Investitionsobjekt I
II = Investitionsobjekt II

Der Restwert wird in der Formel zu den Anschaffungskosten addiert, weil sich das aus folgender Umformung ergibt:

Durchschnittlich gebundenes Kapital $= \frac{A - R}{2} + R = \frac{A + R}{2}$

**Beispiel:** Die Vorteilhaftigkeit der alternativen Investitionsobjekte aus dem tabellarischen Kostenvergleich läßt sich nach der Ingenieurformel errechnen.

| **Investitionsobjekt I** | **Investitionsobjekt II** |
|---|---|
| $B_I + \frac{A_I}{2} \cdot i + \frac{A_I}{n_I}$ | $B_{II} + \frac{A_{II}}{2} \cdot i + \frac{A_{II}}{n_{II}}$ |
| 1.000 + 2.000 + 10.000 + 4.000 + + 90.000 + 190.000 + 5.000 + + 7.000 + 3.000 + | 1.000 + 2.000 + 10.000 + 2.000 + + 110.000 + 200.000 + 5.500 + + 7.500 + 3.000 + |
| $+ \frac{200.000}{2} \cdot 0{,}10 + \frac{200.000}{10}$ | $+ \frac{100.000}{2} \cdot 0{,}10 + \frac{100.000}{10}$ |
| = 342.000 DM | = 356.000 DM |

$$K_I < K_{II}$$

Dem Investitionsobjekt I ist der Vorzug zu geben, da es um 14.000 DM geringere Kosten verursacht als das Investitionsobjekt II.

Wie zu sehen ist, entspricht das Ergebnis des tabellarischen Kostenvergleiches dem Ergebnis des mathematischen Kostenvergleiches.

**Beispiel:** Würde ein Restwert beim Investitionsobjekt I von 12.000 DM, beim Investitionsobjekt II von 10.000 DM zu berücksichtigen sein, ergäbe sich folgendes Bild:

| Investitionsobjekt I | Investitionsobjekt II |
|---|---|
| $B_I + \frac{A_I + RW_I}{2} \cdot i + \frac{A_I - RW_I}{n_I}$ | $B_{II} + \frac{A_{II} + RW_{II}}{2} \cdot i + \frac{A_{II} - RW_{II}}{n_{II}}$ |
| 1.000 + 2.000 + 10.000 + 4.000 + <br> + 90.000 + 190.000 + 5.000 + <br> + 7.000 + 3.000 + | 1.000 + 2.000 + 10.000 + 2.000 + <br> + 110.000 + 200.000 + 5.500 + <br> + 7.500 + 3.000 + |
| $+ \frac{200.000 + 12.000}{2} \cdot 0{,}10 +$ | $+ \frac{100.000 + 10.000}{2} \cdot 0{,}10 +$ |
| $+ \frac{200.000 - 12.000}{10}$ | $+ \frac{100.000 - 10.000}{10}$ |
| = 341.400 DM | = 355.500 DM |

$$K_I < K_{II}$$

Beim Anfallen eines Restwertes für beide Investitionsobjekte verändert sich die Entscheidung, dem Investitionsobjekt I den Vorzug zu geben, nicht. Das Investitionsobjekt II verursacht um 14.100 DM mehr Kosten pro Periode als das Investitionsobjekt I.

## 1.1.2 Kostenvergleich pro Leistungseinheit

Der Kostenvergleich alternativer Investitionsobjekte muß sich auf die einzelne Leistungseinheit beziehen, wenn die voraussichtlich genutzte mengenmäßige **Leistung** - nicht die Kapazität - der alternativen Investitionsobjekte **unterschiedlich hoch** ist.

**Beispiel:** Wenn ein Investitionsobjekt I eine Kapazität von 20.000 Stück/Jahr, ein Investitionsobjekt II dagegen eine Kapazität von 22.000 Stück/Jahr aufweist, aber feststeht, daß in beiden Fällen lediglich 18.000 Stück/Jahr genutzt werden, ist ein Kostenvergleich pro Leistungseinheit nicht erforderlich.

Die Kapazität alternativer Investitionsobjekte kann nur dann als Grundlage für den Kostenvergleich dienen, wenn das Unternehmen beabsichtigt, das Leistungsvermögen der alternativen Investitionsobjekte in vollem Umfang auszunutzen. Damit sind die voraussichtlich genutzten mengenmäßigen Leistungen mit den Kapazitäten der alternativen Investitionsobjekte identisch.

Die **Eignung** des Kostenvergleiches pro Leistungseinheit zur Beurteilung der Vorteilhaftigkeit alternativer Investitionsobjekte ist nicht unumstritten, erscheint jedoch gegeben, wenn folgende **Voraussetzungen** erfüllt sind:

- Die mit Hilfe der alternativen Investitionsobjekte zu fertigenden Erzeugnisse sind ähnlich oder gleich.

- Die Preise der zu fertigenden Erzeugnisse sind in ihrer Höhe nicht von der Absatzmenge abhängig.

Während beim Kostenvergleich pro Periode eine Aufteilung der Kosten in fixe und variable Kosten nicht erforderlich ist, muß diese Unterscheidung beim Kostenvergleich pro Leistungseinheit erfolgen, wenn die voraussichtlich genutzte mengenmäßige Leistung bei den alternativen Investitionsobjekten unterschiedlich hoch ist.

Die **Grundstruktur** für die Ermittlung der Kosten pro Leistungseinheit läßt sich darstellen:

| | | **Investitionsobjekt I** | | **Investitionsobjekt II** | |
|---|---|---|---|---|---|
| Leistung | Stück/Jahr | ...... | | ...... | |
| Fixe Kosten | DM/Jahr | ...... | | ...... | |
| | DM/Stück* | | ...... | | ...... |
| Variable Kosten | DM/Jahr | ...... | | ...... | |
| | DM/Stück* | | ...... | | ...... |
| Gesamte Kosten | DM/Jahr | ...... | | ...... | |
| | DM/Stück* | | ...... | | ...... |
| **Kostendifferenz I - II** | DM/Jahr | ...... | | | |

* Kosten pro Stück = Kosten pro Jahr : Leistung pro Jahr

**Beispiel:** Zwei alternative Investitionsobjekte sind zu vergleichen. Ihre Daten sind der nachstehenden Tabelle zu entnehmen.

| | | **Investitionsobjekt I** | | | **Investitionsobjekt II** | | |
|---|---|---|---|---|---|---|---|
| Anschaffungskosten | DM | | | 180.000 | | | 240.000 |
| Restwert | DM | | | 0 | | | 0 |
| Nutzungsdauer | Jahre | | | 8 | | | 8 |
| Auslastung | Stück/Jahr | | | 35.000 | | | 40.000 |
| Zinssatz | % | | | 10 | | | 10 |
| Abschreibungen | DM/Jahr | 22.500 | | | 30.000 | | |
| Zinsen | DM/Jahr | 9.000 | | | 12.000 | | |
| Raumkosten | DM/Jahr | 2.000 | | | 2.000 | | |
| Instandhaltungskosten | DM/Jahr | 2.200 | | | 2.500 | | |
| Gehälter | DM/Jahr | 8.000 | | | 9.000 | | |
| Sonstige fixe Kosten | DM/Jahr | 3.000 | | | 3.500 | | |
| Fixe Kosten | DM/Jahr | 46.700 | | | 59.000 | | |
| | DM/Stück | | | 1,33 | | | 1,48 |
| Löhne | DM/Jahr | 70.000 | | | 40.000 | | |
| | DM/Stück | | 2,00 | | | 1,00 | |
| Materialkosten | DM/Jahr | 140.000 | | | 152.000 | | |
| | DM/Stück | | 4,00 | | | 3,80 | |
| Energiekosten | DM/Jahr | 7.700 | | | 11.200 | | |
| | DM/Stück | | 0,22 | | | 0,28 | |
| Werkzeugkosten | DM/Jahr | 4.550 | | | 5.600 | | |
| | DM/Stück | | 0,13 | | | 0,14 | |
| Sonst. variable Kosten | DM/Jahr | 2.100 | | | 3.200 | | |
| | DM/Stück | | 0,06 | | | 0,08 | |
| Variabe Kosten | DM/Jahr | 224.350 | | | 212.000 | | |
| | DM/Stück | | | 6,41 | | | 5,30 |
| Gesamte Kosten | DM/Jahr | 271.050 | | | 271.000 | | |
| | DM/Stück | | | 7,74 | | | 6,78 |
| **Kostendifferenz I - II** | DM/Stück | **+ 0,96** | | | | | |

Dem Investitionsobjekt II ist der Vorzug zu geben, da es um 0,96 DM/Stück weniger Kosten verursacht als das Investitionsobjekt I.

Die variablen Kosten müssen nicht notwendigerweise - wie im Beispiel - in DM/Jahr ausgewiesen werden, sondern können gegebenenfalls unmittelbar in DM/Stück erfaßt werden.

## 1.1.3 Kritische Auslastung

Um eine Investitionsentscheidung vornehmen zu können, **genügt** es häufig **nicht**, den Kostenvergleich

- pro Periode
  oder
- pro Leistungseinheit

vorzunehmen. Das wird besonders dann der Fall sein, wenn die Auslastung des Investitionsobjektes nicht als (weitgehend) sicheres Datum anzusehen ist, und um so größere Bedeutung haben, je unterschiedlicher fixe und variable Kosten der Investitionsobjekte sind bzw. sich entwickeln.

**Beispiel:** Investitionsobjekt I verursacht hohe fixe Kosten, dagegen relativ geringe variable Kosten, da es halbautomatisch arbeitet. Investitionsobjekt II verursacht merklich niedrigere fixe Kosten, aber relativ hohe variable Kosten, da es nicht automatisiert ist.

In den genannten Fällen wird es notwendig sein, die kritische Auslastung zu ermitteln. Sie liegt bei jener Ausbringungsmenge, bei der die Kosten der alternativen Investitionsobjekte gleich hoch sind. Um sie errechnen zu können, sind die **Kostenfunktionen** beider alternativer Investitionsobjekte **gleichzusetzen**.

$$K_I = K_{fI} + k_{vI}x$$

$$K_{II} = K_{fII} + k_{vII}x$$

$$\boxed{K_{fI} + k_{vI}x = K_{fII} + k_{vII}x}$$

oder

$$\boxed{x_{kr} = \frac{K_{fII} - K_{fI}}{k_{vI} - k_{vII}}}$$

$x_{kr}$ = Kritische Auslastung (Stück)
$K$ = Kosten (DM/Periode)
$K_f$ = Fixe Kosten (DM/Periode)
$K_v$ = Variable Kosten (DM/Periode)
I = Investitionsobjekt I
II = Investitionsobjekt II

**Beispiel:** Es soll die kritische Auslastung der Investitionsobjekte I und II aus dem Beispiel zum Kostenvergleich pro Periode - Seite 141 - ermittelt werden.

| | | **Investitionsobjekt I** | **Investitionsobjekt II** |
|---|---|---|---|
| Fixe Kosten | DM/Jahr | 47.000 | 30.000 |
| Variable Kosten | DM/Jahr | 295.000 | 326.000 |
| Gesamte Kosten | DM/Jahr | 342.000 | 356.000 |
| **Kostendifferenz I - II** | DM/Jahr | **– 14.000** | |

Um die Kostengleichung zu erstellen, sind die variablen Kosten von DM/Jahr auf DM/Stück umzurechnen.

$$K_{fI} + k_{vI}x = K_{fII} + k_{vII}x$$

$$47.000 + 14{,}75\,x = 30.000 + 16{,}30\,x$$

$$\underline{\underline{x = 10.968}}$$

**Graphisch** läßt sich die kritische Auslastung - auch ohne Umrechnung von DM/Jahr auf DM/Stück - wie folgt darstellen:

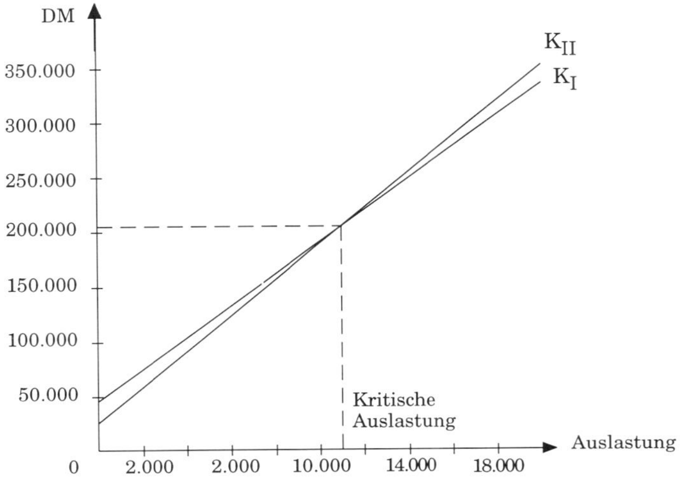


Die Feststellung aus dem Kostenvergleich pro Periode - Seite 142 -, daß das Investitionsobjekt I die kostengünstigere Alternative darstellen würde, ist nur solange zutreffend, als die Auslastung des Investitionsobjektes über 10.968 Stück/Jahr liegt.

11 12 13 14

# 1.2 Ersatzproblem

Die Kostenvergleichsrechnung kann nicht nur zur Lösung des Auswahlproblems bei alternativen Investitionsobjekten eingesetzt werden. Es ist auch möglich, mit ihrer Hilfe die Frage zu klären, ob es wirtschaftlicher ist, ein in Betrieb befindliches, noch nutzbares Investitionsobjekt durch ein neues Investitionsobjekt zu ersetzen und wann der geeignete Ersatzzeitpunkt ist.

Über die rechnerische Vorgehensweise gibt es **unterschiedliche Auffassungen,** die sich wie folgt zusammenfassen lassen:

- Beim Kostenvergleich sollen die Kapital- und Betriebskosten des alten Investitionsobjektes den Kapital- und Betriebskosten des neuen Investitionsobjektes gegenübergestellt werden.

- Beim Kostenvergleich sollen lediglich die Betriebskosten des alten Investitionsobjektes den Kapital- und Betriebskosten des neuen Investitionsobjektes gegenübergestellt werden.

Da die Kostenvergleichsrechnung die Aufgabe hat, die **künftig anfallenden Kosten** miteinander zu vergleichen, wird in jüngster Zeit immer mehr davon ausgegangen, auf den Ansatz der Kapitalkosten des alten Investitionsobjektes beim Kostenvergleich zu verzichten, auch wenn das Investitionsobjekt noch über einen Restbuchwert verfügt.

Diese Vorgehensweise ist damit zu begründen, daß dem Kostenvergleich nur jener Werteverzehr zugrundegelegt werden sollte, der nach dem Zeitpunkt der Investitionsentscheidung gegeben ist, worunter der Restbuchwert - und damit die sich rechnerisch ergebenden Kapitalkosten - des alten Investitionsobjektes nicht fällt, der ein aus früheren Schätzungen resultierender Wert ist.

Gibt es für das alte Investitionsobjekt - unabhängig von dem möglicherweise vorhandenen Restbuchwert - einen **Resterlöswert,** also einen Liquidationswert zum Ersatzzeitpunkt, ist er zu berücksichtigen, da er kostenmäßig für die Vergleichsperiode bedeutsam ist.

Entsprechend sind in den Kostenvergleich einzubeziehen:

- Die durchschnittliche **Verringerung des Liquidationserlöses,** mit welcher das alte Investitionsobjekt zu belasten ist. Dabei wird der Resterlöswert zum Beginn und zum Ende der Vergleichsperiode ermittelt und die Differenz aus beiden Werten durch die Zahl der buchmäßig noch zu nutzenden Zahl der Jahre - das ist die Vergleichsperiode - dividiert:

$$l = \frac{L_{AV} - L_{EV}}{v}$$

$l$ = Durchschnittliche Verringerung des Liquidationserlöses (DM)
$L_{AV}$ = Liquidationserlös (Resterlöswert) am Anfang der Vergleichsperiode (DM)
$L_{EV}$ = Liquidationserlös (Resterlöswert) zum Ende der Vergleichsperiode (DM)
$v$ = Umfang der Vergleichsperiode (Jahre)

**Beispiel:** Ein Investitionsobjekt könnte 8 Jahre genutzt werden. Nach 5 Jahren soll überprüft werden, ob ein Ersatz vorteilhaft ist. Der Resterlöswert zum Ende des 5. Jahres würde 18.000 DM betragen. Als Resterlöswert nach der geschätzten Nutzungsdauer von 8 Jahren werden 9.000 DM erwartet.

Die durchschnittliche Verringerung des Liquidationserlöses des zu ersetzenden Investitionsobjektes würde anzusetzen sein mit jährlich

$$l = \frac{18.000 - 9.000}{3} = \underline{\underline{3.000 \text{ DM}}}$$

- **Die kalkulatorischen Zinsen** auf das noch gebundene Kapital, die auf der Grundlage des Resterlöswertes zum Anfang der Vergleichsperiode zu ermitteln sind, da sie bei einer Weiternutzung des Investitionsobjektes berechtigterweise angesetzt werden müssen.

  Ein Resterlöswert zum Ende der Vergleichsperiode ist ebenfalls zu berücksichtigen.

$$\boxed{Z = \frac{L_{AV} + L_{EV}}{2} \cdot i}$$

$Z$ = Zinsen pro Periode (DM)
$L_{AV}$ = Liquidationserlös (Resterlöswert) am Anfang der Vergleichsperiode (DM)
$L_{EV}$ = Liquidationserlös (Resterlöswert) zum Ende der Vergleichsperiode (DM)
$i$ = Kalkulationszinssatz (%)

**Beispiel:** Unter der Annahme, daß die im vorangegangen Beispiel genannten Werte weiter gültig sind und der kalkulatorische Zinssatz bei 10 % liegt, ergeben sich als durchschnittlich jährlich anfallende kalkulatorische Zinsen:

$$\frac{18.000 + 9.000}{2} \cdot 0{,}10 = \underline{\underline{1.350 \text{ DM}}}$$

Wie beim Auswahlproblem, läßt sich die Kostenvergleichsrechnung auch beim Ersatzproblem durchführen mit Hilfe eines

- **Kostenvergleiches pro Periode**
- **Kostenvergleiches pro Leistungseinheit.**

Erweist sich eine Ersatzinvestition aufgrund des Kostenvergleiches für ein bestimmtes Jahr als nicht vorteilhaft, kann der Kostenvergleich für das nächste Jahr, gegebenenfalls für die nächsten Jahre - jeweils getrennt - wiederum vorgenommen werden, um den geeigneten Ersatzzeitpunkt zu bestimmen.

## 1.2.1 Kostenvergleich pro Periode

Ein Kostenvergleich pro Periode kann erfolgen, wenn das alte Investitionsobjekt und das neue Investitionsobjekt über eine gleich hohe mengenmäßige Auslastung verfügen.

Die **Grundstruktur** für die Ermittlung der Kosten pro Periode läßt sich darstellen:

| | | **Altes Investitionsobjekt** | | **Neues Investitionsobjekt** | |
|---|---|---|---|---|---|
| Leistung | Stück/Jahr | ...... | | ...... | |
| Nutzungsdauer | Jahre | ...... | | ...... | |
| Restnutzungsdauer | Jahre | ...... | | – | |
| Resterlöswert am Anfang der Vergleichsperiode | DM | ..... | | – | |
| Resterlöswert am Ende der Vergleichsperiode | DM | ...... | | – | |
| Abschreibungen | DM/Jahr | – | | ...... | |
| Verringerung des Liquidationswertes | DM/Jahr | ...... | | – | |
| Zinsen | DM/Jahr | ...... | | ...... | |
| Sonstige fixe Kosten | DM/Jahr | ...... | | ...... | |
| Fixe Kosten | DM/Jahr | | ...... | | ...... |
| Variable Kosten | DM/Jahr | | ...... | | ...... |
| Gesamte Kosten | DM/Jahr | | ...... | | ...... |
| **Kostendifferenz A - N** | DM/Jahr | ...... | | | |

**Beispiel:** Ein Investitionsobjekt ist seit 8 Jahren im Einsatz. Seine Nutzungsdauer ist auf 10 Jahre veranschlagt. Das Unternehmen erhält ein Angebot über ein weiterentwickeltes, funktionsgleiches Investitionsobjekt, wobei das alte Investitionsobjekt in Zahlung gegeben werden könnte. Die Daten sind der Tabelle zu entnehmen.

| | | **Altes Investitionsobjekt** | | **Neues Investitionsobjekt** | |
|---|---|---|---|---|---|
| Anschaffungskosten | DM | | *170.000* | | 245.000 |
| Restwert | DM | | *10.000* | | 5.000 |
| Nutzungsdauer | Jahre | | *10* | | 10 |
| Auslastung | Stück/Jahr | | *20.000* | | 20.000 |
| Zinssatz | % | | 10 | | 10 |
| Restnutzungsdauer | Jahre | | 2 | | – |
| Resterlöswert Ende des 8. Jahres | DM | | 25.000 | | – |
| Resterlöswert Ende des 10. Jahres | DM | | 5.000 | | – |
| Abschreibungen | DM/Jahr | – | | 24.000 | |
| Verringerung des Liquidationswertes | DM/Jahr | 10.000 | | – | |
| Zinsen | DM/Stück | 1.500 | | 12.500 | |
| Raumkosten | DM/Stück | 1.500 | | 1.400 | |
| Instandhaltungskosten | DM/Stück | 2.775 | | 1.975 | |
| Gehälter | DM/Stück | 8.500 | | 8.500 | |
| Sonstige fixe Kosten | DM/Stück | 3.300 | | 2.800 | |
| Fixe Kosten | DM/Stück | | 27.575 | | 51.175 |
| Löhne | DM/Stück | 82.000 | | 74.000 | |
| Materialkosten | DM/Stück | 166.000 | | 151.000 | |
| Energiekosten | DM/Stück | 5.500 | | 5.000 | |
| Werkzeugkosten | DM/Stück | 8.800 | | 7.900 | |
| Sonst. variable Kosten | DM/Stück | 4.500 | | 5.400 | |
| Variable Kosten | DM/Stück | | 266.800 | | 243.300 |
| Gesamte Kosten | DM/Stück | | 294.375 | | 294.475 |
| **Kostendifferenz A - N** | DM/Stück | | **– 100** | | |

Der Kostenvergleich läßt erkennen, daß es noch nicht vorteilhaft ist, das alte Investitionsobjekt zum Ende des 8. Jahres durch das neue Investitionsobjekt zu ersetzen.

Die in der Tabelle *kursiv* ausgedruckten Zahlen sind für den Kostenvergleich ohne Bedeutung.

## 1.2.2 Kostenvergleich pro Leistungseinheit

Der Kostenvergleich muß sich dann notwendigerweise auf die einzelne Leistungseinheit beziehen, wenn die mengenmäßige Auslastung des alten und des neuen Investitionsobjektes unterschiedlich sind.

Die **Grundstruktur** des Kostenvergleiches ist die gleiche, wie sie für den Kostenvergleich pro Periode dargestellt wurde. Sie bezieht sich lediglich auf die einzelne Leistungseinheit:

| | | Altes Investitionsobjekt | Neues Investitionsobjekt |
|---|---|---|---|
| Leistung | Stück/Jahr | ...... | ...... |
| Nutzungsdauer | Jahre | ...... | ...... |
| Restnutzungsdauer | Jahre | ...... | – |
| Resterlöswert am Anfang der Vergleichsperiode | DM | ...... | – |
| Resterlöswert am Ende der Vergleichsperiode | DM | ...... | – |
| Abschreibungen | DM/Stück | – | ...... |
| Verringerung des Liquidationswertes | DM/Stück | ...... | – |
| Zinsen | DM/Stück | ...... | ...... |
| Sonstige fixe Kosten | DM/Stück | ...... | ...... |
| Fixe Kosten | DM/Stück | ...... | ...... |
| Variable Kosten | DM/Stück | ...... | ...... |
| Gesamte Kosten | DM/Stück | ...... | ...... |
| **Kostendifferenz A - N** | DM/Stück | ...... | |

**Beispiel:** Ein Investitionsobjekt ist seit 6 Jahren im Einsatz. Seine Nutzungsdauer ist auf 10 Jahre veranschlagt, seine Auslastung beträgt 15.000 Stück/Jahr. Dem Unternehmen wird ein verbessertes Investitionsobjekt angeboten, dessen Auslastung mit 20.000 Stück/Jahr angesetzt werden kann. Die übrigen Daten sind der Tabelle zu entnehmen.

| | | Altes Investitionsobjekt | | Neues Investitionsobjekt | |
|---|---|---|---|---|---|
| Anschaffungskosten | DM | *180.000* | | 260.000 | |
| Restwert | DM | *0* | | 0 | |
| Nutzungsdauer | Jahre | 10 | | 10 | |
| Auslastung | Stück/Jahr | *15.000* | | 20.000 | |
| Zinssatz | % | 10 | | 10 | |
| Restnutzungsdauer | Jahre | 4 | | – | |
| Resterlöswert Ende des 6. Jahres | DM | 10.000 | | – | |
| Resterlöswert Ende des 10. Jahres | DM | 0 | | – | |
| Abschreibungen | DM/Stück | – | | 1,30 | |
| Verringerung des Liquidationswertes | DM/Stück | 0,17 | | – | |
| Zinsen | DM/Stück | 0,03 | | 0,65 | |
| Raumkosten | DM/Stück | 0,10 | | 0,08 | |
| Instandhaltungskosten | DM/Stück | 0,14 | | 0,12 | |
| Gehälter | DM/Stück | 0,53 | | 0,47 | |
| Sonstige fixe Kosten | DM/Stück | 0,22 | | 0,19 | |
| Fixe Kosten | DM/Stück | | 1,19 | | 2,81 |
| Löhne | DM/Stück | 5,33 | | 4,99 | |
| Materialkosten | DM/Stück | 9,20 | | 9,13 | |
| Energiekosten | DM/Stück | 0,23 | | 0,20 | |
| Werkzeugkosten | DM/Stück | 0,29 | | 0,25 | |
| Sonst. variable Kosten | DM/Stück | 0,36 | | 0,29 | |
| Variable Kosten | DM/Stück | | 15,41 | | 14,86 |
| Gesamte Kosten | DM/Stück | | 16,60 | | 17,67 |
| **Kostendifferenz A - N** | DM/Stück | | **– 1,07** | | |

Es ist zu erkennen, daß es nicht vorteilhaft ist, das alte Investitionsobjekt zum Ende des 6. Jahres ausscheiden zu lassen, da es um 1,07 DM/Stück geringere Kosten verursacht als das neue Investitionsobjekt.

15

## 1.3 Eignung

Die Kostenvergleichsrechnung ist ein in der betrieblichen Praxis gerne verwendetes Verfahren der statischen Investitionsrechnung. *Grabbe* berichtet, daß rund 24 % befragter Unternehmen die Kostenvergleichsrechnung einsetzen, um die Vorteilhaftigkeit von Investitionen zu ermitteln.

Der **Vorteil** der Kostenvergleichsrechnung ist zweifellos in der relativ einfachen Anwendbarkeit dieses Verfahrens zu sehen.

Mehrere **Nachteile** schränken die Eignung der Kostenvergleichsrechnung indessen ein:

- Die **Kurzfristigkeit des Kostenvergleiches,** der üblicherweise für ein Jahr erfolgt und damit Entwicklungen im Zeitablauf unberücksichtigt läßt. Besonders problematisch ist er, wenn er sich auf das erste Jahr der Nutzung der Investitionsobjekte bezieht. Wird er für eine Repräsentativperiode oder eine Durchschnittsperiode durchgeführt, verbessert sich seine Aussagekraft.

- Die **Auflösbarkeit der Kosten,** die gegebenenfalls mit ihren fixen und variablen Bestandteilen zu ermitteln sind, beispielsweise auch, um die Kostenfunktionen zu erstellen, was sich in der betrieblichen Praxis vielfach als recht schwierig erweist.

- Die **Nichtberücksichtigung der Erträge,** die damit für alle alternativen Investitionsobjekte als gleich hoch angesehen werden müssen, und die sich im Zeitablauf nicht oder bei allen alternativen Investitionsobjekten nur gleichartig verändern dürfen.

- Die **Nichtberücksichtigung des Kapitaleinsatzes,** dessen Einbeziehung - in Verbindung mit den Erträgen - erst offenlegt, inwieweit eine Investition wirklich rentabel ist. Mit dem Kostenvergleich wird lediglich die kostenminimale Investition ermittelt, ohne daß deren Rentabilität ausreichend hoch sein muß.

# 2. Gewinnvergleichsrechnung

Die Gewinnvergleichsrechnung stellt eine **Erweiterung der Kostenvergleichsrechnung** durch Einbeziehung der Erträge dar, die - im Gegensatz zu der Annahme bei der Kostenvergleichsrechnung - für die einzelnen Investitionsobjekte unterschiedlich hoch sein können, wofür es vor allem zwei **Gründe** gibt:

- Die alternativen Investitionsobjekte können sich in ihrer **quantitativen Leistungsfähigkeit** unterscheiden und deshalb beim gleichen Ertrag pro Stück einen um so höheren Ertrag pro Periode erbringen, je mehr Stück pro Periode gefertigt werden, sofern der Absatzmarkt die Erzeugnisse zu einem unveränderten Preis aufnimmt.

- Die alternativen Investitionsobjekte können sich in ihrer **qualitativen Leistungsfähigkeit** unterscheiden und dadurch ermöglichen, einen unterschiedlich hohen Ertrag pro Stück und - bei gleich hoher Mengenleistung - einen entsprechend unterschiedlich hohen Ertrag pro Periode zu erwirtschaften, sofern es für die unterschiedlichen Qualitäten einen Absatzmarkt gibt.

Beide Gründe können einzeln oder gemeinsam gegeben sein, beispielsweise bei Ersatz- und Erweiterungsinvestitionen, aber auch bei Rationalisierungsinvestitionen.

Durch die Einbeziehung der durch die Investitionsobjekte erwirtschafteten Erträge läßt sich die Vorteilhaftigkeit der Investitionen besser beurteilen als bei der Kostenvergleichsrechnung. Denn ein noch so kostengünstiges Investitionsobjekt muß nicht notwendigerweise auch einen Gewinn bringen.

Als **Gewinn** wird bei der Gewinnvergleichsrechnung allgemein die Differenz aus Kosten und Erträgen verstanden:

$$G = E - K$$

G = Gewinn (DM/Periode)
E = Erträge (DM/Periode)
K = Kosten (DM/Periode)

Mit Hilfe der Gewinnvergleichsrechnung können beurteilt werden:

- Die Vorteilhaftigkeit eines **einzelnes Investitionsobjektes.** Sie ist gegeben, wenn der Gewinn größer oder gleich Null ist:

$$G \geq 0$$

- Die Vorteilhaftigkeit **alternativer Investitionsobjekte**, wobei das Investitionsobjekt das vorteilhaftere bzw. vorteilhafteste ist, das den größeren bzw. größten Gewinn erzielt:

$$G_I \gtreqless G_{II}$$

- Die Vorteilhaftigkeit des **Ersatzes eines alten Investitionsobjektes** durch ein neues Investitionsobjekt.

Sie sollen dargestellt werden:

## 2.1 Einzelinvestition

Die Gewinnvergleichsrechnung ist geeignet, ein einzelnes Investitionsobjekt danach zu beurteilen, ob es vorteilhaft ist. Davon kann dann ausgegangen werden, wenn es keinen Verlust erwirtschaftet, d.h. der Gewinn mindestens Null ist.

Die Ermittlung der Vorteilhaftigkeit erfolgt vorzugsweise tabellarisch. Sie weist folgende **Grundstruktur** auf:

| | DM | |
|---|---|---|
| Erträge | | ...... |
| Fixe Kosten | ...... | |
| Variable Kosten | ...... | |
| Gesamte Kosten | | ...... |
| **Gewinn** | | ...... |

**Beispiel:** Ein Investitionsobjekt verursacht fixe Kosten pro Periode von 20.000 DM und variable Kosten pro Periode von 30.000 DM. Die Auslastung beträgt 10.000 Stück pro Periode, die zum Preis von 8,50 DM pro Stück verkauft werden können.

| | | DM | |
|---|---|---|---|
| Erträge | DM/Jahr | | 85.000 |
| Fixe Kosten | DM/Jahr | 20.000 | |
| Variable Kosten | DM/Jahr | 30.000 | |
| Gesamte Kosten | DM/Jahr | | 50.000 |
| **Gewinn** | DM/Jahr | | **35.000** |

Die Investition ist vorteilhaft, da sie einen Gewinn von 35.000 DM pro Periode erzielt.

Die Ermittlung der Vorteilhaftigkeit eines Investitionsobjektes kann auch - in entsprechender Weise - pro Leistungseinheit erfolgen.

## 2.2 Auswahlproblem

Das Auswahlproblem stellt sich, wenn mehrere alternative Investitionsobjekte vorhanden sind, von denen das gewinnträchtigere bzw. gewinnträchtigste zu bestimmen ist.

Bei voraussichtlich **gleicher** mengenmäßig genutzter **Leistung** der alternativen Investitionsobjekte kann der Gewinnvergleich vorgenommen werden als:

- **Gewinnvergleich pro Periode**
- **Gewinnvergleich pro Leistungseinheit**.

Beide Rechnungen führen zum gleichen Ergebnis.

Ist die voraussichtliche mengenmäßig genutzte **Leistung** der alternativen Investitionsobjekte **unterschiedlich hoch**, kommt nur ein Gewinnvergleich pro Periode in Betracht, um die Vorteilhaftigkeit der Investitionsobjekte beurteilen zu können.

Die **Grundstruktur** der tabellarisch durchgeführten Gewinnvergleichsrechnung hat folgendes Aussehen:

| | **Investitions-objekt I** | **Investitions-objekt II** |
|---|---|---|
| Leistung | ...... | ...... |
| Erträge | ...... | ...... |
| Fixe Kosten<br>Variable Kosten | ......<br>...... | ......<br>...... |
| Gesamte Kosten | ...... | ...... |
| Gewinn | ...... | ...... |
| **Gewinndifferenz I - II** | ...... | |

### 2.2.1 Gewinnvergleich pro Periode

Der Gewinnvergleich pro Periode ist **möglich,** kann aber auch pro Leistungseinheit durchgeführt werden, wenn die alternativen Investitionsobjekte voraussichtlich mit gleich hoher mengenmäßiger Leistung genutzt werden.

**Beispiel:** Zwei alternative Investitionsobjekte sind zu vergleichen. Die Daten sind der Tabelle zu entnehmen.

| | | **Investitions-objekt I** | | **Investitions-objekt II** | |
|---|---|---|---|---|---|
| Anschaffungskosten | DM | | 105.000 | | 100.000 |
| Restwert | DM | | 0 | | 0 |
| Nutzungsdauer | Jahre | | 10 | | 10 |
| Auslastung | Stück/Jahr | | 20.000 | | 20.000 |
| Zinssatz | % | | 10 | | 10 |
| Erträge | DM/Jahr | | 360.000 | | 360.000 |
| Fixe Kosten | DM/Jahr | 32.000 | | 29.000 | |
| Variable Kosten | DM/Jahr | 280.000 | | 285.000 | |
| Gesamte Kosten | DM/Jahr | | 312.000 | | 314.000 |
| Gewinn | DM/Jahr | | 48.000 | | 46.000 |
| **Gewinndifferenz I - II** | DM/Jahr | **+ 2.000** | | | |

Wie zu sehen ist, erweist sich das Investitionsobjekt I - bei gleicher Auslastung beider Investitionsobjekte - als vorteilhafter, da es um 2.000 DM mehr Gewinn zu erwirtschaften vermag als das Investitionsobjekt II.

Erbringen die alternativen Investitionsobjekte - entgegen der vorangegangenen Annahme - unterschiedlich hohe mengenmäßige Leistungen auf, ist es **notwendig,** sich des Gewinnvergleiches pro Periode zu bedienen.

**Beispiel:** Ein Investitionsobjekt I erwirtschaftet bei einer Auslastung von 10.000 Stück/Jahr einen Ertrag von 220.000 DM/Jahr. Die Kosten betragen 185.000 DM/Jahr.

Ein alternatives Investitionsobjekt II erwirtschaftet lediglich einen Ertrag von 198.000 DM/Jahr bei Kosten von 164.000 DM/Jahr. Die Auslastung ist kapazitätsbedingt auf 9.000 Stück/Jahr beschränkt.

| | | **Investitions-objekt I** | **Investitions-objekt II** |
|---|---|---|---|
| Auslastung | Stück/Jahr | 10.000 | 9.000 |
| Erträge | DM/Jahr | 220.000 | 198.000 |
| Kosten | DM/Jahr | 185.000 | 164.000 |
| Gewinn | DM/Jahr | 35.000 | 34.000 |
| **Gewinndifferenz I - II** | DM/Jahr | **+ 1.000** | |

Das Investitionsobjekt I ist das vorteilhaftere, da es einen Gewinn erwirtschaftet, der pro Periode um 1.000 DM höher liegt als beim Investitionsobjekt II.

## 2.2.2 Gewinnvergleich pro Leistungseinheit

Der Gewinnvergleich alternativer Investitionsobjekte pro Leistungseinheit ist **möglich**, wenn die mengenmäßig genutzte Leistung der alternativen Investitionsobjekte gleich hoch ist. Er kann aber auch pro Periode erfolgen.

**Beispiel:** Die beim Gewinnvergleich pro Periode dargestellte Rechnung mit gleicher Auslastung der alternativen Investitionsobjekte - Seite 158 - soll entsprechend auf die Leistungseinheit bezogen werden.

| | | | **Investitionsobjekt I** | | **Investitionsobjekt II** | |
|---|---|---|---|---|---|---|
| Anschaffungskosten | | DM | | 105.000 | | 100.000 |
| Restwert | | DM | | 0 | | 0 |
| Nutzungsdauer | | Jahre | | 10 | | 10 |
| Auslastung | | Stück/Jahr | | 20.000 | | 20.000 |
| Zinssatz | | % | | 10 | | 10 |
| Erträge | | DM/Stück | | 18,00 | | 18,00 |
| Fixe Kosten | 32.000:20.000 | DM/Stück | 1,60 | | | |
| | 29.000:20.000 | DM/Stück | | | 1,45 | |
| Var. Kosten | 280.000:20.000 | DM/Stück | 14,00 | | | |
| | 285.000:20.000 | DM/Stück | | | 14,25 | |
| Gesamte Kosten | | DM/Stück | | 15,60 | | 15,70 |
| Gewinn | | DM/Stück | | **2,40** | | 2,30 |
| **Gewinndifferenz I - II** | | DM/Stück | | **+ 0,10** | | |

Wie bereits beim Gewinnvergleich pro Periode, erweist sich das Investitionsobjekt I - bei gleicher Auslastung beider Investitionsobjekte - auch beim Vergleich pro Leistungseinheit in entsprechender Weise vorteilhaft, da es um 0,10 DM/Stück mehr Gewinn zu erwirtschaften vermag als das Investitionsobjekt II.

Ist die voraussichtlich mengenmäßig genutzte Leistung der alternativen Investitionsobjekte unterschiedlich hoch, kommt ein Gewinnvergleich pro Leistungseinheit nicht in Betracht, da er zu **falscher Beurteilung** führt.

## 2.2.3 Kritische Auslastung

Vielfach kann die mengenmäßige Leistung der alternativen Investitionsobjekte nicht genau festgelegt werden, da sie sich insbesondere an den Möglichkeiten zu orientieren hat, die der Markt bietet. Verbindlich liegen lediglich die technischen Daten der Investitionsobjekte vor, die unter anderem Aufschluß über die Kapazitätsgrenzen geben.

Dann ist es zweckmäßig, die kritische Auslastung zu ermitteln, bei der die durch die alternativen Investitionsobjekte erwirtschafteten Gewinne gleich hoch sind. Hierzu sind die **Gewinnfunktionen** der alternativen Investitionsobjekte **gleichzusetzen**:

$$G_I = p_I x - k_{vI} x - K_{fI}$$
$$G_{II} = p_{II} x - k_{vII} x - K_{fII}$$

$$\boxed{p_I x - k_{vI} x - K_{fI} = p_{II} x - k_{vII} x - K_{fII}}$$

$G$ = Gewinn (DM/Periode)
$x_{kr}$ = Kritische Auslastung (Stück)
$p$ = Preis (DM/Stück)
$K_f$ = Fixe Kosten (DM/Periode)
$k_v$ = Variable Kosten (DM/Stück)

**Beispiel:** Zwei alternative Investitionsobjekte weisen die in der Tabelle aufgeführten Daten auf:

| | | **Investitionsobjekt I** | **Investitionsobjekt II** |
|---|---|---|---|
| Kapazität | Stück/Jahr | 20.000 | 20.000 |
| Erträge | DM/Stück | 18,00 | 18,00 |
| Fixe Kosten | DM/Jahr | 32.500 | 29.000 |
| Variable Kosten | DM/Jahr | 14,00 | 14,25 |

$$G_I = 18\,x - 14\,x - 32.500$$
$$G_{II} = 18\,x - 14{,}25\,x - 29.000$$

$$18\,x - 14\,x - 32.500 = 18\,x - 14{,}25\,x - 29.000$$

$$\underline{\underline{x_{kr} = 14.000}}$$

**Graphisch** läßt sich die kritische Menge wie folgt darstellen:

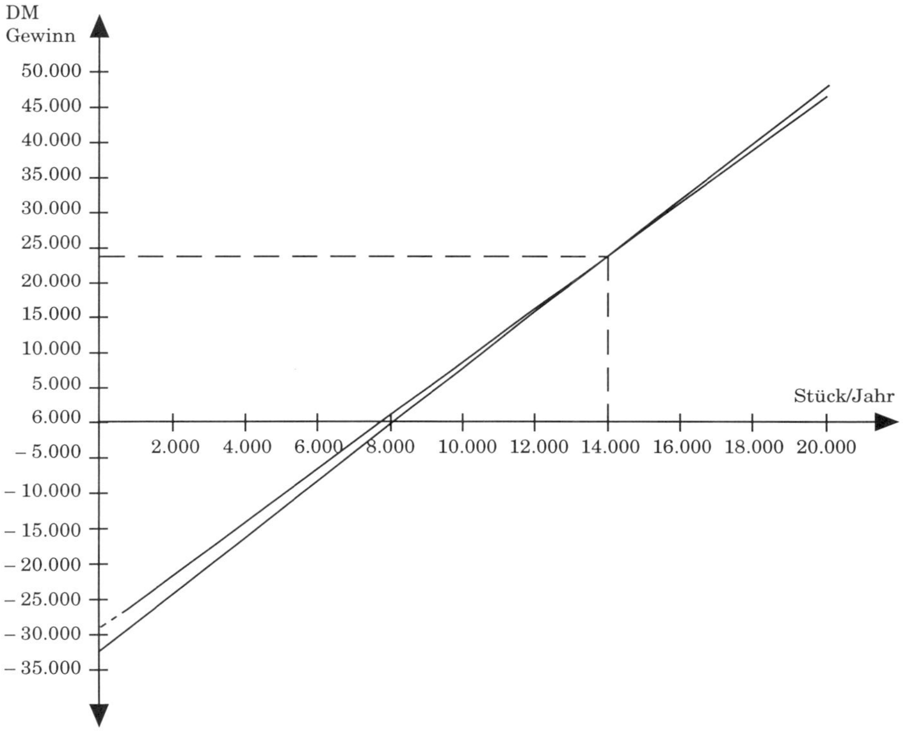


Wie zu erkennen ist, liegt die kritische Menge bei 14.000 Stück/Jahr. Beträgt die Auslastung der alternativen Investitionsobjekte weniger als 14.000 Stück/Jahr, dann ist das Investitionsobjekt I das vorteilhaftere; bei einer Auslastung von mehr als 14.000 Stück/Jahr wäre das Investitionsobjekt II vorzuziehen.

16

## 2.3 Ersatzproblem

Die Gewinnvergleichsrechnung kann nicht nur zur Lösung des Auswahlproblems bei alternativen Investitionsobjekten eingesetzt werden. Es ist auch möglich, mit ihrer Hilfe die Frage zu klären, ob es wirtschaftlicher ist, ein in Betrieb befindliches, noch nutzbares Investitionsobjekt durch ein neues Investitionsobjekt zu ersetzen und wann der geeignete Ersatzzeitpunkt ist.

Was den Ansatz der Kosten bei der Gewinnvergleichsrechnung betrifft, so gelten die entsprechenden Ausführungen zur Kostenvergleichsrechnung. Den dort genannten Kosten des alten und neuen Investitionsobjektes werden die Erträge aus diesen Objekten gegenübergestellt. Als Kriterium der Vorteilhaftigkeit gilt der Gewinn, der vor der Ersatzinvestition erzielt wird bzw. nach der Ersatzinvestition zu erwarten ist:

$$G_A \lesseqgtr G_N$$

Für den tabellarischen Gewinnvergleich gilt die folgende **Grundstruktur:**

| | **Altes Investitionsobjekt** | **Neues Investitionsobjekt** |
|---|---|---|
| Anschaffungskosten<br>Restwert<br>Nutzungsdauer<br>Auslastung<br>Zinssatz | ......<br>......<br>......<br>......<br>...... | ......<br>......<br>......<br>......<br>...... |
| Restnutzungsdauer<br>Resterlöswert<br>zu Beginn der Restnutzungsdauer<br>Resterlöswert<br>am Ende der Restnutzungsdauer | ......<br><br>......<br><br>...... | |
| Erträge | ...... | ...... |
| Fixe Kosten<br>Variable Kosten | ......<br>...... | ......<br>...... |
| Gesamte Kosten | ...... | ...... |
| Gewinn | ...... | ...... |
| **Gewinndifferenz A - N** | ...... | |

Der Gewinnvergleich zur Lösung des Ersatzproblems kann bei voraussichtlich gleicher mengenmäßig genutzter Leistung des alten und neuen Investitionsobjektes durchgeführt werden als:

- **Gewinnvergleich pro Periode**
- **Gewinnvergleich pro Leistungseinheit.**

Erweist sich eine Ersatzinvestition aufgrund des Gewinnvergleiches für ein bestimmtes Jahr als nicht vorteilhaft, kann der Gewinnvergleich für das nächste Jahr, gegebenenfalls für die nächsten Jahre - jeweils getrennt - wiederum vorgenommen werden, um den geeigneten Ersatzzeitpunkt zu bestimmen.

## 2.3.1 Gewinnvergleich pro Periode

Ist die voraussichtlich genutzte **Leistung** des alten und neuen Investitionsobjektes **gleich hoch**, kann ein Gewinnvergleich pro Periode erfolgen. Es ist aber auch möglich, den Gewinnvergleich pro Leistungseinheit durchzuführen. Beide Berechnungen führen zum gleichen Ergebnis.

**Beispiel:** Es ist Ende des 8. Jahres zu prüfen, ob ein altes, 10 Jahre nutzbares Investitionsobjekt durch ein neues Investitionsobjekt ersetzt werden soll. Der Verkaufspreis einer Produkteinheit beträgt beim alten Investitionsobjekt 18,50 DM, beim neuen Investitionsobjekt wegen verbesserter Oberflächengüte 19,50 DM. Im übrigen gelten folgende Daten:

| | | **Altes Investitionsobjekt** | | **Neues Investitionsobjekt** | |
|---|---|---|---|---|---|
| Anschaffungskosten | DM | 170.000 | | 245.000 | |
| Restwert | DM | 10.000 | | 5.000 | |
| Nutzungsdauer | Jahre | 10 | | 10 | |
| Auslastung | Stück/Jahr | 20.000 | | 20.000 | |
| Zinssatz | % | 10 | | 10 | |
| Restnutzungsdauer | Jahre | 2 | | – | |
| Resterlöswert Ende 8. Jahr | DM | 25.000 | | – | |
| Resterlöswert Ende 10. Jahr | DM | 5.000 | | – | |
| Erträge | DM/Jahr | | 370.000 | | 390.000 |
| Fixe Kosten | DM/Jahr | 29.075 | | 51.175 | |
| Variable Kosten | DM/Jahr | 268.300 | | 243.300 | |
| Gesamte Kosten | DM/Jahr | | 297.375 | | 294.475 |
| Gewinn | DM/Jahr | | 72.625 | | 95.525 |
| **Gewinndifferenz A - N** | DM/Jahr | | **– 22.900** | | |

Es lohnt sich, das alte Investitionsobjekt auszusondern und das neue Investitionsobjekt zu beschaffen, da es einen um 22.900 DM höheren Gewinn erwirtschaftet.

Bei **unterschiedlich hoher Leistung** des alten und des neuen Investitionsobjektes ist der Gewinnvergleich stets pro Periode durchzuführen.

**Beispiel:** Zwei Investitionsobjekte sind im Hinblick auf ihre Vorteilhaftigkeit zu vergleichen, die Daten sind der Tabelle zu entnehmen.

| | | **Altes Investitionsobjekt** | | **Neues Investitionsobjekt** | |
|---|---|---|---|---|---|
| Anschaffungskosten | DM | 210.000 | | 380.000 | |
| Restwert | DM | 10.000 | | 20.000 | |
| Nutzungsdauer | Jahre | 10 | | 10 | |
| Auslastung | Stück/Jahr | 40.000 | | 60.000 | |
| Zinssatz | % | 10 | | 10 | |
| Restnutzungsdauer | Jahre | 4 | | – | |
| Resterlöswert Ende des 6. Jahres | DM | 60.000 | | – | |
| Resterlöswert Ende des 10. Jahres | DM | 20.000 | | – | |
| Erträge | DM/Jahr | | 220.000 | | 330.000 |
| Abschreibungen | DM/Jahr | – | | 36.000 | |
| Verringerung des Liquidationswertes | DM/Jahr | 10.000 | | – | |
| Zinsen | DM/Jahr | 4.000 | | 20.000 | |
| Sonstige fixe Kosten | DM/Jahr | 6.000 | | 15.000 | |
| Fixe Kosten | DM/Jahr | 20.000 | | 71.000 | |
| Löhne | DM/Jahr | 70.000 | | 25.000 | |
| Materialkosten | DM/Jahr | 105.000 | | 135.000 | |
| Sonst. variable Kosten | DM/Jahr | 15.000 | | 10.000 | |
| Variable Kosten | DM/Jahr | 190.000 | | 170.000 | |
| Gesamte Kosten | DM/Jahr | | 210.000 | | 241.000 |
| Gewinn | DM/Jahr | | 10.000 | | 89.000 |
| **Gewinndifferenz A - N** | DM/Jahr | **– 79.000** | | | |

Die Anschaffung des neuen, leistungsstärkeren Investitionsobjektes ist zu befürworten, da es einen um 79.000 DM höheren Gewinn erwirtschaftet als das alte Investitionsobjekt.

## 2.3.2 Gewinnvergleich pro Leistungseinheit

Ist die genutzte **Leistung** von altem und neuem Investitionsobjekt **gleich hoch,** dann kann der Gewinnvergleich pro Leistungseinheit vorgenommen werden. Es ist aber auch möglich, den Gewinnvergleich periodenbezogen durchzuführen.

**Beispiel:** Die beim Gewinnvergleich pro Periode untersuchten Investitionsobjekte gleicher Leistung - Seite 163 - werden dem Gewinnvergleich pro Leistungseinheit unterzogen.

| | | | **Altes Investitionsobjekt** | | **Neues Investitionsobjekt** | |
|---|---|---|---|---|---|---|
| Anschaffungskosten | | DM | 170.000 | | 245.000 | |
| Restwert | | DM | 10.000 | | 5.000 | |
| Nutzungsdauer | | Jahre | 10 | | 10 | |
| Auslastung | | Stück/Jahr | 20.000 | | 20.000 | |
| Zinssatz | | % | 10 | | 10 | |
| Restnutzungsdauer | | Jahre | 2 | | – | |
| Resterlöswert Ende 8. Jahr | | DM | 25.000 | | – | |
| Resterlöswert Ende 10. Jahr | | DM | 5.000 | | | |
| Erträge | 370.000:20.000 | DM/Stück | | 18,50 | | |
| | 390.000:20.000 | DM/Stück | | | | 19,50 |
| Fixe Kosten | 29.075:20.000 | DM/Stück | 1,45 | | | |
| | 51.175:20.000 | DM/Stück | | | 2,56 | |
| Var. Kosten | 268.300:20.000 | DM/Stück | 13,42 | | | |
| | 243.300:20.000 | DM/Stück | | | 12,17 | |
| Gesamte Kosten | | DM/Stück | | 14,87 | | 14,73 |
| Gewinn | | DM/Stück | | 3,63 | | 4,77 |
| **Gewinndifferenz A - N** | | DM/Stück | | **– 1,14** | | |

Eine Neuinvestition ist zu empfehlen, da mit ihr ein Stückgewinn erwirtschaftet wird, der um 1,14 DM höher liegt als beim alten Investitionsobjekt und die - bei gleicher Leistung beider Investitionsobjekte - einen entsprechend höheren Jahresgewinn aufweist.

Bei **unterschiedlich hoher Leistung** von altem und neuem Investitionsobjekt ist ein Gewinnvergleich pro Leistungseinheit nicht geeignet.

17

## 2.4 Eignung

Die Gewinnvergleichsrechnung wird in der betrieblichen Praxis weniger eingesetzt als die Kostenvergleichsrechnung, obwohl sie positiver zu beurteilen ist, da sie nicht nur die Kostenseite, sondern auch die Ertragseite beim Investitionsobjekt berücksichtigt.

*Grabbe* berichtet, daß sich rund 9 % befragter Unternehmen der Gewinnvergleichsrechnung bedienen, um die Vorteilhaftigkeit von Investitionen zu beurteilen.

Mehrere **Nachteile** schränken die Eignung der Gewinnvergleichsrechnung aber ein:

- Die **Kurzfristigkeit des Gewinnvergleiches,** der üblicherweise für ein Jahr erfolgt und damit Entwicklungen im Zeitablauf unberücksichtigt läßt. Besonders problematisch ist er, wenn er sich auf das erste Jahr der Nutzung der Investitionsobjekte bezieht. Wird er für eine Repräsentativperiode oder eine Durchschnittsperiode durchgeführt, verbessert sich seine Aussagekraft.

- Die **Auflösbarkeit der Kosten,** die gegebenenfalls mit ihren fixen und variablen Bestandteilen zu ermitteln sind, beispielsweise auch um die Kostenfunktionen zu erstellen, was sich in der betrieblichen Praxis vielfach als recht schwierig erweist.

- Die **Zurechenbarkeit der Erträge,** die hinsichtlich eines einzelnen Investitionsobjektes problematisch sein kann, beispielsweise wenn das zu erstellende Produkt auf mehreren Maschinen gefertigt wird. Ein Ertragsanteil ist dann häufig nur mit Hilfe von Hilfskonstruktionen zurechenbar.

- Die **Nichtberücksichtigung des Kapitaleinsatzes,** dessen Einbeziehung erst offenlegt, inwieweit eine Investition wirklich rentabel ist. Mit dem Gewinnvergleich wird lediglich die gewinnmaximale Investition ermittelt, ohne daß deren Rentabilität ausreichend hoch sein muß.

# 3. Rentabilitätsvergleichsrechnung

Während bei der Kostenvergleichsrechnung und Gewinnvergleichsrechnung ein wesentlicher Kritikpunkt ist, daß nur eine relative Vorteilhaftigkeit von Investitionen - ohne Berücksichtigung des erforderlichen Kapitaleinsatzes - ermittelt werden kann, ermöglicht die Rentabilitätsvergleichsrechnung, eine **absolute Vorteilhaftigkeit** von Investitionen festzustellen. Dabei geht sie grundsätzlich von den Ergebnissen der Kostenvergleichsrechnung und Gewinnvergleichsrechnung aus.

In der Literatur, aber auch in der betrieblichen Praxis gibt es eine Vielzahl von Vorschlägen, wie die Rentabilität von Investitionen zu ermitteln ist. Sie unterscheiden sich vor allem darin, daß die in die Rentabilitätsformel eingehenden Größen des Gewinnes und des Kapitaleinsatzes voneinander abweichend definiert werden. Ein Beispiel ist die MAPI-Methode - siehe Fußnote Seite 167.

Unter der Zielsetzung, mit Hilfe der Rentabilitätsvergleichsrechnung, die **durchschnittliche jährliche Verzinsung** des eingesetzten Kapitals von Investitionsobjekten zu ermitteln, gilt

$$R = \frac{G}{D} \cdot 100$$

oder

---

* Von einer relativen Rentabilität geht *Terborgh* aus, der die von ihm entwickelte **MAPI-Methode** vorschlägt, um feststellen zu können, ob der Ersatz eines Investitionsobjektes zum jetzigen Zeitpunkt oder erst in der nächsten Periode vorteilhafter ist.

Dabei wird der Zustand bei Durchführung der Investition mit dem Zustand verglichen, der ohne die Investition bestehen würde. Entscheidungskriterium ist die relative Rentabilität, die bei Ersatz des alten Investitionsobjektes in der nächsten Periode erzielt werden kann. Mit dieser Kennzahl wird die Dringlichkeit der Investition für das Unternehmen gemessen.

Die relative **Rentabilität** wird ermittelt:

$$r = \frac{(2) + (3) - (4) - (5)}{(1)}$$

(1) = **Erforderliches Kapital**
Das sind die Anschaffungskosten des neuen Investitionsobjektes abzüglich freigesetzter und/oder vermiedener Kapitalbeträge (Liquidationserlöse, ersparte Großreparaturen).

(2) = **Laufender Betriebsgewinn des nächsten Jahres**
Das ist die Summe aus der Ertragssteigerung und der Verminderung der laufenden Kosten infolge der Investition.

(3) = **Vermiedener Kapitalverzehr des nächsten Jahres**
Das ist die Verminderung des Liquidationserlöses der vorhandenen Anlage bei Weiterbeschäftigung im nächsten Jahr plus der Anteil an Ausgaben für etwa notwendig werdende Großreparaturen bei Weiterverwendung.

(4) = **Eintretender Kapitalverzehr des nächsten Jahres**
Das ist die Differenz zwischen den Barwerten der Rückflüsse zu Beginn des 1. und des 2. Jahres; dies entspricht dem Kapitalverzehr der neuen Anlage im nächsten Jahr und wird mit Hilfe der MAPI-Diagramme festgestellt.

(5) = **Ertragssteuerbetrag des nächsten Jahres**
Das ist der zusätzlich entstehende Anfall von Ertragsteuern infolge der Realisierung der Investition.

Der Einsatz der MAPI-Methode geht so vor sich, daß in zugehörigen MAPI-Formularen die erforderlichen Werte eingetragen werden, worauf sich die Ermittlung des MAPI-Dringlichkeitswertes anschließt. Je höher die relative Rentabilität einer Investition ist, um so dringlicher wird die Investition eingestuft.

Die MAPI-Methode ist ein statisches Investitionsrechnungsverfahren mit dynamischen Elementen, das für die betriebliche Praxis keine große Bedeutung mehr hat. Sie unterstellt **unrealistische Entwicklungen:**

- Zunehmenden relativen Gewinn
- Normierbare Gewinnverläufe
- Gleichartigkeit der Kostenwirtschaftlichkeit.

$$R = \frac{E - K}{D} \cdot 100$$

R = Rentabilität (%)
G = Gewinn (DM/Periode)
E = Erträge (DM/Periode)
K = Kosten (DM/Periode)
D = Durchschnittlicher Kapitaleinsatz (DM)

Der **durchschnittliche Gewinn** ist als zusätzlicher, durch die Investition verursachter Gewinn zu verstehen, der nach überwiegender Auffassung nicht durch kalkulatorische Zinsen gemindert sein darf, da sich ansonsten statt der durchschnittlichen jährlichen Verzinsung lediglich die über den kalkulatorischen Zins hinausgehende Verzinsung ergeben würde. Bei Rationalisierungsinvestitionen tritt der durchschnittliche zusätzliche Gewinn als durchschnittliche zusätzliche Kostenersparnis in Erscheinung.

Wie der durchschnittliche Gewinn, ist auch der **durchschnittliche Kapitaleinsatz** als zusätzlicher Kapitaleinsatz anzusehen, bei dem eine gegebenenfalls investitionsbedingte Erweiterung des Umlaufvermögens hinzugerechnet werden muß. Der **Ansatz** des durchschnittlichen Kapitaleinsatzes erfolgt nach überwiegender Auffassung in folgender Weise:

- **Nicht abnutzbare Anlagegüter** - beispielsweise Grundstücke - werden mit den Anschaffungskosten angesetzt, da sie am Ende der Investitionsperiode nicht verbraucht sind.

- **Abnutzbare Anlagegüter** - beispielsweise Maschinen - werden mit den halben Anschaffungskosten angesetzt.

$$D = \frac{\text{Anschaffungskosten}}{2}$$

  Bei einem Restwert ergibt sich als durchschnittlicher Kapitaleinsatz:

$$D = \frac{\text{Anschaffungskosten} - \text{Restwert}}{2} + \text{Restwert}$$

$$\downarrow$$

$$D = \frac{\text{Anschaffungskosten} + \text{Restwert}}{2}$$

- **Umlaufvermögen** - beispielsweise investitionsbedingte zusätzliche Fertigungsstoffe - werden ebenfalls mit den Anschaffungskosten angesetzt.

Mit Hilfe der Rentabilitätsvergleichsrechnung können beurteilt werden:

- Die Vorteilhaftigkeit eines **einzelnen Investitionsobjektes**. Sie ist gegeben, wenn seine Rentabilität der vom Unternehmen festgelegten Mindestrentabilität entspricht oder über ihr liegt:

$$R \geq R_{min}$$

- Die Vorteilhaftigkeit **alternativer Investitionsobjekte,** wobei das Investitionsobjekt das vorteilhaftere bzw. vorteilhafteste ist, das die höhere bzw. höchste Rentabilität aufweist:

$$R_I \lesseqgtr R_{II}$$

- Die Vorteilhaftigkeit des **Ersatzes eines alten Investitionsobjektes** durch ein neues Investitionsobjekt

Sie sollen dargestellt werden:

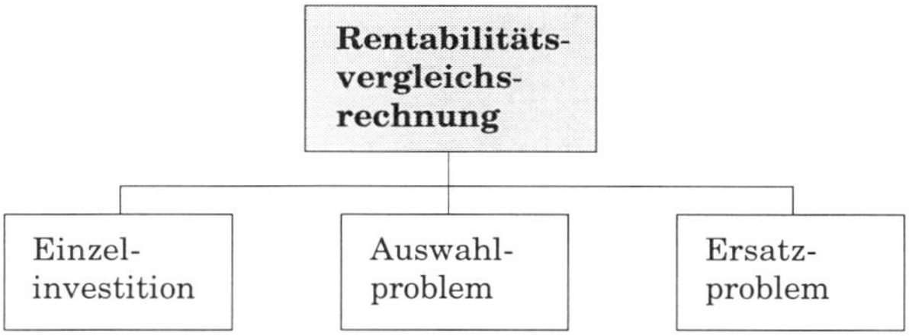


# 3.1 Einzelinvestition

Die Rentabilitätsvergleichsrechnung ist geeignet, ein einzelnes Investitionsobjekt danach zu beurteilen, ob es vorteilhaft ist. Davon kann ausgegangen werden, wenn es die vom Unternehmen festgelegte Mindestrentabilität erreicht oder übersteigt.

**Beispiel:** Es ist zu prüfen, ob ein Investitionsobjekt angeschafft werden soll, das 90.000 DM kostet und 6 Jahre nutzbar ist. Bei einer Auslastung von 20.000 Stück/Jahr betragen die über die Abschreibungen und Zinsen hinausgehenden fixen Kosten 5.000 DM/Jahr, die variablen Kosten 72.000 DM/Jahr. Erträge lassen sich in Höhe von 112.300 DM erzielen. Als Mindestrentabilität sind 40 % festgelegt.

| | **DM** | |
|---|---|---|
| Erträge | | 112.300 |
| Abschreibungen | 15.000 | |
| Zinsen | – | |
| Sonstige fixe Kosten | 5.000 | |
| Fixe Kosten | 20.000 | |
| Variable Kosten | 72.000 | |
| Gesamte Kosten | | 92.000 |
| **Gewinn** | | **20.300** |

$$R = \frac{E - K}{D} \cdot 100$$

$$R = \frac{112.300 - 92.000}{45.000} \cdot 100$$

$$R = \underline{\underline{45{,}11\ \%}}$$

Die Investition ist vorteilhaft, da das Investitionsobjekt eine um über 5 % höhere Rentabilität erwirtschaftet als vom Unternehmen gefordert.

## 3.2 Auswahlproblem

Das Auswahlproblem tritt vor allem auf bei:

- Erweiterungsinvestitionen
- Diversifikationsinvestitionen.

Dabei geht es um die Frage des erzielbaren **zusätzlichen Gewinnes.**

**Beispiel:** Neben dem zunächst als Einzelinvestition geprüften Investitionsobjekt soll noch ein zweites Investitionsobjekt alternativ auf seine Vorteilhaftigkeit hin untersucht werden. Die Daten sind der Tabelle zu entnehmen.

| | | **Investitionsobjekt I** | | **Investitionsobjekt II** | |
|---|---|---|---|---|---|
| Anschaffungskosten | DM | 90.000 | | 88.020 | |
| Restwert | DM | 0 | | 0 | |
| Nutzungsdauer | Jahre | 6 | | 6 | |
| Auslastung | Stück/Jahr | 20.000 | | 23.000 | |
| Zinssatz | % | 10 | | 10 | |
| Erträge | | | 112.300 | | 114.230 |
| Abschreibungen | | 15.000 | | 14.670 | |
| Zinsen | | – | | – | |
| Sonstige fixe Kosten | | 5.000 | | 4.000 | |
| Fixe Kosten | | 20.000 | | 18.670 | |
| Variable Kosten | | 72.000 | | 70.000 | |
| Gesamte Kosten | | | 92.000 | | 88.670 |
| **Gewinn** | | | **20.300** | | **25.560** |

$$R = \frac{E - K}{D} \cdot 100$$

$$R_I = \frac{112.300 - 92.000}{45.000} \cdot 100 = \underline{\underline{45{,}11\ \%}}$$

$$R_{II} = \frac{114.230 - 88.670}{44.010} \cdot 100 = \underline{\underline{58{,}08\ \%}}$$

Das Investitionsobjekt II ist vorteilhafter als das Investitionsobjekt I, da es eine um 12,97 % höhere Rentabilität aufweist.

Kalkulatorische **Zinsen** blieben im Beispiel unberücksichtigt. Wäre der Gewinn aus einer Gewinnvergleichsrechnung übernommen worden, hätten die kalkulatorischen Zinsen dem dort ausgewiesenen Gewinn hinzugerechnet werden müssen.

Dem Rentabilitätsvergleich liegen zwei **Einschränkungen** zugrunde:

- Die Anschaffungskosten der alternativen Investitionsobjekte müssen gleich oder ähnlich hoch sein.

- Die Nutzungsdauern der alternativen Investitionsobjekte müssen gleich oder ähnlich hoch sein.

Sind Anschaffungskosten oder/und Nutzungsdauern der alternativen Investitionsobjekte unterschiedlich hoch, müssen sie vergleichbar gemacht werden, um falsche Beurteilungen zu vermeiden. Dies geschieht mit Hilfe einer **Differenzinvestition.**

**Beispiele:** Die Anschaffungskosten des Investitionsobjektes I betragen 80.000 DM, des Investitionsobjektes II lediglich 50.000 DM. Es ist eine reale oder fiktive Differenzinvestition zu unterstellen, die mit 30.000 DM angesetzt wird.

Die Nutzungsdauer des Investitionsobjektes A beträgt 8 Jahre, des Investitionsobjektes B lediglich 5 Jahre. Auch hier ist eine reale oder fiktive Differenzinvestition zu unterstellen, welche die bei B fehlenden 3 Jahre ergänzt.

Mit den Differenzinvestitionen müssen also die Anschaffungskosten oder/und Nutzungsdauern derjenigen Investitionsobjekte, die geringere Werte aufweisen, »aufgefüllt« werden.

**Beispiel:** Das Investitionsobjekt I aus dem vorangegangenen Beispiel - Seite 170 - wird überraschend im Preis gesenkt. Es kostet jetzt nur noch 66.000 DM anstelle 90.000 DM.

Damit verbleibt eine Differenz von 88.020 DM - 66.000 DM = 22.020 DM zwischen beiden alternativen Investitionsobjekten, für die eine Differenzinvestition zu berücksichtigen ist. Einzeldaten der Differenzinvestition liegen nicht vor. Es ist lediglich bekannt, daß sie einen Gewinn von 5.000 DM erwirtschaftet.

| | | Investitionsobjekt I | Differenzinvestition | Investitionsobjekt II |
|---|---|---|---|---|
| Anschaffungskosten | DM | 66.000 | 22.020 | 88.020 |
| Restwert | DM | 0 | | 0 |
| Nutzungsdauer | Jahre | 6 | | 6 |
| Auslastung | Stück/Jahr | 20.000 | | 23.000 |
| Zinssatz | % | 10 | | 10 |
| Erträge | DM/Jahr | 112.300 | | 114.230 |
| Abschreibungen | DM/Jahr | 11.000 | | 14.670 |
| Zinsen | DM/Jahr | – | – | – |
| Sonstige fixe Kosten | DM/Jahr | 5.000 | | 4.000 |
| Fixe Kosten | DM/Jahr | 16.000 | | 18.670 |
| Variable Kosten | DM/Jahr | 72.000 | | 70.000 |
| Gesamte Kosten | DM/Jahr | 88.000 | | 88.670 |
| **Gewinn** | DM/Jahr | **24.300** | **5.000** | **25.560** |

$$R = \frac{E - K}{D} \cdot 100$$

$$R_I = \frac{(112.300 - 88.000) + 5.000}{44.010} \cdot 100 = \underline{\underline{66{,}58\ \%}}$$

$$R_{II} = \frac{114.230 - 88.670}{44.010} \cdot 100 = \underline{\underline{58{,}08\ \%}}$$

Nach der revidierten Rentabilitätsvergleichsrechnung ist das Investitionsobjekt I - einschließlich der vorgesehenen Differenzinvestition - die bessere Investitionsalternative.

18 19

## 3.3 Ersatzproblem

Das Ersatzproblem tritt vor allem auf bei:

- Ersatzinvestitionen
- Rationalisierungsinvestitionen

Dabei geht es um die Frage der **zusätzlichen Kostenersparnis.**

Zu diesem Zwecke muß die Gleichung zur Berechnung der Rentabilität entsprechend abgewandelt werden. Es gilt unter der Voraussetzung konstanter Erträge:

$$R = \frac{K_A - K_N}{D_N} \cdot 100$$

R = Rentabilität (%)
K = Kosten (DM/Periode)
D = Durchschnittlicher Kapitaleinsatz (DM)
A = Altes Investitionsobjekt
N = Neues Investitionsobjekt.

**Beispiel:** Ein altes Investitionsobjekt verursacht durchschnittliche jährliche Kosten von 35.000 DM. Für ein neues Investitionsobjekt würden dagegen nur jährliche Kosten von 28.000 DM anfallen. Die Anschaffungskosten des neuen Investitionsobjektes betragen 70.000 DM.

$$R = \frac{K_A - K_N}{D_N} \cdot 100$$

$$R = \frac{35.000 - 28.000}{35.000} \cdot 100 = \underline{\underline{20\ \%}}$$

Die durchschnittliche Rentabilität beträgt 20 %.

Fällt für das alte Investitionsobjekt ein Resterlös an, dann ist dieser vom durchschnittlichen Kapitaleinsatz abzuziehen.

20

## 3.4 Eignung

Die Rentabilitätsvergleichsrechnung wird in der betrieblichen Praxis häufig eingesetzt, wenn auch nicht immer genau in der zuvor dargestellten Form. *Grabbe* berichtet, daß sich rund 29 % befragter Unternehmen der Rentabilitätsvergleichsrechnung bedienen, um die Vorteilhaftigkeit von Investitionen zu beurteilen.

Mit der Rentabilitätsvergleichsrechnung lassen sich aussagekräftigere Informationen gewinnen als mit der Kostenvergleichsrechnung und der Gewinnvergleichsrechnung, weil sie es ermöglicht, eine **absolute Vorteilhaftigkeit** - durch Einbeziehung des Kapitaleinsatzes - erkennen zu lassen.

Da die Rentabilitätsvergleichsrechnung auf der Kostenvergleichsrechnung und der Gewinnvergleichsrechnung aufbaut, gelten teilweise die dort genannten Kritikpunkte.

Insgesamt sind als **Nachteile** der Rentabilitätsvergleichsrechnung zu nennen:

- Die **Kurzfristigkeit des Rentabilitätsvergleiches,** der üblicherweise für ein Jahr erfolgt und damit Entwicklungen im Zeitablauf unberücksichtigt läßt. Besonders problematisch wäre es, wenn er sich auf das erste Jahr der Nutzung des Investitionsobjektes beziehen würde. Bezieht er sich auf eine Durchschnittsperiode, verbessert sich seine Aussagekraft.

- Die **Zurechenbarkeit der Erträge,** die hinsichtlich eines einzelnen Investitionsobjektes problematisch sein kann, beispielsweise wenn das zu erstellende Produkt auf mehreren Maschinen zu fertigen ist. Ein Ertragsanteil ist dann häufig nur mit Hilfe von Hilfskonstruktionen zurechenbar.

- Die **Notwendigkeit von Differenzinvestitionen,** die gegeben ist, wenn sich die zu vergleichenden Investitionsobjekte in ihren Anschaffungskosten oder/und in ihren Nutzungsdauern unterscheiden. Durch die Differenzinvestitionen wird eine Vergleichbarkeit hergestellt, die praktischen Gegebenheiten nicht entsprechen muß.

# 4. Amortisationsvergleichsrechnung

Die Amortisationsvergleichsrechnung geht von den Ergebnissen der Kostenvergleichsrechnung und Gewinnvergleichsrechnung aus und dient dem Unternehmen zur Einschätzung des Risikos, das es finanzwirtschaftlich mit der Investition eingeht. Sie wird auch bezeichnet als:

- Kapitalrückfluß-Methode
- Pay-off-Methode
- Pay-back-Methode.

Die Vorteilhaftigkeit einer Investition wird an der **Amortisationszeit** gemessen. Das ist der Zeitraum, innerhalb dessen das für ein Investitionsobjekt eingesetzte Kapital wieder in das Unternehmen zurückgeflossen ist. Sie wird auch als Wiedergewinnungszeit bezeichnet.

Die Amortisationszeit kann wie folgt berechnet werden:

$$t_W = \frac{A - RW}{\text{Durchschnittlicher Rückfluß}}$$

$t_W$ = Amortisationszeit (Jahre)
A = Kapitaleinsatz (DM)
RW = Restwert (DM)

Dabei gilt:

- Als **Kapitaleinsatz** sind die ursprünglichen Anschaffungskosten für das Investitionsobjekt anzusehen, die gegebenenfalls um den Restwert vermindert werden, der nicht amortisiert werden muß. Wird durch die Investition zusätzliches Umlaufvermögen gebunden, ist es den Anschaffungskosten zuzurechnen.

- Der **durchschnittliche Rückfluß** wäre eigentlich als Differenz zwischen den durchschnittlichen jährlichen Einnahmen und den durchschnittlichen jährlichen

Ausgaben zu ermitteln. Das ist aber bei einer statischen Investitionrechnung nicht möglich, da sie lediglich mit Kosten und Erträgen rechnet.

Näherungsweise kann der durchschnittliche jährliche Rückfluß erfaßt werden als:

| Durchschnittlicher jährlicher Gewinn | + | Jährliche Abschreibungen |
|---|---|---|

Bei Rationalisierungsinvestitionen tritt der durchschnittliche jährliche Gewinn als durchschnittliche Kostenersparnis in Erscheinung.

Für eine Beurteilung der **Wirtschaftlichkeit** von Investitionsobjekten ist die Amortisationsvergleichsrechnung grundsätzlich nicht geeignet, es sei denn, die Nutzungsdauer des Investitionsobjektes liegt unter der Amortisationszeit des Investitionsobjektes. Hier wäre der Ausnahmefall gegeben, mangelnde Wirtschaftlichkeit des Investitionsobjektes erkennen zu können.

Mit Hilfe der Amortisationsvergleichsrechnung können beurteilt werden:

- Die Vorteilhaftigkeit eines **einzelnen Investitionsobjektes.** Dabei ist Voraussetzung, daß die maximal vertretbare Amortisationszeit vom Unternehmen festgelegt ist, über die das Investitionsobjekt nicht hinausgehen darf:

$$t_w \leq t_{w\,max}$$

- Die Vorteilhaftigkeit **alternativer Investitionsobjekte,** wobei das Investitionsobjekt das vorteilhaftere bzw. vorteilhafteste ist, das die geringere bzw. geringste Amortisationszeit aufweist.

$$t_{wI} \lesseqgtr t_{wII}$$

- Die Vorteilhaftigkeit des **Ersatzes eines alten Investitionsobjektes** durch ein neues Investitionsobjekt.

Sie sollen dargestellt werden:

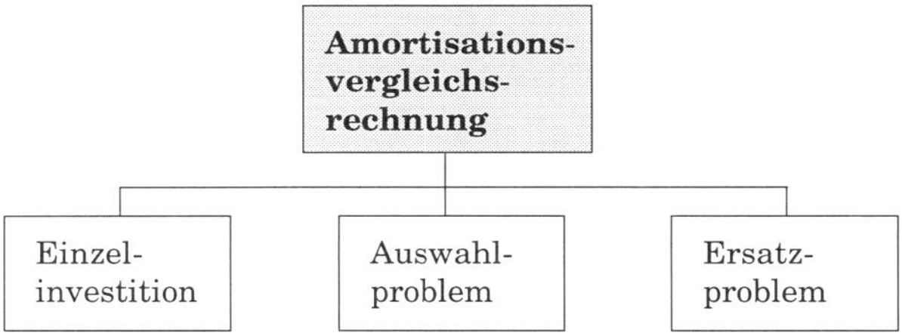

# 4.1 Einzelinvestition

Die Amortisationsvergleichsrechnung ist geeignet, ein einzelnes Investitionsobjekt danach zu beurteilen, ob es vorteilhaft ist. Davon kann ausgegangen werden, wenn seine Amortisationszeit gleich oder kleiner als die vom Unternehmen festgelegte maximale Amortisationszeit ist.

Die Ermittlung der Amortisationszeit kann auf zweifache Weise erfolgen:

- Bei der **Durchschnittsrechnung** lautet die oben allgemein dargestellte Gleichung zur Errechnung der Amortisationszeit:

$$\text{Amortisationszeit} = \frac{\text{Kapitaleinsatz}}{\text{Zusätzlicher Gewinn} + \text{Zusätzliche Abschreibungen}}$$

**Beispiel:** Ein 8 Jahre nutzbares Investitionsobjekt weist die in der Tabelle genannten Daten auf. Die vom Unternehmen geforderte Amortisationszeit beträgt 3 Jahre.

| | DM |
|---|---|
| Anschaffungskosten | 100.000 |
| Restwert | 0 |
| Abschreibungen | 12.500 |
| Gewinn | 20.000 |
| **Rückfluß** | **32.500** |

$$t_w = \frac{100.000}{20.000 + 12.500}$$

$$t_w = \underline{\underline{3{,}08 \text{ Jahre}}}$$

Die Investition ist nicht vorteilhaft, da die Amortisationszeit des Investitionsobjektes größer ist als die vom Unternehmen zugelassene Amortisationszeit.

- Die **Kumulationsrechnung** hat gegenüber der Durchschnittsrechnung den **Vorteil,** daß die durchschnittlichen jährlichen Rückflüsse nicht einen einzigen Betrag ausgewiesen, sondern die geschätzten Rückflüsse für die einzelnen Jahre getrennt erfaßt werden.

  Dabei werden die jährlichen Rückflüsse während der Nutzungsdauer solange kumuliert, bis der Wert des Kapitaleinsatzes erreicht ist.

  **Beispiel:** Das bei der Durchschnittsrechnung betrachtete Investitionsobjekt hat jährlich folgende Rückflüsse:

| | Rückflüsse (DM) | |
|---|---|---|
| | Jährlich | Kumuliert |
| 1. Jahr | 26.000 | |
| 2. Jahr | 28.000 | 54.000 |
| 3. Jahr | 24.000 | 78.000 |
| 4. Jahr | 25.000 | **103.000** |
| 5. Jahr | 36.000 | 139.000 |
| 6. Jahr | 44.000 | 183.000 |
| 7. Jahr | 40.000 | 223.000 |
| 8. Jahr | 37.000 | 260.000 |

Es ist festzustellen, daß die Amortisationszeit bei differenzierter Erfassung der Rückflüsse nicht - wie bei der Durchschnittsrechnung - bei 3,08 Jahren, sondern bei knapp 4 Jahren liegt.

Die Kumulationsrechnung läßt sich dadurch noch verfeinern, indem sie **dynamisiert** wird.

## 4.2 Auswahlproblem

Das Auswahlproblem tritt vor allem auf bei:

- Erweiterungsinvestitionen
- Diversifizierungsinvestitionen

Dabei geht es ebenfalls um die Frage des erzielbaren **zusätzlichen Gewinnes.**

Die Berechnung der Vorteilhaftigkeit alternativen Investitionsobjekte kann - wie bei der Einzelinvestition - auf unterschiedliche Weise erfolgen:

- Mit der **Durchschnittsrechnung,** bei der die alternativen Investitionsobjekte einander gegenübergestellt werden.

  **Beispiel:** Zwei alternative Investitionsobjekte stehen zur Auswahl. Die Daten sind der Tabelle zu entnehmen.

| | | **Investitionsobjekt I** | **Investitionsobjekt II** |
|---|---|---|---|
| Anschaffungskosten | DM | 100.000 | 150.000 |
| Restwert | DM | 0 | 0 |
| Nutzungsdauer | Jahre | 5 | 5 |
| Abschreibungen | DM/Jahr | 20.000 | 30.000 |
| Gewinn | DM/Jahr | 28.000 | 36.000 |
| **Rückfluß** | DM/Jahr | **48.000** | **66.000** |

$$t_{wI} = \frac{100.000}{28.000 + 20.000} = \underline{\underline{2{,}08 \text{ Jahre}}}$$

$$t_{wII} = \frac{150.000}{36.000 + 30.000} = \underline{\underline{2{,}27 \text{ Jahre}}}$$

Das Investitionsobjekt I ist dem Investitionsobjekt II vorzuziehen, da es eine um 0,19 Jahre kürzere Amortisationszeit aufweist.

- Bei der **Kumulationsrechnung** werden die durchschnittlichen jährlichen Rückflüsse geschätzt und solange kumuliert, bis der Wert des Kapitaleinsatzes erreicht ist.

**Beispiel:** Zwei alternative Investitionsobjekte sollen verglichen werden. Investitionsobjekt I kostet 100.000 DM, Investitionsobjekt II kostet 150.000 DM. Die Investitionsobjekte sind 5 Jahre nutzbar.

| | **Investitionsobjekt I** | | **Investitionsobjekt II** | |
|---|---|---|---|---|
| | Rückfluß Jährlich | Rückfluß Kumuliert | Rückfluß Jährlich | Rückfluß Kumuliert |
| 1. Jahr | 44.000 | | 80.000 | |
| 2. Jahr | 40.000 | 84.000 | 76.000 | **156.000** |
| 3. Jahr | 46.000 | **130.000** | 58.000 | 214.000 |
| 4. Jahr | 52.000 | 182.000 | 54.000 | 268.000 |
| 5. Jahr | 58.000 | 240.000 | 62.000 | 330.000 |

Das Investitionsobjekt II ist das vorteilhaftere, da es sich kurz vor Ende des 2. Jahres bereits amortisiert hat, während das Investitionsobjekt I sich erst einige Zeit nach Beginn des 3. Jahres amortisiert.

Es ist festzustellen, daß die Durchschnittsrechnung - trotz der gleichen Daten - eine **andere Vorteilhaftigkeit** ergeben hat als die kumulierte Rechnung, die individueller und damit genauer zu sein vermag.

Eine weitere Verbesserung kann die Amortisationsvergleichsrechnung erfahren, wenn sie als **dynamische Rechnung** durchgeführt wird. Die jährlichen Rückflüsse werden dabei mit dem Abzinsungsfaktor $1/q^n$ - siehe Anhang - abgezinst, d.h. auf ihren Wert zum Investitionszeitpunkt - dem Barwert - zurückgerechnet und kumuliert, bis der Kapitaleinsatz erreicht ist.

**Beispiel:** Der Amortisationszeitpunkt für das Investitionsobjekt I aus dem vorangegangenen Beispiel wird bei einem kalkulatorischen Zinssatz von 10 % wie folgt errechnet:

| Jahr | Rückfluß | Abzinsungsfaktor | Barwert | Rückfluß kumuliert |
|---|---|---|---|---|
| 1 | 44.000 | 0,909091 | 40.000 | |
| 2 | 40.000 | 0,826446 | 33.058 | 73.058 |
| 3 | 46.000 | 0,751315 | 34.560 | **107.618** |
| 4 | 52.000 | 0,683013 | 35.517 | 143.135 |
| 5 | 58.000 | 0,620921 | 36.013 | 179.148 |

Die dynamische Amortisationsvergleichsrechnung zeigt, daß sich die Amortisationszeit bis kurz vor Ende des 3. Jahres verlängert.

21 22

# 4.3 Ersatzproblem

Das Ersatzproblem tritt vor allem auf bei:

- Ersatzinvestitionen
- Rationalisierungsinvestitionen

Dabei wird der durchschnittliche jährliche Gewinn als durchschnittliche jährliche **Kostenersparnis** interpretiert. Zu diesem Zweck muß die Gleichung zur Berechnung der Amortisationszeit entsprechend abgewandelt werden:

$$\text{Amortisationszeit} = \frac{\text{Zusätzlicher Kapitaleinsatz}}{\text{Ersparte Kosten} + \text{Zusätzliche Abschreibungen}}$$

Zu beachten ist, daß die **kalkulatorischen Zinsen** in Höhe des die Fremdkapitalzinsen übersteigenden Betrages in den Nenner des Bruches aufgenommen werden müssen, sofern sie bei der Kostenermittlung berechnet wurden:

$$\text{Amortisationszeit} = \frac{\text{Zusätzlicher Kapitaleinsatz}}{\text{Ersparte Kosten} + \text{Über Fremdkapitalzinsen hinaus verrechnete kalkulatorische Zinsen} + \text{Zusätzliche Abschreibungen}}$$

Ein Restwert ist vom zusätzlichen Kapitaleinsatz abzuziehen.

**Beispiel:** Die Anschaffungskosten für ein neues Investitionsobjekt betragen 160.000 DM. Das Investitionsobjekt kann 6 Jahre lang genutzt werden und führt zu einer jährlichen Kostenersparnis von 18.000 DM. Der Restwert des Investitionsobjektes beträgt 10.000 DM.

$$t_W = \frac{160.000 - 10.000}{18.000 + 25.000} = \underline{\underline{3{,}49 \text{ Jahre}}}$$

Das neue Investitionsobjekt hat sich nach 3,49 Jahren amortisiert.

23

## 4.4 Eignung

Die Amortisationsvergleichsrechnung ist das am häufigsten verwendete Verfahren der statischen Investitionsrechnung. *Grabbe* berichtet, daß sich rund 77 % befragter Unternehmen der Amortisationsvergleichsrechnung bedienen, um die Vorteilhaftigkeit von Investitionen zu bestimmen. Allerdings verwenden lediglich 5 % dieser Unternehmen ausschließlich die Amortisationsvergleichsrechnung.

Mit der Amortisationsvergleichsrechnung steht den Unternehmen ein **einfaches Verfahren** zur Verfügung, das es ermöglicht, das finanzwirtschaftliche Risiko von Investitionen grob abschätzen zu können. Die Amortisationsvergleichsrechnung sollte aber stets in Verbindung mit einem anderen geeigneten Verfahren der Investitionsrechnung angewendet werden, da sie mehrere **Nachteile** aufweist:

- Die **Kurzfristigkeit des Vergleiches,** der üblicherweise für ein Jahr erfolgt und damit Entwicklungen im Zeitablauf unberücksichtigt läßt. Besonders problematisch ist er, wenn er sich auf das erste Jahr der Nutzung des Investitionsobjektes bezieht. Wird er für eine Repräsentativperiode oder eine Durchschnittsperiode durchgeführt, verbessert sich die Aussagekraft. Eine weitere Verbesserung bietet die Kumulationsrechnung.

- Die **Zurechenbarkeit der Erträge,** die hinsichtlich eines einzelnen Investitionsobjektes problematisch sein kann, beispielsweise wenn das zu erstellende Produkt auf mehreren Maschinen zu fertigen ist. Ein Ertragsanteil ist dann häufig nur mit Hilfe von Hilfskonstruktionen zurechenbar.

- Die **Nichtberücksichtigung des Kapitaleinsatzes,** dessen Einbeziehung erst offenlegt, inwieweit eine Investition wirklich rentabel ist. Mit dem Vergleich der Amortisationszeiten wird lediglich die relativ vorteilhafteste Investition ermittelt, ohne daß deren Rentabilität ausreichend sein muß.

- Die **Nichtberücksichtigung der Rückflüsse nach der Amortisationszeit,** die sich bei den zu untersuchenden Investitionsobjekten sehr unterschiedlich weiterentwickeln können, wodurch die Gefahr von Fehlentscheidungen gegeben ist.

- Die **Nichtberücksichtigung unterschiedlicher Nutzungsdauern,** die bei den alternativen Investitionsobjekten gegeben sein können. Damit sind die Investitionsobjekte schwer vergleichbar, kürzerfristige Investitionen scheinen vorteilhafter zu sein als längerfristige Investitionen, was nicht gerechtfertigt ist.

| | Kontrollfragen | bearbeitet | Lösungshinweis | Lösung + | Lösung - |
|---|---|---|---|---|---|
| 01 | Nennen Sie die Merkmale statischer Investitionsrechnungen! | | 135 | | |
| 02 | Auf welche Periode können statische Investitionsrechnungen sich beziehen? | | 135 | | |
| 03 | Weshalb ist zu empfehlen, statischen Investitionsrechnungen eine Durchschnittsperiode zugrunde zu legen? | | 135 | | |
| 04 | Welche statischen Investitionsrechnungen können unterschieden werden? | | 136 | | |
| 05 | Was versteht man unter der Kostenvergleichsrechnung? | | 137 | | |
| 06 | Welches Investitionsobjekt wird bei der Kostenvergleichsrechnung als vorteilhaft angesehen? | | 137 | | |
| 07 | Welche Kosten sollen in die Kostenvergleichsrechnung einbezogen werden? | | 137 f. | | |
| 08 | Erläutern Sie, was unter den Kapitalkosten verstanden wird und wie ihre Ermittlung erfolgt! | | 137 | | |
| 09 | Was versteht man unter dem Kapitaldienst? | | 138 | | |
| 10 | Welche Kostenarten lassen sich als Betriebskosten erfassen? | | 138 f. | | |
| 11 | Inwieweit können Einzelinvestitionen mit Hilfe der Kostenvergleichsrechnung beurteilt werden? | | 140 | | |
| 12 | Unter welcher Voraussetzung können alternative Investitionsobjekte bei der Kostenvergleichsrechnung durch einen Periodenvergleich beurteilt werden? | | 140 | | |
| 13 | Welche Arten des periodischen Kostenvergleichs können unterschieden werden? | | 140 | | |
| 14 | Auf welchee Arten kann der Kostenvergleich pro Leistungseinheit oder pro Periode erfolgen? | | 140 | | |
| 15 | Auf welche Arten kann der Kostenvergleich pro Periode erfolgen? | | 140 ff. | | |
| 16 | Kann beim Kostenvergleich pro Leistungseinheit auf eine Kostenauflösung in fixe und variable Kosten verzichtet werden? | | 144 | | |
| 17 | Was versteht man unter einer kritischen Auslastung? | | 146 | | |
| 18 | In welchen Fällen ist die Ermittlung der kritischen Auslastung besonders von Bedeutung? | | 146 | | |
| 19 | Welche Auffassungen gibt es über die rechnerische Vorgehensweise zur Lösung des Ersatzproblems bei der Kostenvergleichsrechnung? | | 148 | | |
| 20 | Womit läßt sich ein Verzicht auf den Ansatz der Kapitalkosten des alten Investitionsobjektes beim Kostenvergleich begründen? | | 148 | | |

| | **Kontrollfragen** | bearbeitet | Lösungshinweis | Lösung + | Lösung - |
|---|---|---|---|---|---|
| 21 | Inwieweit ist ein möglicher Resterlöswert für das alte Investitionsobjekt beim Kostenvergleich zu berücksichtigen? | | 148 | | |
| 22 | Der Ersatz eines Investitionsobjektes erweist sich für ein bestimmtes Jahr nicht als vorteilhaft; wie kann der optimale Ersatzzeitpunkt festgestellt werden? | | 149 | | |
| 23 | Welche Bedeutung hat die Kostenvergleichsrechnung in der Praxis? | | 154 | | |
| 24 | Worin besteht der Vorteil der Kostenvergleichsrechnung? | | 154 | | |
| 25 | Welche Nachteile schränken die Eignung der Kostenvergleichsrechnung ein? | | 154 | | |
| 26 | Was versteht man unter der Gewinnvergleichsrechnung? | | 154 | | |
| 27 | Welches Investitionsobjekt wird bei der Gewinnvergleichsrechnung als vorteilhaft bzw. das vorteilhaftere angesehen? | | 155 | | |
| 28 | Inwieweit kann die Gewinnvergleichsrechnung zur Beurteilung einer Einzelinvestition eingesetzt werden? | | 156 | | |
| 29 | In welchen Fällen muß die Vorteilhaftigkeit von alternativen Investitionsobjekten durch einen Gewinnvergleich pro Periode vorgenommen werden? | | 157 | | |
| 30 | Weshalb bedingt eine gleich hohe mengenmäßig genutzte Leistung der alternativen Investitionsobjekte einen Gewinnvergleich pro Leistungseinheit? | | 159 | | |
| 31 | Wie erfolgt die Ermittlung der kritischen Auslastung beim Gewinnvergleich? | | 159 f. | | |
| 32 | Wie lautet das Kriterium der Vorteilhaftigkeit beim Gewinnvergleich, wenn das Ersatzproblem gelöst werden soll? | | 162 | | |
| 33 | Auf welche Weise kann der optimale Ersatzzeitpunkt mit Hilfe des Gewinnvergleiches ermittelt werden? | | 162 f. | | |
| 34 | Welche Arten des Gewinnvergleiches lassen sich beim Ersatzproblem unterscheiden? | | 163 ff. | | |
| 35 | Mit welcher Häufigkeit wird die Gewinnvergleichsrechnung in der betrieblichen Praxis eingesetzt? | | 166 | | |
| 36 | Wie ist die Eignung der Gewinnvergleichsrechnung zu beurteilen? | | 166 | | |
| 37 | Was versteht man unter der Rentabilitätsvergleichsrechnung? | | 166 | | |
| 38 | Worin unterscheidet sich die Rentabilitätsvergleichsrechnung wesentlich von der Kosten- und Gewinnvergleichsrechnung? | | 166 | | |
| 39 | Wie ist der durchschnittliche Gewinn bei der Rentabilitätsvergleichsrechnung zu interpretieren? | | 168 | | |

| | **Kontrollfragen** | bearbeitet | Lösungshinweis | Lösung + | Lösung - |
|---|---|---|---|---|---|
| 40 | In welcher Form tritt der durchschnittliche Gewinn bei Rationalisierungsinvestitionen bei der Rentabilitätsvergleichsrechnung in Erscheinung? | | 168 | | |
| 41 | Wie ist der durchschnittliche Kapitaleinsatz bei der Rentabilitätsvergleichsrechnung zu verstehen? | | 168 | | |
| 42 | Wie erfolgt der Ansatz des durchschnittlichen Kapitaleinsatzes bei den verschiedenen Wirtschaftsgütern in der Rentabilitätsvergleichsrechnung? | | 168 | | |
| 43 | Welches Investitionsobjekt ist bei der Rentabilitätsvergleichsrechnung als vorteilhaft bzw. das vorteilhaftere anzusehen? | | 168 f. | | |
| 44 | Was geschieht mit den kalkulatorischen Zinsen in der Rentabilitätsvergleichsrechnung? | | 171 | | |
| 45 | Welchen Einschränkungen unterliegt der Rentabilitätsvergleich? | | 171 | | |
| 46 | Wie können diese Einschränkungen überbrückt werden? | | 171 | | |
| 47 | Welche Voraussetzung gilt für die Berechnung der Rentabilität beim Ersatzproblem? | | 172 | | |
| 48 | Welche Bedeutung kommt der Rentabilitätsvergleichsrechnung in der betrieblichen Praxis zu? | | 173 | | |
| 49 | Worin liegt der Vorteil der Rentabilitätsvergleichsrechnung? | | 173 | | |
| 50 | Welche Nachteile müssen der Rentabilitätsvergleichsrechnung zugeschrieben werden? | | 173 f. | | |
| 51 | Was ist unter der MAPI-Methode zu verstehen? | | 167 | | |
| 52 | Wie erfolgt der Einsatz der MAPI-Methode? | | 167 | | |
| 53 | Wie ist die MAPI-Methode zu beurteilen? | | 167 | | |
| 54 | Was wird unter der Amortisationsvergleichsrechnung verstanden? | | 174 | | |
| 55 | Wozu dient die Amortisationsvergleichsrechnung? | | 174 | | |
| 56 | Erläutern Sie, was unter der Amortisationszeit zu verstehen ist! | | 174 | | |
| 57 | Was wird bei der Amortisationsvergleichsrechnung unter dem Kapitaleinsatz verstanden? | | 174 | | |
| 58 | Woraus besteht der durchschnittliche Rückfluß bei der Amortisationsvergleichsrechnung? | | 174 f. | | |
| 59 | Welches Investitionsobjekt ist bei der Amortisationsvergleichsrechnung als vorteilhaft bzw. das vorteilhaftere anzusehen? | | 175 | | |
| 60 | Erläutern Sie, wie die Amortisationszeit ermittelt werden kann! | | 176 | | |
| 61 | Welchen Vorteil weist die Kumulationsrechnung gegenüber der Durchschnittsrechnung auf? | | 176 | | |

| | Kontrollfragen | bearbeitet | Lösungshinweis | Lösung + | Lösung - |
|---|---|---|---|---|---|
| 62 | Wie kann die Kumulationsrechnung verfeinert werden? | | 177 | | |
| 63 | Wie wird die dynamische Amortisationsvergleichsrechnung durchgeführt? | | 178 f. | | |
| 64 | Bei welchen Arten von Investitionen ergibt sich das Auswahlproblem? | | 177 | | |
| 65 | Welche Frage steht beim Auswahlproblem im Rahmen der Amortisationsvergleichsrechnung im Vordergrund? | | 177 | | |
| 66 | Wie wird der durchschnittliche jährliche Gewinn beim Ersatzproblem der Amortisationsvergleichsrechnung interpretiert? | | 179 | | |
| 67 | Wie häufig nutzt die Praxis Amortisationsvergleichsrechnungen? | | 180 | | |
| 68 | Worin besteht der Vorteil der Amortisationsvergleichsrechnung? | | 180 | | |
| 69 | Inwieweit ist die Amortisationsvergleichsrechnung für eine Beurteilung der Wirtschaftlichkeit von Investitionsobjekten geeignet? | | 180 | | |
| 70 | Diskutieren Sie die Nachteile der Amortisationsvergleichsrechnung! | | 180 | | |

# D. Dynamische Investitionsrechnungen zur Beurteilung von Sachinvestitionen

Dynamische Investitionsrechnungen werden in der betrieblichen Praxis weniger häufig eingesetzt als statische Investitionsrechnungen, da sie schwerer zu handhaben sind als diese. Ihre Eignung, Informationen über die Vorteilhaftigkeit von Investitionen zu vermitteln, ist indessen zweifellos erheblich positiver zu beurteilen als bei den statischen Investitionsrechnungen.

Die Gründe für die positivere Beurteilung sind in den besonderen **Merkmalen** der dynamischen Investitionsrechnungen zu sehen:

- Sie basieren auf Einnahmen und Ausgaben.
- Sie beziehen sich auf alle Nutzungsperioden.
- Sie bedienen sich finanzmathematischer Methoden.

Investitionen führen zu Zahlungsströmen. Das sind:

- Kapitalbindende **Ausgaben,** die aus den Ausgaben der Anschaffung oder der Herstellung einschließlich der damit verbundenen Nebenausgaben sowie den laufenden Ausgaben für die Nutzung der Investitionsobjekte bestehen. Zinsen bleiben dabei unberücksichtigt, da eine Abzinsung bereits durch die dynamischen Investitionsrechnungen erfolgt.

- Kapitalfreisetzende **Einnahmen,** die den kapitalbindenden Ausgaben gegenüberstehen und aus den Erlösen für die Leistungen des Unternehmens - den Erzeugnissen - sowie den Erlösen aus der Liquidation von Investitionsobjekten bestehen.

Einnahmen und Ausgaben, die zeitpunktbezogen - gegebenenfalls an jedem einzelnen Tag der Betrachtungsperiode mehrfach - anfallen, werden aus Gründen der Praktikabilität in den dynamischen Investitionsrechnungen nicht als Zahlungsströme berücksichtigt, sondern als **Zahlungsreihen,** d.h. als Summe der Einnahmen bzw. Ausgaben einer Betrachtungsperiode.

Die Verwendung der Zahlungsreihen erscheint für die Prüfung der Vorteilhaftigkeit von Investitionen vorteilhafter als die kostenrechnungsorientierte Betrachtung, wie sie bei den statischen Investitionsrechnungen erfolgt.

**Beispiel:** Kosten entstehen erst dann, wenn Rohstoffe in den Fertigungsprozeß gelangen. Betriebliche Leistungen sind aber bereits gegeben, wenn Mehrbestände an Halb- und Fertigfabrikaten vorliegen. Die Ausgaben für Rohstoffe entstehen für das Unternehmen - finanzwirtschaftlich gesehen - aber bereits beim Kauf, die Einnahmen lassen sich erst durch einen Verkauf der Fertigfabrikate erzielen.

Die Einnahmen und Ausgaben, welche die Investitionsobjekte bewirken, werden für **alle Nutzungsperioden** der Investitionsobjekte vorhergesagt. Die Schätzungen sind indes nicht einfach, denn es ist nicht nur die Höhe der Zahlungsreihen zu erfassen, sondern auch ihre zeitliche Verteilung auf die einzelnen Nutzungsperioden vorzunehmen.

In der betrieblichen Praxis machen diese Schätzungen erhebliche Schwierigkeiten, weil die - theoretisch unterstellte - Voraussicht nicht hinreichend gegeben ist. Man versucht, die mangelnde Voraussicht durch korrigierende oder analysierende Maßnahmen - wie sie auf Seite 96 ff. beschrieben wurden - zu überbrücken.

Die dynamischen Investitionsrechnungen bedienen sich **finanzmathematischer Methoden,** wodurch die Bedeutung der Daten im Zeitablauf berücksichtigt wird. Dies geschieht durch Verzinsung, mit deren Hilfe eine Vergleichbarkeit der Zahlungsreihen herbeigeführt wird. Dazu ist vom Unternehmen der **Kalkulationszinssatz** festzulegen, wie bereits auf Seite 95 f. beschrieben.

Im folgenden werden dargestellt:

| | |
|---|---|
| **Dynamische Investitionsrechnungen** | Finanzmathematische Begriffe |
| | Kapitalwertmethode |
| | Interne Zinsfuß-Methode |
| | Annuitätenmethode |

# 1. Finanzmathematische Begriffe

Den dynamischen Investitionsrechnungen liegen insbesondere folgende finanzmathematische Begriffe zugrunde:

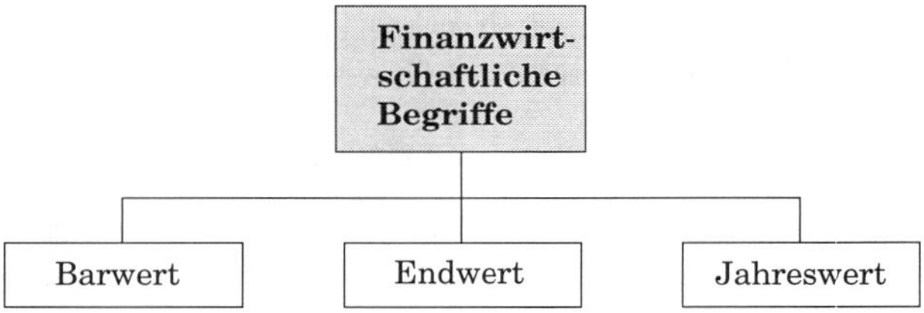


Neben diesen Begriffen ist noch der **Zeitwert** zu nennen. Der Zeitwert einer Einnahme oder Ausgabe ist der Wert, den diese zum Zeitpunkt ihres Anfallens hat. Er berücksichtigt - bei zeitlich unterschiedlichem Anfall von Einnahmen oder Ausgaben - den Zeitfaktor nicht.

## 1.1 Barwert

Der Barwert* einer Einnahme oder Ausgabe ist der Wert, der sich durch **Abzinsung** ergibt. Mit seiner Hilfe kann festgestellt werden, welchen Wert eine oder mehrere während einer Betrachtungsperiode geleistete Zahlungen zu Beginn der Betrachtungsperiode haben.

* Der Barwert wird auch Gegenwartswert genannt.

- Bei **einmaliger Zahlung**

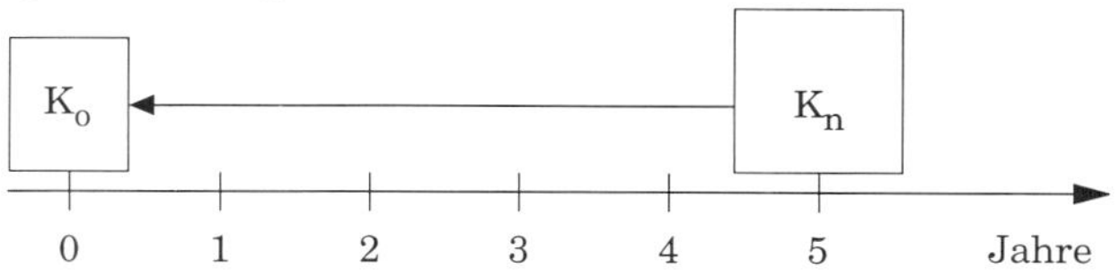


zu Ende der Betrachtungsperiode ergibt sich der Barwert durch Multiplikation des Zeitwertes der Zahlung mit dem **Abzinsungsfaktor**, dessen Wert einer entsprechenden finanzmathematischen Tabelle - siehe Anhang - entnommen werden kann:

$$K_o = K_n \cdot \frac{1}{q^n}$$

oder

$$K_o = K_n \cdot \frac{1}{(1 + i)^n}$$

$K_o$ = Barwert (DM)

$K_n$ = Kapital am Ende des n-ten Jahres (DM)

$\frac{1}{q^n}$ = Abzinsungsfaktor

$i$ = Kalkulationszinssatz (%)

**Beispiel:** Ein Betrag von 10.000 DM, der am Ende des fünften Jahres zur Verfügung steht, hat bei einem Zinssatz von 5 % zu Beginn der Vergleichsperiode folgenden Wert:

$K_o$ = 10.000 · 0,783526 = 7.835,26 DM

- Bei **mehrmaliger Zahlung**

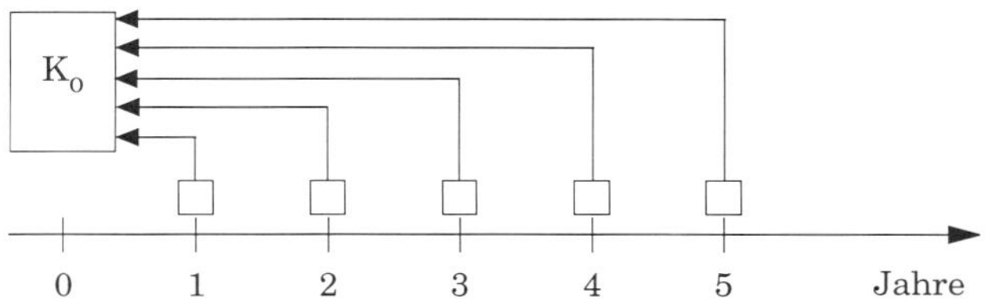


gleich hoher Zahlungsbeträge am Ende jeder Periode (= 1 Jahr) des Betrachtungszeitraumes ergibt sich der Barwert durch Multiplikation des Zeitwertes der einzelnen Zahlungen mit dem **Barwertfaktor***, dessen Wert einer entsprechenden finanzmathematischen Tabelle - siehe Anhang - entnommen werden kann:

* Er wird auch bezeichnet als: Diskontierungssummenfaktor
Abzinsungssummenfaktor
Kapitalisierungsfaktor

$$K_o = e \cdot \frac{q^n - 1}{q^n (q-1)}$$

oder

$$K_o = e \cdot \frac{(1+i)^n - 1}{i\,(1+i)^n}$$

$K_o$ = Barwert (DM)

$e$ = Einnahmen (DM/Jahr)

$\frac{q^n - 1}{q^n (q-1)}$ = Barwertfaktor

$i$ = Kalkulationszinssatz (%)

**Beispiel:** Auf Grund eines Pachtvertrages werden 10 Jahre lang 1.200 DM pro Jahr für ein Grundstück gezahlt. Würde die gesamte Pacht zu Beginn der Pachtdauer auf einmal entrichtet, wäre bei einem Zinssatz von 8 % folgender Betrag zu zahlen:

$K_o$ = 1.200 · 6,710081 = 8.052,10 DM

24 25

## 1.2 Endwert

Der Endwert von Einnahmen oder Ausgaben ist der Wert, der sich durch **Aufzinsung** ergibt. Mit seiner Hilfe kann festgestellt werden, welchen Wert eine oder mehrere während einer Betrachtungsperiode geleistete Zahlungen am Ende der Betrachtungsperiode haben.

- Bei einer **einmaligen Zahlung**

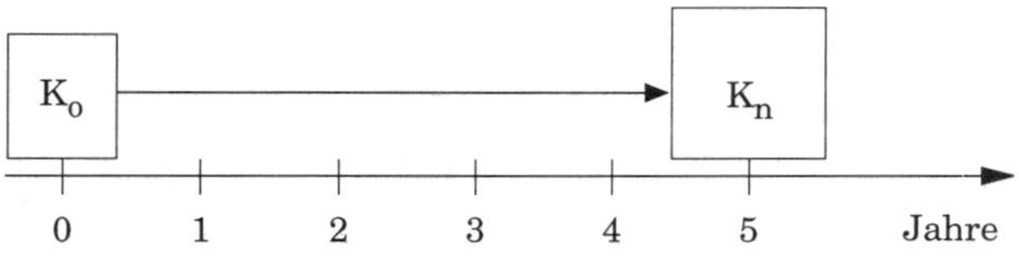


ergibt sich der Endwert durch Multiplikation des Zeitwertes der Zahlung mit dem **Aufzinsungsfaktor**, dessen Wert einer entsprechenden finanzmathematischen Tabelle - siehe Anhang - entnommen werden kann:

$$K_n = K_o \cdot q^n$$

oder

$$K_n = K_o \cdot (1 + i)^n$$

$K_n$ = Endwert (DM)
$K_o$ = Wert im Zeitpunkt $t_o$ (DM)
$q^n$ = Aufzinsungsfaktor
$i$ = Kalkulationszinssatz (%)

**Beispiel:** Der Gesellschafter einer GmbH stellt dem Unternehmen einen Kredit von 20.000 DM zu einem Zinssatz von 8 % zur Verfügung. Kreditbetrag und Zinsen werden dem Gesellschafter zum Ende des 5. Jahres ausgezahlt.

Der Gesellschafter erhält am Ende des 5. Jahres:

$K_5$ = 20.000 · 1,469328 = 29.386,56 DM

- Bei **mehrmaliger Zahlung**

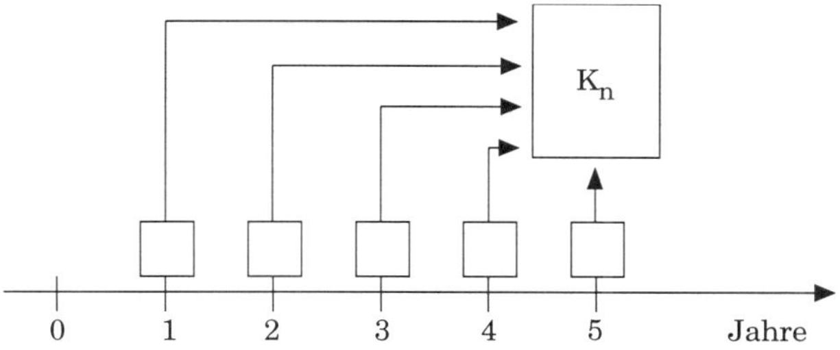


gleich hoher Zahlungsbeträge am Ende jeder Periode (= 1 Jahr) des Betrachtungszeitraumes ergibt sich der Endwert durch Multiplikation des Zeitwertes der einzelnen Zahlung mit dem **Endwertfaktor***, dessen Wert einer entsprechenden finanzmathematischen Tabelle - siehe Anhang - entnommen werden kann:

$$K_n = e \cdot \frac{q^n - 1}{q - 1}$$

oder

$$K_n = e \cdot \frac{(1 + i)^n - 1}{i}$$

* Er wird auch als Aufzinsungssummenfaktor bezeichnet.

$K_n$ = Endwert (DM)

e = Einnahmen (DM/Jahr)

$\frac{q^n - 1}{q - 1}$ = Endwertfaktor

i = Kalkulationszinssatz (%)

**Beispiel:** Es werden zum Ende eines jeden Jahres 1.000 DM bereitgestellt. Der Zinssatz beträgt 5 %. Am Ende des 10. Jahres beträgt das Kapital:

$K_{10}$ = 1.000 · 12,577893 = <u>12.577,89 DM</u>

26

## 1.3 Jahreswert

Finanzmathematisch läßt sich nicht nur der Wert einer Zahlung zu Beginn oder zum Ende einer Vergleichsperiode ermitteln, sondern auch die **jährlich in gleicher Höhe anfallenden Werte**, die sich aus einem bestimmten auf den Beginn oder das Ende der Vergleichsperiode bezogenen Wert ergeben:

- Bei **Zahlung eines jetzt fälligen Betrages** in mehreren Teilbeträgen, die jeweils gleich hoch sind und am Ende jeder Periode (= 1 Jahr) geleistet werden,

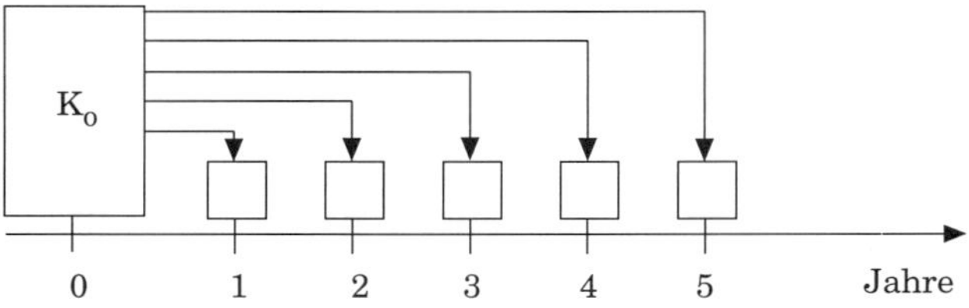


ergibt sich die Höhe der Teilbeträge durch Multiplikation des jetzt fälligen Betrages mit dem **Kapitalwiedergewinnungsfaktor***, dessen Wert einer entsprechenden finanzmathematischen Tabelle - siehe Anhang - entnommen werden kann:

$$e = K_o \cdot \frac{q^n (q - 1)}{q^n - 1}$$

oder

---

* Er wird auch bezeichnet als: Verrentungsfaktor
Annuitätenfaktor

$$e = K_o \cdot \frac{i\ (1+i)^n}{(1+i)^n - 1}$$

| | | |
|---|---|---|
| e | = | Einnahmen (DM/Jahr) |
| $K_o$ | = | Wert im Zeitpunkt $t_o$ (DM) |
| $\frac{q^n\ (q-1)}{q^n - 1}$ | = | Kapitalwiedergewinnungsfaktor |
| i | = | Kalkulationszinssatz (%) |

**Beispiel:** Ein Versicherungsnehmer will sich die fällige Versicherungssumme von 80.000 DM in 10 jährlichen Raten auszahlen lassen. Als Zinssatz sind 8 % anzusetzen. Danach erhält er jährlich:

e = 80.000 · 0,149029 = <u>11.922,32 DM</u>

- Bei **Zahlung eines zu einem späteren Zeitpunkt fälligen Betrages** in mehreren davor liegenden Teilbeträgen, die jeweils gleich hoch sind und am Ende jeder Periode (= 1 Jahr) geleistet werden,

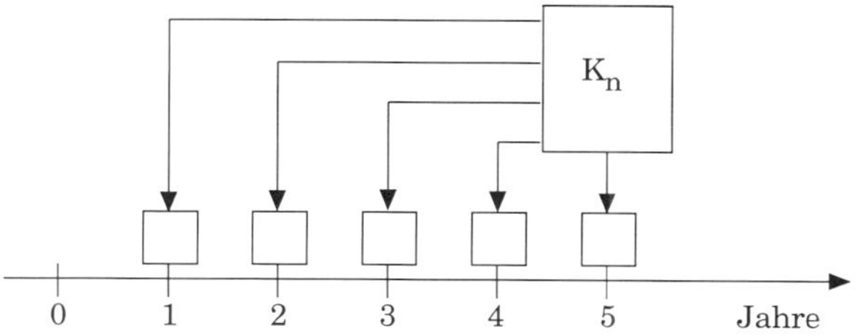


ergibt sich die Höhe der Teilbeträge durch Multiplikation des zu dem späteren Zeitpunkt fälligen Betrages mit dem **Restwertverteilungsfaktor**, dessen Wert einer entsprechenden finanzmathematischen Tabelle - siehe Anhang - entnommen werden kann:

$$e = K_n \cdot \frac{q - 1}{q^n - 1}$$

oder

$$e = K_n \cdot \frac{i}{(1+i)^n - 1}$$

| | | |
|---|---|---|
| e | = | Einnahmen (DM/Jahr) |
| $K_n$ | = | Wert im Zeitpunkt $t_n$ (DM) |
| $\frac{q-1}{q^n - 1}$ | = | Restwertverteilungsfaktor |
| i | = | Kalkulationszinssatz |

**Beispiel:** Ein am Ende des 5. Jahres von einem Unternehmen bereitzustellender Geldbetrag von 20.000 DM wird auf Wunsch des Berechtigten zuvor in 5 gleichen Raten zum Jahresende ausgezahlt. Als jährliche Rate erhält der Berechtigte bei einem Zinssatz von 8 %:

$$e = 20.000 \cdot 0{,}170456 = \underline{\underline{3.409{,}12 \text{ DM}}}$$

27

Die dynamischen Investitionsrechnungen können durchgeführt werden als:

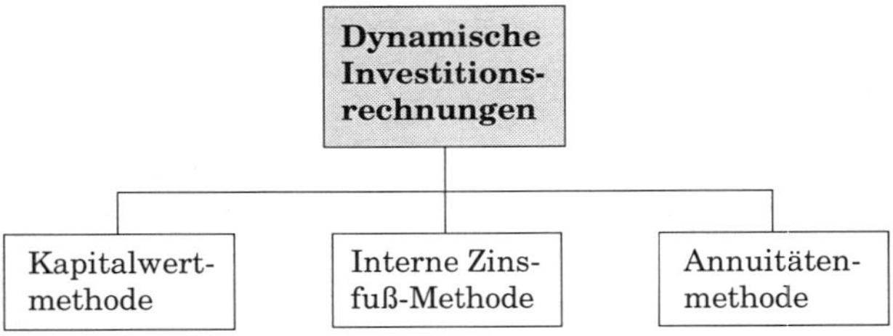


# 2. Kapitalwertmethode

Die Kapitalwertmethode, die auch als **Bar-Kapitalwert-Methode*** bezeichnet werden kann, ist ein Verfahren der dynamischen Investitionsrechnung, bei dem der Kapitalwert zum Beginn der Nutzungsdauer von Investitionsobjekten als Maßstab der Vorteilhaftigkeit dient.

Als **Kapitalwert** einer Investition ist die Differenz zwischen dem Barwert der investitionsbedingten Einnahmen und dem Barwert der investitionsbedingten Ausgaben zu verstehen:

$$C_o = C_e - C_a$$

$C_o$ = Kapitalwert (DM)

$C_e$ = Abgezinste Einnahmen (DM) (einschließlich Liquidationserlös)

$C_a$ = Abgezinste Ausgaben (DM) (einschließlich Anschaffungswert)

Ein **Liquidationserlös** des Investitionsobjektes wird abgezinst und den Überschüssen des Investitionsobjektes zugerechnet.

* Von der (Bar-)Kapitalwert-Methode ist die weniger gebräuchliche **End-Kapitalwert-Methode** zu unterscheiden, bei welcher die Zahlungsreihen von Investitionsobjekten auf das Ende des Betrachtungszeitraumes bezogen werden.

Der **Kapitalwert** kann sein:

- Ein **positiver Kapitalwert.** Er zeigt, daß ein Investitionsobjekt über die investitionsbedingten Ausgaben und die erwartete Verzinsung hinaus einen Investitionsgewinn in Höhe des positiven Kapitalwertes erwirtschaftet.

- Ein **Kapitalwert von Null.** Die Einnahmen decken lediglich die investitionsbedingten Ausgaben und die erwartete Verzinsung. Obwohl ein Investitionsgewinn nicht gegeben ist, kann die Investition immer noch positiv beurteilt werden - es sei denn, es stünde eine Investitionsalternative zur Auswahl, die einen höheren Kapitalwert aufweist.

- Ein **negativer Kapitalwert**. Er deutet darauf hin, daß die Investition unvorteilhaft ist. Die Einnahmen decken die investitionsbedingten Ausgaben und die erwartete Verzinsung nicht.

Mit Hilfe der Kapitalwertmethode können beurteilt werden:

- Die Vorteilhaftigkeit eines **einzelnen Investitionsobjektes.** Sie ist gegeben, wenn der Kapitalwert größer oder gleich Null ist:

$$C_o \geqq 0$$

- Die Vorteilhaftigkeit **alternativer Investitionsobjekte,** wobei das Investitionsobjekt das vorteilhaftere bzw. vorteilhafteste ist, das den größeren bzw. größten Kapitalwert aufweist:

$$C_{oI} \lesseqgtr C_{oII}$$

- Der **optimale Ersatzzeitpunkt** eines alten Investitionsobjektes durch ein neues Investitionsobjekt.

Sie sollen dargestellt werden:

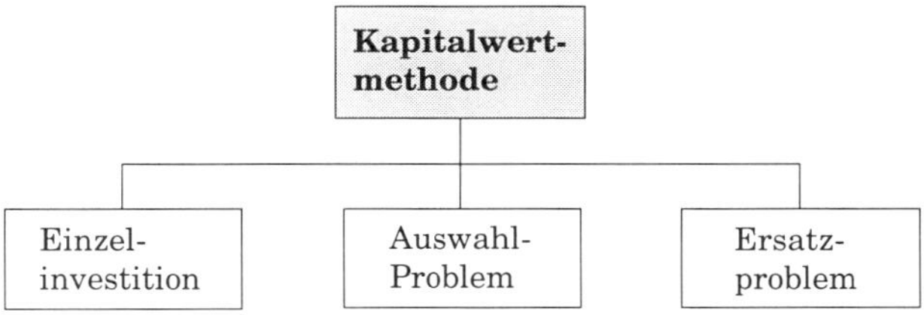

## 2.1 Einzelinvestition

Die Kapitalwertmethode ist geeignet, ein einzelnes Investitionsobjekt danach zu beurteilen, ob es vorteilhaft ist. Der Beurteilung einer Einzelinvestition können dabei **drei Situationen** zugrundeliegen:

- Die jährlichen **Überschüsse** sind **unterschiedlich hoch**, was in der betrieblichen Praxis meist zu unterstellen ist. Es gilt die oben genannte Gleichung in folgender Form:

$$C_o = \frac{e_1 - a_1}{q} + \frac{e_2 - a_2}{q^2} + \ldots + \frac{e_n - a_n}{q^n} - a_o$$

oder

$$C_o = \frac{ü_1}{q} + \frac{ü_2}{q^2} + \ldots + \frac{ü_n}{q^n} - a_o$$

Ein **Liquidationserlös** des Investitionsobjektes wird abgezinst und den Überschüssen aus dem Investitionsobjekt zugerechnet:

$$C_o = \frac{e_1 - a_1}{q} + \frac{e_2 - a_2}{q^2} + \ldots + \frac{e_n - a_n}{q^n} + \frac{L}{q^n} - a_o$$

$C_o$ = Kapitalwert (DM)
e = Einnahmen in den Nutzungsjahren 1 ... n (DM/Jahr)
a = Ausgaben in den Nutzungsjahren 1 ... n (DM/Jahr)
q = Aufzinsungsfaktor (%)
$a_o$ = Anschaffungswert (DM)
ü = Überschüsse in den Nutzungsjahren 1 ... n (DM/Jahr)
L = Liquidationserlös (DM)

Die Berechnung des Kapitalwertes erfolgt zweckmäßigerweise tabellarisch.

**Beispiel:** Es soll entschieden werden, ob ein bestimmtes Investitionsobjekt beschafft werden soll oder nicht. Das Investitionsobjekt kostet 100.000 DM und ist 5 Jahre nutzbar. Der Kalkulationszinssatz wird mit 8 % angesetzt. Die Zahlungsreihen werden geschätzt:

| Jahr | Ein-nahmen | Aus-gaben | Über-schüsse | Abzinsungs-faktor | Barwert |
|---|---|---|---|---|---|
| 1 | 110.000 | 85.000 | 25.000 | 0,925926 | 23.148 |
| 2 | 95.000 | 70.000 | 25.000 | 0,857339 | 21.433 |
| 3 | 105.000 | 70.000 | 35.000 | 0,793832 | 27.784 |
| 4 | 100.000 | 65.000 | 35.000 | 0,735030 | 25.726 |
| 5 | 90.000 | 80.000 | 10.000 | 0,680583 | 6.806 |
| = Summe | | | | | 104.897 |
| – Anschaffungswert | | | | | 100.000 |
| **= Kapitalwert** | | | | | **4.897** |

Die Investition ist vorteilhaft, weil der Kapitalwert positiv ist.

- Im weniger praxisbedeutsamen Fall, daß die jährlichen **Überschüsse gleichbleibend** sind, kann auf eine differenzierte tabellarische Ermittlung des Kapitalwertes verzichtet werden und die Berechnung mit Hilfe des Barwertfaktors erfolgen:

$$C_o = \ddot{u} \cdot \frac{q^n - 1}{q^n (q - 1)} - a_o$$

$C_o$ = Kapitalwert (DM)

$\ddot{u}$ = Überschuß (DM/Jahr)

$\frac{q^n - 1}{q^n (q - 1)}$ = Barwertfaktor

$a_o$ = Anschaffungswert (DM)

Ein möglicher **Liquidationserlös** des Investitionsobjektes wird abgezinst und dem Barwert der Überschüsse aus dem Investitionsobjekt zugerechnet:

$$C_o = \ddot{u} \cdot \frac{q^n - 1}{q^n (q - 1)} + \frac{L}{q^n} - a_o$$

**Beispiel:** Ein Investitionsobjekt kostet 150.000 DM und ist 10 Jahre nutzbar. Der Kalkulationszinssatz beträgt 8 % und die jährlichen Überschüsse 22.200 DM.

$C_o$ = 22.200 · 6,710081 – 150.000

$C_o$ = 148.963,80 – 150.000

$C_o$ = $\underline{\underline{-\ 1.036{,}20\ \text{DM}}}$

Die Investition ist nicht vorteilhaft, da sie einen negativen Kapitalwert aufweist.

- In der betrieblichen Praxis kann der Fall auftreten, daß die **Nutzungsdauer** eines Investitionsobjektes **nicht bestimmbar** ist, beispielsweise beim Kauf eines Grundstückes. Bei gleichbleibenden jährlichen Überschüssen erfährt die Gleichung zur Berechnung des Kapitalwertes - unter der Annahme unendlich langer Nutzung - folgende Änderung:

$$C_0 = ü \cdot \frac{1}{i} - a_0$$

$C_0$ = Kapitalwert (DM)
ü = Überschuß (DM/Jahr)
$i$ = Kalkulationszinssatz (%)
$a_0$ = Anschaffungswert (DM)

**Beispiel:** Ein Investitionsobjekt hat einen Anschaffungswert von 80.000 DM. Die jährlichen Überschüsse betragen 6.600 DM, der Kalkulationszinssatz liegt bei 8 %. Die Nutzungsdauer ist unbestimmt.

$$C_0 = 6.600 \cdot \frac{1}{0{,}08} - 80.000$$

$$C_0 = 82.500 - 80.000$$

$$C_0 = \underline{\underline{2.500 \text{ DM}}}$$

Die Investition ist vorteilhaft, da der Kapitalwert positiv ist.

## 2.2 Auswahlproblem

Häufiger als die Beurteilung einer Einzelinvestition ist in der betrieblichen Praxis die Notwendigkeit, unter mehreren alternativen Investitionsobjekten das günstigere bzw. günstigste auszuwählen. Dabei ist dasjenige Investitionsobjekt das vorteilhaftere bzw. vorteilhafteste, das den höheren bzw. höchsten positiven Kapitalwert aufweist.

Der tabellarische Vergleich der alternativen Investitionsobjekte ist - bei Kenntnis der Einnahmen und Ausgaben - problemlos möglich, wenn die **Anschaffungswerte** und **Nutzungsdauern** der alternativen Investitionsobjekte **gleich** sind.

**Beispiel:** Zwei alternative Investitionsobjekte sind zu vergleichen. Beide haben Anschaffungswerte von 100.000 DM und eine Nutzungsdauer von 5 Jahren. Der Kalkulationszinssatz beträgt 8 %. Die jährlichen Einnahmen und Ausgaben sind der Tabelle zu entnehmen.

| Jahr | Abzinsungsfaktor | Investitionsobjekt I | | | | Investitionsobjekt II | | | |
|---|---|---|---|---|---|---|---|---|---|
| | | Einnahmen | Ausgaben | Überschüsse | Barwert | Einnahmen | Ausgaben | Überschüsse | Barwert |
| 1 | 0,925926 | 110.000 | 85.000 | 25.000 | 23.148 | 130.000 | 105.000 | 25.000 | 23.148 |
| 2 | 0,857339 | 95.000 | 70.000 | 25.000 | 21.433 | 140.000 | 110.000 | 30.000 | 25.720 |
| 3 | 0,793832 | 105.000 | 70.000 | 35.000 | 27.784 | 135.000 | 110.000 | 25.000 | 19.846 |
| 4 | 0,735030 | 100.000 | 65.000 | 35.000 | 25.726 | 125.000 | 105.000 | 20.000 | 14.701 |
| 5 | 0,680583 | 90.000 | 80.000 | 10.000 | 6.806 | 130.000 | 100.000 | 30.000 | 20.417 |
| = Summe | | | | | 104.897 | | | | 103.832 |
| − Anschaffungswert | | | | | 100.000 | | | | 100.000 |
| **= Kapitalwert** | | | | | **4.897** | | | | **3.832** |

Das Investitionsobjekt I ist positiver zu beurteilen, da es einen um 1.065 DM höheren Kapitalwert aufweist als das Investitionsobjekt II.

Unterscheiden sich die alternativen Investitionsobjekte in ihrem Anschaffungswert oder/und ihrer Nutzungsdauer, wird es notwendig, sie mit Hilfe einer **Differenzinvestition** vergleichbar zu machen.

**Beispiel:** Für die Fertigung stehen zwei alternative Investitionsobjekte zur Auswahl. Investitionsobjekt I hat einen Anschaffungswert von 120.000 DM, eine Nutzungsdauer von 5 Jahren und einen Liquidationserlös von 12.000 DM. Investitionsobjekt II weist einen Anschaffungswert von 80.000 DM und eine Nutzungsdauer von 4 Jahren auf, ein Liquidationserlös ist nicht zu erwarten. Der Kalkulationszinssatz beträgt 10 %.

Zur Ermittlung der Vorteilhaftigkeit ist es notwendig, für die Differenz zwischen den Anschaffungswerten der Investitionsobjekte I und II eine Differenzinvestition zu berücksichtigen. Diese soll in einem (kleineren) Investitionsobjekt bestehen, dessen Anschaffungswert der Differenz von 40.000 DM entspricht und das ebenfalls 5 Jahre nutzbar sein wird. Das Investitionsobjekt wird einen Liquidationserlös von 5.000 DM haben.

| Jahr | Abzinsungsfaktor | Investitionsobjekt I | | Investitionsobjekt II | | Differenzinvestition | |
|---|---|---|---|---|---|---|---|
| | | Überschüsse | Barwert | Überschüsse | Barwert | Überschüsse | Barwert |
| 1 | 0,909091 | 30.000 | 27.273 | 20.000 | 18.182 | 8.000 | 7.273 |
| 2 | 0,826446 | 45.000 | 37.190 | 25.000 | 20.661 | 10.000 | 8.264 |
| 3 | 0,751315 | 40.000 | 30.053 | 25.000 | 18.783 | 15.000 | 11.270 |
| 4 | 0,683013 | 45.000 | 30.736 | 25.000 | 17.075 | 20.000 | 13.660 |
| 5 | 0,620921 | 35.000 | 21.732 | 20.000 | 12.418 | 20.000 | 12.418 |
| + Liquidationserlös | 0,620921 | 12.000 | 7.451 | – | | 5.000 | 3.105 |
| = Summe | | | 154.435 | | 87.119 | | 55.990 |
| − Anschaffungswert | | | 120.000 | | 80.000 | | 40.000 |
| **= Kapitalwert** | | | | | **7.119** | | **15.990** |
| | | | **34.435** | | **23.109** | | |

Es ist für das Unternehmen vorteilhafter, das Investitionsobjekt I zu wählen, weil es einen um 11.326 DM höheren Kapitalwert aufweist als das Investitionsobjekt II einschließlich der Differenzinvestition.

Das Auswahlproblem kann in geeigneter Weise nicht nur für alternative Investitionsobjekte mit jährlich unterschiedlich hohen Überschüssen, sondern auch - mit Hilfe der bei den Einzelinvestitionen dargestellten Gleichungen - für alternative Investitionsobjekte

- mit jährlich gleich hohen Überschüssen bei einer **begrenzten Nutzungsdauer**,
- mit jährlich gleich hohen Überschüssen bei einer **unbegrenzten Nutzungsdauer**

gelöst werden.

28 29 30

## 2.3 Ersatzproblem

Die Kapitalwertmethode kann zur Lösung des Ersatzproblems eingesetzt werden, wenn es um die Frage geht, ob es vorteilhaft ist, eine Ersatzinvestition

- sofort durchzuführen
  oder
- in der nächsten Periode durchzuführen.

Die Lösung des Ersatzproblems mit Hilfe der Kapitalwertmethode ist **nicht ohne Probleme,** da die Restnutzungsdauer des alten Investitionsobjektes und die Nutzungsdauer des neuen Investitionsobjektes beträchtlich auseinanderfallen. Beim Auswahlproblem ist gezeigt worden, daß in solchen Situationen Differenzinvestitionen gebildet werden, die eine Vergleichbarkeit herstellen.

Differenzinvestitionen, die beim Ersatzproblem anzusetzen wären, würden den Vergleich erheblich beeinflussen und damit die Gefahr fehlerhafter Ergebnisse und - daraus resultierend - falscher Entscheidungen in sich bergen.

**Beispiel:** Es soll geprüft werden, ob ein altes Investitionsobjekt sofort oder in der folgenden Periode ausscheiden soll, um durch ein neues, 10 Jahre nutzbares Investitionsobjekt ersetzt zu werden. Die Differenzinvestition müßte eine vieljährige Nutzungsdauer aufweisen, was nicht sinnvoll sein kann.

Man versucht deshalb, das Problem anders zu lösen, indem man zur Überbrückung der Zeitdifferenz unterstellt, das **neue Investitionsobjekt** werde nach Ablauf seiner Nutzungsdauer jeweils **identisch**, d.h. unter Fortschreibung der Kapitalwerte der Investition **ersetzt**. Die Annahme der identischen Wiederholung der Investition erfordert es, den Kapitalwert durch den Faktor $\frac{q^n}{q^n - 1}$ zu ergänzen. Damit ergibt sich - in Anlehnung an *ter Horst* - für die sofortige, d.h. im **Zeitpunkt $t_o$** erfolgte Investition die allgemeine Gleichung:

$$C_o^{t_o} = L_A + C_{oN} \cdot \frac{q^n}{q^n - 1}$$

Folgende **Situationen** sind möglich:

- Bei **unterschiedlich hohen** jährlichen **Überschüssen** des neuen Investitionsobjektes kann - ohne Berücksichtigung eines Liquidationserlöses beim neuen Investitionsobjekt - die Gleichung wie folgt aufgelöst werden:

$$C_o^{t_o} = L_A + \left( \frac{e_1 - a_1}{q} + \frac{e_2 - a_2}{q^2} + \ldots + \frac{e_n - a_n}{q^n} - a_{oN} \right) \cdot \frac{q^n}{q^n - 1}$$

  Ein **Liquidationserlös** des neuen Investitionsobjektes wird abgezinst und den Überschüssen zugerechnet.

- Sind die jährlichen **Überschüsse** des neuen Investitionsobjektes **gleich hoch**, hat die aufgelöste Gleichung - ohne Berücksichtigung eines Liquidationserlöses beim neuen Investitionsobjekt - folgendes Aussehen:

$$C_o^{t_o} = L_A + \left( ü_N \cdot \frac{q^n - 1}{q^n (q - 1)} - a_{oN} \right) \cdot \frac{q^n}{q^n - 1}$$

| | | |
|---|---|---|
| $C_o^{t_o}$ | = | Kapitalwert zum Zeitpunkt $t_o$ (DM) |
| $L_A$ | = | Liquidationserlös des alten Investitionsobjektes (DM) |
| $ü_N$ | = | Jährlicher Überschuß des neuen Investitionsobjektes (DM/Jahr) |
| $a_{oN}$ | = | Anschaffungswert des neuen Investitionsobjektes (DM) |
| e | = | Einnahmen (DM/Jahr) |
| a | = | Ausgaben (DM/Jahr) |
| $\frac{q^n - 1}{q^n (q - 1)}$ | = | Barwertfaktor |

Ein **Liquidationserlös** des neuen Investitionsobjektes wird abgezinst und dem Barwert der Überschüsse aus dem neuen Investitionsobjekt zugerechnet.

Für die Investition in der nächsten Periode, d.h. im **Zeitpunkt $t_1$**, errechnet sich der Kapitalwert allgemein wie folgt:

$$C_o^{t_1} = \left( ü_A + L_A + C_{oN}^{t_1} \cdot \frac{q^n}{q^n - 1} \right) \cdot \frac{1}{q}$$

Auf die bereits genannten **Situationen** bezogen gilt:

- Bei **unterschiedlich hohen** jährlichen **Überschüssen** des neuen Investitionsobjektes kann die Gleichung - ohne Berücksichtigung eines Investitionserlöses beim neuen Investitionsobjekt - wie folgt aufgelöst werden:

$$C_o^{t_1} = [ü_A + L_A + (\frac{e_1 - a_1}{q} + \frac{e_2 - a_2}{q^2} + ... + \frac{e_n - a_n}{q^n} - a_o) \cdot \frac{q^n}{q^n - 1}] \cdot \frac{1}{q}$$

Ein **Liquidationserlös** des neuen Investitionsobjektes wird abgezinst und den Überschüssen aus dem neuen Investitionsobjekt zugerechnet.

- Sind die jährlichen **Überschüsse** des Investitionsobjektes **gleich hoch**, hat die aufgelöste Gleichung - ohne Berücksichtigung eines Investitionserlöses beim neuen Investitionsobjekt - folgendes Aussehen:

$$C_o^{t_1} = [ü_A + L_A + (ü_N \cdot \frac{q^n - 1}{q^n (q - 1)} - a_{oN}) \cdot \frac{q^n}{q^n - 1}] \cdot \frac{1}{q}$$

| | | |
|---|---|---|
| $C_o^{t_1}$ | = | Kapitalwert zum Zeitpunkt $t_1$ (DM) |
| $L_A$ | = | Liquidationserlös des alten Investitionsobjektes (DM) |
| $ü_N$ | = | Überschuß des neuen Investitionsobjektes (DM/Jahr) |
| $a_{oN}$ | = | Anschaffungswert des neuen Investitionsobjektes (DM) |
| e | = | Einnahmen (DM/Jahr) |
| a | = | Ausgaben (DM/Jahr) |
| $\frac{q^n - 1}{q^n (q - 1)}$ | = | Barwertfaktor |
| $\frac{1}{q^n}$ | = | Abzinsungsfaktor |

Ein **Liquidationserlös** des neuen Investitionsobjektes wird abgezinst und dem Barwert der Überschüsse aus dem neuen Investitionsobjekt zugerechnet.

**Beispiel:** Ein in Betrieb befindliches Investitionsobjekt hat einen Anschaffungswert von 150.000 DM und erbringt jährliche Überschüsse von 20.000 DM. Bei sofortigem Ersatz beträgt der Liquidationserlös 8.000 DM, bei Ersatz in der nächsten Periode 5.000 DM. Ein neues Investitionsobjekt mit einem Anschaffungswert von 165.000 DM würde jährliche Überschüsse von 30.000 DM erbringen können. Als Liquidationserlös nach einer Nutzungsdauer von 8 Jahren werden 3.000 DM erwartet. Der Kalkulationszinssatz ist 8 %.

$$C_o^{t_o} = 8.000 + (30.000 \cdot 5{,}746639 + 3.000 \cdot 0{,}540269 - 165.000) \cdot \frac{1{,}850930}{1{,}850930 - 1}$$

$$C_o^{t_o} = \underline{\underline{27.619 \text{ DM}}}$$

$$C_0^{t1} = [20.000 + 5.000 + (30.000 \cdot 5{,}746639 + 3.000 \cdot 0{,}540269 - 165.000) \cdot \frac{1{,}850930}{1{,}850930 - 1}] \cdot \frac{1}{1{,}08}$$

$$C_0^{t1} = \underline{\underline{41.313 \text{ DM}}}$$

Es ist vorteilhafter, das alte Investitionsobjekt erst in der nächsten Periode durch das neue Investitionsobjekt zu ersetzen, da der Kapitalwert dann um 13.694 DM höher liegt.

Wichtig ist, darauf hinzuweisen, daß die dargestellte Ermittlung der Vorteilhaftigkeit einer Ersatzinvestition unter folgenden **Voraussetzungen** erfolgt:

- Die jährlichen Überschüsse und die Restwerte des alten Investitionsobjektes nehmen im Zeitablauf ab.
- Das neue Investitionsobjekt wird nach Ablauf seiner Nutzungsdauer unendlich oft identisch wiederholt.
- Die Identität zwischen altem und neuem Investitionsobjekt läßt technischen Fortschritt unberücksichtigt.

31

## 2.4 Eignung

Die Kapitalwertmethode ist ein Verfahren der dynamischen Investitionsrechnung, das - nach einer Untersuchung von *Grabbe* - von rund 20 % befragter Großunternehmen verwendet wird, um die Vorteilhaftigkeit von Investitionen zu bestimmen. Allerdings setzen nur knapp 4 % der befragten Unternehmen ausschließlich die Kapitalwertmethode ein, die übrigen Unternehmen bedienen sich zusätzlich anderer - meist statischer - Verfahren der Investitionsrechnung.

Gegenüber der statischen Investitionsrechnung weist die Kapitalwertmethode erhebliche **Vorteile** auf, die insbesondere in der Möglichkeit liegen, Zahlungsreihen zeitlich und betragsmäßig differenziert erfassen zu können. Ob diese Möglichkeit allerdings in entsprechender Weise genutzt werden kann, ist fraglich.

**Nachteile** der Kapitalwertmethode sind:

- Die **Zurechenbarkeit der Zahlungsreihen,** die vielfach nicht ohne weiteres möglich ist, wenn das Investitionsobjekt nicht im Rahmen eines isolierten einstufigen Fertigungsprozesses genutzt wird.
- Die **Ungewißheit der Zahlungsreihen,** die nach ihrer Höhe und ihrem zeitlichen Anfall prognostiziert werden müssen, was aber in der betrieblichen Praxis - trotz korrigierender und analysierender Hilfsverfahren - Schwierigkeiten bereitet.

- Die **Vergleichbarkeit der Investitionen,** die unterschiedliche Anschaffungswerte oder/und unterschiedliche Nutzungsdauern haben können, wobei in diesen Fällen grundsätzlich versucht wird, eine Vergleichbarkeit durch den Ansatz realer oder fiktiver Differenzinvestitionen herbeizuführen, die aber um so problematischer ist, je höher die Differenzinvestition angesetzt werden muß.

# 3. Interne Zinsfuß-Methode

Die Interne Zinsfuß-Methode ist ein Verfahren der dynamischen Investitionsrechnung, bei dem der interne Zinsfuß als Maßstab der Vorteilhaftigkeit von Investitionen dient. Der interne Zinsfuß ist der Zinssatz, der beim Diskontieren der Einnahmenreihe und Ausgabenreihe zu einem Kapitalwert von Null führt:

$$C_o = \frac{e_1 - a_1}{q} + \frac{e_2 - a_2}{q^2} + \dots + \frac{e_n - a_n}{q^n} - a_o$$

wobei

$$C_o = 0$$

und

$$q = (1 + i)$$

ergibt

$$0 = \frac{e_1 - a_1}{(1 + i)} + \frac{e_2 - a_2}{(1 + i)^2} + \dots + \frac{e_n - a_n}{(1 + i)^n} - a_o$$

$C_o$ = Kapitalwert (DM)
e = Einnahmen (DM/Jahr)
a = Ausgaben (DM/Jahr)
i = Kalkulationszinssatz (%)

Ein **Liquidationserlös** des Investitionsobjektes wird abgezinst und den Überschüssen aus dem Investitionsobjekt zugerechnet.

Der **interne Zinsfuß** läßt sich auf zweifache Weise ermitteln:

- Es werden zwei unterschiedliche Zinssätze - als Versuchszinssätze - frei gewählt, für welche die Kapitalwerte der Investition(en) **tabellarisch** ermittelt werden. Die Feststellung des internen Zinsfußes erfolgt dann durch eine **graphische Darstellung,** wobei die beiden Kapitalwerte durch eine Gerade miteinander verbunden werden. Der Schnittpunkt der Geraden mit der Ordinaten zeigt den internen Zinsfuß.

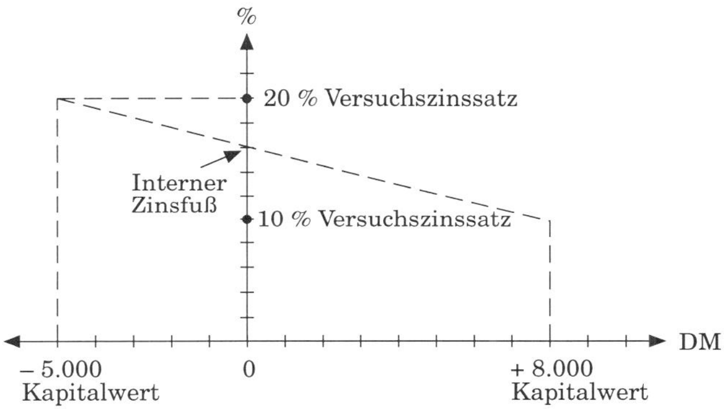


- Es werden - wie zuvor - zwei unterschiedliche Zinssätze als Versuchszinssätze frei gewählt, für welche die Kapitalwerte der Investition(en) **tabellarisch** ermittelt werden. Die Feststellung des internen Zinsfußes erfolgt dann **rechnerisch:**

$$r = i_1 - C_{o1} \cdot \frac{i_2 - i_1}{C_{o2} - C_{o1}}$$

$r$ = Interner Zinsfuß (%)
$i$ = (Versuchs-)Zinssatz 1 bzw. 2 (%)
$C_o$ = Kapitalwert bei $i_1$ bzw. $i_2$ (DM)

Mit Hilfe der Internen Zinsfuß-Methode können beurteilt werden:

- Die Vorteilhaftigkeit eines **einzelnen Investitionsobjektes**. Sie ist gegeben, wenn der interne Zinsfuß der vom Unternehmen festgelegten Mindestverzinsung entspricht oder über ihr liegt:

$$r \geqq i_{min}$$

- Die Vorteilhaftigkeit **alternativer Investitionsobjekte,** wobei das Investitionsobjekt das vorteilhaftere bzw. vorteilhafteste ist, das den größeren bzw. größten internen Zinsfuß aufweist:

$$r_I \lesseqgtr r_{II}$$

- Der **optimale Ersatzzeitpunkt** eines alten Investitionsobjektes durch ein neues Investititonsobjekt.

Sie sollen dargestellt werden*:

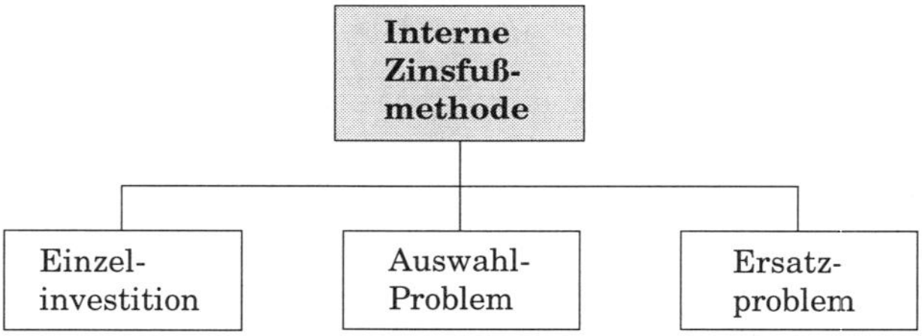


# 3.1 Einzelinvestition

Eine Einzelinvestition kann unter Verwendung der Internen Zinsfuß-Methode auf ihre Vorteilhaftigkeit hin überprüft werden. Diese ist gegeben, wenn der interne Zinsfuß größer oder gleich der vom Unternehmen festgelegten Mindestverzinsung ist.

Der Beurteilung einer Einzelinvestition können dabei **drei Situationen** zugrundeliegen:

- Das Investitionsobjekt weist, wie es meist in der betrieblichen Praxis der Fall ist, im Zeitablauf **unterschiedlich hohe** Überschüsse auf. Die Ermittlung des internen Zinsfußes wird - wie oben beschrieben - tabellarisch-rechnerisch oder tabellarisch-graphisch vorgenommen.

  **Beispiel:** Es soll geprüft werden, ob die Anschaffung eines Investitionsobjektes vorteilhaft ist, dessen Anschaffungswert 100.000 DM beträgt und das 5 Jahre nutzbar ist. Die jährlichen Überschüsse sind der Tabelle entnehmbar. Der Kalkulationszinssatz beträgt 9 %. Als Versuchszinssätze werden 8 % und 16 % gewählt.

| | | i = 0,08 | | i = 0,16 | |
|---|---|---|---|---|---|
| **Jahr** | **Über-schüsse** | **Abzinsungs-faktor** | **Barwert** | **Abzinsungs-faktor** | **Barwert** |
| 1 | 10.000 | 0,925926 | 9.259 | 0,862069 | 8.621 |
| 2 | 35.000 | 0,857339 | 30.007 | 0,743163 | 26.011 |
| 3 | 25.000 | 0,793832 | 19.846 | 0,640658 | 16.016 |
| 4 | 35.000 | 0,735030 | 25.726 | 0,552291 | 19.330 |
| 5 | 30.000 | 0,680583 | 20.417 | 0,476113 | 14.283 |
| = Summe | | | 105.255 | | 84.261 |
| – Anschaffungswert | | | 100.000 | | 100.000 |
| **= Kapitalwert** | | | **5.255** | | **– 15.739** |

---

* Siehe auch die Ausführungen des Kapitels E, Seite 266 f.

Rechnerisch ergibt sich der interne Zinsfuß:

$$r = i_1 - C_{o1} \cdot \frac{i_2 - i_1}{C_{o2} - C_{o1}}$$

$$r = 0{,}08 - 5.255 \cdot \frac{0{,}16 - 0{,}08}{-15.739 - 5.255} = \underline{\underline{0{,}10}}$$

Graphisch kann der interne Zinsfuß ermittelt werden:

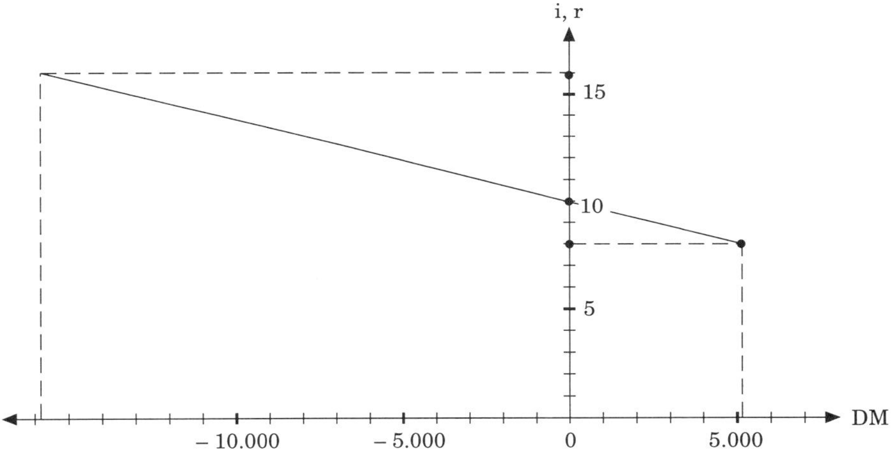


Die Anschaffung des Investitionsobjektes ist vorteilhaft, weil der interne Zinsfuß um ein Prozent über dem Kalkulationszinssatz liegt.

- Bei **zeitlich begrenzter** Nutzung des Investitionsobjektes und **gleichbleibenden** jährlichen **Überschüssen** läßt sich der interne Zinsfuß auf vereinfachte Weise ermitteln. Es gilt - ohne Berücksichtigung eines Liquidationserlöses - die Gleichung

$$0 = ü \cdot \frac{(1 + i)^n - 1}{i\,(1 + i)^n} - a_o$$

ü = Überschuß (DM/Jahr)

$a_o$ = Anschaffungswert (DM)

$\frac{(1 + i)^n - 1}{i\,(1 + i)^n}$ = Barwertfaktor

Nach dem Barwertfaktor aufgelöst ergibt sich daraus:

$$\frac{(1 + i)^n - 1}{i\,(1 + i)^n} = \frac{a_o}{ü}$$

Der somit errechenbare Barwertfaktor wird in der entsprechenden finanzmathematischen Tabelle - siehe Anhang - gesucht. Der interne Zinsfuß läßt sich, gegebenenfalls nach Interpolation, feststellen.

Ein **Liquidationserlös** des Investitionsobjektes ist entsprechend zu berücksichtigen.

**Beispiel:** Ein Investitionsobjekt hat einen Anschaffungswert von 100.000 DM. Die jährlichen Überschüsse betragen 18.000 DM. Es wird mit einer Lebensdauer von 8 Jahren gerechnet. Der Kalkulationszinssatz beträgt 10 %.

$$\frac{(1 + i)^n - 1}{i\,(1 + i)^n} = \frac{a_o}{ü}$$

$$\frac{(1 + i)^8 - 1}{i\,(1 + i)^8} = \frac{100.000}{18.000}$$

$$\frac{(1 + i)^8 - 1}{i\,(1 + i)^8} = 5{,}555556$$

In der entsprechenden finanzmathematischen Tabelle - siehe Anhang - findet sich bei einem Zinssatz von 9 % der Wert 5,534819. Der interne Zinsfuß liegt damit unbedeutend unter 9 %.

Bei einem Kalkulationszinssatz von 10 % erscheint das Investitionsobjekt nicht vorteilhaft.

- Der Fall, daß ein Investitionsobjekt gleichbleibend hohe jährliche Überschüsse erzielt, wobei seine Nutzungsdauer - wie im Beispiel - begrenzt ist, kann nicht als praxistypisch angesehen werden. Von größerer praktischer Bedeutung ist, wenn ein Investitionsobjekt über **gleichbleibende** jährliche **Überschüsse** bei **unbestimmter Nutzungsdauer** verfügt, beispielsweise bei der Investition in ein Grundstück oder Gebäude.

  Dem Investitionsobjekt werden unendlich fließende, gleichbleibend hohe Überschüsse unterstellt, was zu folgender Vereinfachung bei der Berechnung des internen Zinsfußes führt:

$$r = \frac{ü}{a_o}$$

r = Interner Zinsfuß (%)
ü = Überschuß (DM/Jahr)
$a_o$ = Anschaffungswert (DM)

**Beispiel:** Ein Investitionsobjekt hat einen Anschaffungswert von 100.000 DM. Die jährlichen Überschüsse betragen 12.000 DM. Der Kalkulationszinssatz liegt bei 10 %.

$$r = \frac{12.000}{100.000}$$

$$r = 0{,}12$$

Der interne Zinsfuß weist einen um 2 % höheren Wert auf als der Kalkulationszinssatz. Das Investitionsobjekt ist vorteilhaft.

## 3.2 Auswahlproblem

Häufiger als die Beurteilung einer Einzelinvestition ist in der betrieblichen Praxis die Notwendigkeit, unter mehreren alternativen Investitionsobjekten das günstigere bzw. das günstigste auszuwählen. Dabei ist dasjenige Investitionsobjekt das vorteilhaftere bzw. vorteilhafteste, das den höheren bzw. höchsten internen Zinsfuß aufweist.

Es soll zunächst davon ausgegangen werden, daß die alternativen Investitionsobjekte den **gleichen Anschaffungswert** und die **gleiche Nutzungsdauer** haben. Die Berechnung des internen Zinsfußes erfolgt in gleicher Weise, wie bei der Einzelinvestition dargestellt. Es werden lediglich mehrere Investitionsobjekte vergleichend nebeneinander gestellt.

**Beispiel:** Zwei alternative Investitionsobjekte sind zu vergleichen. Ihre Anschaffungswerte liegen bei 95.000 DM, sie sind 5 Jahre nutzbar, Liquidationserlöse sind nicht gegeben. Der Kalkulationszinssatz beträgt 10 %. Die jährlichen Überschüsse können der Tabelle entnommen werden.

| | **Investitionsobjekt I** | | | | | **Investitionsobjekt II** | | | | |
|---|---|---|---|---|---|---|---|---|---|---|
| | | i = 0,06 | | i = 0,14 | | | i = 0,06 | | i = 0,14 | |
| **Jahr** | **Überschuß** | **Abzinsungsfaktor** | **Barwert** | **Abzinsungsfaktor** | **Barwert** | **Überschuß** | **Abzinsungsfaktor** | **Barwert** | **Abzinsungsfaktor** | **Barwert** |
| 1 | 15.000 | 0,943396 | 14.151 | 0,877193 | 13.158 | 20.000 | 0,943396 | 18.868 | 0,877193 | 17.544 |
| 2 | 30.000 | 0,889996 | 26.700 | 0,769468 | 23.084 | 35.000 | 0,889996 | 31.150 | 0,769468 | 26.931 |
| 3 | 20.000 | 0,839619 | 16.792 | 0,674972 | 13.499 | 25.000 | 0,839619 | 20.990 | 0,674972 | 16.874 |
| 4 | 40.000 | 0,792094 | 31.684 | 0,592080 | 23.683 | 20.000 | 0,792094 | 15.842 | 0,592080 | 11.842 |
| 5 | 30.000 | 0,747258 | 22.418 | 0,519369 | 15.581 | 25.000 | 0,747258 | 18.681 | 0,519369 | 12.984 |
| | | | 111.745 | | 89.005 | | | 105.531 | | 86.175 |
| – Anschaffungswert | | | 95.000 | | 95.000 | | | 95.000 | | 95.000 |
| = **Kapitalwert** | | | **16.745** | | **– 5.995** | | | **10.531** | | **– 8.825** |

$$r = i_1 - C_{o1} \frac{i_2 - i_1}{C_{o2} - C_{o1}}$$

$$r_I = 0{,}06 - 16.745 \cdot \frac{0{,}14 - 0{,}06}{-5.995 - 16.745}$$

$$r_I = 0{,}119$$

$$r_{II} = 0{,}06 - 10.531 \cdot \frac{0{,}14 - 0{,}06}{-8.825 - 10.531}$$

$$r_{II} = 0{,}104$$

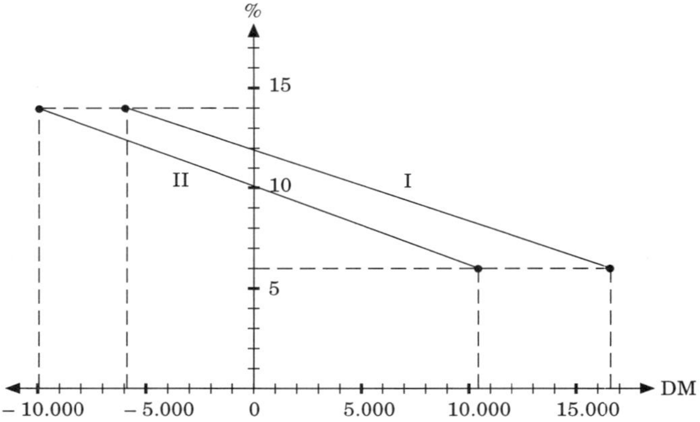


Das Investitionsobjekt I ist mit einem internen Zinsfuß von 11,9 % dem Investitionsobjekt II vorzuziehen.

Stimmen bei den alternativen Investitionsobjekten die Anschaffungswerte oder/und Nutzungsdauern nicht überein, sind **Differenzinvestitionen** zu bilden, um eine Vergleichbarkeit herzustellen.

Das Auswahlproblem kann in geeigneter Weise nicht nur für alternative Investitionsobjekte mit jährlich unterschiedlich hohen Überschüssen, sondern auch - mit Hilfe der vereinfachten Gleichungen - für alternative Investitionsobjekte erfolgen:

- mit jährlich gleich hohen Überschüssen bei einer **begrenzten Nutzungsdauer**
- mit jährlich gleich hohen Überschüssen bei einer **unbegrenzten Nutzungdauer.**

32 33

# 3.3 Ersatzproblem

Die Lösung des Ersatzproblems mit Hilfe der Internen Zinsfuß-Methode ist grundsätzlich möglich. Sie wirft aber zwei **Probleme** auf:

- Wie bei der Kapitalwertmethode ist das **Auseinanderfallen** der Restnutzungsdauer des alten Investitionsobjektes und der Nutzungsdauer des neuen Investitionsobjektes auch durch den Ansatz von Differenzinvestitionen nicht zu überbrücken.

  Die zeitliche Differenz kann durch die Annahme, das neue Investitionsobjekt werde nach Ablauf seiner Nutzungsdauer jeweils identisch ersetzt, in ihrer Bedeutung gemindert werden.

- Der **Rechenaufwand** zur Lösung des Ersatzproblems mit Hilfe der Internen Zinsfuß-Methode ist sehr groß.

Insbesondere wegen des hohen Rechenaufwandes wird in der betrieblichen Praxis, aber auch in der Literatur meistens darauf verzichtet, das Ersatzproblem unter Verwendung der Internen Zinsfuß-Methode zu lösen.

Die Kapitalwertmethode und vor allem die Annuitätenmethode finden stattdessen entsprechende Anwendung.

## 3.4 Eignung

Die Interne Zinsfuß-Methode ist ein in der betrieblichen Praxis häufig verwendetes Verfahren der dynamischen Investitionsrechnung, um einzelne oder alternative Investitionsobjekte im Hinblick auf ihre Vorteilhaftigkeit zu beurteilen. So empfiehlt der ZVEI - Zentralverband der Elektrotechnischen Industrie - die Anwendung der Internen Zinsfuß-Methode wegen der »Anschaulichkeit dieser Methode«.

Rund 40 % befragter Großunternehmen - berichtet *Grabbe* - setzen die Interne Zinsfuß-Methode im Rahmen ihrer Investitionsplanung ein. Allerdings bedienen sich knapp 38 % dieser Unternehmen neben der Internen Zinsfuß-Methode noch anderer Verfahren der Investitionsrechnung.

Gegenüber den statischen Investitionsrechnungen weist die Interne Zinsfuß-Methode erhebliche **Vorteile** auf, die insbesondere in der Möglichkeit liegen, Zeitreihen zeitlich und betragsmäßig differenziert erfassen zu können. Ob diese Möglichkeit allerdings in entsprechender Weise genutzt werden kann, ist fraglich.

**Nachteile** der Internen Zinsfuß-Methode sind:

- Die **Zurechenbarkeit der Zahlungsreihen,** die vielfach nicht ohne weiteres möglich ist, wenn das Investitionsobjekt nicht im Rahmen eines isolierten einstufigen Fertigungsprozesses genutzt wird.

- Die **Ungewißheit der Zahlungsreihen,** die nach ihrer Höhe und ihrem zeitlichen Anfall genau prognostiziert werden müssen, was aber in der betrieblichen Praxis - trotz korrigierender und analysierender Hilfsverfahren - Schwierigkeiten bereitet.

- Die **Vergleichbarkeit der Investitionen,** die unterschiedliche Anschaffungswerte oder/und unterschiedliche Nutzungsdauern haben können, wobei in diesen Fällen grundsätzlich versucht wird, eine Vergleichbarkeit durch den Ansatz realer oder fiktiver Differenzinvestitionen herbeizuführen, die aber um so problematischer ist, je höher die Differenzinvestition angesetzt werden muß.

- Die **Eindeutigkeit der Ergebnisse,** die nur dann gegeben ist, wenn die Investitionsobjekte über ihre gesamte Nutzungsdauer hinweg (positive) Überschüsse erwirtschaften, was nicht immer unterstellt werden kann, beispielsweise in der Anlaufphase oder gegen Ende der Nutzungsdauer.

  Bei fehlenden Überschüssen in einzelnen Perioden werden diese durch den Ansatz von **Supplementinvestitionen** künstlich herbeigeführt.

# 4. Annuitätenmethode

Die Annuitätenmethode ist ein Verfahren der dynamischen Investitionsrechnung, bei dem die Annuität von Investitionen als Maßstab der Vorteilhaftigkeit dient.

Die Annuitätenmethode ist eng mit der Kapitalwertmethode verwandt, im Grunde genommen ist sie eine Umkehrung der Kapitalwertmethode. Beide Investitionsrechnungen unterscheiden sich in der Ermittlung des Erfolges:

- Die Kapitalwertmethode zeigt den **Totalerfolg** von Investitionsobjekten auf.
- Die Annuitätenmethode bezieht sich auf den **Periodenerfolg,** indem sie die durchschnittlichen jährlichen Einnahmen den durchschnittlichen jährlichen Ausgaben gegenüberstellt.

Die Einnahmen und Ausgaben aus Investitionsobjekten werden in zwei äquivalente und uniforme Reihen umgerechnet, wobei - wie bei der Kapitalwertmethode - eine Diskontierung auf den Bezugszeitpunkt vorgenommen wird.

Die auf diese Weise ermittelten Barwerte werden danach in gleiche jährliche Überschüsse - die **Annuitäten** - aufgeteilt, indem sie mit dem Kapitalwiedergewinnungsfaktor multipliziert werden:

$$d = C_o \cdot \frac{q^n (q-1)}{q^n - 1}$$

| | | |
|---|---|---|
| $d$ | = | Annuität (DM/Jahr) |
| $C_o$ | = | Kapitalwert (DM) |
| $\frac{q^n (q-1)}{q^n - 1}$ | = | Kapitalwiedergewinnungsfaktor |

Mit Hilfe der Annuitätenmethode können beurteilt werden:

- Die Vorteilhaftigkeit eines **einzelnen Investitionsobjektes.** Sie ist gegeben, wenn seine Annuität größer oder gleich Null ist:

$$d \geqq 0$$

- Die Vorteilhaftigkeit **alternativer Investitionsobjekte,** wobei das Investitionsobjekt das vorteilhaftere bzw. vorteilhafteste ist, das die größere bzw. größte Annuität aufweist:

$$d_I \lesseqgtr d_{II}$$

- Der **optimale Ersatzzeitpunkt** eines alten Investitionsobjektes durch ein neues Investitionsobjekt.

Sie sollen dargestellt werden:

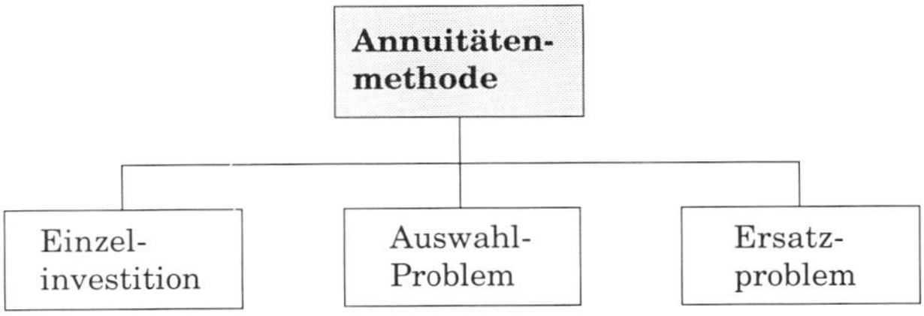


# 4.1 Einzelinvestition

Eine Einzelinvestition kann unter Verwendung der Annuitätenmethode auf ihre Vorteilhaftigkeit hin überprüft werden. Diese ist gegeben, wenn die Annuität der Einzelinvestition größer oder gleich Null ist.

Der Beurteilung einer Einzelinvestition können drei **Situationen** zugrundeliegen:

- Die jährlichen **Überschüsse** sind, wie in der Mehrzahl der praktischen Fälle, im Zeitablauf **unterschiedlich hoch.** Die Ermittlung der Annuität erfolgt mit Hilfe der oben genannten Gleichung:

$$d = C_o \cdot \frac{q^n (q-1)}{q^n - 1}$$

**Beispiel:** Ein Investitionsobjekt hat einen Anschaffungswert von 80.000 DM und Überschüsse von 25.000 DM im 1. Jahr, 30.000 DM im 2. Jahr, 40.000 DM im 3. Jahr, 20.000 DM im 4. Jahr und 10.000 DM im 5. Jahr. Der Kalkulationszinssatz beträgt 10 %. Ein Liquidationserlös fällt nicht an.

| **Jahr** | **Überschuß** | **Abzinsungsfaktor** | **Barwert** |
|---|---|---|---|
| 1 | 25.000 | 0,909091 | 22.727 |
| 2 | 30.000 | 0,826446 | 24.793 |
| 3 | 40.000 | 0,751315 | 30.053 |
| 4 | 20.000 | 0,683013 | 13.660 |
| 5 | 10.000 | 0,620921 | 6.209 |
| = Summe | | | 97.442 |
| – Anschaffungswert | | | 80.000 |
| **= Kapitalwert** | | | **17.442** |

$$d = C_o \cdot \frac{q^n (q-1)}{q^n - 1}$$

$d = 17.442 \cdot 0{,}263797$

$d = \underline{\underline{4.601 \text{ DM/Jahr}}}$

Das Investitionsobjekt erscheint vorteilhaft, da es zu einer positiven Annuität führt.

- Im weniger praxisbedeutsamen Fall eines **zeitlich begrenzt** nutzbaren Investitionsobjektes mit jährlich **gleichbleibenden Überschüssen** kann, wie bei der Kapitalwertmethode bereits gezeigt wurde, auf eine differenzierte tabellarische Ermittlung des Kapitalwertes verzichtet werden und eine Berechnung auf der Grundlage des Kapitalwiedergewinnungsfaktors erfolgen.

  Ohne Berücksichtigung eines Liquidationserlöses gilt die Gleichung:

$$d = ü - a_o \cdot \frac{q^n (q-1)}{q^n - 1}$$

  Ein **Liquidationserlös** des Investitionsobjektes wird abgezinst und vom Anschaffungswert des Investitionsobjektes abgezogen:

$$d = ü - (a_o - L \cdot \frac{1}{q^n}) \cdot \frac{q^n (q-1)}{q^n - 1}$$

$d$ = Annuität (DM/Jahr)

$ü$ = Überschuß (DM/Jahr)

$a_o$ = Anschaffungswert (DM)

$\frac{q^n (q-1)}{q^n - 1}$ = Kapitalwiedergewinnungsfaktor

$L$ = Liquidationserlös (DM)

$\frac{1}{q^n}$ = Abzinsungsfaktor

**Beispiel:** Ein Investitionsobjekt ist 8 Jahre nutzbar und erbringt jährliche Überschüsse von 8.000 DM. Der Anschaffungswert beträgt 40.000 DM und der Kalkulationszinssatz 10 %. Ein Liquidationserlös fällt nicht an.

$$d = ü - a_o \cdot \frac{q^n (q-1)}{q^n - 1}$$

$d = 8.000 - 40.000 \cdot 0{,}187444$

$d = \underline{\underline{502 \text{ DM/Jahr}}}$

Das Investitionsobjekt erscheint vorteilhaft, da es eine positive Annuität erwirtschaftet.

- Größere praktische Bedeutung hat die Ermittlung der Annuitäten bei zeitlich **unbegrenzt nutzbaren** Investitionsobjekten mit jährlich **gleichbleibenden Überschüssen,** beispielsweise bei Grundstücken und Gebäuden.

  Die Gleichung vereinfacht sich weiter:

$$d = ü - a_0 \cdot i$$

d = Annuität (DM/Jahr)

ü = Überschuß (DM/Jahr)

$a_0$ = Anschaffungswert (DM)

i = Kalkulationszinssatz (%)

**Beispiel:** Ein Investitionsobjekt mit einem Anschaffungswert von 20.000 DM führt zu einem jährlichen, unbegrenzten Überschuß von 1.900 DM. Der Kalkulationszins beträgt 10 %.

$d = ü - a_0 \cdot i$

$d = 1.900 - 20.000 \cdot 0{,}10$

$d = \underline{\underline{-100 \text{ DM/Jahr}}}$

Das Investitionsobjekt ist nicht vorteilhaft, weil die von ihm erwirtschaftete Annuität negativ ist.

# 4.2 Auswahlproblem

Häufiger als die Beurteilung einer Einzelinvestition ist in der betrieblichen Praxis die Notwendigkeit, unter mehreren alternativen Investitionsobjekten das günstigere bzw. das günstigste auszuwählen. Dabei ist dasjenige Investitionsobjekt das vorteilhaftere bzw. vorteilhafteste, das die höhere bzw. höchste Annuität aufweist.

Im Gegensatz zu der Kapitalwertmethode und der Internen Zinsfuß-Methode ist es bei der Annuitätenmethode nicht erforderlich, Differenzinvestitionen anzusetzen, wenn der Anschaffungswert oder/und die Nutzungsdauer der alternativen Investitionsobjekte unterschiedlich sind. Das ist durch die Umformung in gleich hohe jährliche Überschüsse der alternativen Investitionsobjekte möglich.

**Beispiel:** Zwei alternative Investitionsobjekte stehen zur Auswahl. Investitionsobjekt I hat einen Anschaffungswert von 60.000 DM, Investitionsobjekt II von 70.000 DM. Beide Investitionsobjekte sind 4 Jahre nutzbar, ein Liquidationserlös fällt nicht an. Der Kalkulationszinssatz beträgt 10 %. Die Überschüsse sind der Tabelle zu entnehmen.

| Jahr | Abzinsungsfaktor | Investitionsobjekt I | | Investitionsobjekt II | |
|---|---|---|---|---|---|
| | | **Überschuß** | **Barwert** | **Überschuß** | **Barwert** |
| 1 | 0,909091 | 18.000 | 16.364 | 18.000 | 16.364 |
| 2 | 0,826446 | 25.000 | 20.661 | 30.000 | 24.793 |
| 3 | 0,751315 | 25.000 | 18.783 | 30.000 | 22.539 |
| 4 | 0,683013 | 20.000 | 13.660 | 25.000 | 17.075 |
| = Summe | | | 69.468 | | 80.771 |
| – Anschaffungswert | | | 60.000 | | 70.000 |
| **= Kapitalwert** | | | **9.468** | | **10.771** |

$$d = C_0 \cdot \frac{q^n (q-1)}{q^n - 1}$$

$$d_I = 9.468 \cdot 0,315471 = \underline{\underline{2.987 \text{ DM/Jahr}}}$$

$$d_{II} = 10.771 \cdot 0,315471 = \underline{\underline{3.398 \text{ DM/Jahr}}}$$

Das Investitionsobjekt II ist das vorteilhaftere, da es eine um 411 DM höhere Annuität erzielt.

Das Auswahlproblem kann in geeigneter Weise nicht nur für alternative Investitionsobjekte mit jährlich unterschiedlich hohen Überschüssen, sondern auch - mit Hilfe der oben dargestellten, vereinfachten Gleichungen - für alternative Investitionsobjekte erfolgen:

- mit jährlich gleich hohen Überschüssen bei **begrenzter Nutzungsdauer,**
- mit jährlich gleich hohen Überschüssen bei **unbegrenzter Nutzungsdauer**.

34 35

## 4.3 Ersatzproblem

Die Annuitätenmethode kann zur Lösung des Ersatzproblems eingesetzt werden, wenn es um die Frage geht, ob es vorteilhaft ist, eine Ersatzinvestition

- sofort durchzuführen
  oder
- in der nächsten Periode durchzuführen.

Wie bei der Kapitalwertmethode, ist die Lösung des Ersatzproblems bei der Annuitätenmethode **nicht ohne Probleme**. So wird - um eine Berechenbarkeit möglich zu machen - unterstellt, das neue Investitionsobjekt werde nach Ablauf seiner Nutzungsdauer jeweils identisch ersetzt.

Der optimale Ersatzzeitpunkt ist nach der Annuitätenmethode* erreicht, wenn die Annuität des alten Investitionsobjektes - bei abnehmenden Überschüssen oder/und Restwerten - in der nächsten Periode kleiner als die Annuität des neuen Investitionsobjektes ist.

Die Annuitäten des neuen und des alten Investitionsobjektes werden getrennt ermittelt:

- **Annuitäten des neuen Investitonsobjektes**
  - **bei jährlich unterschiedlich hohen Überschüssen**

$$d_N = C_{oN} \cdot \frac{q^n (q-1)}{q^n - 1}$$

$d_N$ = Annuität des neuen Investitionsobjektes (DM/Jahr)
$C_{oN}$ = Kapitalwert des neuen Investitionsobjektes (DM)

  - **bei jährlich gleich hohen Überschüssen**

$$d_N = ü_N - a_{oN} \cdot \frac{q^n (q-1)}{q^n - 1}$$

Ein **Liquidationserlös** des neuen Investitionsobjektes wird abgezinst und vom Anschaffungswert des Investitionsobjektes abgezogen:

$$d_N = ü_N - (a_{oN} - L \cdot \frac{1}{q^n}) \cdot \frac{q^n (q-1)}{q^n - 1}$$

$d_N$ = Annuität des neuen Investitionsobjektes (DM/Jahr)
$ü_N$ = Überschüsse des neuen Investitionsobjektes (DM/Jahr)
$a_{oN}$ = Anschaffungswert des neuen Investitionsobjektes (DM)
$\frac{q^n (q-1)}{q^n - 1}$ = Kapitalwiedergewinnungsfaktor
$L$ = Liquidationserlös (DM)
$\frac{1}{q^n}$ = Abzinsungsfaktor

* In Anlehnung an *Swoboda, ter Horst*.

- **Annuitäten des alten Investitionsobjektes**

$$d_A = ü_A - L_A^{t_o} \cdot i - (L_A^{t_o} - L_A^{t_1})$$

| | | |
|---|---|---|
| $d_A$ | = | Annuität des alten Investitionsobjektes (DM/Jahr) |
| $ü_A$ | = | Überschüsse des alten Investitionsobjekt (DM/Jahr) |
| $L_A^{t_o}$ | = | Liquidationserlös des alten Investitionsobjektes im Zeitpunkt $t_o$ |
| $i$ | = | Kalkulationszinssatz (%) |
| $L_A^{t_1}$ | = | Liquidationserlös des alten Investitionsobjektes im Zeitpunkt $t_1$ |

Das Produkt $L_A^{t_o} \cdot i$ gibt die Zinsen an, die dadurch entstehen, daß das alte Investitionsobjekt eine Periode länger genutzt und der ansonsten in $t_o$ erzielbare Liquidationserlös noch eine Periode länger gebunden wird.

Die Differenz $L_A^{t_o} - L_A^{t_1}$ ergibt den Betrag, um den der Liquidationserlös des alten Investitionsobjektes entwertet wird, wenn es eine Periode länger genutzt wird.

**Beispiel:** Ein in Betrieb befindliches Investitionsobjekt hat einen Anschaffungswert von 150.000 DM und erbringt jährliche Überschüsse von 20.000 DM. Bei sofortigem Ersatz beträgt der Liquidationserlös 8.000 DM, bei Ersatz in der nächsten Periode 5.000 DM. Ein neues Investitionsobjekt mit einem Anschaffungswert von 165.000 DM würde jährliche Überschüsse von 30.000 DM erbringen können. Als Liquidationserlös werden nach einer Nutzungsdauer von 8 Jahren 3.000 DM erwartet. Der Kalkulationszinssatz ist 8 %.

$$d_N = ü_N - (a_{oN} - L \cdot \frac{1}{q^n}) \cdot \frac{q^n (q-1)}{q^n - 1}$$

$$d_N = 30.000 - (165.000 - \frac{3.000}{1,850930}) \cdot 0,174015$$

$$d_N = \underline{\underline{1.570 \text{ DM/Jahr}}}$$

$$d_A = ü_A - L_A^{t_o} \cdot i - (L_A^{t_o} - L_A^{t_1})$$

$$d_A = 20.000 - 8.000 \cdot 0,08 - (8.000 - 5.000)$$

$$d_A = \underline{\underline{16.360 \text{ DM/Jahr}}}$$

Es ist vorteilhafter, das alte Investitionsobjekt in der jetzigen Periode weiterzunutzen, da es eine höhere Annuität aufweist als das neu einzusetzende Investitionsobjekt.

Wie bei der Kapitalwertmethode gelten für die Ermittlung der Vorteilhaftigkeit einer Ersatzinvestition mit Hilfe der Annuitätenmethode folgende **Voraussetzungen:**

- Die jährlichen Überschüsse und Restwerte des alten Investitionsobjektes nehmen im Zeitablauf ab.

- Das neue Investitionsobjekt wird nach Ablauf seiner Nutzungsdauer unendlich oft identisch wiederholt.

- Die Identität zwischen altem und neuem Investitionsobjekt läßt technischen Fortschritt unberücksichtigt.

36

## 4.4 Eignung

Die Annuitätenmethode ist ein in der betrieblichen Praxis weniger verwendetes Verfahren der dynamischen Investitionsrechnung, um die Vorteilhaftigkeit von Investitionen zu bestimmen. Nach einer Untersuchung von *Grabbe* setzen lediglich rund 6 % befragter Großunternehmen die Annuitätenmethode ein, wobei sich knapp 5 % dieser Unternehmen zusätzlich noch anderer Verfahren der Investitionsrechnung bedienen.

Gegenüber den statischen Investitionsrechnungen weist die Annuitätenmethode erhebliche **Vorteile** auf, die insbesondere in der Möglichkeit liegen, Zahlungsreihen zeitlich und betragsmäßg differenziert erfassen zu können.

Die Annuitätenmethode periodisiert den Erfolg eines Investitionsobjektes, was dem Praktiker möglicherweise mehr sagt als die Kenntnis des Totalerfolges wie bei der Kapitalwertmethode. Unterschiedliche Anschaffungswerte oder/und Nutzungsdauern bedingen - im Gegensatz zu den übrigen dynamischen Investitionsrechnungen - nicht den Ansatz von Differenzinvestitionen.

Wie bei der Kapitalwertmethode und der Internen Zinsfuß-Methode sind aber auch **Nachteile** zu nennen:

- Die **Zurechenbarkeit der Zahlungsreihen**, die vielfach nicht ohne weiteres möglich ist, wenn das Investitionsobjekt nicht im Rahmen eines isolierten, einstufigen Fertigungsprozesses genutzt wird.

- Die **Ungewißheit der Zahlungsreihen,** die nach ihrer Höhe und ihrem zeitlichen Anfall genau prognostiziert werden müssen, was aber in der betrieblichen Praxis - trotz korrigierender und analysierender Hilfsverfahren - Schwierigkeiten bereitet.

| | Kontrollfragen | bearbeitet | Lösungshinweis | Lösung + | Lösung - |
|---|---|---|---|---|---|
| 01 | Nennen Sie die Merkmale dynamischer Investitionsrechnungen! | | 185 | | |
| 02 | Was versteht man unter kapitalbindenden Ausgaben? | | 185 | | |
| 03 | Erläutern Sie, was unter kapitalfreisetzenden Einnahmen zu verstehen ist! | | 185 | | |
| 04 | Weshalb wird in den dynamischen Investitionsrechnungen mit Zahlungsreihen gerechnet? | | 185 | | |
| 05 | Welche Vorteile weist der Ansatz von Ausgaben und Einnahmen gegenüber dem von Kosten und Erträgen in den statischen Investitionsrechnungen auf? | | 185 | | |
| 06 | Beurteilen Sie die Berücksichtigung aller Nutzungsperioden eines Investitionsobjektes bei den dynamischen Investitionsrechnungen! | | 185 f. | | |
| 07 | Was versteht man unter dem Zeitwert? | | 186 | | |
| 08 | Erläutern Sie, was der Barwert ist! | | 186 | | |
| 09 | Wie kann der Barwert bei einmaliger Zahlung, wie bei mehrfachen, gleich hohen Zahlungen ermittelt werden? | | 187 | | |
| 10 | Was ist unter dem Endwert zu verstehen? | | 188 | | |
| 11 | Wie wird der Endwert bei einmaliger Zahlung, wie bei mehrfachen, gleich hohen Zahlungen ermittelt? | | 188 f. | | |
| 12 | Wie wird ein jetzt fälliger Betrag in mehrere gleich hohe Jahresbeträge aufgeteilt? | | 190 f. | | |
| 13 | Wie wird ein später fälliger Betrag in mehrere gleich hohe Jahresbeträge aufgeteilt? | | 191 f. | | |
| 14 | Zählen Sie die dynamischen Investitionsrechnungen auf! | | 192 | | |
| 15 | Was versteht man unter der Kapitalwertmethode? | | 192 | | |
| 16 | Woraus ergibt sich der Kapitalwert? | | 192 | | |
| 17 | Was geschieht mit einem Liquidationserlös bei der Kapitalwertmethode? | | 192 | | |
| 18 | Welches Investitionsobjekt ist bei der Kapitalwertmethode als vorteilhaft bzw. als das vorteilhafteste anzusehen? | | 193 | | |
| 19 | Wie wird der Kapitalwert bei jährlich gleichbleibenden zeitlich begrenzten Überschüssen ermittelt? | | 195 | | |
| 20 | Auf welche Weise kann die Ermittlung des Kapitalwertes bei jährlich gleichbleibenden, zeitlich unbegrenzten Überschüssen vorgenommen werden? | | 196 | | |
| 21 | Unter welchen Voraussetzungen ist die Lösung des Auswahlproblems mit Hilfe der Kapitalwertmethode problemlos möglich? | | 196 | | |

| | Kontrollfragen | bear-beitet | Lösungs-hinweis | Lösung + | - |
|---|---|---|---|---|---|
| 22 | Wie werden unterschiedliche Anschaffungswerte und/oder Nutzungsdauern der alternativen Investitionsobjekte bei der Kapitalwertmethode ausgeglichen? | | 197 | | |
| 23 | Inwieweit kann gesagt werden, die Lösung des Ersatzproblems mit Hilfe der Kapitalwertmethode sei schwierig? | | 198 | | |
| 24 | Wo liegen die Probleme bei der Lösung des Ersatzproblems mit Hilfe der Kapitalwertmethode? | | 198 | | |
| 25 | Warum bietet es sich nicht an, mit Differenzinvestitionen zu arbeiten, um das Ersatzproblem lösbar zu machen? | | 198 | | |
| 26 | Wie geht man vor, um das Ersatzproblem mit Hilfe der Kapitalwertmethode zu lösen? | | 198 | | |
| 27 | Welche Voraussetzungen müssen erfüllt sein, wenn das Ersatzproblem mit Hilfe der Kapitalwertmethode gelöst werden soll? | | 201 | | |
| 28 | Wie häufig wird die Kapitalwertmethode in der betrieblichen Praxis eingesetzt? | | 201 | | |
| 29 | Worin liegen die Vorteile der Kapitalwertmethode? | | 201 | | |
| 30 | Erläutern Sie, welche Nachteile der Kapitalwertmethode zuzurechnen sind! | | 201 f. | | |
| 31 | Was versteht man unter der Internen Zinsfuß-Methode? | | 202 | | |
| 32 | Wie wird der interne Zinsfuß ermittelt? | | 203 | | |
| 33 | Zeigen Sie beispielhaft die graphische Feststellung des internen Zinsfußes! | | 203 | | |
| 34 | Welches Investitionsobjekt ist bei der Internen Zinsfuß-Methode als vorteilhaft bzw. das vorteilhaftere anzusehen? | | 203 | | |
| 35 | Zeigen Sie, wie der interne Zinsfuß bei jährlich gleichbleibenden, zeitlich begrenzten Überschüssen ermittelt wird! | | 205 | | |
| 36 | Wie errechnet man den internen Zinsfuß bei jährlich gleichbleibenden, zeitlich unbegrenzten Überschüssen? | | 206 | | |
| 37 | Unter welchen Voraussetzungen lassen sich die internen Zinsfüße beim Auswahlproblem ohne weiteres ermitteln? | | 207 | | |
| 38 | Wozu ist zur Lösung des Auswahlproblems bei der Internen Zinsfuß-Methode eine Differenzinvestition zu bilden? | | 208 | | |
| 39 | Inwieweit kann die Interne Zinsfuß-Methode auch zur Lösung des Ersatzproblems herangezogen werden? | | 208 | | |
| 40 | Warum verzichtet man üblicherweise darauf, das Ersatzproblem mit Hilfe der Internen Zinsfuß-Methode zu lösen? | | 209 | | |
| 41 | Wie häufig wird die Interne Zinsfuß-Methode in der betrieblichen Praxis eingesetzt? | | 209 | | |

| | Kontrollfragen | bearbeitet | Lösungshinweis | Lösung + | Lösung - |
|---|---|---|---|---|---|
| 42 | Worin liegen die Vorteile der Internen Zinsfuß-Methode? | | 209 | | |
| 43 | Erläutern Sie die Nachteile der Internen Zinsfuß-Methode! | | 209 | | |
| 44 | In welchen Fällen müssen Supplementinvestitionen angesetzt werden? | | 209 | | |
| 45 | Was versteht man unter der Annuitätenmethode? | | 210 | | |
| 46 | Worin unterscheidet sich die Annuitätenmethode von der Kapitalwertmethode? | | 210 | | |
| 47 | Wie wird eine Annuität grundsätzlich ermittelt? | | 210 | | |
| 48 | Welches Investitionsobjekt ist bei der Annuitätenmethode als vorteilhaft bzw. als das vorteilhaftere anzusehen? | | 210 | | |
| 49 | Zeigen Sie, wie die Annuität bei jährlich gleichbleibenden, zeitlich begrenzten Überschüssen ermittelt wird! | | 212 | | |
| 50 | Wie errechnet man die Annuität bei jährlich gleichbleibenden, zeitlich unbegrenzten Überschüssen? | | 213 | | |
| 51 | Ist es bei der Annuitätenmethode erforderlich, unterschiedliche Anschaffungswerte und/oder Nutzungsdauern durch eine Differenzinvestition auszugleichen? | | 213 | | |
| 52 | Begründen Sie Ihre Anwort aus der vorigen Frage! | | 213 | | |
| 53 | Wie ist die Lösbarkeit des Ersatzproblems mit Hilfe der Annuitätenmethode zu beurteilen? | | 214 | | |
| 54 | Unter welcher Ausnahme ist die Lösung des Ersatzproblems bei der Annuitätenmethode möglich? | | 214 | | |
| 55 | Wodurch ist der optimale Ersatzzeitpunkt bei der Annuitätenmethode gekennzeichnet? | | 215 | | |
| 56 | Wie können die Annuitäten des neuen Investitionsobjektes ermittelt werden? | | 215 | | |
| 57 | Auf welche Weise kann die Feststellung der Annuitäten des alten Investitionsobjektes erfolgen? | | 216 | | |
| 58 | Unter welchen Voraussetzungen kann die Vorteilhaftigkeit einer Ersatzinvestition mit Hilfe der Annuitätenmethode beurteilt werden? | | 216 f. | | |
| 59 | Wie häufig wird die Annuitätenmethode in der betrieblichen Praxis eingesetzt? | | 217 | | |
| 60 | Wie ist die Eignung der Annuitätenmethode für die Beurteilung der Vorteilhaftigkeit von Investitionen zu beurteilen? | | 217 | | |
| | | | | | |

# E. Investitionsrechnungen zur Beurteilung von Finanzinvestitionen

Ein Unternehmen muß seine finanziellen Mittel nicht nur in Sachinvestitionen binden, beispielsweise in Betriebsmitteln. Es kann für das Unternehmen auch interessant sein, Finanzinvestitionen zu bewirken. Dabei gibt es vor allem folgende Möglichkeiten:

| | |
|---|---|
| **Finanz-investitionen** | Unternehmen |
| | Aktien |
| | Festverzinsliche Wertpapiere |

Diesen Finanzinvestitionen ist gemeinsam, daß sie grundsätzlich - bei Aktien zwangsweise aber nicht immer - unter mittelfristigen bis langfristigen Aspekten zu sehen sind.

Weitere Möglichkeiten, Finanzinvestitionen vorzunehmen, können sein:

- Gewährung von Darlehen
- Anlage von Festgeld.

# 1. Unternehmen

Unternehmen können - finanzwirtschaftlich gesehen - aus mehreren Gründen zum Gegenstand von Investitionsrechnungen werden.

**Beispiele:** Kauf eines Unternehmens, Pacht eines Unternehmens, Beteiligung an einem Unternehmen, Fusion mit einem Unternehmen.

Bei all diesen Vorgängen geht es um die Frage, welcher Wert dem Unternehmen als Investitionsobjekt zuzusprechen ist. Während es für vertretbare Güter, wie sie überall am Markt erhältlich sind, sich aus Angebot und Nachfrage ergebende, relativ leicht feststellbare Preise gibt, ist das für Unternehmen nicht der Fall.

Um den Wert des Unternehmens erklären und bestimmen zu können, ist es zweckmäßig, folgende Gesichtspunkte zu erörtern:

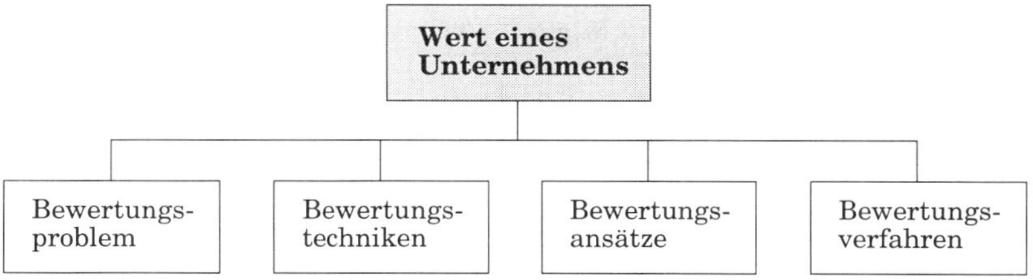

## 1.1 Bewertungsproblem

Mit der Unternehmensbewertung wird der Zweck verfolgt, einen möglichst realistischen Unternehmenswert festzustellen. Das kann nicht einfach durch die Erfassung und Bewertung der im Unternehmen befindlichen Sachgüter wie Gebäude, Maschinen, Werkzeuge und Fertigungsstoffe erfolgen. Es sind vielmehr weitere Gesichtspunkte zu berücksichtigen.

**Beispiel:** Ein umsatzträchtiges Unternehmen mit gutem Kundenstamm ist höher zu bewerten als ein Unternehmen mit gleicher materieller Ausstattung, das über diese Vorzüge nicht oder nicht in diesem Maße verfügt.

Das *Institut der Wirtschaftsprüfer (IdW)* geht bei allen Überlegungen zur Unternehmensbewertung davon aus, daß der Unternehmenswert grundsätzlich durch seine Eigenschaft bestimmt wird, Überschüsse zu produzieren, d.h. der **Barwert der zukünftigen Überschüsse** bildet den - zumindest - theoretisch richtigen Unternehmenswert.

Die Ermittlung des Unternehmenswertes führt jedoch im praktischen Einzelfall zu **Schwierigkeiten**:

- Eine totale zahlungsstromorientierte Überschußrechnung ist meist nicht erstellbar. Als Näherungslösung bietet sich eine praktisch durchführbare ertragsbezogene Überschußrechnung an.

- Die im Zusammenhang mit der Unternehmensbewertung notwendigen Bewertungsvorgänge sind zukunftsbezogen und damit unsicher.

- Die Einschätzungen des Zukunftserfolges sind subjektiv, weshalb der Bewertende zu verschiedenen Unternehmenswerten gelangen würde, wäre er Käufer oder Verkäufer.

*Moxter* sieht als gemeinsames Merkmal aller Unternehmensbewertungen den **potentiellen Preis**, der für Unternehmen oder Unternehmensteile ermittelt wird. Dieser Preis kann sich in einen effektiven Preis verwandeln, in einen Preis also, der bei der Veräußerung des Unternehmens tatsächlich realisiert wird, was aber nicht zwingend der Fall sein muß.

Beim potentiellen Preis kann es sich um einen **Grenzpreis** handeln, der angibt, wieviel ein rational entscheidender Käufer eines Unternehmens - als Maximal-Kaufpreis - höchstens zu zahlen bereit ist bzw. wieviel ein rational entscheidender Verkäufer eines Unternehmens - als Mindest-Verkaufspreis - wenigstens erzielen will.

**Voraussetzung** für jede Unternehmensbewertung ist eine sorgfältige Prüfung, welche Art des Unternehmenswertes im konkreten Fall zu ermitteln ist.

Im folgenden sollen als Prinzipien bzw. Auffassungen

- **Bewertungsprinzipien**
- **Bewertungsauffassungen**

zur Lösung des Bewertungsproblemes erörtert werden.

### 1.1.1 Bewertungsprinzipien

Der Unternehmensbewertung liegen mehrere Prinzipien zugrunde, die aus folgenden **Überlegungen** resultieren:

- Der Wert eines Unternehmens als Ganzes ist ein anderer als die Summe seiner Einzelteile. Die Vorstellung eines Zusammenhangs zwischen Unternehmenswert und Inventar bzw. Bilanz im Sinne einer Vermögensaufstellung ist nicht haltbar. Auch nicht quantifizierbare immaterielle Werte, die nicht unbedingt in einer Bilanz enthalten sind, müssen erfaßt werden.

  **Beispiele:** Lizenzen, Patente, Firmenwert.

- Der Käufer eines Unternehmens wird sich weniger für die Anschaffungs- bzw. Restwerte der übernommenen Wirtschaftsgüter oder deren gegenwärtigen Wert interessieren, sondern dafür, welche Gewinne er in Zukunft mit ihnen erwirtschaften kann.

- Der Verkäufer eines erfolgreich arbeitenden Unternehmens wird sich vernünftigerweise nicht damit einverstanden erklären, daß ihm für die von ihm geschaffenen Erfolgsaussichten kein Entgelt zugebilligt wird.

Aus diesen Überlegungen können die **Prinzipien** der Unternehmensbewertung abgeleitet werden *(Olfert/Körner/Langenbeck)*:

- Das Unternehmen ist ein Organismus und als solcher zu bewerten. Nicht die Addition von Einzelwerten, sondern nur eine umfassende **Gesamtbewertung** des Unternehmens führt zum Wert des Unternehmens als Ganzes.

- Das Unternehmen ist eine **Individualität**. Ihr muß Rechnung getragen werden. Dabei ist zu vermeiden, die Eigenschaften eines Unternehmens durch vermutete branchentypische Merkmale zu ersetzen.

- Der Unternehmenswert bestimmt sich nicht aufgrund vergangener oder gegenwärtiger Ereignisse, sondern im Hinblick auf **zukünftige Entwicklungen**. Vergangenheit und Gegenwart haben eine Hilfsfunktion im Hinblick auf die Abschätzung der Zukunft. Bei der Wertermittlung findet eine Interpolation oder Fortschreibung der vergangenen und gegenwärtigen Entwicklung statt.

- Das Unternehmen ist ein Gebrauchsgut, dessen Wert von dem **Nutzen** abhängig ist, den es stiftet. Es kommt daher bei der Bewertung darauf an, zu wissen, in welcher Weise das Unternehmen in der Zukunft genutzt werden soll.

## 1.1.2 Bewertungsauffassungen

Hinsichtlich des Unternehmenswertes lassen sich unterschiedliche Auffassungen systematisieren:

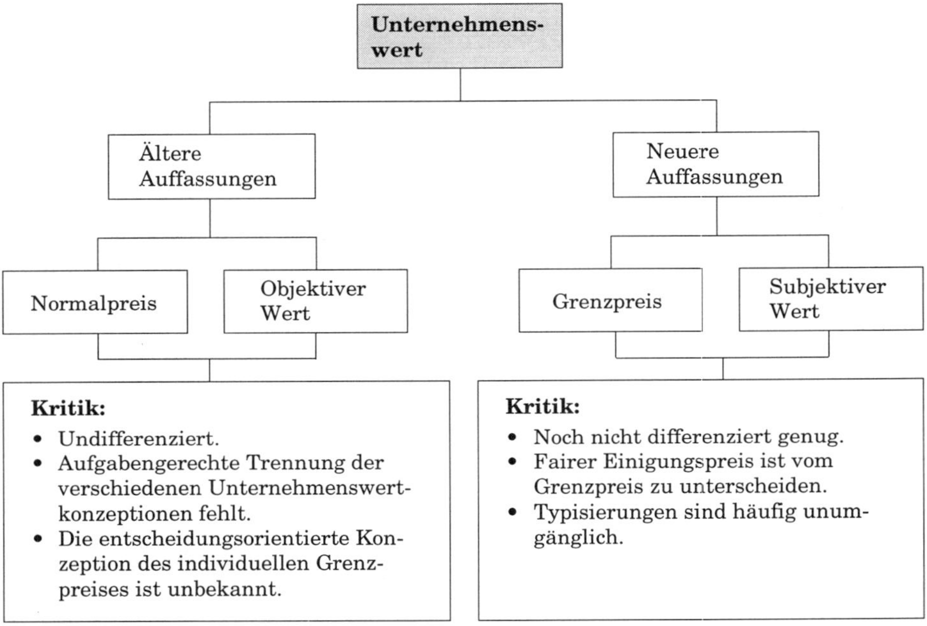


- Nach den **älteren Auffassungen** ist der Wert eines Unternehmens ein **Normalpreis**. Das ist ein allgemeiner, für jedermann zutreffender Wert. Die individuelle Situation von Verkäufer und Käufer wird nicht berücksichtigt.

  Ziel bei dieser Vorgehensweise ist die Ermittlung eines **objektiven Wertes** - ohne Berücksichtigung subjektiver Gesichtspunkte - auf der Grundlage nachprüfbarer Sachverhalte.

  Dem objektiven Wert steht die subjektive Wertfeststellung gegenüber oder wird durch diese ergänzt, die vom Standpunkt eines potentiellen Käufers oder Verkäufers aus erfolgt.

  Kritische Werte der Unternehmensbewertung - beispielsweise Grenzpreise - werden nicht berücksichtigt.

- Nach **neuerer Auffassung** ist der Unternehmenswert ein **subjektiver Wert**, der meist als **Grenzpreis** verstanden wird. Sie wendet sich dagegen, einen objektiven Wert des Unternehmens zu ermitteln.

*Busse von Colbe* spricht davon, daß der Verkäufer sich eine Vorstellung über die Preisuntergrenze machen muß, bei der sich ein Verkauf für ihn erst zu lohnen beginnt. Umgekehrt hat der Käufer eine Vorstellung von der Preisobergrenze, deren Überschreiten für ihn nicht in Betracht kommt, zu entwickeln.

Der Unternehmenswert muß aber nicht - wie bei der neueren Auffassung vom Unternehmenswert unterstellt - in jedem Falle der Grenzpreis sein. Er kann sich auch als fairer **Einigungspreis** ergeben, der zwischen dem Mindestpreis des potentiellen Verkäufers und dem Höchstpreis des potentiellen Käufers liegt.

## 1.2 Bewertungstechniken

Für die Unternehmensbewertung gibt es grundsätzlich zwei Bewertungstechniken:

- **Einzelbewertung**
- **Gesamtbewertung**.

### 1.2.1 Einzelbewertung

Bei der Einzelbewertung wird der Unternehmenswert durch **Addition der Werte aller inventurfähigen Unternehmensteile** ermittelt. Die Wertermittlung der einzelnen Teile erfolgt unabhängig voneinander. Kombinationseffekte, die zu Mehr- oder Minderwerten aus dem gemeinsamen Einsatz dieser Teile führen, werden nicht berücksichtigt.

**Beispiel:** Zwei nebeneinanderliegende Grundstücke haben - isoliert gesehen - je einen Verkaufswert von 100.000 DM. Ihr Verkehrswert als Einheit kann wegen günstigerer Nutzungsmöglichkeiten 250.000 DM betragen, was einen positiven Kombinationseffekt in Höhe von 50.000 DM ausmacht.

Der **Vorteil** der Einzelbewertung liegt in der einfachen Handhabung, denn für die Bewertung genügt die Kenntnis der Verkehrswerte der Gegenstände.

Als **Nachteile** sind zu nennen:

- Es werden nicht alle Gegenstände erfaßt.
- Die Kombinationseffekte des Einsatzes von Gegenständen, die für ein Unternehmen wichtig sind, werden nicht berücksichtigt.

### 1.2.2 Gesamtbewertung

Mit der Gesamtbewertung können die Kombinationseffekte praxisentsprechend berücksichtigt werden. Es interessiert der Nutzen aus dem Einsatz aller Gegenstände im Unternehmen, der sich in den Überschüssen ausdrückt, die das Unternehmen erwirtschaftet.

Die Vorteilhaftigkeit der Investition in ein Unternehmen läßt sich erkennen, indem die Höhe der Überschüsse aus dem zu bewertenden Unternehmen ermittelt und verglichen wird, welcher Mindestbetrag aufzuwenden wäre, um Überschüsse dieser Höhe aus einer alternativen Kapitalanlage zu erhalten.

Dieses Verfahren der Gesamtbewertung entspricht den Aufgaben der Unternehmensbewertung. Dabei muß allerdings als **Nachteil** der Gesamtbewertung angesehen werden, daß die Überschüsse nicht mit Sicherheit vorausgesagt werden können.

*Moxter* gibt einen zusammenfassenden **Überblick** über die Bewertungstechniken:

| **Bewertungstechniken** | | | | |
|---|---|---|---|---|
| | **Technik** | **Vorzüge** | **Grenzen** | **Anwendungen** |
| **Einzel-bewertung** | **Additiv**<br><br>1. Bestimmung der vorhandenen Unternehmensteile.<br><br>2. Summierung der Einzelwerte dieser Unternehmensteile. | **Objektivierung**<br><br>1. Als Unternehmensteile gelten nur Objekte mit selbständiger Verkehrsfähigkeit.<br><br>2. Bewertung mit Marktpreisen. | **Typisierung**<br><br>1. Unvollständige Erfassung vorhandener Unternehmensteile (nur selbständig verkehrsfähige).<br><br>2. Marktpreise müssen nicht unternehmensspezifische Werte bilden. | **Liquidationswert**<br><br>**Teilreproduktionswert** |
| **Gesamt-bewertung** | **Kombinativ**<br><br>1. Ermittlung der erwarteten Überschüsse des Unternehmens.<br><br>2. Bestimmung des zur alternativen Realisierung der ermittelten Überschuß-Erwartungen erforderlichen Mindestbetrages. | **Zweck-orientierung**<br><br>1. Nutzenveränderung durch Kauf/ Verkauf.<br><br>Finanziell: Überschüsse.<br><br>2. Grenzpreiskalkül<br><br>Finanziell: Ermittlung des Mindestbetrages. | **Subjektivierung**<br><br>1. Unsicherheit:<br><br>Überschüsse sind Schätzgrößen.<br><br>2. Unsicherheit<br><br>Irrtumsmöglichkeiten bei der Bestimmung des Mindestbetrages. | **Vollreproduktionswert**<br><br>**Alle übrigen Grenzpreise** |

## 1.3 Bewertungsansätze

Als Wertansätze können bei der Unternehmensbewertung unterschieden werden:

- **Liquidationswert**
- **Reproduktionswert**
- **Ertragswert**
- **Firmenwert**.

### 1.3.1 Liquidationswert

Bei der Liquidation eines Unternehmens werden die einzelnen Vermögensteile abgestoßen und die Schulden beglichen. Der Liquidationswert gibt demnach an, welcher Erlös zu erzielen wäre, wenn die vorhandenen Güter einzeln verkauft würden. Für Verkäufer und Käufer gilt:

- Der Liquidationswert stellt für den potentiellen **Verkäufer** normalerweise die **Grenzpreis-Untergrenze** dar, es sei denn, die Auflösung des Unternehmens sei aus irgendwelchen Gründen ausgeschlossen.

  »Der Liquidationswert markiert den Punkt, unter den der Grenzpreis für den potentiellen Verkäufer nicht fallen kann. Denn der potentielle Unternehmensverkäufer hat keinen Anlaß, irgendwelchen Preisangeboten potentieller Käufer näherzutreten, die unter diesem Betrag liegen. Dem potentiellen Verkäufer steht es grundsätzlich frei, sein Unternehmen zu liquidieren und hierdurch den Liquidationswert zu realisieren« *(Moxter)*.

- Auch für den potentiellen **Käufer** kann der Liquidationswert Bedeutung haben. Bei einer beabsichtigten Zerschlagung des Unternehmens durch den potentiellen Käufer stellt der Liquidationswert für ihn die **Grenzpreis-Obergrenze** dar, die er normalerweise nicht bereit sein wird, zu überschreiten.

  Ein fortzuführendes Unternehmen muß einen Liquidationswert aufweisen, der kleiner ist als der »Fortführungswert«.

### 1.3.2 Reproduktionswert

Der Liquidationswert ist die Summe der einzelnen Veräußerungspreise. Als Spiegelbild dazu kann ein Reproduktionswert festgestellt werden, der die Summe der einzelnen Beschaffungspreise darstellt und zeigt, was die Erstellung des Unternehmens kosten würde. Er wird auch als **Substanzwert** bezeichnet.

Die entscheidenden Fragen, die sich bei der Ermittlung des Reproduktionswertes stellen, beziehen sich auf:

- den **Umfang** der in die Berechnung einzubeziehenden Vermögensgüter,
- den anzusetzenden **Wert** der einzubeziehenden Vermögensgüter.

In die Berechnung des Reproduktionswertes werden nur diejenigen Vermögensteile aufgenommen, die als **betriebsnotwendig** anzusehen sind, wobei erforderliche Reserven an Produktionsfaktoren zu berücksichtigen sind.

Der Reproduktionswert kann sowohl materielle als auch immaterielle Werte beinhalten. In seiner Verknüpfung mit dem Erfordernis der Betriebsnotwendigkeit ist er eine im Zeitablauf schwankende Größe, da er von der jeweiligen konjunkturellen Lage abhängig ist.

Wirtschaftsgüter, die nicht zum betriebsnotwendigen Vermögen gehören, sind - soweit sie mitveräußert werden sollen - mit ihrem jeweiligen Liquidationswert anzusetzen. Hieraus ergibt sich, daß zu unterscheiden ist zwischen:

- dem Reproduktionswert im Sinne des betriebsnotwendigen Vermögens
- dem Reproduktionswert im Sinne des gesamten Vermögens.

Als Elemente des Reproduktionswertes können folgende **Kostenwerte** unterschieden werden - siehe ausführlich *Olfert / Körner / Langenbeck*:

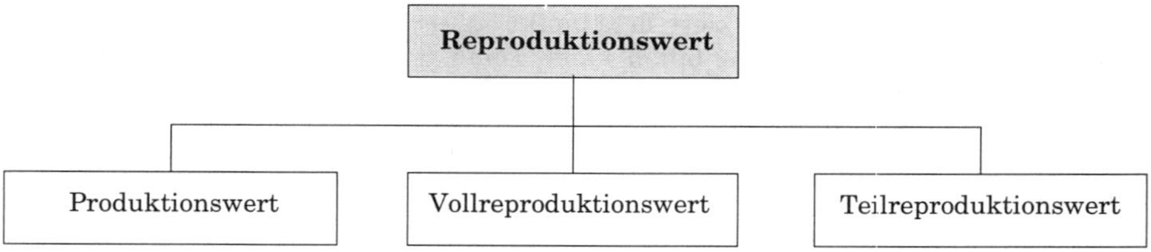


### 1.3.2.1 Produktionswert

Der Wert eines Gutes ist abhängig von den bei seiner Erstellung verursachten Kosten, aber auch vom Ertrag, den es zu erbringen vermag. Der Produktionswert beinhaltet nur die **Kostenseite**.

Setzt man die einzelnen Güter mit den Werten an, die sie zur Zeit ihrer Anschaffung oder Herstellung hatten, gelangt man zu dem auf **Vergangenheitswerten** aufgebauten Anschaffungswert oder Produktionswert.

Dieser Wert sagt jedoch nichts darüber aus, wieviel Kapital heute aufgewendet werden müßte, um das Unternehmen in seinem gegenwärtigen Zustand aufzubauen. Da der Käufer eines Unternehmens gerade dies aber wissen möchte, ist der Produktionswert für ihn kein geeigneter Wertmaßstab.

### 1.3.2.2 Vollreproduktionswert

Bei der Bewertung eines Unternehmens sind demnach nicht die Anschaffungs- oder Herstellungskosten, sondern die Wiederbeschaffungskosten am Bewertungsstichtag, d.h. die Tageswerte im Zeitpunkt des Überganges oder Verkaufes des Unternehmens anzusetzen. Werden die einzelnen Vermögensteile auf diese Weise bewertet, ergibt deren Summe den Vollreproduktionswert.

Strittig ist, ob für die Bewertung eines Unternehmens als Ganzes der **Reproduktionswert** der Anlagen - das ist der Tagesbeschaffungswert abzüglich angemessener Abschreibungen - oder der **Reproduktionsneuwert** - das ist das Tagesbeschaffungswert - heranzuziehen ist.

*Schmalenbach* spricht sich für den Reproduktionsneuwert ohne Berücksichtigung von Abschreibungen aus, da dieser auch von einem potentiellen Konkurrenten aufgewendet werden müßte.

*Hax* befürwortet dagegen den Reproduktionsaltwert, wobei er folgende Gründe nennt:

- Die Summe der Neuwerte war zu keinem Zeitpunkt im Unternehmen investiert und ist daher vom Käufer nicht voll zu tragen bzw. zu ersetzen.

- Die Konkurrenzgefahr wird nicht durch den Neuwert der bestehenden Anlage, sondern durch den Neuwert einer leistungsgleichen Anlage bestimmt, der aber infolge technischen Fortschritts niedriger anzusetzen sei.

### 1.3.2.3 Teilreproduktionswert

Trotz aller Bemühungen, neben den leicht erfaßbaren materiellen Vermögensteilen auch die immateriellen Güter in die Ermittlung des Reproduktionswertes einzubeziehen, ist die wertmäßige Erfassung einiger immaterialler Güter nicht möglich, da die Aufwendungen nicht feststellbar sind, die zu ihrer Entstehung führten, und ihre Bewertung im Hinblick auf den gegenwärtigen Zeitpunkt undurchführbar ist.

Es handelt sich um jene immateriellen Güter, die in sich unselbständig und eng mit der Existenz des betreffenden Unternehmens verbunden sind.

**Beispiele:**

- Äußere Organisation
- Innere Organisation
- Stellung am Beschaffungs- und Absatzmarkt
- Markenname
- Standort
- Betriebsklima
- Mitarbeiterstamm
- Kundenstamm

Alle diese immateriellen Güter müßten eigentlich im Reproduktionswert des Unternehmens enthalten sein. Da sie aber in der Regel wertmäßig nicht erfaßbar sind, spricht man zweckmäßigerweise vom **Teil**reproduktionswert und bezieht diesen auf die bewertbaren Güter.

Das bedeutet, daß der **Substanzwert** als für den Produktionswert verwendbarer Begriff hier auch entsprechende Anwendung auf dem Teilreproduktionswert findet.

## 1.3.3 Ertragswert

Einen weiteren möglichen Wertansatz bei der Ermittlung des Unternehmenswertes stellt der Ertragswert dar, der verstanden werden kann als:

- Zukunftserfolgswert
- Zukunftsentnahmewert

Unter **Zukunftserfolg** versteht man den nachhaltig erzielbaren zukünftigen Reingewinn des Unternehmens. Seine Ermittlung bereitet besondere Schwierigkeiten, da die Zukunft nur auf dem Wege der Schätzung berücksichtigt werden kann.

Für die Ermittlung des Ertragswertes sind von Bedeutung:

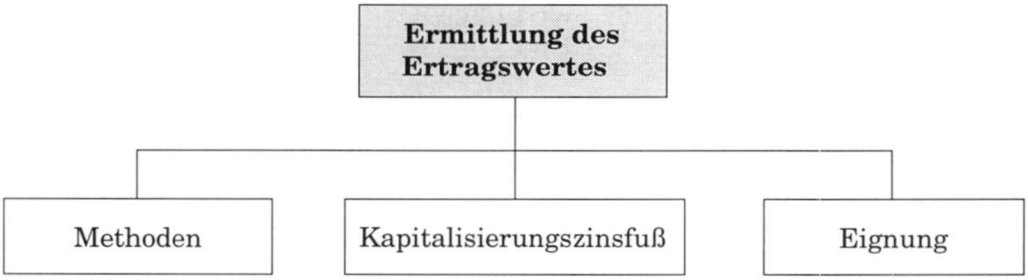


### 1.3.3.1 Methoden

Für die Bestimmung des Zukunftserfolges sind besonders zwei Methoden zu unterscheiden:

- Der Zukunftserfolg kann auf der **Grundlage des Vergangenheitserfolges** bestimmt werden. Dabei wird von einer eingehenden Untersuchung der zukünftigen Marktlage des Unternehmens ausgegangen, wobei eine Beurteilung

  - der konjunkturellen Lage
  - der weltwirtschaftlichen Vorgänge
  - der Branchenentwicklung
  - der Unternehmensentwicklung

  vorgenommen wird.

Neben der marktorientierten Analyse sind weitere Faktoren zu berücksichtigen:

- die vorhandene Kapazität
- der durchschnittlich erreichte Beschäftigungsgrad
- der optimale Leistungsgrad.

In einer Analyse wird beurteilt, mit welchen Kosten der geschätzte Umsatz bei rationaler Unternehmensführung verbunden sein dürfte. Ziel ist es, über die Umsatzentwicklung und Kostenschätzung die zukünftigen Erfolgschancen zu ermitteln.

Ein ähnliches Ergebnis ergibt sich, wenn man von der Umsatzrentabilität vergangener Perioden ausgeht und den Gewinn über die durchschnittliche, als repräsentativ angesehene Rentabilität und den geschätzten zukünftigen Umsatz ermittelt.

- Der Zukunftserfolg kann durch **Projizierung der Vergangenheitserfolge** ermittelt werden. Das ist die in der betrieblichen Praxis wesentlich häufiger verwendete, aber mit erheblichen Unsicherheiten behaftete Methode zur Ermittlung des Ertragswertes. Sie besteht in einer Projizierung der in der Vergangenheit erzielten Erfolge auf die zukünftige Gewinnentwicklung.

## 1.3.3.2 Kapitalisierungszinsfuß

Für die Durchführung der Diskontierung der zukünftigen Reinerträge wird ein Zinsfuß benötigt, der als Kapitalisierungszinsfuß bezeichnet wird. Er stellt den Zinssatz derjenigen Effektivverzinsung dar, die unter den augenblicklichen Umständen von gleichartigen Kapitalanlagen erwartet werden kann.

Der Kapitalisierungszinsfuß ist in seiner Höhe im wesentlichen von den gegenwärtigen Kapitalmarktverhältnissen abhängig. Sie finden ihren Ausdruck im landesüblichen Zinsfuß, der den durchschnittlich in dem betreffenden Zeitraum zu erwartenden Reinertrag einer **risikofreien Kapitalanlage** bezeichnet.

**Beispiele:** Staatsanleihen, Hypothekenpfandbriefe, erststellige Hypotheken.

Eine Kapitalanlage, die nicht risikofrei ist, kann nur dann zum Nominalwert gehandelt werden, wenn sie außer dem landesüblichen Ertrag risikofreier Kapitalanlagen eine Prämie abwirft, die das betreffende Risiko deckt.

Viele Autoren kommen zu dem Schluß, daß - da die Kapitalanlage in einem Unternehmen nicht risikofrei ist - der landesübliche Zinsfuß korrigiert werden müsse, um zum Kapitalisierungszinsfuß für die Ermittlung des Ertragswertes zu gelangen.

In der betrieblichen Praxis sind vor allem zwei **Bestimmungsverfahren** zur **Berücksichtigung des Risikos** üblich:

- Der **Zuschlag einer Risikoprämie**, der besonders von *Schmalenbach* empfohlen wird. Dabei wird neben dem Entgelt für die reine Kapitalüberlassung, dem landesüblichen Zins, eine Risikoprämie angesetzt, in der vor allem folgende Faktoren beim zu bewertenden Unternehmen berücksichtigt werden sollten:

  - Unternehmensform
  - Unternehmensgröße
  - Geschäftszweig
  - Spezielle Risiken.

  *Olfert/Körner/Langenbeck* verweisen auf *Dietz*, der die Ermittlung des Kapitalisierungszinsfußes enger sieht:

  »Zum landesüblichen Zins darf höchstens ein Zuschlag für die geringe Liquidität oder Mobilität des investierten Kapitals kommen. Das allgemeine Unternehmerwagnis ist bereits bei der Feststellung des nachhaltig erzielbaren Reinertrages berücksichtigt.

  Den Kapitalisierungsfaktor wegen des allgemeinen Unternehmerwagnisses zu erhöhen, hieße, daß der als nachhaltig erzielbar angesehene Reinertrag dies voraussichtlich nicht ist und führt damit also zu einer Korrektur der Rechnung an der falschen Stelle und zerstört gerade das (durch den landesüblichen Zins) angestrebte Ziel, die Vergleichbarkeit aller wirtschaftlichen Ertragsobjekte.«

- Die **Hereinnahme des Branchenzinses**, die *Mellerowicz* befürwortet. Dabei wird als Grundlage für die Ermittlung des Kapitalisierungszinsfußes das arithmetische Mittel aus

  - landesüblichem Zins
  - Branchenzins

  verwendet. Hinzu kommt dann noch ein den unternehmensindividuellen Verhältnissen angemessener Zuschlag.

  Dieser Auffassung liegt zugrunde, daß der Zins zwei **Funktionen** zu erfüllen hat:

  - Funktion der Generalisierung des Reinertrages als Grundlage
  - Funktion der Berücksichtigung des Risikos als Zuschlag.

  Das arithmetische Mittel wird verwendet, weil sich der Landeszins aus dem Konkurrenzkampf nichtinvestierter Kapitalien, der Branchenzins aus dem Konkurrenzkampf investierter Kapitalien ergibt.

  Durch die in einem besonderen Risikozuschlag erfolgende Berücksichtigung der Risiken entsprechend ihrer betriebsindividuellen Wirksamkeit soll der Individualität eines Unternehmens Rechnung getragen werden.

  Zur Ermittlung des individuellen Risikos sollen branchengleiche Unternehmen verglichen werden mit dem Ziel, die Besonderheit des zu bewertenden Unternehmens in einem Index zu erfassen.

Gegen die Hereinnahme des Branchenzinses wird vorgebracht, daß der durch einen hohen Branchenzins erhöhte Kapitalisierungszinsfuß zu einer nicht gerechtfertigten Unterbewertung von Unternehmen führt, da der Ertragswert um so niedriger wird, je höher der Kapitalisierungszinsfuß gewählt oder bestimmt wird.

Die bisherigen Ausführungen zeigen, daß unter der Voraussetzung einer richtigen

| | |
|---|---|
| | Landesüblicher Zinsfuß |
| + | Zuschlag für die mangelnde Mobilität der Kapitalanteile |
| = | Kapitalisierungszinsfuß |

Ermittlung des objektiven nachhaltig erzielbaren zukünftigen Reinertrages als **Kapitalisierungszinsfuß** anzusetzen ist:

Selbst wenn an der genannten Voraussetzung Zweifel bestehen, sollen eventuelle Risiken eher bei der Ermittlung der zukünftigen Reinerträge in Ansatz gebracht werden, da die Auswirkungen einer solchen Handhabung im Gegensatz zu einer Berücksichtigung im Zinsfuß überschaubarer sind.

### 1.3.3.3 Eignung

In einem Rechtsstreit über den Abfindungsanspruch eines ausscheidenden Kommanditisten hat der Bundesgerichtshof 1979 für Recht erkannt, daß die Einnahmen und Ausgaben der Gesellschaft nach dem Bewertungsstichtag zur Berechnung des Reinvermögens und damit des Abfindungsguthabens herangezogen werden können.

»Damit ist wohl erstmalig höchstrichterlich anerkannt, daß bei einer Ertragswertberechnung nicht mehr nur von dem Sachstand und dem Erkenntnisstand am Bewertungsstichtag auszugehen ist, sondern daß auch teilweise unvorhersehbare Ereignisse aus der Zeit nach dem Bewertungsstichtag nachträglich bei der Unternehmensbewertung berücksichtigt werden können« *(Bellinger)*.

Das Urteil zeigt außerdem, daß der BGH davon abgeht, den Substanzwert in die Unternehmensbewertung mit einzubeziehen. Der Unternehmenswert wird nur als Ertragswert errechnet *(Olfert / Körner / Langenbeck)*.

## 1.3.4 Firmenwert

Der Firmenwert ist für sich allein betrachtet zwar kein eigenständiger Unternehmenswert, jedoch kommt ihm im Rahmen der Unternehmensbewertung eine so große Bedeutung zu, daß auf grundlegende Darstellung nicht verzichtet werden soll.

Unter dem Firmenwert, der auch als **Geschäftswert** oder **Goodwill** bezeichnet wird, versteht man die Differenz zwischen dem Zukunftserfolgswert und dem Teilreproduktionswert.

$$F = EW - RW$$

F = Firmenwert (DM)
EW = Ertragswert als Zukunftserfolgswert (DM)
RW = (Teil-) Reproduktionswert (DM)

Der Firmenwert kann positiver oder negativer Natur sein. **Ursachen** für die Existenz eines positiven Firmenwertes können sein:

- **Die immateriellen Güter,** die nur in Verbindung mit dem betreffenden Unternehmen existieren können und deren Anteil am Firmenwert stets positiv oder gleich Null ist.

- **Der Kapitalisierungsmehrwert,** der die Summe der Mehrwerte von Gütern ist, die zwar in der Bilanz enthalten sind, aber auf Grund der bei der Ermittlung des Substanzwertes erfolgten preisabhängigen Bewertung unter dem Wert angesetzt worden sind, der sich bei einer ertragsabhängigen Bewertung ergibt.

Der Kapitalisierungsmehrwert kann auch negativ sein und damit zum **Kapitalisierungsminderwert** werden, wodurch sich ein Firmenwert ergeben kann, der ebenfalls negativ ist.

Es lassen sich zwei **Arten** von Firmenwerten unterscheiden:

- Der **originäre Firmenwert,** der sich im Laufe des Bestehens und der Entwicklung des Unternehmens ergibt

  Eine Aufnahme des originären Firmenwertes unter die Vermögenspositionen der Bilanz ist nach § 248 Abs. 2 HGB sowie ebenso nach § 5 Abs. 2 EStG nicht gestattet.

- **Der derivative Firmenwert,** der vom Käufer eines Unternehmens im Rahmen des Gesamtkaufpreises gezahlt wird:

| | |
|---|---|
| | Gesamtkaufpreis bei Übernahme eines Unternehmens |
| – | Werte der einzelnen Vemögensgegenstände des Unternehmens im Zeitpunkt der Übernahme |
| = | **Derivativer Firmenwert** |

  Im Gegensatz zum originären Firmenwert kann der derivative Firmenwert nach **Handelsrecht** aktiviert werden - Aktivierungs**recht** nach § 255 Abs. 4 Satz 1 HGB. Wird davon Gebrauch gemacht, ist der Betrag gesondert auszuweisen und in jedem folgenden Geschäftsjahr zu mindestens einem Viertel durch Abschreibungen zu tilgen (§ 255 Abs. 4 Satz 2 HGB).

Nach Steuerrecht gilt für den derivativen Firmenwert eine Aktivierungs**pflicht** (§ 5 Abs. 2 EStG). Er ist auf der Grundlage einer (fiktiven) betriebsgewöhnlichen Nutzungsdauer von 15 Jahren linear abzuschreiben (§ 7 Abs. 1 Satz 3 EStG).

## 1.4 Bewertungsverfahren

Betriebswirtschaftslehre und Steuerlehre haben verschiedene Verfahren der Unternehmensbewertung entwickelt, die erkennen lassen, daß die Unternehmensbewertung sich der genauen Berechenbarkeit entzieht und eine mehr oder weniger genaue Schätzung angewendet werden muß. Sie kann wegen ihres zum Teil subjektiven Charakters zu verschiedenen Ergebnissen führen.

In der betrieblichen Praxis verwendete **Verfahren** der Unternehmensbewertung sind vor allem - siehe ausführlich *Olfert / Körner / Langenbeck*:

- **Ertragswert-Verfahren**
- **Substanzwert-Verfahren**
- **Mittelwert-Verfahren**
- **Übergewinn-Verfahren.**

Bisher ist es nicht gelungen, gesicherte und allgemeinverbindliche Verfahren der Gesamtbewertung zu entwickeln. Insofern ist auch erklärbar, daß von verschiedenen Personen durchgeführte Bewertungen des gleichen Unternehmens zu erheblich voneinander abweichenden Ergebnissen führen können.

### 1.4.1 Ertragswert-Verfahren

Der Unternehmensbewertung sollte die Bewertung der nachhaltig erzielbaren Gewinne zugrundeliegen. Ihre Erzielung wird mit der Kombination materieller und immaterieller Güter im Unternehmensprozeß angestrebt. Der Grad der Zielerfüllung bestimmt den Unternehmenswert als **Ertragswert**.

Dem **Reproduktionswert** kommt lediglich eine **Hilfsfunktion** bei der Ermittlung des Unternehmenswertes zu. Sie liegt darin, »die Grundlage für die Finanzbedarfsrechnung und für alle Ertragswertpositionen, die mit dem Substanzwert verbunden sind, zu liefern« *(IdW)*.

Auch *Mellerowicz* vertritt diese Auffassung, wenn er dem Reproduktionswert nur insofern Bedeutung zumißt, als die Höhe der zukünftigen Aufwendungen teilweise von ihm abhängt, um über Abschreibungen aus dem bisherigen niedrigeren Anschaffungspreis und einer Gewinnthesaurierung für Anlage-Erneuerung im Sinne der Substanzerhaltung bei gestiegenen Wiederbeschaffungspreisen die Fortführung des Unternehmens sicherzustellen.

Nach dem Ertragswert-Verfahren wird der **künftig erwartete Gewinn kapitalisiert,** der langfristig bei einer normalen Unternehmensleistung erzielt wird. Die Konkurrenzgefahr wird dabei im Zukunftsertrag berücksichtigt. Eine überdurchschnittliche Leistung des bisherigen Unternehmens wird nur insoweit berücksichtigt, als sie in einer guten Organisation besteht und dadurch eine Mehrrente auch in Zukunft abwirft. Abschreibungen auf den Firmenwert bleiben unberücksichtigt.

Für die **praktische Ermittlung des Ertragswertes** als Zukunftserfolgswert muß der Gegenwartswert der zukünftig erwarteten Gewinne ermittelt werden. Dies erfordert die Abzinsung der erwarteten Gewinnsumme auf den Bewertungsstichtag. Dabei können drei Situationen unterschieden werden:

- Bei einer **begrenzten Lebensdauer** des betrachteten Unternehmens und **unterschiedlich hohen Gewinnen** ergibt sich als Ertragswert:

$$EW = \frac{G_1}{q^1} + \frac{G_2}{q^2} + \ldots + \frac{G_n}{q^n}$$

EW = Ertragswert als Zukunftserfolgswert (DM)
G = Gewinn (DM/Jahr)
q = Aufzinsungsfaktor

**Beispiel:** Der Zukunftserfolgswert eines Unternehmens soll festgestellt werden, dessen Lebensdauer noch mit 6 Jahren angesetzt wird. Der Kalkulationszinssatz beträgt 10 %, die jährlich erzielbaren Gewinne sind der Tabelle zu entnehmen.

| Jahr | Gewinn | Abzinsungs-faktor | Bar-wert |
|---|---|---|---|
| 1 | 30.000 | 0,909091 | 27.273 |
| 2 | 35.000 | 0,826446 | 28.926 |
| 3 | 40.000 | 0,751315 | 30.053 |
| 4 | 30.000 | 0,683013 | 20.490 |
| 5 | 20.000 | 0,620921 | 12.418 |
| 6 | 10.000 | 0,564474 | 5.645 |
| **Zukunftserfolgswert** | | | **124.805** |

- Bei einer **begrenzten Lebensdauer** des betrachteten Unternehmens, aber jährlich **gleich hohen Gewinnen** kann die Gleichung vereinfacht werden:

$$EW = G \cdot \frac{q^n - 1}{q^n (q - 1)}$$

EW = Zukunftserfolgswert (DM)

G = Gewinn (DM/Jahr)

$\frac{q^n - 1}{q^n (q - 1)}$ = Barwertfaktor

**Beispiel:** Auf Grund einer anderen Schätzung aus dem vorangegangenen Beispiel wird ein Gewinn von jährlich 27.500 DM beim betrachteten Unternehmen angenommen. Die Lebensdauer von 6 Jahren und der Kalkulationszinssatz von 10 % bleiben unverändert.

$$EW = G \cdot \frac{q^n - 1}{q^n (q - 1)}$$

$$EW = 27.500 \cdot 4{,}355261$$

$$EW = \underline{\underline{119.770 \text{ DM}}}$$

Fällt bei einem Unternehmen, das eine begrenzte Lebensdauer und jährlich gleich hohe Gewinne aufweist, ein **Liquidationserlös** an, muß die vorstehende Gleichung entsprechend erweitert werden:

$$\boxed{EW = G \cdot \frac{q^n - 1}{q^n (q - 1)} + \frac{L}{q^n}}$$

EW = Ertragswert als Zukunftserfolgswert (DM)

G = Gewinn (DM/Jahr)

L = Liquidationserlös (DM)

$\frac{q^n - 1}{q^n (q - 1)}$ = Barwertfaktor

$q^n$ = Aufzinsungsfaktor

**Beispiel:** Die im vorangegangenen Beispiel gemachte Schätzung wird aufrechterhalten. Es soll lediglich noch berücksichtigt werden, daß zum Ende des 6. Jahres eine Liquidation des Vermögens des Unternehmens erfolgt, die 12.000 DM erbringt.

$$EW = G \cdot \frac{q^n - 1}{q^n (q - 1)} + \frac{L}{q^n}$$

$$EW = 27.500 \cdot 4{,}355261 + \frac{12.000}{1{,}771561}$$

$$EW = \underline{\underline{126.544 \text{ DM}}}$$

- Bei einer **unbegrenzten Lebensdauer** und jährlich **gleich hohen Gewinnen** gilt die vereinfachte Gleichung:

$$EW = \frac{G}{i}$$

EW = Ertragswert als Zukunftserfolgswert (DM)
G = Gewinn (DM/Jahr)
i = Kalkulationszinssatz (%)

Eine unbegrenzte Lebensdauer des Unternehmens kann unterstellt werden, wenn die Lebensdauer nicht von vornherein begrenzt ist, d.h. von einer Lebensdauer »über viele Jahre hinweg« ausgegangen werden kann.

**Beispiel:** Ein Unternehmen wird für 365.000 DM zum Verkauf angeboten. Es wird erwartet, daß jährlich ein Gewinn von 40.000 DM erzielt wird. Eine Lebensdauer ist nicht abschätzbar. Der Kalkulationszinssatz beträgt 10 %. Ob das Angebot vorteilhaft ist, wird wie folgt errechnet:

$$EW = \frac{G}{i}$$

$$EW = \frac{40.000}{0,10}$$

$$EW = \underline{\underline{400.000 \text{ DM}}}$$

Das Angebot erscheint vorteilhaft, da der Verkaufspreis um 35.000 DM geringer ist als der Zukunftserfolgswert.

37 38

## 1.4.2 Substanzwert-Verfahren

Das Substanzwert-Verfahren ist kein eigenständiges Verfahren zur Unternehmensbewertung, kann aber ergänzend verwendet werden.

Der Substanzwert läßt sich dabei nicht nur - wie oben beschrieben - als Tageswert der bewertbaren Vermögensteile des Unternehmens zum Zeitpunkt des Überganges oder Verkaufes interpretieren, die betriebsnotwendig sind:

| | | | | |
|---|---|---|---|---|
| SW | = | Tageswert der bewertbaren Vermögensteile | – | Tageswert der bewertbaren nicht betriebsnotwendigen Vermögensteile |

SW = Substanzwert (DM)

**Beispiel:**

| Aktiva | | **Bilanz** | Passiva |
|---|---|---|---|
| | DM | | DM |
| Anlagevermögen | 920.000 | Eigenkapital | 800.000 |
| Umlaufvermögen | 450.000 | Fremdkapital | 570.000 |
| | 1.370.000 | | 1.370.000 |

Im Anlagevermögen sind 80.000 DM enthalten, die nicht betriebsnotwendig sind.

SW = 920.000 – 80.000 + 450.000

SW = 1.290.000 DM

Es sei darauf hingewiesen, daß in der Literatur mitunter das betriebsnotwendige Vermögen um das im Unternehmen befindliche Fremdkapital gekürzt wird, um den Substanzwert festzustellen. Diese Vorgehensweise erscheint nicht zweckmäßig.

*Sieben* nennt einen weiteren Substanzwert, den **zukunftsorientierten Substanzwert**, der als Differenz aus den abgezinsten Ausgaben des zu beurteilenden Unternehmens und den abgezinsten Ausgaben für ein entsprechend gleichartiges, neu zu errichtendes Unternehmen verstanden wird.

$$ZSW = A_{ON} - A_{OA}$$

| | | |
|---|---|---|
| ZSW | = | Zukunftssubstanzwert (DM) |
| $A_{OA}$ | = | Barwert der Ausgaben des zu beurteilenden Unternehmens (DM) |
| $A_{ON}$ | = | Barwert der Ausgaben des neu zu errichtenden Unternehmens (DM) |

Der Zukunftssubstanzwert kann sein:

- Ein **negativer Zukunftssubstanzwert,** den Kauf des zu beurteilenden Unternehmens nicht als vorteilhaft erscheinen läßt. Es wäre für den Investor günstiger, wenn er das Unternehmen neu errichten würde.

- Ein **positiver Zukunftssubstanzwert**, der zeigt, wie hoch die - abgezinste - Ersparnis ist, wenn das zu beurteilende Unternehmen erworben wird, anstelle es neu zu errichten.

  Sofern er kleiner als der Zukunfts**erfolgs**wert ist, kann er als **Preisobergrenze** des potentiellen Käufers angesehen werden. Ist er jedoch größer, entspricht der Zukunfts**erfolgs**wert der Preisobergrenze des potentiellen Käufers.

**Beispiel:** Ein zu beurteilendes Unternehmen weist folgende Zahlungsreihen aus:

| Jahr | Einnahmen | Ausgaben |
|---|---|---|
| 1 | 330.000 | 280.000 |
| 2 | 340.000 | 300.000 |
| 3 | 320.000 | 290.000 |
| 4 | 370.000 | 350.000 |
| 5 | 320.000 | 300.000 |

Eine Untersuchung ergibt, daß ein neues, gleichartiges Unternehmen folgende Ausgaben verursachen würde:

| Jahr | Ausgaben |
|---|---|
| 1 | 380.000 |
| 2 | 250.000 |
| 3 | 240.000 |
| 4 | 270.000 |
| 5 | 250.000 |

Der **Zukunftssubstanzwert** ergibt sich bei einem Kalkulationszinsfuß von 10 %:

| Jahr | Abzinsungsfaktor | Bestehendes Unternehmen | | Neues Unternehmen | |
|---|---|---|---|---|---|
| | | Ausgaben | Barwert | Ausgaben | Barwert |
| 1 | 0,909091 | 280.000 | 254.545 | 380.000 | 345.455 |
| 2 | 0,826446 | 300.000 | 247.934 | 250.000 | 206.612 |
| 3 | 0,751315 | 290.000 | 217.881 | 240.000 | 180.316 |
| 4 | 0,683013 | 350.000 | 239.055 | 270.000 | 184.414 |
| 5 | 0,620921 | 300.000 | 186.276 | 250.000 | 155.230 |
| Summe | | | 1.145.691 | | 1.072.027 |
| **Zukunftssubstanzwert** | | | **73.664** | | |

Als **Zukunftserfolgswert** des bestehenden Unternehmens würde sich ergeben:

| Jahr | Einnahmen | Ausgaben | Gewinn | Abzinsungsfaktor | Barwert |
|---|---|---|---|---|---|
| 1 | 330.000 | 280.000 | 50.000 | 0,909091 | 45.455 |
| 2 | 340.000 | 300.000 | 40.000 | 0,826446 | 33.058 |
| 3 | 320.000 | 290.000 | 30.000 | 0,751315 | 22.539 |
| 4 | 370.000 | 350.000 | 20.000 | 0,683013 | 13.660 |
| 5 | 320.000 | 300.000 | 20.000 | 0,620921 | 12.418 |
| **Summe** | | | | | **127.130** |

Da der Zukunftssubstanzwert (erheblich) unter dem Zukunftserfolgswert liegt, ist er als Preisobergrenze des potentiellen Käufers anzusehen.

39

## 1.4.3 Mittelwert-Verfahren

In der betrieblichen Praxis bedient man sich häufig des Mittelwert-Verfahrens, einer Kombination des Zukunftserfolgswertes und des Teilreproduktionswertes.

Der Zukunftserfolgswert wird heute zwar weithin als der für die Unternehmensbewertung richtige Wert angesehen. Er ist aber durch eine beträchtliche Ungewißheit geprägt. Insbesondere, wenn er weit über dem Teilreproduktionswert liegt, muß die Gefahr aufkommender Konkurrenz berücksichtigt werden, die aus den offensichtlich günstigen Gewinnmöglichkeiten resultiert und geeignet ist, die Ertragslage und damit auch den Zukunftserfolgswert zu vermindern.

Dieser latenten Konkurrenzgefahr wird im Mittelwertverfahren dadurch Rechnung getragen, daß aus dem Zukunftserfolgswert und dem Teilreproduktionswert das arithmetische Mittel gebildet wird:

$$U = \frac{EW + RW}{2}$$

U = Unternehmenswert (DM)
EW = Ertragswert als Zukunftserfolgswert (DM)
RW = (Teil-) Reproduktionswert (DM)

**Beispiel:** Der Zukunftserfolgswert eines zu beurteilenden Unternehmens beträgt 300.000 DM, sein Teilreproduktionswert 200.000 DM. Als Verkaufspreis werden 320.000 DM genannt. Ob die Investition vorteilhaft ist, zeigt folgende Berechnung:

$$U = \frac{EW + RW}{2}$$

$$U = \frac{300.000 + 200.000}{2}$$

$$U = \underline{\underline{250.000 \text{ DM}}}$$

Die Investition erscheint nicht vorteilhaft.

Die Notwendigkeit der gleichgewichtigen Einbeziehung des Ertragswertes und Teilreproduktionswertes in die Berechnung des Unternehmenswertes läßt sich damit begründen, daß der Preis eines Gutes durch den aus dem Gut zu ziehenden Nutzen und durch die für die Herstellung dieses Gutes erforderlichen Erzeugungskosten bestimmt werde. Ein Halbieren beider Werte wird vielfach aber als zu schematisch abgelehnt und stattdessen die Berücksichtigung der Besonderheiten des Einzelfalles durch spezielle Gewichtung beider Faktoren gefordert.

**Beispiel:** Es ist die Bilanz der Steiger OHG gegeben. Die Positionen des Anlage- und Umlaufvermögens sind mit ihren Wiederbeschaffungswerten angesetzt. Beim abnutzbaren Anlagevermögen sind die zeitanteilig gekürzten Wiederbeschaffungswerte angesetzt.

| AKTIVA | Bilanz der Steiger OHG | | PASSIVA |
|---|---|---|---|
| | DM | | DM |
| **I. Anlagevermögen** | | **I. Eigenkapital** | 7.500.000 |
| 1. Bebaute Grundstücke | | | |
| a) mit Fabrikgebäuden | 800.000 | **II. Fremdkapital** | 8.800.000 |
| b) mit Wohngebäuden | 1.400.000 | | |
| 2. Unbebaute Grundstücke | 1.000.000 | | |
| 3. Maschinen | 5.500.000 | | |
| 4. Betriebs- und Geschäftsausstattung | 400.000 | | |
| **II. Umlaufvermögen** | | | |
| 1. Roh-, Hilfs- und Betriebsstoffe | 3.000.000 | | |
| 2. Fertigerzeugnisse | 1.400.000 | | |
| 3. Forderungen aus Lieferungen und Leistungen | 2.100.000 | | |
| 4. Kasse, Postscheck | 100.000 | | |
| 5. Bankguthaben | 600.000 | | |
| | 16.300.000 | | 16.300.000 |

Von den in der Bilanz aufgeführten Wirtschaftsgütern gehören nicht zum betriebsnotwendigen Vermögen:

| **Position** | **Wiederbeschaffungswert** (zum Teil zeitanteilig gekürzt) | **Liquidationswert** |
|---|---|---|
| I. 1. b) Grundstücke | 100.000 | 130.000 |
| Gebäude | 500.000 | 500.000 |
| 2. Unbebaute Grundstücke | 700.000 | 800.000 |
| II. 1. Roh-, Hilfs- und Betriebsstoffe | 800.000 | 600.000 |

In den kommenden Jahren wird im Durchschnitt ein Reingewinn (G) von jährlich 3.000.000 DM erwartet.

Der Kalkulationszinssatz wird mit 10 % festgelegt.

Es ergeben sich:

(1) **Substanzwert**

| | **DM** |
|---|---|
| Bilanzsumme | 16.300.000 |
| – Wiederbeschaffungswert der nicht betriebsnotwendigen Wirtschaftsgüter | 2.100.000 |
| + Liquidationswert der nicht betriebsnotwendigen Wirtschaftsgüter | 2.030.000 |
| Substanzwert als (Teil-)Reproduktionswert | 16.230.000 |

(2) **Ertragswert**

Unter der Annahme, daß die Lebensdauer des Unternehmens zeitlich nicht begrenzt ist, ergibt sich als Ertragswert:

$$EW = \frac{G}{i} = \frac{3.000.000}{0,1} = \underline{\underline{30.000.000 \text{ DM}}}$$

(3) **Unternehmenswert nach dem Mittelwertverfahren**

$$U = \frac{EW + RW}{2}$$

$$U = \frac{30.000.000 + 16.230.000}{2} = \underline{\underline{23.115.000 \text{ DM}}}$$

40

## 1.4.4 Übergewinn-Verfahren

Mit Hilfe des Übergewinn-Verfahrens soll der Firmenwert unter Verwendung des vom Unternehmen erzielten Übergewinnes, d.h. des Gewinnes, der über die Normalverzinsung des Substanzwertes hinaus erzielt wird, errechnet werden.

Zwei **Verfahren** sind zu unterscheiden *(Olfert / Körner / Langenbeck)*:

- Die **Methode der Übergewinnabgeltung,** die insbesondere in den angelsächsischen Ländern verbreitet ist, geht von dem Grundgedanken aus, daß dem Verkäufer eines Unternehmens nicht nur der Reproduktionswert zusteht, sondern auch ein Betrag, der für den Verzicht auf die **Übergewinne** der kommenden Jahre entschädigt. Die Übergewinne werden aber nur für eine beschränkte Anzahl von Jahren abgegolten, da

- Übergewinne nach Ablauf einiger Jahren auf den neuen Eigentümer und nicht auf den Voreigentümer zurückzuführen sind (originärer Firmenwert)

- Übergewinne durch den Konkurrenzdruck allmählich verschwinden.

Die Ermittlung des Unternehmenswertes kann für den einfachsten Fall erfolgen:

$$U = RW + m\,(G - i \cdot RW)$$

U = Unternehmenswert (DM)
RW = (Teil-) Reproduktionswert (DM)
G = Durchschnittlicher Gewinn (DM/Jahr)
i = Normalzinsfuß $\frac{p}{100}$ (%)
m = Faktor der angenommenen Flüchtigkeit des Firmenwertes (Er liegt üblicherweise zwischen 3 und 6.)

Der Unternehmenswert setzt sich nach diesem Verfahren zusammen aus dem Reproduktionswert zuzüglich eines bestimmten Betrages, »der als Abfindung für die Übergewinne gezahlt wird, die auf bereits vor dem Eigentumsübergang bestehenden Gegebenheiten beruhen, also letztlich den Bemühungen der verkaufenden Partei zu verdanken sind, infolge des Verkaufs der Unternehmung nun aber dem Erwerber zufließen« *(Jacob)*.

- **Methode der Übergewinnkapitalisierung,** die von dem Grundgedanken ausgeht, daß über die Normalverzinsung des Reproduktionswertes hinausgehende Gewinne besonders stark risikobehaftet sind.

  Die Konsequenz aus dieser Überlegung ist, den Übergewinn mit einem höheren als dem normalen Zinssatz zu kapitalisieren. Der so ermittelte Barwert ist der **Firmenwert**.

  Den Wert für das Unternehmen als Ganzes erhält man nach folgender Formel:

$$U = RW + \frac{G - i \cdot RW}{h}$$

U = Unternehmenswert
RW = (Teil-) Reproduktionswert
G = Jährlicher Gewinn
i = Kalkulationszinssatz
h = Zinssatz für Übergewinne

Vom Standpunkt der praktischen Anwendung ist gegen die Methode der Übergewinnkapitalisierung einzuwenden, daß keine Anhaltspunkte für die Festlegung des Zinssatzes für Übergewinne existieren.

**Beispiel:** Unter Verwendung der Daten aus der Bilanz der Steiger OHG sollen der Unternehmenswert und der Firmenwert mit Hilfe der Methode der Übergewinnkapitalisierung unter der Annahme eines Zinsfußes für die Kapitalisierung der Übergewinne von 15 % ermittelt werden.

$$U = RW + \frac{G - i \cdot RW}{h}$$

$$U = 16.230.000 + \frac{3.000.000 - 0{,}10 \cdot 16.230.000}{0{,}15}$$

$$U = \underline{\underline{25.410.000 \text{ DM}}}$$

$$F = \frac{G - i \cdot RW}{h}$$

$$F = \frac{3.000.000 - 0{,}10 \cdot 16.230.000}{0{,}15}$$

$$F = \underline{\underline{9.180.000 \text{ DM}}}$$

Der Firmenwert könnte auch mit Hilfe der indirekten Methode ermittelt werden.*

41

# 2. Aktien

Ein Unternehmen hat nicht nur die Möglichkeit, andere Unternehmen als Investitionsobjekt in Betracht zu ziehen. Es kann sich auch typischerweise über die Börse **an Unternehmen beteiligen**, indem es Aktien erwirbt.

Dabei sind folgende Betrachtungen zweckmäßig:

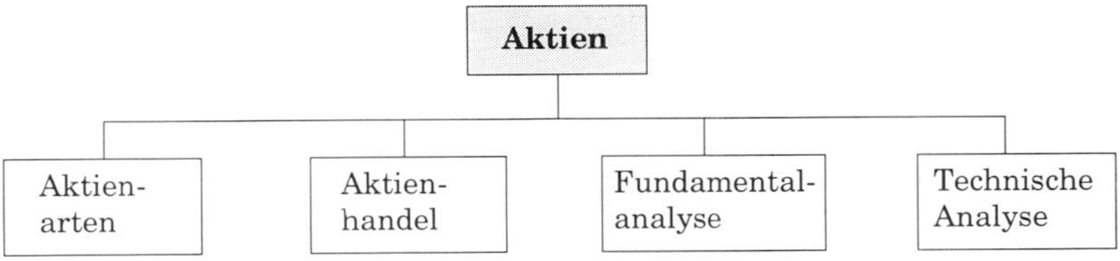


* $F = U - RW$
$F = 23.115.000 - 16.230.000$
$F = \underline{\underline{6.885.000 \text{ DM}}}$

Aktien sind Wertpapiere, die **Mitgliedschaftsrechte** verbriefen. Diese sind:

- Stimmrecht (in der Hauptversammlung)
- Recht auf Anteil am Gewinn (Dividende)
- Recht auf Anteil am Liquidationserlös
- Recht auf Bezug neuer Aktien.

Als Wertpapiere bestehen die Aktien aus folgenden Teilen, die nur zusammen übertragbar sind:

| **Mantel** | **Bogen** | |
|---|---|---|
| | Coupon | Erneuerungsschein |

- Der **Mantel** ist derjenige Teil der Wertpapierurkunde, in dem die Anteilsrechte verbrieft sind.

- Der **Coupon** ist der Dividendenschein, der für die Auszahlung der Dividende und die Ausübung des Bezugsrechtes erforderlich ist. Er wird am Fälligkeitstag vom Dividendenbogen, der aus 10 bis 20 Coupons und einem Erneuerungsschein besteht, abgetrennt und eingelöst.

- Der **Erneuerungsschein**, der auch Talon genannt wird, ist der letzte Abschnitt des Dividendenbogens und dient der Beschaffung eines neuen Dividendenbogens, wenn der alte Bogen verbraucht ist.

Ein Unternehmen, das in Aktien investieren und die Vorteilhaftigkeit seiner Investition untersuchen will, muß sich befassen mit:

- Der **Dividende** auf die Aktien als Gewinnausschüttung. Sie hat heute keine dominierende Bedeutung mehr. Das ist darin begründet, daß die effektive Verzinsung der Aktien nicht sehr hoch - überwiegend zwischen 4 % und 6 % - ist.

  **Beispiel:** Eine 50-DM-Aktie wurde für 90 DM gekauft. Es werden 10 % Gewinn - das sind 5 DM - ausgeschüttet. Für den Anleger, der mehr als den Nennwert von 50 DM für die Aktie bezahlt hat, ist die effektive Verzinsung jedoch geringer:

$$r = \frac{G}{a_0} \cdot 100 = \frac{5}{90} \cdot 100 = \underline{\underline{5{,}56\ \%}}$$

- Dem **Kurs** der Aktien, der es bei richtiger Einschätzung seiner Entwicklung ermöglicht, durch gut terminierten An- und Verkauf von Aktien - gegebenenfalls erhebliche - Wertzuwachsgewinne oder Spekulationsgewinne zu erzielen.

  **Beispiel:** Eine 50-DM-Aktie wird für 70 DM gekauft, nach einem halben Jahr lassen sich 95 DM erlösen.

Es ist einsichtig, daß der Kurs der Aktien nicht zwangsweise - wie im Beispiel - steigen muß. Er kann über einen Betrachtungszeitraum auch abnehmende Tendenz aufweisen. Erfolgt in dieser Situation ein Verkauf, muß die Investition als unvorteilhaft angesehen werden.

Schließlich ist es möglich, daß der Kurs mehr oder weniger starken Schwankungen unterliegt.

- Den mit den Aktien verbundenen **Rechten**, die unterschiedlich gestaltet sein können.

  **Beispiel:** Aktien können ohne weiteres übertragen werden, ihre Übertragung kann aber auch an die Zustimmung der Gesellschaft gebunden sein. Es gibt auch Aktien, die eine bevorzugte Dividende erhalten.

Das investierende Unternehmen muß sich eingehend damit beschäftigen, die in Betracht kommenden Aktien einer entsprechenden **Analyse** zu unterziehen. Praktisch ist es allerdings recht schwierig, die künftige Kurs- und Dividendenentwicklung - insbesondere über einen längeren Zeitraum - abschätzen und damit die Daten für die Berechnung der Vorteilhaftigkeit der Investition in eine Aktie bereitzustellen. Dazu kommt noch, daß über die Verfahrensweise, wie eine Prognose erfolgen soll, Uneinigkeit bei den Experten besteht.

## 2.1 Aktienarten

Um eine Entscheidung bezüglich der Investition in Aktien treffen zu können, ist es wichtig, bestimmte Merkmale einzelner Aktienarten zu kennen, zumal sie teilweise die Rechte des investierenden Unternehmens beeinflussen.

Grundsätzlich sind folgende Aktienarten zu unterscheiden - siehe ausführlich *Olfert*:

| **Kriterium** | **Art der Aktien** |
|---|---|
| Unterschiedliche | Nennwertaktien |
| | Quotenaktien |
| Unterschiedliche Übertragungsmöglichkeiten | Inhaberaktien |
| | Namensaktien |
| Unterschiedlicher Rechtsumfang | Stammaktien |
| | Vorzugsaktien |
| Unterschiedlicher Ausgabezeitpunkt | Junge (neue) Aktien |
| | Alte Aktien |
| Unterschiedliche Verfügungsmöglichkeiten | Eigene Aktien |
| | Vorratsaktien |

**Nennwertaktien** lauten auf einen bestimmten Nennwert, das sind mindestens 5 DM oder ein höherer, durch 5 teilbarer Betrag. **Quotenaktien** gibt es in Deutschland nicht.

**Eigene Aktien** sind Aktien, die eine AG von sich selbst hält, was - mit gewissen Ausnahmen - nicht zulässig ist. **Vorratsaktien** sind Aktien, die eine AG über den gegenwärtigen Kapitalbedarf hinaus geschaffen hat.

Die genannten Aktienarten sind für das investierende Unternehmen weniger bedeutsam. Dagegen sollten betrachtet werden:

- **Aktien unterschiedlicher Übertragungsmöglichkeiten**
- **Aktien unterschiedlichen Rechtsumfanges**
- **Aktien unterschiedlicher Ausgabezeitpunkte**

## 2.1.1 Aktien unterschiedlicher Übertragungsmöglichkeiten

**Inhaberaktien** tragen keinen Namen eines Berechtigten. Damit gilt der jeweilige Inhaber als Berechtigter. Sie sind Wertpapiere, die übertragen werden durch:

- Einigung
- Übergabe.

Voraussetzung für ihre Ausgabe ist, daß der Aktien-Nennbetrag voll eingezahlt wurde. Ist dies nicht der Fall, gibt es zwei Möglichkeiten:

- Inhaberaktien werden erst ausgegeben, wenn die volle Einzahlung des Aktien-Nennbetrages erfolgt ist. Bis dahin werden zunächst lediglich Interims- oder Zwischenscheine ausgegeben.
- Es werden Aktien ausgegeben, die aber Namensaktien sein müssen.

**Namensaktien** tragen die Namen der Aktionäre, die im Aktienbuch der Gesellschaft eingetragen sind. Bei den Namensaktien handelt es sich um Orderpapiere, die übertragen werden durch:

- Einigung
- Indossament
- Übergabe.

Die Übertragung ist der Gesellschaft anzuzeigen. Daraufhin erfolgt die Umschreibung im Aktienbuch. Das ist notwendig, da nur derjenige als Aktionär gilt, der im Aktienbuch eingetragen ist.

Während ein eventuelles Agio voll eingezahlt werden muß, beträgt die Mindesteinzahlung auf den Nennwert der Namensaktie lediglich 25 %.

Von **vinkulierten Namensaktien** wird gesprochen, wenn die Übertragung der Namensaktien an die Zustimmung der Gesellschaft geknüpft ist. Damit soll insbesondere eine Verschiebung der Beteiligungsverhältnisse verhindert werden.

## 2.1.2 Aktien unterschiedlichen Rechtsumfanges

**Stammaktien** sind die in Deutschland hauptsächlich verbreiteten Aktien. Sie basieren auf dem Prinzip der Gleichberechtigung und beinhalten

- gleiches Stimmrecht
- gleiches Recht auf Dividende
- gleiches Recht am Liquidationserlös
- gleiches Recht bei Kapitalerhöhungen (Bezugsrecht).

Im Gegensatz zu den Stammaktien räumen **Vorzugsaktien** den innehabenden Aktionären besondere Ansprüche ein, die sich besonders beziehen können auf:

| Vorzüge | Beschreibung |
|---|---|
| Dividende | Der Vorzugsaktionär hat einen erhöhten Dividendenanspruch. Häufig wird dieser Vorzug an einen Verzicht gekoppelt, beispielsweise den Verzicht auf das Stimmrecht. |
| Stimmrecht | Der Vorzugsaktionär würde ein verstärktes Stimmrecht in der Hauptversammlung erhalten, was in Deutschland aber grundsätzlich verboten ist. |
| Liquidationserlös | Der Vorzugsaktionär hat Sonderrechte bei der Auflösung der Gesellschaft, beispielsweise das Recht auf vorrangige Befriedigung aus dem Liquidationserlös. |

Vorzugsaktien, deren besondere Ansprüche sich auf die Dividende beziehen, sind:

- **Vorzugsaktien mit prioritätischem Dividendenanspruch**, bei welchen den Vorzugsaktionären vor Ausschüttung der Dividenden an die Stammaktionäre eine Vorzugsdividende in einer bestimmten Höhe zu zahlen ist.

  Der Vorteil dieser Aktien liegt darin, daß die Vorzugsaktionäre auch bei geringem Gewinn ihre Dividende bekommen können, während für die Stammaktionäre eine geringere oder keine Dividende mehr verbleibt.

  **Beispiel:** Die Vorzugsaktionäre erhalten vorab eine Vorzugsdividende von 5 %, das sind pro 50 DM-Aktie 2,50 DM. Ist noch Gewinn vorhanden, erhalten die Stammaktionäre ebenfalls 5 % pro Aktie. Ein verbleibender Restgewinn wird auf die Vorzugs- und Stammaktien gleichmäßig aufgeteilt.

Ist ein prioritätischer Dividendenanspruch **mit Überdividende** festgelegt, erhalten die Vorzugsaktionäre und Stammaktionäre zunächst je einen festgelegten Prozentsatz, der bei den Vorzugsaktionären höher ist als bei den Stammaktionären. Ein verbleibender Gewinnrest wird dann gleichmäßig auf alle Aktionäre verteilt.

- **Limitierte Vorzugsaktien**, bei denen die Vorzugsdividende auf einen bestimmten prozentualen Höchstsatz begrenzt ist. Über diesen Prozentsatz hinaus fließt der Gewinn zur Verteilung an die Stammaktionäre.

  Vorteilhaft sind die limitierten Vorzugsaktien für die Vorzugsaktionäre nur bei schlechter Ertragslage, denn höhere Gewinne führen nicht zu einer erhöhten Dividende.

- **Kumulative Vorzugsaktien**, denen gewissermaßen eine garantierte Mindestverzinsung zugrundeliegt, denn ein Anspruch auf Vorzugsdividende besteht hier auch in Verlustjahren, der in den auf den Verlust folgenden Gewinnjahren ausgeglichen werden muß.

  Nur bei dieser Art der Aktien ist es zulässig, das Stimmrecht in der Satzung auszuschließen. Stimmrechtlose Aktien dürfen allerdings höchstens bis zur Höhe des Nennbetrages der stimmberechtigten Aktien ausgegeben werden.

  Das Stimmrecht der an sich stimmrechtlosen Aktien lebt dann auf, wenn in einem Jahr der Dividendenvorzug nicht oder nicht ganz gewährt und im kommenden Jahr die Rückstände nicht zugleich mit dem vollen Vorzug nachbezahlt werden. Es endet erst dann, wenn keine Forderungen aus dem Dividendenvorzug mehr bestehen.

### 2.1.3 Aktien unterschiedlicher Ausgabezeitpunkte

**Junge Aktien**, die heute vielfach auch neue Aktien genannt werden, sind die bei einer Kapitalerhöhung ausgegebenen Aktien, bis sie den alten Aktien in ihren Rechten gleichgestellt sind.

Sie erhalten häufig - aufgrund ihres Ausgabezeitpunktes - **nur für einen Teil des Geschäftsjahres Dividende**. Mit der Auszahlung der Dividende für das Ausgabejahr werden sie alte Aktien.

**Alte Aktien** sind Aktien, die vor einer Kapitalerhöhung im Umlauf waren.

## 2.2 Aktienhandel

Der Aktienhandel kann grundsätzlich erfolgen als:

- **Börslicher Aktienhandel**
- **Außerbörslicher Aktienhandel**.

Der wesentliche Teil des Aktienhandels ist börslicher Aktienhandel.

## 2.2.1 Börslicher Aktienhandel

Der börsliche Aktienhandel erfolgt an einer **Wertpapierbörse***. Er kann sein:

| Amtlicher Handel | Geregelter Markt | Geregelter Freiverkehr |
|---|---|---|
| Die Aktien müssen zum Handel an einer Börse zugelassen werden, wobei strenge Anforderungen gelten. | Durch erleichterte Zugangsvoraussetzungen und Publizitätsanforderungen können auch kleinere und mittlere Aktiengesellschaften an die Börse gehen. | Die Aktien müssen zum Handel an einer Börse zugelassen werden. Das Verfahren ist aber - im Vergleich zum amtlichen Handel - etwas erleichtert. |
| Amtliche Makler ermitteln den amtlichen Kurs | | Freie Makler stellen Kurs für ein einzelnes Geschäft fest. |

Der Handel an einer Wertpapierbörse führt zum **Börsenkurs**. Das ist der Wert, mit dem eine Aktie an einem Börsentag gekauft bzw. verkauft wird. Der Börsenkurs hängt in seiner Höhe ab von

- Angebot
- Nachfrage

d.h. er ergibt sich aus dem Verhalten der Anbieter und Nachfrager, das folgenden **Einflußfaktoren** unterliegen kann:

- Der **Berechnung des inneren Wertes** einer Aktie als

  – Bilanzkurs
  – Ertragswertkurs
  – PER-Kennziffer

  durch die potentiellen Anleger, die damit abschätzen wollen, ob der Börsenkurs als »Preis« der Aktie gerechtfertigt ist - siehe Fundamentalanalyse, Seite 254 ff.

- Der **gesamtwirtschaftlichen Lage** und ihrer zukünftigen erwarteten Entwicklung - Konjunktur, Aufschwung, Abschwung.

- Der **Liquiditätslage** der Wirtschaft, die von geld-, kredit- und zinspolitischen Maßnahmen der Bundesbank beeinflußt werden kann.

- **Politischen Einflüssen** durch wirtschaftspolitische Entscheidungen und die staatliche Finanzpolitik.

- **Außenwirtschaftlichen Einflüssen** durch ausländische Spekulationen, wirtschaftspolitische Maßnahmen und Veränderungen der Umtauschverhältnisse fremder Währungen.

* An der Wertpapierbörse werden nicht nur Aktien gehandelt, sondern auch Schuldverschreibungen.

- **Psychologischen Einflüssen** durch Gerüchte, Stimmungen, »Flucht« in Sachwerte und spekulative Verhaltensweisen.

Der Börsenkurs eines Wertpapieres kann entsprechend seines Ausweises sein:

- **Stückkurs**, wenn er in DM pro Stück - gewöhnlich auf einen Nennwert von 50 DM bezogen, obgleich der Nennwert seit 1994 nur noch mindestens 5 DM betragen muß - angegeben ist, beispielsweise 128 DM. Der Stückkurs ist der für Aktien gebräuchliche Kurs.

- **Prozentkurs**, wenn er in % des Nennwertes angegeben ist, wie das bei Obligationen gebräuchlich ist.

Die **Ermittlung** des Börsenkurses kann erfolgen:

- Als **Einheitskurs**, der auch **Kassakurs** genannt wird, und börsentäglich einmal für jedes amtlich notierte Wertpapier ermittelt wird.

  Der Einheitskurs ist der Kurs, bei dem der **größtmögliche Umsatz** erfolgt.

  **Beispiel:**

  | Kaufaufträge | | Verkaufsaufträge | |
  |---|---|---|---|
  | 100 Stück | billigst | 120 Stück | bestens |
  | 220 Stück | zu 224,– DM | 80 Stück | zu 220,– DM |
  | 260 Stück | zu 223,– DM | 200 Stück | zu 222,– DM |
  | 200 Stück | zu 222,– DM | 340 Stück | zu 223,- DM |
  | 350 Stück | zu 221,– DM | 550 Stück | zu 224,– DM |
  | 400 Stück | zu 220,– DM | | |

  | Ausführbar zum Kurs | Käufe | Verkäufe | Umsatz |
  |---|---|---|---|
  | 220,– | 1.530 | 200 | 200 |
  | 221,– | 1.130 | 200 | 200 |
  | 222,– | 780 | 400 | 400 |
  | **223,–** | **580** | **740** | **580** |
  | 224,– | 320 | 1.290 | 320 |

  Zum Kurs von 223,– DM können 580 Aktien verkauft werden. 160 Aktien sind zu diesem Kurs nicht absetzbar, d.h. es liegt ein Angebotsüberhang vor.

  Der Einheitskurs wird im **amtlichen Kursblatt** veröffentlicht. Dort können dem festgestellten Einheitskurs unterschiedliche Kurzzeichen hinzugefügt werden, die auf die Marktsituation hinweisen - siehe Seite 253.

  **Beispiel:** Der oben ermittelte Kurs würde wegen des Angebotsüberhanges mit **223 bB** angegeben.

- Als **variabler Kurs**, der durch »fortlaufende Notierung« von Aktien mit bedeutendem Umsatz entsteht, wobei diese Vorgehensweise darauf beschränkt ist, daß mindestens 50 Stück einer 50 DM-Aktie bzw. 3.000 DM Nennwert oder ein Mehrfaches davon umgesetzt werden.

| Kurszusätze und Hinweise (Frankfurter Wertpapierbörse) | | | | |
|---|---|---|---|---|
| **Kurszusätze** | Zu den festgestellten Kursen müssen bei Ziffer 1 bis 5 außer den unlimitierten Kauf- und Verkaufsaufträgen alle über dem festgestellten Kurs limitierten Kaufaufträge und alle unter dem festgestellten Kurs limitierten Verkaufsaufträge ausgeführt sein. Inwieweit die zum festgestellten Kurs limitierten Kauf- und Verkaufsaufträge ausgeführt werden konnten, ergeben die Kurszusätze. | | | |
| | 1. | b oder Kurs ohne Zusatz | bezahlt | Alle Aufträge sind ausgeführt. |
| | 2. | bG | bezahlt Geld | Die zum festgestellten Kurs limitierten Kaufaufträge müssen nicht vollständig ausgeführt sein. Es bestand weitere Nachfrage. |
| | 3. | bB | bezahlt Brief | Die zum festgestellten Kurs limitierten Verkaufsaufträge müssen nicht vollständig ausgeführt sein. Es bestand weiteres Angebot. |
| | 4. | ebG | etwas bezahlt Geld | Die zum festgestellten Kurs limitierten Kaufaufträge konnten nur zu einem geringen Teil ausgeführt werden. |
| | 5. | ebB | etwas bezahlt Brief | Die zum festgestellten Kurs limitierten Verkaufsaufträge konnten nur zu einem geringen Teil ausgeführt werden. |
| | 6. | ratG | rationiert Geld | Die zum Kurs und darüber limitierten sowie die unlimitierten Kaufaufträge konnten nur beschränkt ausgeführt werden. |
| | 7. | ratB | rationiert Brief | Die zum Kurs und niedriger limitierten sowie die unlimitierten Verkaufsaufträge konnten nur beschränkt ausgeführt werden. |
| | 8. | * | Sternchen | Kleine Beträge konnten nicht gehandelt werden. |
| **Hinweise** | 1. | G | Geld | Zu diesem Preis bestand nur Nachfrage. |
| | 2. | B | Brief | Zu diesem Preis bestand nur Angebot. |
| | 3. | – | gestrichen | Ein Kurs konnte nicht festgestellt werden. |
| | 4. | – G | gestrichen Geld | Ein Kurs konnte nicht festgestellt werden, da überwiegend Nachfrage bestand. |
| | 5. | – B | gestrichen Brief | Ein Kurs konnte nicht festgestellt werden, da überwiegend Angebot bestand. |
| | 6. | – T | gestrichen Taxe | Ein Kurs konnte nicht festgestellt werden. Der Preis ist geschätzt. |
| | 7. | ex D | ohne Dividende | Notierung am Tag des Abschlags der Dividende. |
| | 8. | ex BR | ohne Bezugsrecht | Notierung am Tag des Abschlags eines Bezugsrechts. |
| | 9. | ex BA | ohne Berichtigungsaktien | Erste Notiz nach Umstellung des Kurses auf das aus Gesellschaftsmitteln berichtigte Aktienkapial. |
| | 10. | – Z | gestrichen Ziehung | Die Notierung ist an den beiden dem Auslosungstag vorangehenden Börsentagen ausgesetzt. |
| | 11. | ex Z | ausgenommen Ziehung | Der notierte Kurs versteht sich für die nicht ausgelosten Stücke. (Der Hinweis ist nur am Auslosungstag zu verwenden.) |

Der Aktienhandel kann erfolgen

- auf dem **Kassamarkt** der Wertpapierbörse, bei dem die Erfüllung sofort - innerhalb von zwei Börsentagen nach Vertragsschluß - erfolgt,

- auf dem **Terminmarkt** der Wertpapierbörse, bei dem - im Rahmen von Optionsgeschäften - die Erfüllung zu einem späteren Zeitpunkt vereinbart wird.

42

### 2.2.2 Außerbörslicher Handel

Beim außerbörslichen Handel werden

- amtlich notierte
- amtliche nicht notierte

Werte zwischen Kreditinstituten untereinander und mit Großanlegern telefonisch oder fernschriftlich angekauft bzw. verkauft.

Der außerbörsliche Handel hat erheblich geringere Bedeutung als der börsliche Handel.

## 2.3 Fundamentalanalyse

Die Fundamentalanalyse basiert auf dem Gedanken, daß der Kurs einer Aktie durch ihren **inneren Wert** bestimmt ist, der sich aus den unternehmensinternen und unternehmensexternen Daten darstellt.

Im Rahmen der Fundamentalanalyse können ermittelt werden:

- **Bilanzkurs**
- **Ertragswertkurs**
- **PER-Kennziffer**

### 2.3.1 Bilanzkurs

Der Bilanzkurs ist eine betriebswirtschaftliche Kennzahl, die offenlegt, wieviel Rücklagen bzw. Reserven eine Aktiengesellschaft im Verhältnis zum gezeichneten Kapital hat. Er zeigt den »inneren Wert« einer Aktie aufgrund der vorhandenen **Vermögenssubstanz** an.

Der **Bilanzkurs** wird ermittelt:

$$\text{Bilanzkurs} = \frac{\text{Bilanziertes Eigenkapital}}{\text{Gezeichnetes Kapital}} \cdot 100$$

Das bilanzierte Eigenkapital setzt sich aus den nachstehenden Positionen zusammen:

| | |
|---|---|
| | Gezeichnetes Kapital |
| + | Kapitalrücklage |
| + | Gewinnrücklagen |
| + | Gewinnvortrag |
| – | Verlustvortrag |
| = | **Bilanziertes Eigenkapital** |

In dem so ermittelten Eigenkapital ist das Vorhandensein stiller Reserven nicht berücksichtigt.

**Beispiel:**

**Bilanz**

| Aktiva | | | Passiva |
|---|---|---|---|
| Anlagevermögen | 400.000 | Gezeichnetes Kapital | 300.000 |
| Umlaufvermögen | 150.000 | Kapitalrücklage | 40.000 |
| | | Gewinnrücklagen | 10.000 |
| | | Verbindlichkeiten | 200.000 |
| | 550.000 | | 550.000 |

$$\text{Bilanzkurs} = \frac{300.000 + 40.000 + 10.000}{300.000} \cdot 100 = \underline{\underline{116{,}67\ \%}}$$

Eine 50 DM-Aktie hat einen Wert von 50 · 1,1667 = 58,34 DM

Unter Berücksichtigung der stillen Reserven, die sich durch bilanzielle Bewertungsmaßnahmen - Unterbewertung von Vermögen, Überbewertung von Schulden - ergeben können, ist der **korrigierte Bilanzkurs**:

$$\text{Korrigierter Bilanzkurs} = \frac{\text{Bilanziertes Eigenkapital} + \text{stille Reserven}}{\text{Gezeichnetes Kapital}} \cdot 100$$

**Beispiel:** Die Annahme, daß in der obigen Bilanz stille Reserven von 45.000 DM enthalten sind, führt zu einem korrigierten Bilanzkurs von

$$\frac{300.000 + 40.000 + 10.000 + 45.000}{300.000} \cdot 100 = \underline{\underline{131{,}67\ \%}}$$

## 2.3.2 Ertragswertkurs

Der Ertragswertkurs ist eine betriebswirtschaftliche Kennzahl, die den »inneren Wert« einer Aktie aufgrund gegebener **Ertragserwartungen** anzeigt.

Er wird ermittelt:

$$\text{Ertragswertkurs} = \frac{\text{Ertragswert}}{\text{Gezeichnetes Kapital}} \cdot 100$$

Der **Ertragswert** kann errechnet werden:

- Bei jährlich **gleichbleibenden Gewinnen** und **unbegrenzter Lebensdauer**

$$\text{Ertragswert} = \frac{\text{Gewinn}}{\text{Kapitalisierungszinsfuß}}$$

**Beispiel:** Bei einen gezeichneten Kapital von 100.000 DM, einem Gewinn von jährlich 40.000 DM und einem Kapitalisierungszinsfuß von 8 % betragen

$$\text{Ertragswert} = \frac{40.000}{0,08} = 500.000 \text{ DM}$$

$$\text{Ertragswertkurs} = \frac{500.000}{100.000} \cdot 100 = \underline{\underline{500 \%}}$$

- Bei jährlich **gleichbleibenden Gewinnen** und **begrenzter Lebensdauer**

$$\text{Ertragswert} = \text{Gewinn} \cdot \frac{(1 + i)^n - 1}{i\,(1 + i)^n}$$

$$\frac{(1 + i)^n - 1}{i\,(1 + i)^n} = \text{Diskontierungssummenfaktor}$$

- Bei jährlich **veränderlichen Gewinnen** und **begrenzter Lebensdauer**

$$\text{Ertragswert} = \sum G_t \cdot \frac{1}{q^n}$$

$G$ = Gewinn (DM/Jahr)

$t$ = Periode (1, 2, 3, ..., n)

$\frac{1}{q^n}$ = Abzinsungsfaktor

43

## 2.3.3 PER-Kennziffer

Als vereinfachtes, statisch orientiertes Beurteilungskriterium für die Vorteilhaftigkeit von Aktien wird in der betrieblichen Praxis häufig die PER-Kennziffer verwendet. Sie stellt die Price-Earning-Ratio dar, das Kurs-Gewinn-Verhältnis von Aktien:

Die PER-Kennziffer zeigt, zum Wievielfachen des Gewinnes eine Aktie gehandelt bzw. bewertet wird. Sie muß immer wieder neu ermittelt werden, da der Kurs normalerweise Schwankungen unterliegt.

$$\text{PER} = \frac{\text{Kurs}}{\text{Gewinn}}$$

Der **Kauf** von Aktien ist **vorteilhaft,** wenn die PER-Kennziffern niedrig sind. Untersuchungen zeigen, daß Aktien mit niedrigen PER-Kennziffern in den darauf folgenden Jahren eine günstigere Kursentwicklung haben als Aktien mit hohen PER-Kennziffern.

Aktien mit hohen PER-Kennziffern werden dagegen keine großen Kurssteigerungen zugesprochen. Im Gegenteil, es muß möglicherweise mit Kursverlusten gerechnet werden.

**Beispiel:** Die Aktien der Elektronik AG werden zur Zeit mit 125 DM gehandelt. Der Gewinn pro Aktie beträgt 25 DM. Demgegenüber beträgt der Börsenkurs der Aktien der Computer AG derzeit 180 DM bei einem Gewinn pro Aktie von 20 DM.

Nach der PER-Kennziffer scheinen die Aktien der Elektronik AG das bessere Investitionsobjekt zu sein.

Die PER-Kennziffer stellt ein **brauchbares Beurteilungskriterium** für den Zeit- oder/und Unternehmensvergleich in gleichen oder vergleichbaren Branchen dar.

$$\text{PER}_{\text{Elektronik AG}} = \frac{125}{25} = \underline{\underline{5}}$$

$$\text{PER}_{\text{Computer AG}} = \frac{180}{20} = \underline{\underline{9}}$$

Kritiker der Fundamentalanalyse führen an, daß es nicht ausreicht, sich auf Dividenden, Gewinne und Kurse als Daten bei der Beurteilung der Vorteilhaftigkeit von Investitionsentscheidungen zu beschränken.

44

## 2.4 Technische Analyse

Die Kritik an der Fundamentalanalyse, auf die zuvor hingewiesen wurde, und die Tatsache, daß die Börsenkurse und die inneren Werte der Aktien häufig voneinander abweichen, hat dazu geführt, die technische Analyse zu bevorzugen, um die Entwicklung der Aktien abzuschätzen.

Bei der technischen Analyse wird darauf verzichtet, die inneren Werte der Aktien festzustellen und zu analysieren. Man beschränkt sich darauf, die **Börsenkurse** zu **beobachten**, zu **registrieren** und hieraus **Rückschlüsse** auf zukünftige Entwicklungen zu **ziehen**, indem Trendverläufe prognostiziert werden.

Der technischen Analyse liegen folgende **Überlegungen** zugrunde:

- Kurse ergeben sich aus Angebot und Nachfrage.
- Kurse sind rationalen und irrationalen Einflüssen ausgesetzt, die am Markt kontinuierlich ausgeglichen werden.
- Kurse neigen dazu, sich in abschätzbaren Trends zu entwickeln.
- Kurse lassen Änderungen der Grundrichtung erkennen, die auf grundlegenden Marktveränderungen beruhen.
- Kurse neigen dazu, wiederholt charakteristische Verläufe aufzuweisen.

Die **Methoden**, derer sich die technische Analyse bedient, lassen sich in zwei Gruppen einteilen:

- **Analyse von Einzelaktien,** bei der man sich der **Charts** bedient. Das sind Diagramme, die in graphischer Form die Kurs- und Umsatzentwicklung börsennotierter Aktien darstellen.

  In Deutschland werden vor allem folgende Charts verwendet:

  - **Liniencharts**, die geeignet sind, Trendveränderungen offenzulegen, indem die periodisch eingetragenen Schlußkurse graphisch miteinander verbunden werden.
  - **Balkencharts**, bei denen die Höchst- und Tiefstkurse des jeweils erfaßten Zeitraumes durch senkrechte Striche - die Kursspanne - erfaßt werden, wodurch Veränderungen der Marktstruktur sehr differenziert erkennbar werden.

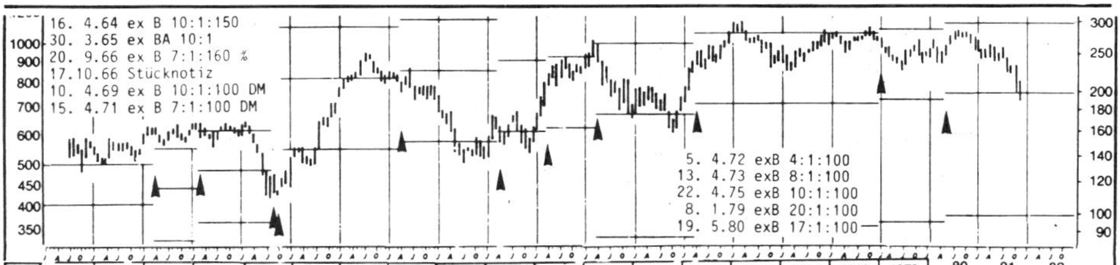


| | 1962 | 1963 | 1964 | 1965 | 1966 | 1967 | 1968 | 1969 | 1970 | 1971 | 1972 | 1973 | 1974 | 1975 | 1976 | 1977 | 1978 | 1979 |
|---|---|---|---|---|---|---|---|---|---|---|---|---|---|---|---|---|---|---|
| AK | 630,0 | 630,0 | 693,0 | 762,3 | 872,0 | 872,0 | 883 | 994 | 1007 | 1171 | 1197 | 1384 | 1410 | 1567 | 1594 | 1608 | 1644 | 1768 |
| U | 4663 | 4954 | 5439 | 6013 | 6464 | 6437 | 8387 | 9685 | 11763 | 13635 | 5147 | 15450 | 17226 | 18908 | 20676 | 25198 | 29009 | 28022 |
| D | 4,7 | 5,1 | 5,1 | 6,0 | 5,5 | 6 | 6 | 6,2 | 6 | 5,4 | 6,4 | 6,8 | 7,1 | 7,3 | 7,6 | 7,5 | 7,5 | 7,7 |
| G/A | 11 | 11 | 13 | 13,5 | 11 | 12 | 14 | 15 | 16 | 15,5 | 19 | 21 | 22,5 | 24,5 | 27 | 30 | 34 | 35,5 |
| PEh | 20 | 16 | 16 | 15 | 17 | 17 | 18,5 | 15,5 | 13,5 | 12 | 12,5 | 12 | 8,5 | 12 | 11 | 9,5 | 8,5 | 7,5 |
| PEt | 14 | 14 | 13 | 13 | 11 | 10,5 | 14,5 | 13 | 9,5 | 8,5 | 8,5 | 8,5 | 6,5 | 8 | 9 | 7,5 | 7,5 | 6,5 |

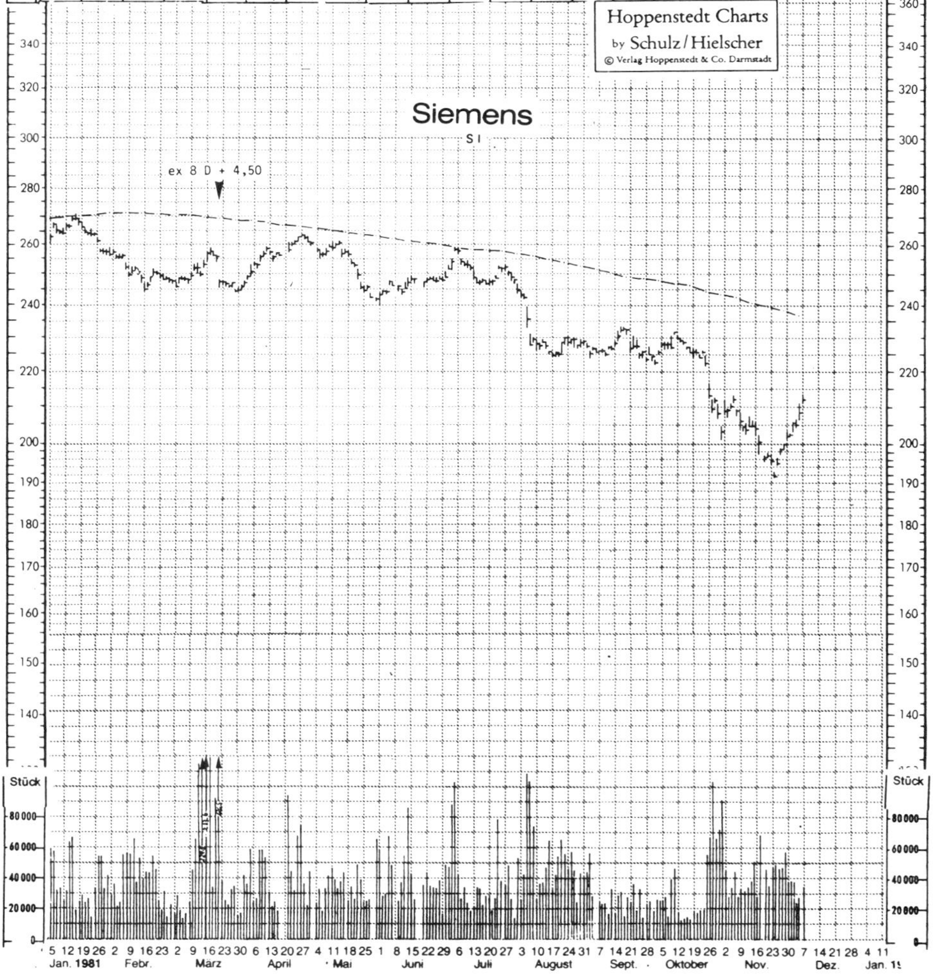

- **Analyse des Gesamtmarktes,** denn für eine Investitionsentscheidung reicht es nicht aus, nur die Entwicklung der in Betracht kommenden Aktien zu untersuchen.

  Der Investor sollte vor einer Einzelanalyse prüfen, in welcher Situation sich der Markt befindet. Auch hierfür bieten Diagramme eine wertvolle Hilfe.

  In den **USA** sind die bekanntesten **Aktienindizes**:

  – Dow Jones Industrial Index (30 Industrie-Aktien)

  – Dow Jones Transportation Index (20 Transport-Aktien)

  – Standard & Poor's Index (500 Aktien)

  Als bekannteste **deutsche Aktienindizes** lassen sich nennen:

  – DAX-Index (30 deutsche Standardwerte)

  Allianz
  BASF
  Bayer
  Bay. Hypo-Bank
  BMW
  Bay. Vereinsbank
  Commerzbank
  Continental
  Daimler-Benz
  Degussa
  Deutsche Babcock
  Deutsche Bank
  Dresdner Bank
  Henkel KGaA
  Hoechst
  Karstadt
  Kaufhof
  Linde
  Lufthansa
  MAN
  Mannesmann
  Metallgesellschaft
  Preussag
  RWE
  Schering
  Siemens
  Thyssen
  VEBA
  Viag
  Volkswagen

  – FAZ-Index (100 Aktien)

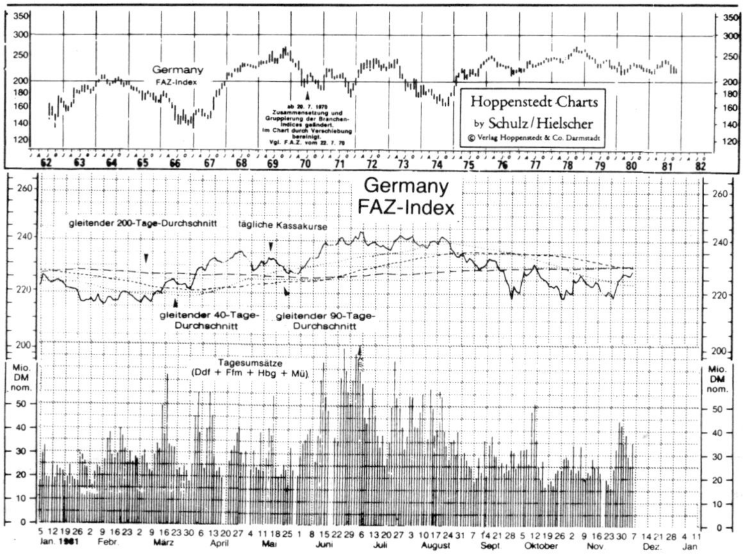

- Index des Statistischen Bundesamtes (350 Aktien)

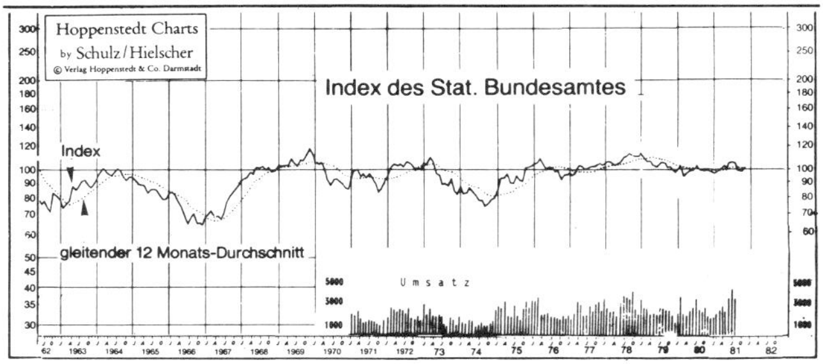


# 3. Festverzinsliche Wertpapiere

Als weitere Investitionsobjekte bieten sich einem Unternehmen die festverzinslichen Wertpapiere an.

**Beispiele:**

- **Öffentliche Anleihen**, die vom Bund, den Ländern, der Bundesbahn, der Bundespost und anderen Körperschaften des öffentlichen Rechtes ausgegeben werden.
- **Kommunalanleihen**, die von Städten und Gemeinden sowie Gemeindeverbänden ausgegeben werden.
- **Kommunalobligationen**, die von öffentlich-rechtlichen Grundkreditinstituten und privaten Hypothekenbanken ausgegeben werden.
- **Pfandbriefe**, die von öffentlich-rechtlichen Grundkreditinstituten und privaten Hypothekenbanken ausgegeben werden.
- **Industrieobligationen**, die von der gewerblichen Wirtschaft - nicht nur von der Industrie, sondern auch von Handels- und sonstigen Dienstleistungsunternehmen - ausgegeben werden.

Die - zusammenfassend als Anleihen zu bezeichnenden - festverzinslichen Wertpapiere verfügen über ein **hohes Maß an Sicherheit**. Diese wird bei den öffentlichen Anleihen und Kommunalanleihen unmittelbar durch das Vermögen und die Steuerkraft der Emittenten, bei Kommunalobligationen mittelbar durch das Vermögen und die Steuerkraft der Kommunen gewährleistet. Bei Pfandbriefen dienen Grundpfandrechte als Sicherheit.

Die Industrieobligationen können auf unterschiedliche Weise gesichert sein, die in folgenden Möglichkeiten bestehen kann:

- Grundpfandrechte ersten Ranges bis zu 40 % des Beleihungswertes.
- Negativklauseln als vertragliche Verpflichtung, künftig keine Belastungen von Vermögensteilen zugunsten anderer Gläubiger zuzulassen.
- Bürgschaften, die besonders von der öffentlichen Hand übernommen werden.

Außerdem verfügen die genannten festverzinslichen Wertpapiere über eine **hohe Fungibilität**, was sich darin äußert, daß sie jederzeit über die Börse an- und verkauft werden können.

Die Börsenfähigkeit ist bei festverzinslichen Wertpapieren staatlicher und öffentlich-rechtlicher Emittenten automatisch oder aufgrund von Prüfungen gegeben. Besonders streng sind die **Vorschriften für die Börsenzulassung** bei den Industrieobligationen und deren Sonderformen:

- Stellung eines schriftlichen Zulassungsantrages durch ein Kreditinstitut.
- Erstellung eines Zulassungsprospektes, in dem Art, Zweck und Umfang der Emission, ihre Sicherstellung sowie die Umsatz- und Ertragsentwicklung des emittierenden Unternehmens dargestellt sind.
- Veröffentlichung des Zulassungsantrages und Prospektes in mindestens einer Zeitung.

Das quantitative Kriterium zur Beurteilung der Vorteilhaftigkeit von festverzinslichen Wertpapieren ist deren **Verzinsung**. Die aus den Wertpapieren zustehenden Zinsen werden meist halbjährlich nachschüssig gezahlt. Wird eine Teilschuldverschreibung zwischen den Zinsterminen veräußert, stehen dem Verkäufer die Zinsen zu, die zwischen dem letzten Zinstermin und dem Tag der Veräußerung angefallen sind. Sie sind dem Börsenkurs hinzuzurechnen.

Als **Zinssätze** müssen unterschieden werden:

- Der **Nominalzinssatz**, der auf dem Mantel einer jeden Teilschuldverschreibung ausgedruckt ist. Der Nominalzinssatz ist zur Beurteilung der Vorteilhaftigkeit einer Investition nur dann geeignet, wenn der Ausgabekurs und der Rückzahlungskurs dem Nennwert der Teilschuldverschreibung entsprechen, wovon grundsätzlich nicht ausgegangen werden kann.

- Der **Effektivzinssatz**, der dann vom Nominalzinssatz abweicht, wenn sich der Ausgabekurs oder/und der Rückzahlungskurs vom Nennwert der Teilschuldverschreibung unterscheidet. Die Abweichung zwischen dem Effektivzinssatz und dem Nominalzinssatz ist um so größer, je höher die Kursdifferenz und je kürzer die Laufzeit ist.

  Der Effektivzinssatz ist das geeignete Kriterium zur Beurteilung der Vorteilhaftigkeit von festverzinslichen Wertpapieren. Er läßt sich - mit unterschiedlicher Genauigkeit - auf dreifache Weise ermitteln:

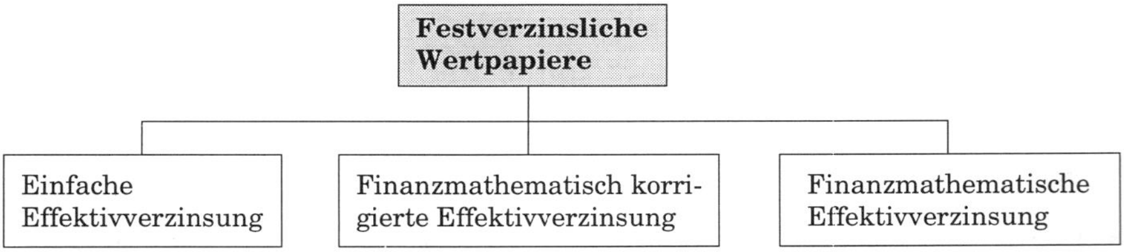

Auf alle drei Verfahren soll im folgenden eingegangen werden.

## 3.1 Einfache Effektivverzinsung

Als praxisübliche **Faustformel*** für die Berechnung der einfachen Effektivverzinsung von Anleihen gilt bei einer Tilgung zum Ende der Laufzeit:

$$r = \frac{Z + \frac{RK - AK}{n}}{AK} \cdot 100$$

r = Effektivzinssatz (%)
Z = Zinsen (DM/Jahr)
RK = Rückzahlungsbetrag (DM)
AK = Ausgabebetrag (DM)
n = Laufzeit (Jahre)

**Beispiel:** Eine Anleihe wird mit 98 % ausgegeben und mit 102 % zurückgenommen. Die Nominalverzinsung beträgt 8 % bei einer Laufzeit von 12 Jahren, mit deren Ablauf die Tilgung erfolgt.

$$r = \frac{8 + \frac{102 - 98}{12}}{98} \cdot 100 = \underline{\underline{8{,}50\ \%}}$$

Wird die Anleihe jährlich in **gleichen Raten** getilgt, ist die mittlere Laufzeit zugrundezulegen:

$$t_m = \frac{t + 1}{2}$$

$t_m$ = Mittlere Laufzeit (Jahre)
t = Gesamte Laufzeit (Jahre)

---

* Die Berechnung des Effektivzinssatzes kann für **Darlehen** in gleicher Weise erfolgen, wobei:

$$r = \frac{Z + \frac{D}{n}}{AK} \cdot 100$$

D = Damnum

Für $t_m$ gelten ebenfalls die gleichen Formeln.

Auch die verbesserten Berechnungen des Effektivzinssatzes, wie sie nachfolgend in den Kapiteln 3.2 und 3.3 dargestellt sind, können unmittelbar auf die Darlehen übertragen werden.

Bei Berücksichtigung von **tilgungsfreien Jahren**, denen sich eine Tilgung in gleichen Raten anschließt, gilt:

$$t_m = t_f + \frac{(t - t_f) + 1}{2}$$

$t_m$ = Mittlere Laufzeit (Jahre)
$t_f$ = Tilgungsfreie Laufzeit (Jahre)
$t$ = Gesamte Laufzeit (Jahre)

**Beispiel:** Bei 98 % Ausgabekurs, 102 % Rückzahlungskurs, 8 % Nominalverzinsung und einer Laufzeit von 12 Jahren ergibt sich als Effektivverzinsung

- bei einer Tilgung in jährlich gleichen Raten

$$r = \frac{8 + \frac{4}{6,5}}{98} \cdot 100 = \underline{\underline{8,79\ \%}}$$

- bei einer tilgungsfreien Zeit von 4 Jahren und anschließender Tilgung in gleichen Raten

$$r = \frac{8 + \frac{4}{4 + 4,5}}{98} \cdot 100 = \underline{\underline{8,64\ \%}}$$

Die Berechnung der Effektivverzinsung mit Hilfe der Faustformel führt nicht zu hinreichend genauen Ergebnissen, da die Differenz aus Rückzahlungskurs und Ausgabekurs **ohne Berücksichtigung von Zins und Zinseszins auf die Laufzeit verteilt** wird.

Die Verwendung der Gleichung erscheint um so problematischer, je länger die Laufzeit der Anleihe ist.

## 3.2 Finanzmathematisch korrigierte Effektivverzinsung

Eine genauere Ermittlung des Effektivzinssatzes läßt sich mit Hilfe der nachstehenden Gleichung erreichen, wobei der durch die Faustformel ermittelte Zinssatz auf einen Wert gerundet wird, der in der finanzmathematischen Tabelle enthalten ist, um den Restwertfaktor festzustellen:

$$r = \frac{Z + (RK - AK) \cdot \frac{q - 1}{q^n - 1}}{AK} \cdot 100$$

$r$ = Effektivzinssatz (%)

$Z$ = Zinsen (DM/Jahr)

$RK$ = Rückzahlungsbetrag (DM)

$AK$ = Ausgabebetrag (DM)

$\frac{q-1}{q^n-1}$ = Restwertfaktor

**Beispiel:** Für die mit Hilfe der Faustformel ermittelte einfache Effektivverzinsung einer Anleihe mit 98 % Ausgabekurs, 102 % Rückzahlungskurs, einer Nominalverzinsung von 8 %, einer Laufzeit von 12 Jahren ergibt sich:

- bei einer Tilgung zu Ende der Laufzeit

$$r = \frac{Z + (RK - AK) \cdot \frac{q-1}{q^n-1}}{AK} \cdot 100$$

$\frac{q-1}{q^n-1}$ für die mit Hilfe der Faustformel ermittelte Effektivverzinsung von 8,50 % wird auf 9 % aufgerundet* und beträgt 0,049651.

$$r = \frac{8 + (102 - 98) \cdot 0{,}049651}{98} \cdot 100$$

$$r = \underline{\underline{8{,}37\ \%}}$$

Die finanzmathematisch korrigierte Effektivverzinsung liegt um 0,13 % niedriger.

- bei einer Tilgung in jährlich gleichen Raten

$$r = \frac{Z + (RK - AK) \cdot \frac{q-1}{q^n-1}}{AK} \cdot 100$$

$\frac{q-1}{q^n-1}$ ist für 9 %, die sich aus der Aufrundung von 8,79 % ergeben, und $\frac{12+1}{2}$ Jahre zu ermitteln.

$$r = \frac{8 + (102 - 98) \cdot (0{,}132920 + 0{,}108691) : 2}{98} \cdot 100$$

$$r = \underline{\underline{8{,}66\ \%}}$$

Die finanzmathematisch korrigierte Effektivverzinsung liegt um 0,13 % niedriger.

---

* Da die finanzmathematischen Tabellen im Anhang nur ganze Prozentsätze enthalten.

- bei einer tilgungsfreien Zeit von 4 Jahren und anschließender Tilgung in jährlich gleichen Raten

$$r = \frac{Z + (RK - AK) \cdot \frac{q - 1}{q^n - 1}}{AK} \cdot 100$$

$\frac{q - 1}{q^n - 1}$ ist für 9 %, die sich aus der Aufrundung von 8,64 % ergeben, und (4 + 4,5) Jahre zu ermitteln.

$$r = \frac{8 + (102 - 98) \cdot (0{,}090674 + 0{,}076799) : 2}{98} \cdot 100$$

$$r = \underline{\underline{8{,}51\ \%}}$$

Die finanzmathematisch korrigierte Effektivverzinsung liegt um 0,13 % niedriger.

Es läßt sich erkennen, daß die effektiven Zinssätze bei der finanzmathematisch korrigierten Ermittlung insgesamt geringer sind als die effektiven Zinssätze, die mit Hilfe der Faustformel ermittelt wurden.

Die finanzmathematisch korrigierte Effektivverzinsung stellt zwar auch kein vollkommen genaues Verfahren dar, weist aber so geringe Abweichungen zur rein finanzmathematischen Effektivverzinsung auf, daß sie für die betriebliche Praxis ohne Bedenken empfohlen werden kann, um die Vorteilhaftigkeit von festverzinslichen Wertpapieren als Investitionsobjekte feststellen zu können.

45 46

# 3.3 Finanzmathematische Effektivverzinsung

Der Effektivzinssatz von Anleihen läßt sich am genauesten mit Hilfe der **Internen Zinsfuß-Methode** ermitteln, wie sie bereits bei der Beurteilung der Vorteilhaftigkeit von Sachinvestitionen erörtert wurde.

**Beispiel:** Für die bereits ermittelte Effektivverzinsung einer Anleihe mit 98 % Ausgabekurs, 102 % Rückzahlungskurs, einer Nominalverzinsung von 8 %, einer Laufzeit von 12 Jahren und einer Tilgung nach deren Ablauf ergibt sich:

$$C_o = ü \cdot \frac{q^n - 1}{q^n\ (q - 1)} + L \cdot \frac{1}{q^n} - a_o$$

**Versuchszinssatz 1:** 8 %

$$C_{o1} = 8 \cdot 7{,}536078 + 102 \cdot 0{,}397114 - 98$$

$$C_{o1} = \underline{\underline{2{,}79\ DM}}$$

**Versuchszinssatz 2:** 9 %

$C_{o2} = 8 \cdot 7{,}160725 + 102 \cdot 0{,}355535 - 98$

$C_{o2} = -4{,}45$ DM

**Effektivverzinsung:**

$$r = i_1 - C_{o1} \cdot \frac{i_2 - i_1}{C_{o2} - C_{o1}}$$

$$r = 0{,}08 - 2{,}79 \cdot \frac{0{,}09 - 0{,}08}{-4{,}45 - 2{,}79}$$

$$r = 0{,}0839$$

$$r = \underline{\underline{8{,}39\ \%}}$$

Es ist festzustellen, daß der rein finanzmathematisch mit Hilfe der Internen Zinsfuß-Methode ermittelte Effektivzinssatz mit 8,39 % nur um 0,02 % von dem Effektivzinssatz abweicht, der sich auf Grund der finanzmathematisch korrigierten Berechnung ergab.

| | **Kontrollfragen** | bearbeitet | Lösungshinweis | Lösung + | Lösung - |
|---|---|---|---|---|---|
| 01 | Welche Finanzinvestitionen lassen sich unterscheiden? | | 221 | | |
| 02 | Welche Gründe kann es dafür geben, daß Unternehmen zum Gegenstand von Investitionsrechnungen werden? | | 221 | | |
| 03 | Weshalb ist es nicht einfach, den Wert eines Unternehmens festzustellen? | | 221 | | |
| 04 | Welchen Zweck verfolgt die Unternehmensbewertung? | | 222 | | |
| 05 | Nennen Sie Gesichtspunkte, die bei der Ermittlung des Unternehmenswertes berücksichtigt werden müssen! | | 222 | | |
| 06 | Wovon geht das IdW bei seinen Überlegungen zum Unternehmenswert aus? | | 222 | | |
| 07 | Was versteht man unter einem potentiellen Preis? | | 222 | | |
| 08 | Was sagt der Grenzpreis aus? | | 222 | | |
| 09 | Stellen Sie die Prinzipien der Unternehmensbewertung dar! | | 223 | | |
| 10 | Erläutern Sie die ältere Auffassung vom Unternehmenswert! | | 224 | | |
| 11 | Wodurch zeichnet sich die neuere Auffassung vom Unternehmenswert aus? | | 224 | | |
| 12 | Welche Kritik läßt sich an den Auffassungen zum Unternehmenswert üben? | | 225 | | |
| 13 | Welche Bewertungstechniken bieten sich zur Unternehmensbewertung an? | | 225 | | |
| 14 | Erläutern Sie, wie die Einzelbewertung durchgeführt wird! | | 225 | | |
| 15 | Wie ist die Einzelbewertung zu beurteilen? | | 225 | | |
| 16 | Auf welche Weise erfolgt die Gesamtbewertung? | | 225 | | |
| 17 | Worin liegt der Nachteil der Gesamtbewertung? | | 226 | | |
| 18 | Nennen Sie die Wertansätze für die Unternehmensbewertung! | | 227 | | |
| 19 | Was ist unter dem Liquidationswert zu verstehen? | | 227 | | |
| 20 | Inwiefern stellt der Liquidationswert eine Grenzpreis-Untergrenze bzw. Grenzpreis-Obergrenze dar? | | 227 | | |
| 21 | Was versteht man unter dem Reproduktionswert? | | 227 | | |
| 22 | Inwiefern stimmen der Reproduktionswert und der Substanzwert überein? | | 227 | | |
| 23 | Welche Güter werden in die Ermittlung des Reproduktionswertes einbezogen? | | 228 | | |
| 24 | Stellen Sie die Kostenwerte als Elemente des Reproduktionswertes dar! | | 228 ff. | | |

| | Kontrollfragen | bearbeitet | Lösungshinweis | Lösung + | Lösung - |
|---|---|---|---|---|---|
| 25 | Was ist unter dem Ertragswert zu verstehen? | | 230 | | |
| 26 | Wie kann der Ertragswert als Zukunftserfolgswert ermittelt werden? | | 230 f. | | |
| 27 | Woran kann sich der Kapitalisierungszinsfuß orientieren? | | 231 | | |
| 28 | Welche Verfahren sind zur Berücksichtigung des Risikos bei Festlegung des Kapitalisierungszinsfußes zu unterscheiden? | | 231 ff. | | |
| 29 | Was versteht man unter dem Firmenwert? | | 233 | | |
| 30 | Nennen Sie Ursachen dafür, daß ein Firmenwert positiv ist! | | 234 | | |
| 31 | Erläutern Sie, welche Arten des Firmenwertes es gibt! | | 234 | | |
| 32 | Welche Verfahren zur Unternehmensbewertung können unterschieden werden? | | 235 | | |
| 33 | Wie wird der Zukunftserfolgswert grundsätzlich errechnet? | | 235 | | |
| 34 | Wie kann der Zukunftserfolgswert bei begrenzter Lebensdauer und jährlich unterschiedlich hohen Gewinnen ermittelt werden? | | 236 | | |
| 35 | Wie errechnet man den Zukunftserfolgswert bei begrenzter Lebensdauer und jährlich gleich hohen Gewinnen? | | 236 | | |
| 36 | Zeigen Sie die Ermittlung des Zukunftserfolgswertes bei unbegrenzter Lebensdauer und jährlich gleich hohen Gewinnen! | | 237 f. | | |
| 37 | Erläutern Sie das Substanzwert-Verfahren! | | 238 | | |
| 38 | Was ist unter dem zukunftsorientierten Substanzwert zu verstehen? | | 239 | | |
| 39 | Welcher Zukunftssubstanzwert läßt den Kauf eines Unternehmens vorteilhaft erscheinen? | | 239 | | |
| 40 | Beschreiben Sie das Mittelwert-Verfahren! | | 241 | | |
| 41 | Welchen Zweck verfolgt das Übergewinn-Verfahren? | | 243 | | |
| 42 | Erläutern Sie die beiden Verfahren, derer sich das Übergewinn-Verfahren bedienen kann! | | 243 f. | | |
| 43 | Welche Rechte verbriefen Aktien? | | 246 | | |
| 44 | Aus welchen Teilen bestehen Aktien? | | 246 | | |
| 45 | Wie kann die effektive Verzinsung von Aktien berechnet werden? | | 246 | | |
| 46 | Geben Sie einen Überblick über die Arten von Aktien! | | 247 | | |
| 47 | Wie werden Inhaberaktien übertragen? | | 248 | | |
| 48 | Worin liegt der Unterschied von Inhaberaktien und Namensaktien? | | 248 | | |

| | Kontrollfragen | bearbeitet | Lösungshinweis | Lösung + | Lösung - |
|---|---|---|---|---|---|
| 49 | Was sind vinkulierte Namensaktien? | | 249 | | |
| 50 | Worin unterscheiden sich grundsätzlich Stammaktien und Vorzugsaktien? | | 249 | | |
| 51 | Worauf können sich die Vorzüge bei Vorzugsaktien beziehen? | | 249 | | |
| 52 | Erläutern Sie die Arten von Vorzugsaktien, die sich auf die Dividende beziehen! | | 249 f. | | |
| 53 | Worin unterscheiden sich alte und junge Aktien? | | 250 | | |
| 54 | Wie kann der Aktienhandel grundsätzlich erfolgen? | | 250 | | |
| 55 | Welche Möglichkeiten des börslichen Aktienhandels können unterschieden werden? | | 251 | | |
| 56 | Welche Faktoren können den Börsenkurs einer Aktie beeinflussen? | | 251 f. | | |
| 57 | Was versteht man unter dem Stückkurs und Prozentkurs? | | 252 | | |
| 58 | Wie erfolgt die Ermittlung des Einheitskurses grundsätzlich? | | 252 | | |
| 59 | Wo wird der Einheitskurs veröffentlicht? | | 252 | | |
| 60 | Was versteht man unter dem variablen Kurs? | | 252 | | |
| 61 | Erläutern Sie, was unter dem Kassamarkt und Terminmarkt zu verstehen ist! | | 254 | | |
| 62 | Wie erfolgt der außerbörsliche Handel? | | 254 | | |
| 63 | Was versteht man unter der Fundamentalanalyse? | | 254 | | |
| 64 | Nennen Sie Einflußfaktoren auf den inneren Wert einer Aktie! | | 254 f. | | |
| 65 | Wie kann der Bilanzkurs errechnet werden? | | 255 | | |
| 66 | In welchem Falle sollte ein korrigierter Bilanzkurs ermittelt werden? | | 255 | | |
| 67 | Auf welche Weise kann der Ertragswertkurs errechnet werden? | | 256 | | |
| 68 | Was ist unter der PER-Kennziffer zu verstehen? | | 257 | | |
| 69 | Bei welchen PER-Kennziffern ist der Kauf von Aktien vorteilhaft? | | 257 | | |
| 70 | Wie ist die Brauchbarkeit der PER-Kennziffer zu beurteilen? | | 257 | | |
| 71 | Welche Überlegungen liegen der technischen Aktienanalyse zugrunde? | | 258 | | |
| 72 | Welcher Methoden bedient sich die technische Aktienanalyse? | | 258 f. | | |
| 73 | Welche festverzinslichen Wertpapiere können unterschieden werden? | | 261 | | |

| | Kontrollfragen | bear-beitet | Lösungs-hinweis | Lösung + | Lösung - |
|---|---|---|---|---|---|
| 74 | Wie sind die Sicherheit und Fungibilität bei den Wertpapieren zu beurteilen? | | 261 f. | | |
| 75 | Wie erfolgt die Verzinsung bei den festverzinslichen Wertpapieren meist? | | 262 | | |
| 76 | Worin unterscheiden sich der Nominalzinssatz und der Effektivzinssatz? | | 262 | | |
| 77 | Wie erfolgt die Berechnung der Verzinsung festverzinslicher Wertpapiere bei Tilgung mit Ablauf der Laufzeit? | | 263 | | |
| 78 | Wie verändert sich die Formel, wenn jährlich in gleichen Raten getilgt wird? | | 263 | | |
| 79 | Wie wird die effektive Verzinsung bei zunächst tilgungsfreien Jahren mit anschließender jährlicher Tilgung in gleichen Raten berechnet? | | 264 | | |
| 80 | Wie erfolgen grundsätzlich die Berechnungen der Effektivverzinsung beim finanzmathematisch korrigierten und dem finanzmathematischen Verfahren? | | 264 ff. | | |

# F. Nutzwertrechnungen zur Beurteilung von Investitionen

Die Vorteilhaftigkeit von Investitionen zu messen, ist nicht nur ein Problem der quantitativen Ermittlung von Kosten bzw. Ausgaben und Erträgen bzw. Einnahmen, die für alternative Investitionsobjekte anfallen. Sollen verschiedene Zielsetzungen des investierenden Unternehmens berücksichtigt werden, dann ist eine Quantifizierung aller Bewertungskriterien meist nicht möglich oder - wegen des damit verbundenen beträchtlichen Aufwandes - wirtschaftlich nicht vertretbar.

In diesen Fällen können Nutzwertrechnungen eingesetzt werden. Mit ihrer Hilfe wird der **Nutzwert** für jedes alternative Investitionsobjekt ermittelt, worunter der zahlenmäßige Ausdruck für den subjektiven Wert einer Investition hinsichtlich des Erreichens vorgegebener Ziele verstanden wird.

Die Nutzwerte, die sich für die alternativen Investitionsobjekte ergeben, ermöglichen es, die Investitionsobjekte in eine **Rangordnung** zu bringen. Ein Investitionsobjekt ist um so positiver zu beurteilen, je höher sein Nutzwert liegt. Das Investitionsobjekt mit dem höchsten Nutzwert kommt auf den ersten Rang, das Investitionsobjekt mit dem geringsten Nutzwert erhält den letzten Rang.

Die Nutzwertrechnungen kommen den Erwartungen entgegen, welche die betriebliche Praxis an Investitionsrechnungen richtet. *Little* faßt sie in folgenden Punkten zusammen:

- Einfachheit
- Robustheit
- Kontrollierbarkeit
- Anpassungsfähigkeit
- Vollständigkeit
- Operationalität
- Subjektbezogenheit.

Die Nutzwertrechnungen können in zwei **Stufen des Planungsprozesses** von Investitionen eingesetzt werden:

- Bei der **Vorauswahl alternativer Investitionsobjekte,** die nützlich erscheint, wenn die Vorteilhaftigkeit abzuschätzen ist

  - von vielen Investitionsobjekten
  - anhand mehrerer Bewertungskriterien
  - unter relativ hoher Ungewißheit.

  Kosten- und zeitbedingt kann eine umfassende, individuelle Abschätzung aller bedeutsamen Bewertungskriterien für die Vielzahl der Investitionsalternativen zu aufwendig sein.

Die Vorauswahl, die eine rahmenmäßige Negativabgrenzung darstellt, bietet die Möglichkeit, eine grundsätzliche Vorteilhaftigkeit der alternativen Investitionsobjekte zu ermitteln und damit die Zahl der - qualitativ und quantitativ - noch genau zu untersuchenden Investitionsobjekte einzuschränken.

**Beispiel:** Verschiedene Untersuchungen zeigen, daß - je nach Untersuchung - zwischen 40 und 540 Projektvorschläge zu prüfen sind, um zu einem realisierungswürdigen Forschungs- und Entwicklungs-Projekt zu gelangen.

Die Bewertung der Projektvorschläge erfolgt dabei in mehreren Phasen*:

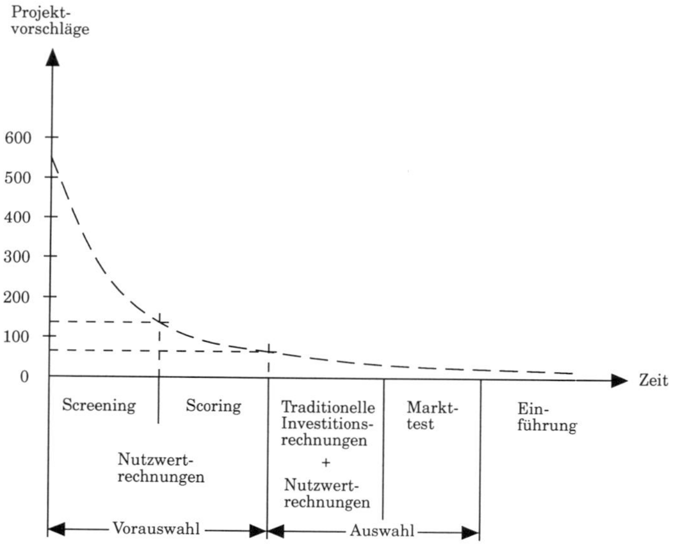


Aus dem Schaubild läßt sich erkennen:

– Zunächst werden ausschließlich die Nutzwertrechnungen eingesetzt, um die Zahl der noch genau zu untersuchenden alternativen Investitionsobjekte zu vermindern.

– Dies geschieht einmal mit Hilfe des **Screening**, bei welchem die Projektvorschläge allgemein daraufhin untersucht werden, ob sie den wirtschaftlichen und technischen, gegebenenfalls auch den sozialen und rechtlichen Gegebenheiten des Unternehmens sowie den Erfordernissen der Umwelt entsprechen. Damit lassen sich erfahrungsgemäß 60 % bis 90 % der Projektvorschläge bereits eliminieren.

– Die verbleibenden Projektvorschläge werden dem **Scoring** - das sind Verfahren der Punktbewertung - unterworfen, wobei weitere 60 % bis 90 % der verbliebenen Projektvorschläge ausscheiden.

* Dem Schaubild liegt eine Untersuchung bei 20 amerikanischen Chemie-Unternehmen zugrunde, die in *Printer'Ink* veröffentlicht wurde.

- Bei der **Auswahl alternativer Investitionsobjekte,** die ohne vorausgehende Vorauswahl erfolgen kann, wenn die Zahl der Investitionsalternativen überschaubar und damit eingehend bewertbar ist.

  Die alternativen Investitionsobjekte können aber auch - wie oben dargestellt - durch Maßnahmen der Vorauswahl zunächst überschaubar gemacht worden sein.

  Die Auswahl der alternativen Investitionsobjekte erfolgt auf der Grundlage aller bedeutsamen Bewertungskriterien, gleichgültig, ob sie quantifiziert oder nicht quantifiziert sind. Das bedeutet, daß traditionelle Investitionsrechnungen und Nutzwertrechnungen gemeinsam zur Entscheidungsfindung einzusetzen sind. Dabei gibt es grundsätzlich zwei Möglichkeiten:

  - Neben den traditionellen Investitionsrechnungen werden **getrennte Nutzwertrechnungen** durchgeführt.
  - Die traditionellen Investitionsrechnungen werden mit **Nutzwertrechnungen integrativ verbunden**.

  Im folgenden sollen betrachtet werden:

  - **Bewertungskriterien**
  - **Bewertungsmaßstäbe**
  - **Nutzenmessung**
  - **Eignung**

# 1. Bewertungskriterien

Es gibt eine Vielzahl möglicher, in den Nutzwertrechnungen verwendbarer Bewertungskriterien, die sorgfältig ausgewählt werden müssen.

Darauf soll näher eingegangen werden, indem dargestellt werden:

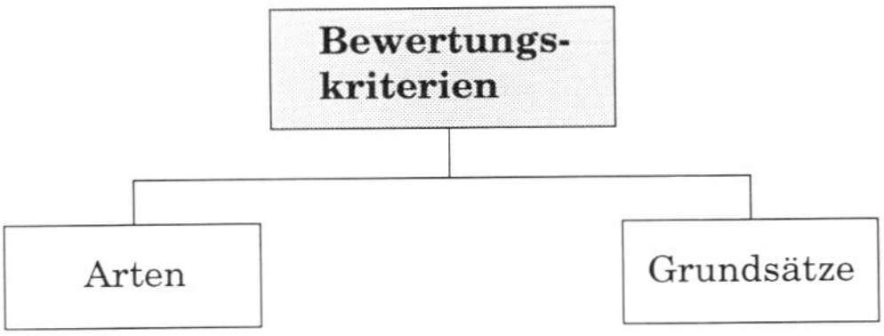


## 1.1 Arten

Bei den Nutzwertrechnungen lassen sich besonders vier Gruppen von Bewertungskriterien unterscheiden, die für die Beurteilung alternativer Investitionsobjekte verwendet werden können:

- **Wirtschaftliche Bewertungskriterien**
- **Technische Bewertungskriterien**
- **Rechtliche Bewertungskriterien**
- **Soziale Bewertungskriterien.**

Auf sie soll beispielhaft eingegangen werden, wobei Ausführungen von *Emmert* und *Fotilas* Berücksichtigung finden.

### 1.1.1 Wirtschaftliche Bewertungskriterien

Wirtschaftliche Bewertungskriterien zur Beurteilung von Investitionen können sein:

| | |
|---|---|
| • Marktanteil<br>• Marktsättigung<br>• Marktstrategie<br>• Distributionsfähigkeit<br>• Werbewirksamkeit<br>• Preisangemessenheit | **Absatzbezogene Bewertungskriterien** |
| • Fortschrittlichkeit<br>• Kundendienst<br>• Garantie<br>• Kulanz<br>• Lieferzeit<br>• Bonität<br>• Pünktlichkeit<br>• Zuverlässigkeit<br>• Elastizität | **Beschaffungsbezogene Bewertungskriterien** |
| • Qualitative Beschaffbarkeit<br>• Quantitative Beschaffbarkeit<br>• Entwicklungsfähigkeit | **Personalbezogene Bewertungskriterien** |
| • Sicherheit<br>• Fungibilität<br>• Kursrisiko<br>• Zinsrisiko | **Finanzbezogene Bewertungskriterien** |

Im Einzelfall kann es sich als notwendig erweisen, die wirtschaftlichen Bewertungskriterien noch differenzierter zu formulieren.

## 1.1.2 Technische Bewertungskriterien

Technische Bewertungskriterien zur Beurteilung von Investitionen können sein:

- Universalität
- Spezialisierungsgrad
- Automationsgrad
- Genauigkeitsgrad
- Kapazität(sreserve)
- Ergänzbarkeit
- Störunanfälligkeit
- Energieverbrauch
- Arbeitsgeschwindigkeit
- Arbeitsdruck
- Arbeitstemperatur
- Werkstückdimension

**Betriebsmittel-bezogene Bewertungs-kriterien**

- Unfallsicherheit
- Staubentwicklung
- Lärmentwicklung
- Bedienbarkeit
- Geistige Anforderungen
- Körperliche Anforderungen

**Arbeits-physiologische Bewertungs-kriterien**

- Transportmöglichkeit
- Energieversorgung
- Lagermöglichkeit
- Abfallentsorgung

**Infra-strukturelle Bewertungs-kriterien**

Die technischen Bewertungskriterien können hier nur relativ allgemein dargestellt werden. In der betrieblichen Praxis haben sie sich im einzelnen an den spezifischen technischen Gegebenheiten zu orientieren.

## 1.1.3 Soziale Bewertungskriterien

Die sozialen Bewertungskriterien zur Beurteilung von Investitionen stellen den Menschen in den Mittelpunkt der Betrachtung. Sie können sich insofern mit den wirtschaftlichen und technischen Bewertungskriterien überschneiden, da sie gegebenenfalls den gleichen Tatbestand - lediglich unter einem anderen Blickwinkel - betrachten.

Soziale Bewertungskriterien können sein:

- Arbeitsmonotonie
- Arbeitsstreß
- Arbeitszufriedenheit
- Arbeitsinteresse

- Arbeitsautonomie
- Arbeitsplatzerhaltung
- Qualifikationssicherung
- Umweltfreundlichkeit
- Ästhetik.

Die sozialen Bewertungskriterien haben in den letzten Jahren immer größere Bedeutung in der betrieblichen Praxis erlangt, was mit einer Entwicklung zusammenhängt, welche die Humanisierung der Arbeit zum Ziel hat.

### 1.1.4 Rechtliche Bewertungskriterien

Neben wirtschaftlichen, technischen und sozialen Bewertungskriterien kann es sich als notwendig erweisen, auch rechtliche Bewertungskriterien bei der Beurteilung von Investitionen zu berücksichtigen.
Rechtliche Bewertungskriterien können sein:

- Unfallverhütungsvorschriften
- Umweltschutzvorschriften
- Patente
- Lizenzen
- Kartellgesetze
- Bauvorschriften.

Die rechtlichen Bewertungskriterien haben vielfach eine Wirkung, die alternative Investitionsobjekte als möglich oder unmöglich erscheinen läßt. Seltener ist es, den Investitionsobjekten eine mehr oder wenige große Vorteilhaftigkeit zuzuweisen.

**Beispiel:** Unfallverhütungsvorschriften, Umweltschutzvorschriften oder Bauvorschriften sind bei einem Investitionsobjekt entweder eingehalten oder nicht. Ein Investitionsobjekt, bei dem diese Vorschriften »nur überwiegend« eingehalten werden, ist für das Unternehmen nicht tragbar.

47

## 1.2 Grundsätze

Es wurde gezeigt, welche Bewertungskriterien in den Nutzwertrechnungen berücksichtigt werden können. Für die Auswahl der Bewertungskriterien, die für bestimmte alternative Investitionsobjekte verwendet werden sollen, gilt es - nach *Zangemeister* - vier Grundsätze zu berücksichtigen:

- **Operationalität**
- **Hierarchiebezogenheit**

- **Unterschiedlichkeit**
- **Nutzenunabhängigkeit**.

Die Betrachtung dieser im folgenden näher beschriebenen Grundsätze für die Kriterienauswahl hat große Bedeutung, wenn die Nutzwertrechnungen aussagekräftig sein sollen.

## 1.2.1 Operationalität

Die Bewertungskriterien zur Beurteilung von Investitionsobjekten sind operational zu formulieren. Darunter ist zu verstehen, daß die einzelnen **Bewertungskriterien**

- **genau beschrieben** sind und vermieden wird, daß darunter verschiedene Tatbestände verstanden werden können. Die Bewertungskriterien dürfen weder zu allgemein noch mehrdeutig gefaßt sein.

- **meßbar** sind, d.h. daß ihnen Nutzenwerte zugeordnet werden können, denn für die qualitativen Bewertungskriterien gibt es zunächst noch keine Maßstäbe der Vorteilhaftigkeit, wie bei den quantitativen Bewertungskriterien. Sie müssen erst geschaffen werden.

- mit einer **Maßskala** versehen sind, die nominal, ordinal oder kardinal sein kann. Mit ihrer Hilfe wird eine konkrete Messung des Nutzens erst möglich.

**Beispiel:** Es wird vorgeschlagen, bei der Vorauswahl einer großen Anzahl alternativer Investitionsobjekte unter anderem das Bewertungskriterium »**Erfolg**« zu verwenden. Dieses Bewertungskriterium ist **nicht operational**, weil es unter verschiedenen Gesichtspunkten gesehen werden kann, als

- wirtschaftlicher Erfolg
- technischer Erfolg
- Marktmacht.

Das Bewertungskriterium ist auf den wirtschaftlichen Erfolg einzugrenzen. Dieser ist aber auch noch mehrdeutig, er kann interpretiert werden als

- Umsatz
- Gewinn
- Marktanteil.

Die Entscheidung, welches Bewertungskriterium zugrunde gelegt werden sollte, kann sich schließlich für das Bewertungskriterium »Gewinn« ergeben, der auch dem Gesichtspunkt der Meßbarkeit gerecht wird.

Es müßte nun eine Maßskala festgelegt werden, mit deren Hilfe eine Nutzenmessung möglich ist. Diese könnte beispielsweise folgendes Aussehen haben:

| Gewinn in DM | | | Punkte |
|---|---|---|---|
| 0 | – | 799.999 | 1 |
| 800.000 | – | 1.599.999 | 2 |
| 1.600.000 | – | 2.399.999 | 3 |
| 2.400.000 | – | 3.199.999 | 4 |
| 3.200.000 | – | ∞ | 5 |

Bewertungskriterien, die nicht operational formuliert sind, können zu Fehlentscheidungen im Unternehmen führen.

## 1.2.2 Hierarchiebezogenheit

Der Grundsatz der Hierarchiebezogenheit ist dann zu beachten, wenn nicht nur einzelne, sondern eine Mehrzahl von Bewertungskriterien zur Beurteilung alternativer Investitionsobjekte herangezogen wird.

Die in die Nutzwertrechnungen eingehenden Bewertungskriterien dürfen nicht einfach undifferenziert nebeneinandergestellt werden. Sie sind hierarchisch zu ordnen, indem Bewertungskriterien, die ein gemeinsames Oberkriterium haben, zusammengefaßt werden.

**Beispiel:** Bei der Beurteilung einer Vielzahl von Investitionsobjekten im Rahmen einer Vorauswahl hat man sich entschlossen, die folgenden Bewertungskriterien zu berücksichtigen:

Marktanteil, Lieferzeit, Marktsättigung, Kundendienst, Werbewirksamkeit, Universalität, Energieverbrauch, Unfallsicherheit, Bedienbarkeit.

Es wäre **nicht zweckmäßig**, alle diese Bewertungskriterien - wie oben aufgezählt - nebeneinander aufzulisten:

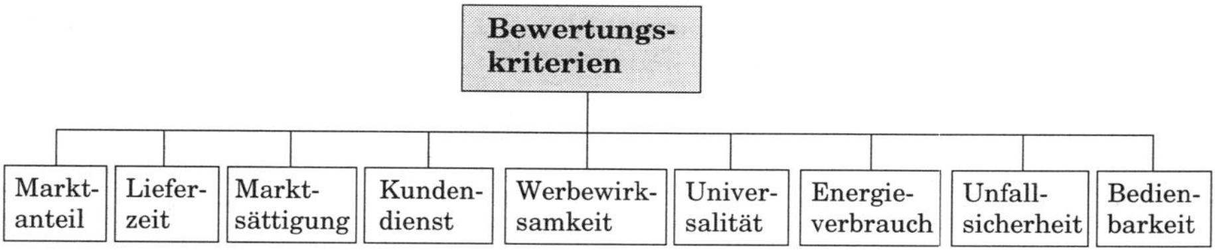


Unter Berücksichtigung der **Hierarchiebezogenheit** ergibt sich folgende Anordnung der Bewertungskriterien:

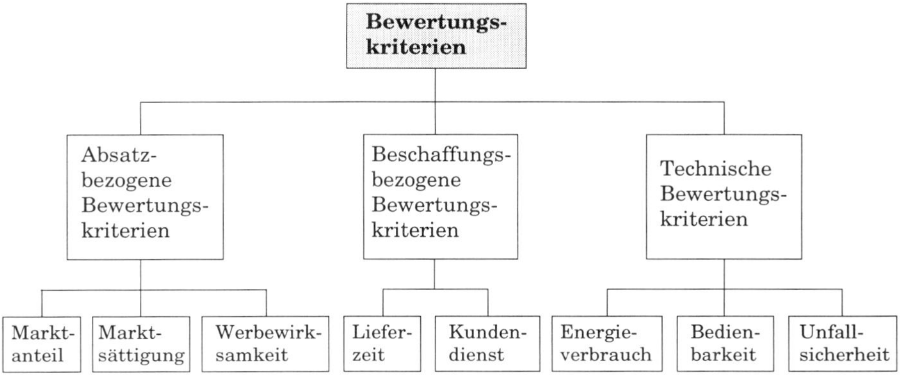


## 1.2.3 Unterschiedlichkeit

Bei der Festlegung der Bewertungskriterien ist darauf zu achten, daß sich nicht mehrere Bewertungskriterien nebeneinander - direkt oder indirekt - auf gleiche Objekteigenschaften beziehen. Wäre dies der Fall, würde die Gefahr bestehen, daß eine einseitige Beurteilung der Investitionsobjekte vorgenommen würde und fehlerhafte Entscheidungen die Folge wären.

**Beispiel:** Die Vorteilhaftigkeit von Personenkraftwagen der Mittelklasse soll mit Hilfe der Nutzwertrechnung umfassend untersucht werden. Dabei sind die Bewertungskriterien:

- Betriebskosten pro Jahr
- Fahrleistung pro Jahr
- Leistung in kW bzw. PS
- Benzinverbrauch auf 100 km.

Es ist leicht zu erkennen, daß mit den genannten Bewertungskriterien kein umfassendes, ausgewogenes Bild über die zu untersuchenden Personenkraftwagen zu erreichen ist, denn die dargestellten Kriterien hängen alle eng miteinander zusammen, d.h. sie weisen eine hohe Korrelation auf.

Damit wird ein einzelner Problemkreis im wesentlichen lediglich aus vier verschiedenen Perspektiven betrachtet. Die Dominanz dieses Problemkreises bei der Gesamtbeurteilung ist erheblich, das Ergebnis entsprechend einseitig.

Für die Beurteilung **fehlen** beispielsweise:

- Höchstgeschwindigkeit
- Kofferraumvolumen
- Sitzplatzzahl
- Service
- Formschönheit
- Repräsentativität.

*Blohm / Lüder* schlagen vor, traditionell quantifizierte Beurteilungskriterien nicht in die Nutzwertrechnungen einzubringen, sondern traditionelle Investitionsrechnungen und Nutzwertrechnungen nebeneinander durchzuführen.

### 1.2.4 Nutzenunabhängigkeit

Bei der Bestimmung der Bewertungskriterien zur Beurteilung alternativer Investitionsobjekte ist darauf zu achten, daß die Realisierbarkeit eines Bewertungskriteriums nicht das Erreichen eines anderen Bewertungskriteriums voraussetzt.

Indessen ist eine völlige Nutzenunabhängigkeit der Bewertungskriterien im praktischen Fall kaum möglich. Deswegen wird vorgeschlagen, wenigstens eine **bedingte Nutzenunabhängigkeit** anzustreben. Darunter ist eine Nutzenunabhängigkeit zu verstehen, die sich durch Beschränkung der Bewertungskriterien auf ein entscheidungsrelevantes Intervall ergibt.

**Beispiel:** Bei einem Vergleich alternativer Personenkraftwagen sollen unter anderem als Bewertungskriterien

- Anzahl der Sitzplätze
- Größe des Kofferraumes

dienen. Von einer (völligen) Nutzenunabhängigkeit beider Bewertungskriterien kann aber nicht ausgegangen werden. Deshalb wird eine bedingte Nutzenunabhängigkeit herbeigeführt, indem als entscheidungsrelevante Intervalle festgelegt werden:

- 4 bis 5 Sitzplätze
- Kofferraum über 400 Liter.

# 2. Bewertungsmaßstäbe

Um die Zielerfüllung - und damit den Nutzen - der einzelnen Bewertungskriterien beurteilen zu können, ist es erforderlich, entsprechende Maßstäbe festzulegen.

Die Nutzen können mit Hilfe einer nominalen, ordinalen und kardinalen Skalierung gemessen werden:

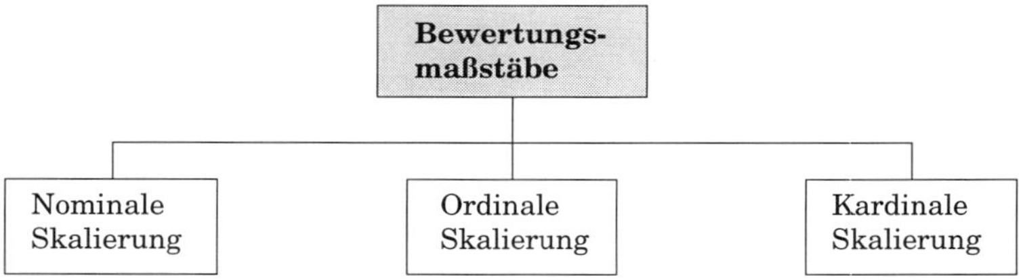


## 2.1 Nominale Skalierung

Die nominale Skalierung ermöglicht die einfachste Form der Nutzenmessung. Sie beschreibt eine Nutzengleichheit oder Nutzenverschiedenheit der einzelnen Bewertungskriterien, ohne daß die Richtung der Nutzenunterschiede erkennbar wird, beispielsweise:

- gut / schlecht
- ja / nein
- + / –

**Beispiele:**

| **Bewertungs-kriterium** | **Investitions-objekt I** | **Investitions-objekt II** | **Investitions-objekt III** |
|---|---|---|---|
| A | ja | nein | ja |
| B | ja | ja | ja |
| C | ja | nein | ja |
| D | nein | nein | ja |
| E | ja | ja | ja |

**oder**

| **Bewertungs-kriterium** | **Investitions-objekt I** | **Investitions-objekt II** | **Investitions-objekt III** |
|---|---|---|---|
| A | + | – | + |
| B | + | + | + |
| C | + | – | + |
| D | – | – | + |
| E | + | + | + |

Die nominale Skalierung wird vielfach im Rahmen des **Screening**, der groben Vorauswahl von alternativen Investitionsobjekten, verwendet.

## 2.2 Ordinale Skalierung

Die ordinale Skalierung ist anspruchsvoller als die nominale Skalierung, aber dennoch gut handhabbar. Mit ihrer Hilfe läßt sich die Richtung von Nutzenunterschieden erkennen. Diese wird aufgezeigt, indem geschätzt wird, ob einem bestimmten Bewertungskriterium bei den einzelnen Investitionsobjekten ein größerer oder kleinerer Nutzen zuzusprechen ist.

Damit ergeben sich für die einzelnen Bewertungskriterien **Rangordnungen** der alternativen Investitionsobjekte:

**Beispiel:**

| Bewertungs-kriterium | Investitions-objekt I | Investitions-objekt II | Investitions-objekt III |
|---|---|---|---|
| A | 3 | 2 | 1 |
| B | 3 | 2 | 1 |
| C | 3 | 2 | 1 |
| D | 2 | 1 | 3 |
| E | 3 | 2 | 1 |

Die Zahl der Rangklassen entspricht dabei grundsätzlich der Zahl der alternativen Investitionsobjekte. Dabei ist - was im obigen Beispiel berücksichtigt wurde - denkbar, daß zwei Investitionsobjekte in bezug auf ein Bewertungskriterium der gleichen Rangklasse zuzuordnen sind, da ein Nutzenunterschied nicht feststellbar ist.

## 2.3 Kardinale Skalierung

Die kardinale Skalierung führt zu einer weiteren Verbesserung der Nutzenmessung. Sie kann als

- **Intervallskalierung**
- **Verhältnisskalierung**

durchgeführt werden, wobei die Verhältnisskalierung für die betriebliche Praxis geringe Bedeutung hat.

### 2.3.1 Intervallskalierung

Die Intervallskalierung ist auf zweifache Weise möglich:

- Als **direkte Intervallskalierung**, die es ermöglicht, trotz - meist erheblicher - Informationsprobleme einen relativ differenzierten Überblick über die Vorteilhaftigkeit der Investitionsalternativen zu vermitteln. Sie wird bei **Scoring-Modellen** angewendet, wobei für bestimmte qualitative oder quantitative Intervalle Punkte - im Sinne von Zensuren - verteilt werden können:

| | | | |
|---|---|---|---|
| sehr viel | sehr hoch | sehr stark | **5 Punkte** |
| viel | hoch | stark | **4 Punkte** |
| mittel | mittel | mittel | **3 Punkte** |
| wenig | niedrig | schwach | **2 Punkte** |
| sehr wenig | sehr niedrig | sehr schwach | **1 Punkt** |

**Beispiel:**

| **Bewertungs-kriterium** | **Investitions-objekt I** | **Investitions-objekt II** | **Investitions-objekt III** |
|---|---|---|---|
| A | 5 | 5 | 4 |
| B | 3 | 3 | 2 |
| C | 5 | 4 | 2 |
| D | 1 | 4 | 3 |
| E | 2 | 3 | 4 |
| F | 5 | 1 | 4 |

- Als **indirekte Intervallskalierung**, bei der ordinale Urteile über die Bewertungskriterien abgegeben werden, aus denen eine Rangreihe gebildet wird, die in eine Intervallskala überführt wird.

  Die indirekte Intervallskalierung hat in der betrieblichen Praxis geringere Bedeutung als die direkte Intervallskalierung.

### 2.3.2 Verhältnisskalierung

Die Verhältnisskalierung findet in der betrieblichen Praxis kaum Verwendung. Das liegt daran, daß die Verhältnisskalierung zwar das genaueste, aber deshalb auch am schwierigsten zu handhabende Verfahren der Nutzenmessung darstellt.

Der Verhältnisskalierung können zwei **Methoden** zugrundeliegen:

- Die Methode der **Verhältnisherstellung**, bei der die Wertfunktion im Mittelpunkt steht, die geschätzt oder mathematisch exakt ermittelt wird.

- Die Methode der direkten **Verhältnisschätzung**, bei der auf die Erstellung der Wertfunktion verzichtet wird.

## 3. Nutzenmessung

Die Beurteilung der alternativen Investitionsobjekte erfordert - wie dargestellt - zunächst die Bestimmung

- der Bewertungskriterien
- des Bewertungsmaßstabes.

Ist dies erfolgt, kann die Nutzenmessung durchgeführt werden, die in drei Schritten erfolgt:

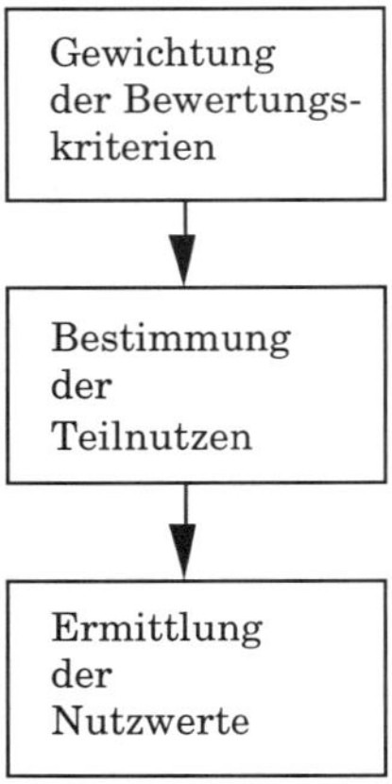


Mit der Feststellung der Nutzwerte für die alternativen Investitionsobjekte ist es möglich, eine Rangordnung dieser Investitionsobjekte zu bilden, aus der ersichtlich ist, welches der alternativen Investitionsobjekte das vorteilhafteste ist.

## 3.1 Kriterien-Gewichtung

Eine Gewichtung der Bewertungskriterien untereinander muß nicht zwangsweise erfolgen, erweist sich aber in vielen Fällen als zweckmäßig, und zwar dann, wenn nicht alle Bewertungskriterien eine gleich hohe Bedeutung für die Investitionsentscheidung haben.

**Beispiel:** Eine Maschine wird unter anderem beurteilt nach den Bewertungskriterien

- Genauigkeitsgrad
- Kapazitätsreserve
- Arbeitsgeschwindigkeit
- Platzbedarf.

Es ist zu vermuten, daß der Platzbedarf der Maschine für die Kaufentscheidung möglicherweise keine so große Bedeutung hat wie die übrigen Bewertungskriterien, die genannt wurden.

Mit der Kriterien-Gewichtung wird angestrebt, ein möglichst zweckdienliches Verhältnis zwischen den Bewertungskriterien herzustellen. Hierfür gelten zwei **Voraussetzungen:**

- Jedes Bewertungskriterium wird bestmöglich erfüllt, so daß vergleichbare Zustände vorliegen.

- Es gilt das **Transitivitätsgesetz**, das besagt, das Bewertungskriterium A müsse höhergewichtig sein als das Bewertungskriterium C, wenn das Bewertungskriterium A höhergewichtig als das Bewertungskriterium B und das Bewertungskriterium B höhergewichtig als das Bewertungskriterium C ist.

Die Kriterien-Gewichtung kann auf zweifache Weise erfolgen, die nachfolgend beschrieben werden:

- **Paarvergleich**
- **Stufenvergleich**.

## 3.1.1 Paarvergleich

Der Paarvergleich zur Gewichtung der Bewertungskriterien wird vorgenommen, indem jedes Bewertungskriterium mit jedem anderen Bewertungskriterium verglichen wird. Dabei können sich im Einzelfall drei **Situationen** ergeben:

- Das betrachtete Bewertungskriterium ist gegenüber einem anderen Bewertungskriterium **vorrangig**.

- Das betrachtete Bewertungskriterium ist gegenüber einem anderen Bewertungskriterium **nicht vorrangig**.

- Das betrachtete Bewertungskriterium ist gegenüber einem anderen Bewertungskriterium **gleichwertig**.

Die **Vorzugshäufigkeit** eines bestimmten Bewertungskriteriums wird dadurch ermittelt, daß die Vorrangigkeiten des Bewertungskriteriums in ihrer Anzahl erfaßt werden, wobei Gleichwertigkeiten für jedes der gleich gewichteten Bewertungskriterien zur Hälfte zählen.

**Beispiel:**

| Bewertungskriterium | Vergleich der Bewertungskriterien* | Vorzugshäufigkeit |
|---|---|---|
| A | (A) A A (A)<br>A B C D | 2 |
| B | (B) B (B)<br>B C D | 3 |
| C | (C) (C)<br>C D | 4 |
| D | (D)<br>D | 1 |

* Das vorrangige Bewertungskriterium wird durch einen Kreis gekennzeichnet: (x)

Gleichrangige Bewertungskriterien werden durch eine ovale Umfassungslinie gekennzeichnet: (x y)

Eine **Normierung** der einzelnen Gewichte auf den Wert 1 oder 100 kann erfolgen, indem die Summe der Vorzugshäufigkeiten gebildet und anschließend die Vorzugshäufigkeit des einzelnen Bewertungskriteriums durch die Summe der Vorzugshäufigkeiten dividiert wird.

Für das obige **Beispiel** gilt:

| Bewertungskriterium | Vergleich der Bewertungskriterien | Vorzugshäufigkeit | Barwert | Gewicht |
|---|---|---|---|---|
| A | (A) A A (A)<br>A B C D | 2 | 2 : 10 | 0,20 |
| B | (B) B (B)<br>B C D | 3 | 3 : 10 | 0,30 |
| C | (C) (C)<br>C D | 4 | 4 : 10 | 0,40 |
| D | (D)<br>D | 1 | 1 : 10 | 0,10 |
| | | 10 | | 1,00 |

oder

| Bewertungskriterium | Vergleich der Bewertungskriterien | Vorzugshäufigkeit | | Gewicht |
|---|---|---|---|---|
| A | (A) A A (A)<br>A B C D | 2 | 2 : 10 · 100 | 20,00 |
| B | (B) B (B)<br>B C D | 3 | 3 : 10 · 100 | 30,00 |
| C | (C) (C)<br>C D | 4 | 4 : 10 · 100 | 40,00 |
| D | (D)<br>D | 1 | 1 : 10 · 100 | 10,00 |
| | | 10 | | 100,00 |

Abschließend wird den Bewertungskriterien der ihren Gewichten entsprechende **Rangplatz** zugeordnet, wobei das Bewertungskriterium mit dem höchsten Gewicht den ersten Rang erhält.

Für das obige **Beispiel** gilt:

| Bewertungs-kriterium | Vergleich der Bewertungskriterien | Vorzugs-häufigkeit | Gewicht | Rang |
|---|---|---|---|---|
| A | Ⓐ A A Ⓐ<br>A B C D | 2 | 0,20 | 3 |
| B | Ⓑ B Ⓑ<br>B C D | 3 | 0,30 | 2 |
| C | Ⓒ Ⓒ<br>C D | 4 | 0,40 | 1 |
| D | Ⓓ<br>D | 1 | 0,10 | 4 |

Die für die einzelnen Bewertungskriterien ermittelten Ränge sollten auf ihre Plausibilität hin überprüft werden, um Fehlentscheidungen zu vermeiden.

## 3.1.2 Stufenvergleich

Der Stufenvergleich kann vorgenommen werden, wenn mehrere Stufen von Bewertungskriterien vorhanden sind. In der ersten Stufe der Bewertungskriterien werden die **Hauptkriterien** dargestellt, die auch als Oberziele angesehen werden können. Die zweite Stufe enthält die unter die Hauptkriterien unterzuordnenden Bewertungskriterien, die Unterziele sind.

Der Stufenvergleich erfolgt in drei **Schritten:**

| | |
|---|---|
| 1 | Gewichtung der Bewertungskriterien |
| ↓ | |
| 2 | Gewichtung der Bewertungskriterien |
| ↓ | |
| 3 | Endgewichtung der Bewertungskriterien der zweiten Stufe durch Multiplikation der Gewichte von erster und zweiter Stufe |

**Beispiel:**

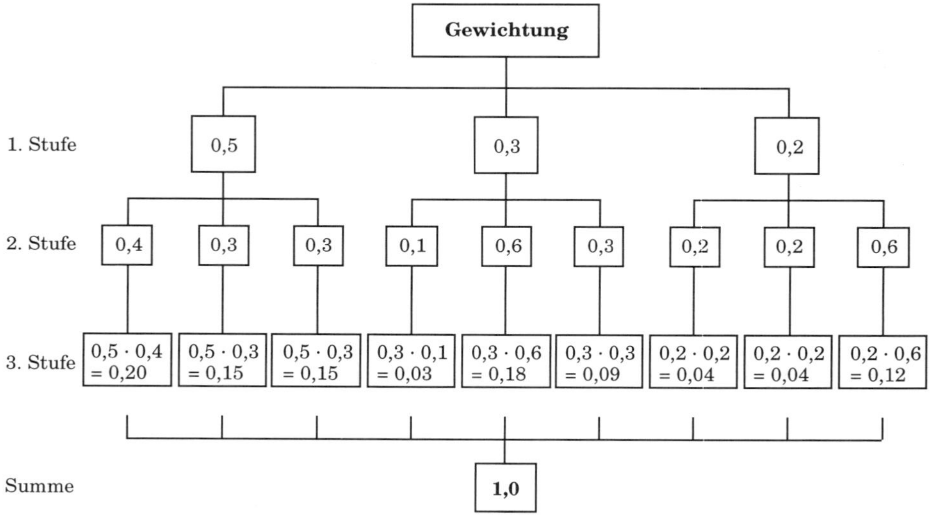


Die Feststellung der Gewichte für die Hauptkriterien bzw. für die einem Hauptkriterium zugeordneten Bewertungskriterien kann jeweils durch Paarvergleich erfolgen.

48

## 3.2 Teilnutzen-Bestimmung

Für die Bestimmung der Teilnutzen der alternativen Investitionsobjekte ist es wichtig, daß die Bewertungskriterien operational formuliert sind, das heißt, sie müssen

- beschrieben
- meßbar
- skaliert

sein, wie dies bereits dargestellt wurde.

Bei **nominaler Skalierung** können die Teilnutzen für die einzelnen Bewertungskriterien dahingehend festgestellt werden, ob die jeweils vorgegebenen Ziele erreicht werden oder nicht.

**Beispiel:**

| Bewertungs-kriterium | Investitions-objekt I | Investitions-objekt II | Investitions-objekt III |
|---|---|---|---|
| A | + | – | + |
| B | + | + | + |
| C | + | – | + |
| D | – | – | + |
| E | + | + | + |

Die Bestimmung der Teilnutzen auf der Grundlage einer nominalen Skalierung ist nicht sehr aussagekräftig, kann aber erfolgen, wenn es darum geht, die **Vorauswahl** einer Vielzahl von alternativen Investitionsobjekten durchzuführen.

Sollen alternative Investitionsobjekte genauer beurteilt werden, ist es erforderlich, die Bestimmung der Teilnutzen mit Hilfe einer **Ordinalskalierung** oder **Kardinalskalierung** vorzunehmen.

## 3.2.1 Ordinalskalierung

Bei der Ordinalskalierung werden mehrere **Klassen der Zielerreichung** für die einzelnen Bewertungskriterien verbal beschrieben. Die Zahl der Klassen entspricht zweckmäßigerweise der Zahl der alternativen Investitionsobjekte.

**Beispiel** für drei Investitionsalternativen:

Bewertungskriterium A: **Bedienbarkeit der Maschine**

| | |
|---|---|
| Klasse 1 | am besten erfüllt |
| Klasse 2 | am zweitbesten erfüllt |
| Klasse 3 | am drittbesten erfüllt |

Bewertungskriterium B: **Erweiterungsfähigkeit der Maschine**

| | |
|---|---|
| Klasse 1 | am besten erfüllt |
| Klasse 2 | am zweitbesten erfüllt |
| Klasse 3 | am drittbesten erfüllt |

Bewertungskriterium C: **Reparaturfreundlichkeit der Maschine**

| | |
|---|---|
| Klasse 1 | am besten erfüllt |
| Klasse 2 | am zweitbesten erfüllt |
| Klasse 3 | am drittbesten erfüllt |

Bewertungskriterium D: **Universalität der Maschine**

| | |
|---|---|
| Klasse 1 | am besten erfüllt |
| Klasse 2 | am zweitbesten erfüllt |
| Klasse 3 | am drittbesten erfüllt |

| Ermittlung der Teilnutzen (ohne Gewichtung) | | | |
|---|---|---|---|
| **Bewertungskriterium** | **Investitionsobjekt I** | **Investitionsobjekt II** | **Investitionsobjekt III** |
| | **Punkte** | **Punkte** | **Punkte** |
| A | 1 | 2 | 3 |
| B | 2 | 3 | 1 |
| C | 1 | 2 | 3 |
| D | 2 | 1 | 3 |

Aus den Klassen der Zielerreichung lassen sich die **Teilnutzen** der Bewertungskriterien ableiten, wobei eine Gleichheit der jeweiligen Nutzenabstände unterstellt wird:

Klasse 1: 3 Punkte
Klasse 2: 2 Punkte
Klasse 3: 1 Punkt

| Messung der Zielerreichung | | | |
|---|---|---|---|
| **Bewertungskriterium** | **Investitionsobjekt I** | **Investitionsobjekt II** | **Investitionsobjekt III** |
| | **Klasse** | **Klasse** | **Klasse** |
| A | 3 | 2 | 1 |
| B | 2 | 1 | 3 |
| C | 3 | 2 | 1 |
| D | 2 | 3 | 1 |

Bei der Bestimmung der Teilnutzen der alternativen Investitionsobjekte kann - im Gegensatz zum Beispiel - das Problem auftreten, daß zwei oder mehr Investitionsalternativen der gleichen Zielerreichungsklasse zugeordnet worden sind. In diesem Falle ist paarweise zu untersuchen, ob zwischen den betreffenden Teilnutzen der alternativen Investitionsobjekte nicht doch ein Nutzenunterschied festzustellen ist.

Wird ein Nutzenunterschied verneint, bietet es sich an, **Zwischenwerte** zu bilden.

**Beispiel:**

| Rang | Zielerfüllung | Punkte |
|---|---|---|
| 1 | am besten erfüllt | 3 |
| | zweimal gleichermaßen am besten erfüllt | 2,5 |
| 2 | am zweitbesten erfüllt | 2 |
| | zweimal gleichermaßen am drittbesten erfüllt | 1,5 |
| 3 | am drittbesten erfüllt | 1 |

Die Feststellung der Teilnutzen erfolgt vielfach unter **Ansatz unterschiedlicher Gewichtungen** bei den einzelnen Bewertungskriterien. Die Gewichtungen können - wie oben gezeigt - durch Paarvergleich oder Stufenvergleich ermittelt werden.

Die Teilnutzen für die einzelnen Bewertungskriterien ergeben sich durch die Multiplikation der jeweiligen Punktzahl mit dem zugehörigen Gewichtsfaktor.

Für das obige **Beispiel** ergibt sich:

| **Ermittlung der Teilnutzen (ohne Gewichtung)** | | | | |
|---|---|---|---|---|
| **Bewertungs-kriterium** | **Gewicht** | **Investitions-objekt I** | **Investitions-objekt II** | **Investitions-objekt III** |
| | | **Punkte** | **Punkte** | **Punkte** |
| A | 0,2 | 1 · 0,2 = 0,2 | 2 · 0,2 = 0,4 | 3 · 0,2 = 0,6 |
| B | 0,1 | 2 · 0,1 = 0,2 | 3 · 0,1 = 0,3 | 1 · 0,1 = 0,1 |
| C | 0,4 | 1 · 0,4 = 0,4 | 2 · 0,4 = 0,8 | 3 · 0,4 = 1,2 |
| D | 0,3 | 2 · 0,3 = 0,6 | 1 · 0,3 = 0,3 | 3 · 0,3 = 0,9 |
| | 1,0 | | | |

## 3.2.2 Kardinalskalierung

Die Kardinalskalierung ermöglicht es - im Gegensatz zu der Ordinalskalierung - häufig nicht, zunächst eine Messung der Zielerreichung für die einzelnen Bewertungskriterien vorzunehmen, sondern wird vielfach durchgeführt, indem die einzelnen **Nutzwerte subjektiv bestimmt** werden. Die Bestimmung kann durch eine Einzelperson oder durch eine Personenmehrheit erfolgen.

Auch bei der Kardinalskalierung ist es notwendig, eine verbale Beschreibung von **Zielerreichungs-Klassen** vorzunehmen. Außerdem muß festgelegt werden, in welcher **Dimension** die Teilnutzen zu messen sind.

**Beispiel:**

Bewertungskriterium A: **Bedienbarkeit der Maschine**

| | |
|---|---|
| Klasse 1 | sehr gut |
| Klasse 2 | gut |
| Klasse 3 | befriedigend |
| Klasse 4 | schlecht |
| Klasse 5 | sehr schlecht |

Bewertungskriterium B: **Erweiterungsfähigkeit der Maschine**

| | |
|---|---|
| Klasse 1 | sehr groß |
| Klasse 2 | groß |
| Klasse 3 | mittel |
| Klasse 4 | gering |
| Klasse 5 | sehr gering |

Bewertungskriterium C: **Reparaturfreundlichkeit der Maschine**

| | |
|---|---|
| Klasse 1 | sehr hoch |
| Klasse 2 | hoch |
| Klasse 3 | mittel |
| Klasse 4 | gering |
| Klasse 5 | sehr gering |

Bewertungskriterium D: **Universalität der Maschine**

| | |
|---|---|
| Klasse 1 | sehr groß |
| Klasse 2 | groß |
| Klasse 3 | mittel |
| Klasse 4 | gering |
| Klasse 5 | sehr gering |

| **Messung der Zielerreichung** | | | |
|---|---|---|---|
| **Bewertungs-kriterium** | **Investitions-objekt I** | **Investitions-objekt II** | **Investitions-objekt III** |
| | **Klasse** | **Klasse** | **Klasse** |
| A | 4 | 3 | 3 |
| B | 3 | 2 | 1 |
| C | 4 | 2 | 2 |
| D | 2 | 2 | 1 |

Den einzelnen Klassen der Zielerreichung werden als **Nutzwerte** zugeordnet:

| | |
|---|---|
| Klasse 1: | 10 |
| Klasse 2: | 8 |
| Klasse 3: | 6 |
| Klasse 4: | 4 |
| Klasse 5: | 2 |

| **Ermittlung der Teilnutzen (ohne Gewichtung)** | | | |
|---|---|---|---|
| **Bewertungs-kriterium** | **Investitions-objekt I** | **Investitions-objekt II** | **Investitions-objekt III** |
| | **Punkte** | **Punkte** | **Punkte** |
| A | 4 | 6 | 6 |
| B | 6 | 8 | 10 |
| C | 4 | 8 | 8 |
| D | 8 | 8 | 10 |

Auch hier ist es - wie bei der Ordinalskalierung - vielfach üblich, die einzelnen Bewertungskriterien zu gewichten. Die **Gewichtung** kann mit Hilfe des Paarvergleiches und des Stufenvergleiches erfolgen.

Für das obige **Beispiel** ergibt sich:

| **Ermittlung der Teilnutzen (mit Gewichtung)** | | | | |
|---|---|---|---|---|
| **Bewertungs-kriterium** | **Gewicht** | **Investitions-objekt I** | **Investitions-objekt II** | **Investitions-objekt III** |
| | | **Punkte** | **Punkte** | **Punkte** |
| A | 0,2 | 0,8 | 1,2 | 1,2 |
| B | 0,1 | 0,6 | 0,8 | 1,0 |
| C | 0,3 | 1,2 | 2,4 | 2,4 |
| D | 0,4 | 3,2 | 3,2 | 4,0 |
| | **1,0** | | | |

Aus den einzelnen Teilnutzen werden im nächsten Schritt die Nutzwerte ermittelt.

## 3.3 Nutzwert-Ermittlung

Die Ermittlung der Nutzwerte für die alternativen Investitionsobjekte erfolgt durch Addition der ungewichteten oder gewichteten Teilnutzen der einzelnen Bewertungskriterien.

Die Nutzwerte der Investitionsalternativen ermöglichen es, eine Rangordnung der alternativen Investitionsobjekte festzustellen, die deren Vorteilhaftigkeit offenlegt.

Bei der **Nominalskalierung** ergibt sich der Nutzwert der alternativen Investitionsobjekte aus der Addition der positiv beurteilten Bewertungskriterien.

Das **Beispiel** der Seite 291 ergibt als Nutzwerte:

| **Bewertungs-kriterium** | **Investitions-objekt I** | **Investitions-objekt II** | **Investitions-objekt III** |
|---|---|---|---|
| A | + | – | + |
| B | + | + | + |
| C | + | – | + |
| D | – | – | + |
| E | + | + | + |
| | **4** | **2** | **5** |

Aus den Nutzwerten läßt sich die **Rangordnung** der Investitionsobjekte ableiten:

| | **Investitions-objekt I** | **Investitions-objekt II** | **Investitions-objekt III** |
|---|---|---|---|
| Rang | 2 | 3 | 1 |

Das Investitionsobjekt III kann als das vorteilhafteste angesehen werden.

Die Ermittlung der Nutzwerte der alternativen Investitionsobjekte soll im folgenden dargestellt werden für:

- **Ordinalskalierung**
- **Kardinalskalierung**.

## 3.3.1 Ordinalskalierung

Für das auf der Grundlage der Ordinalskalierung dargestellte **Beispiel** - Seite 291 f. - ergeben sich als Nutzwerte der alternativen Investitionsobjekte:

| **Ermittlung der Nutzwerte (ohne Gewichtung)** | | | |
|---|---|---|---|
| **Bewertungs-kriterium** | **Investitions-objekt I** | **Investitions-objekt II** | **Investitions-objekt III** |
| | **Punkte** | **Punkte** | **Punkte** |
| A | 1 | 2 | 3 |
| B | 2 | 3 | 1 |
| C | 1 | 2 | 3 |
| D | 2 | 1 | 3 |
| | **6** | **8** | **10** |

Daraus läßt sich die **Rangordnung** ableiten:

| | **Investitions-objekt I** | **Investitions-objekt II** | **Investitions-objekt III** |
|---|---|---|---|
| Rang | 3 | 2 | 1 |

Das Investitionsobjekt III ist das vorteilhafteste Investitionsobjekt.

Das **Beispiel** mit Gewichtung der Bewertungskriterien ergibt:

| **Ermittlung der Nutzwerte (mit Gewichtung)** | | | | |
|---|---|---|---|---|
| **Bewertungs-kriterium** | **Gewicht** | **Investitions-objekt I** | **Investitions-objekt II** | **Investitions-objekt III** |
| | | **Punkte** | **Punkte** | **Punkte** |
| A | 0,2 | 0,2 | 0,4 | 0,6 |
| B | 0,1 | 0,2 | 0,3 | 0,1 |
| C | 0,4 | 0,4 | 0,8 | 1,2 |
| D | 0,3 | 0,6 | 0,3 | 0,9 |
| | **1,0** | **1,4** | **1,8** | **2,8** |

Die Nutzwerte ergeben die **Rangordnung:**

| | Investitions-objekt I | Investitions-objekt II | Investitions-objekt III |
|---|---|---|---|
| Rang | 3 | 2 | 1 |

Das Investitionsobjekt III ist - auch bei unterschiedlicher Gewichtung der Bewertungskriterien - als das vorteilhafteste anzusehen.

## 3.3.2 Kardinalskalierung

Die Beurteilung der alternativen Investitionsobjekte mit Hilfe der kardinalen Skalierung ergibt - in Fortführung des **Beispieles** der Seite 293 f. - die folgenden Nutzwerte:

| **Ermittlung der Nutzwerte (ohne Gewichtung)** | | | |
|---|---|---|---|
| **Bewertungs-kriterium** | **Investitions-objekt I** | **Investitions-objekt II** | **Investitions-objekt III** |
| | **Punkte** | **Punkte** | **Punkte** |
| A | 4 | 6 | 6 |
| B | 6 | 8 | 10 |
| C | 4 | 8 | 8 |
| D | 8 | 8 | 10 |
| | **22** | **30** | **34** |

Daraus läßt sich die **Rangordnung** ableiten:

| | Investitions-objekt I | Investitions-objekt II | Investitions-objekt III |
|---|---|---|---|
| Rang | 3 | 2 | 1 |

Danach ist das Investitionsobjekt III das vorteilhafteste.

Das **Beispiel** mit Gewichtung der Bewertungskriterien ergibt:

| **Ermittlung der Nutzwerte (mit Gewichtung)** | | | | |
|---|---|---|---|---|
| **Bewertungs-kriterium** | **Gewicht** | **Investitions-objekt I** | **Investitions-objekt II** | **Investitions-objekt III** |
| | | **Punkte** | **Punkte** | **Punkte** |
| A | 0,2 | 0,8 | 1,2 | 1,2 |
| B | 0,1 | 0,6 | 0,8 | 1,0 |
| C | 0,3 | 1,2 | 2,4 | 2,4 |
| D | 0,4 | 3,2 | 3,2 | 4,0 |
| | **1,0** | **5,8** | **7,6** | **8,6** |

Die Nutzwerte ergeben die **Rangordnung:**

| | **Investitionsobjekt I** | **Investitionsobjekt II** | **Investitionsobjekt III** |
|---|---|---|---|
| Rang | 3 | 2 | 1 |

Das Investitionsobjekt III stellt sich - auch bei unterschiedlicher Gewichtung der Bewertungskriterien - als das vorteilhafteste heraus.

49

# 4. Eignung

Die Nutzwertrechnungen können geeignet sein, durch qualitative Bewertung - auch von an sich quantifizierbaren Bewertungskriterien - eine umfassende, verschiedenen Zielsetzungen des Unternehmens gerecht werdende Beurteilung von alternativen Investitionsobjekten zu gewährleisten.

**Vorteile** der Nutzwertrechnungen sind:

- Die Beurteilung der Investitionsobjekte lassen sich qualitativ vornehmen.
- Die Bewertungskriterien können individuell zusammengestellt werden.
- Die Bewertungskriterien können ihrer Bedeutung nach gewichtet werden.
- Die Nutzwertrechnungen lassen sich relativ leicht handhaben.

**Probleme** der Nutzwertrechnungen sind:

- Die Festlegung der jeweiligen Bewertungskriterien erfolgt subjektiv.
- Die Festlegung der jeweiligen Kriterien-Gewichte erfolgt subjektiv.
- Die Messung der Zielerreichung der jeweiligen Bewertungskriterien erfolgt subjektiv.

| | Kontrollfragen | bearbeitet | Lösungshinweis | Lösung + | Lösung - |
|---|---|---|---|---|---|
| 01 | Inwieweit liefern traditionelle Investitionsrechnungen hinreichend geeignete Aussagen über Investitionsobjekte? | | 273 | | |
| 02 | Was ist unter den Nutzwerten zu verstehen? | | 273 | | |
| 03 | Wofür bilden die Nutzwerte die Grundlage? | | 273 | | |
| 04 | Welche Forderungen werden von der betrieblichen Praxis an Investitionsrechnungen gerichtet? | | 273 | | |
| 05 | In welchen Stufen des Planungsprozesses können Nutzwertrechnungen eingesetzt werden? | | 273 f. | | |
| 06 | Beschreiben Sie, wann sich eine Vorauswahl mit Hilfe von Nutzwertrechnungen anbietet! | | 274 | | |
| 07 | Was versteht man unter Screening? | | 274 | | |
| 08 | Was ist unter Scoring zu verstehen? | | 274 | | |
| 09 | Welchen Grund gibt es, Nutzwertrechnungen bei der Auswahl alternativer Investitionsobjekte zu verwenden? | | 275 | | |
| 10 | In welcher Beziehung können die Nutzwertrechnungen zu den traditionellen Investitionsrechnungen stehen? | | 275 | | |
| 11 | Welche Arten von Bewertungskriterien können unterschieden werden? | | 276 | | |
| 12 | Nennen Sie zehn wirtschaftliche Bewertungskriterien zur Beurteilung von Investitionen! | | 276 | | |
| 13 | Nennen Sie zehn technische Bewertungskriterien zur Beurteilung von Investitionen! | | 277 | | |
| 14 | Was versteht man unter sozialen Bewertungskriterien? | | 277 | | |
| 15 | Nennen Sie fünf Beispiele für soziale Bewertungskriterien! | | 277 f. | | |
| 16 | Nennen Sie fünf rechtliche Bewertungskriterien zur Beurteilung von Investitionen! | | 278 | | |
| 17 | Welche Grundsätze der Gestaltung von Bewertungskriterien lassen sich nennen? | | 278 f. | | |
| 18 | Was ist unter der Operationalität von Bewertungskriterien zu verstehen? | | 279 | | |
| 19 | Welche Folgen können nicht operational formulierte Bewertungskriterien auslösen? | | 279 | | |
| 20 | Weshalb fordert man die Hierarchiebezogenheit von Bewertungskriterien? | | 280 | | |
| 21 | Aus welchen Gründen ist auf die Unterschiedlichkeit der Bewertungskriterien zu achten? | | 281 | | |
| 22 | Inwieweit sollen traditionell quantifizierte Bewertungskriterien in die Nutzwertrechnungen eingebracht werden? | | 281 | | |

| | Kontrollfragen | bearbeitet | Lösungshinweis | Lösung + | Lösung - |
|---|---|---|---|---|---|
| 23 | Wie ist die Möglichkeit zu beurteilen, eine Nutzenunabhängigkeit der Bewertungskriterien zu gewährleisten? | | 282 | | |
| 24 | Nennen Sie die möglichen Bewertungsmaßstäbe für die Bewertungskriterien! | | 282 | | |
| 25 | Was versteht man unter der Nominalskalierung? | | 282 | | |
| 26 | Worin unterscheidet sich die Ordinalskalierung von der Nominalskalierung? | | 283 | | |
| 27 | Beschreiben Sie die Arten der Kardinalskalierung! | | 284 | | |
| 28 | Wie ist die Verwendbarkeit der Intervallskalierung und Verhältnisskalierung in der betrieblichen Praxis zu beurteilen? | | 284 f. | | |
| 29 | In welchen Schritten erfolgt die Nutzenmessung? | | 285 f. | | |
| 30 | Weshalb nimmt man vielfach eine Gewichtung der Bewertungskriterien vor? | | 286 | | |
| 31 | Welche Voraussetzungen müssen für eine Gewichtung der Bewertungskriterien erfüllt sein? | | 286 | | |
| 32 | Nennen Sie die Arten der Kriterien-Gewichtung! | | 287 | | |
| 33 | Erläutern Sie, wie der Paarvergleich vorgenommen wird! | | 287 f. | | |
| 34 | Beschreiben Sie die Vorgehensweise beim Stufenvergleich! | | 289 f. | | |
| 35 | Wie erfolgt die Teilnutzen-Bestimmung bei der Nominal-, Ordinal- und Kardinalskalierung? | | 290 ff. | | |
| 36 | Wie wird verfahren, wenn sich bei ordinaler Skalierung gleiche Rangklassen für ein Bewertungskriterium ergeben? | | 292 | | |
| 37 | Weshalb wird bei der Ordinalskalierung, gegebenenfalls auch bei der Kardinalskalierung, zunächst die Zielerreichung gemessen und danach die Teilnutzen-Bestimmung vorgenommen? | | 293 | | |
| 38 | Erläutern Sie, wie die Ermittlung der Nutzwerte für die alternativen Investitionsobjekte bei den verschiedenen Skalierungen vor sich geht! | | 295 ff. | | |
| 39 | Welcher Schritt schließt sich an die Ermittlung der Nutzwerte an, um die vorteilhafteste Investitionsalternative festzustellen? | | 295 ff. | | |
| 40 | Wie ist die Eignung der Nutzwertrechnungen zu beurteilen? | | 298 | | |
| | | | | | |

# G. Finanzwirtschaftliche Analyse

Die finanzwirtschaftliche Analyse hat vorrangig die Aufgabe, das finanzwirtschaftliche Gebaren eines Unternehmens zu untersuchen. Vielfach kann der externe Analytiker mehrere **Möglichkeiten** nutzen, um sich Informationen über ein zu analysierendes Unternehmen zu beschaffen. Das können sein:

- Bilanzen
- Geschäftsberichte
- Firmenmitteilungen
- Firmenzeitschriften
- Wirtschaftspresse
- Statistiken.

Den **Bilanzen** einschließlich der einen Jahresabschlußbilanz ergänzenden Teile - GuV-Rechnung, Anhang und gegebenenfalls Lagebericht - kommt bei der finanzwirtschaftlichen Analyse die zentrale Bedeutung zu.

Die finanzwirtschaftliche Analyse kann beruhen auf:

- einem **Objektvergleich**, indem das untersuchte Unternehmen mit einem ähnlich strukturierten Unternehmen verglichen wird,

- einem **Zeitvergleich**, indem das Unternehmen über mehrere Perioden hinweg analysiert wird.

Mit Hilfe der finanzwirtschaftlichen Analyse können mehrere **Ziele** verfolgt werden:

| | |
|---|---|
| **Informations-verdichtung** | Tatsachen und Zusammenhänge, die der Jahresabschluß nicht unmittelbar aufzeigt, sollen sichtbar gemacht werden. Hierzu dienen hauptsächlich die **Kennzahlen**. |
| **Wahrheits-findung** | Der Jahresabschluß wird entsprechend der handels- und steuerrechtlichen Vorschriften erstellt. Er ist richtig, wenn er diesen Vorschriften entspricht. Damit ist er im Sinne der betrieblichen Wirklichkeit aber keineswegs wahr. Im Rahmen der finanzwirtschaftlichen Analyse kann versucht werden, realitätsbezogene Daten zu ermitteln, beispielsweise<br>• das wahre Periodenergebnis, indem Scheingewinne vom ausgewiesenen Periodenergebnis abgezogen werden,<br>• die tatsächlich vorhandenen Vermögenswerte, indem zu den ausgewiesenen Vermögenswerten stille Reserven hinzugerechnet werden. |
| **Urteils-bildung** | Der Jahresabschluß als monetäres Ergebnis der während eines Abrechnungszeitraumes getroffenen unternehmerischen Entscheidungen kann dazu dienen, diese **Entscheidungen wertend zu beurteilen**. Dabei ist es möglich, die Qualität |

| | |
|---|---|
| | • der Entscheidungsträger<br>• einzelner Entscheidungen<br>• einzelner Entscheidungsfelder<br>• des ganzen Unternehmens<br><br>einer Analyse zu unterziehen.<br><br>Im Vordergrund stehen die Beurteilungen finanzwirtschaftlicher und rentabilitätsbezogener Art, beispielsweise im Rahmen einer Kreditwürdigkeitsprüfung. |
| **Entscheidungsfindung** | Die Erkenntnisse aus der finanzwirtschaftlichen Analyse können dazu verwendet werden, **künftige Entscheidungsprozesse zu lenken bzw. zu beeinflussen**. Dies ist durch den Einsatz der EDV gut möglich, mittels derer Bilanzen und ihre zielgerichteten Auswertungen sowie Prognoserechnungen kurzfristig verfügbar sind.<br><br>Die Entscheidungsfindung betrifft<br><br>• die **Entscheidungsträger**, denen die Ergebnisse aus der finanzwirtschaftlichen Analyse hinsichtlich des Anspruchsniveaus, der Alternativenbildung und Alternativenbewertung sowie Entscheidungsdurchsetzung nützlich sind,<br><br>• den **Entscheidungsprozeß**, der durch die Ergebnisse aus der finanzwirtschaftlichen Analyse positiv unterstützt werden kann,<br><br>• die **Entscheidungsfelder**, deren Gestaltung aufgrund der Ergebnisse der finanzwirtschaftlichen Analyse möglich ist, sich aber auch daran orientieren kann, wie die Entscheidungen sich auf den Jahresabschluß auswirken werden. Diese Überlegung ist besonders dann anzustellen, wenn die Bilanzadressaten bestimmte Vorstellungen bzw. Erwartungen haben. |

# 1. Arten

Die finanzwirtschaftliche Analyse kann sein:

- Eine **interne Analyse**, wenn sie innerhalb des Unternehmens erfolgt und damit auf das gesamte im Unternehmen verfügbare Zahlenmaterial zurückgreifen kann.

- Eine **externe Analyse**, wenn sie außerhalb des Unternehmens durchgeführt wird und im wesentlichen veröffentlichte Jahresabschlüsse zur Grundlage hat.

- Eine **formelle Analyse**, die dazu dienen soll, die formelle Übereinstimmung des Jahresabschlusses mit den gesetzlichen Vorschriften festzustellen.

- Eine **materielle Analyse**, die den Jahresabschluß inhaltlich analysiert. Sie kann vorgenommen werden als:

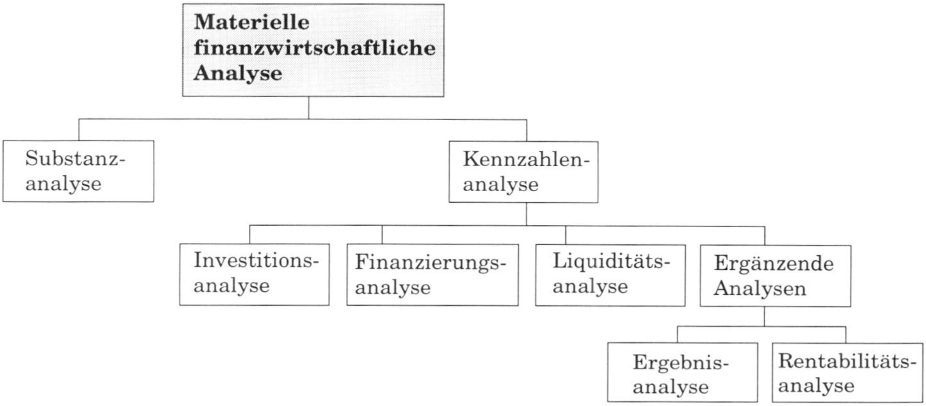


## 1.1 Substanzanalyse

Substanzanalysen dienen dazu, die **Posten des Jahresabschlusses** auf

- ihr Zustandekommen
- ihre Zusammensetzung
- ihre Entwicklung

hin zu überprüfen. Daraus lassen sich wertvolle Hinweise auf die wirtschaftliche Entwicklung eines Unternehmens ziehen.

Siehe ausführlich *Olfert / Körner / Langenbeck*.

## 1.2 Kennzahlenanalyse

Kennzahlen sind Zahlen, die sich auf wichtige Tatbestände beziehen und diese in konzentrierter Form darstellen. Die Investitionsanalyse ist im wesentlichen eine **Kennzahlenrechnung**, die durch andere zusätzliche Informationen ergänzt und abgerundet wird. Zu unterscheiden sind:

- **Absolute Kennzahlen** oder **Grundzahlen,** die eine begrenzte Aussagekraft besitzen, weil sie nur absolute Veränderungen berücksichtigen, also Einzelzahlen, Summen, Differenzen.

  **Beispiele**: Anzahl der Mitarbeiter am 1.1.1992, Betrag des Umlaufvermögens am 31.12.1992, Umsatz am 31.12.1992 im TDM.

- **Relative Kennzahlen** oder **Verhältniszahlen**, deren Aussagefähigkeit höher als die Aussagefähigkeit der absoluten Kennzahlen ist, weil eine Größe zu einer anderen in Beziehung gesetzt wird.

Sie können sein:

| | | |
|---|---|---|
| **Gliede-rungs-zahlen** | Sie zeigen das Verhältnis eines Teils zum Ganzen und sind häufig Prozentzahlen, die strukturelle Verhältnisse offenlegen. | **Beispiele:**<br>• Umlaufvermögen in Prozent zur Bilanzsumme<br>• Anteil der Angestellten an der Gesamtbelegschaft<br>• Anteil des Produktes A am Gesamtumsatz<br>• Anteil der Materialkosten an den Herstellungskosten |
| **Bezie-hungs-zahlen** | Sie sind wesensverschiedene, zueinander in Beziehung gesetzte Größen, die jedoch in einem logisch sinnvollen Zusammenhang stehen. | **Beispiele:**<br>• Umsatz je qm Verkaufsfläche<br>• Umsatz je 1.000 DM Gesamtkapital<br>• Lohnkosten je Produkteinheit<br>• Umsatz je Mitarbeiter |
| **Index-zahlen** | Sie werden als Verhältnis zweier gleichartiger Größen gebildet, die aber zu verschiedenen Zeitpunkten oder an verschiedenen Orten entstanden sind. Eine Größe erhält den Wert 100 und die andere wird an diesem Index gemessen. Indexzahlen verdeutlichen die Entwicklung bestimmter Merkmale. | **Beispiele:**<br>• Preisentwicklung bei Anlagen, Rohstoffen usw.<br>• Entwicklung der Löhne und Gehälter<br>• Entwicklung des Unternehmensgewinnes<br>• Lohnkosten anderer Länder im Vergleich zur Bundesrepublik |

Die Bildung relativer Kennzahlen ist beim Jahresabschluß grundsätzlich möglich:

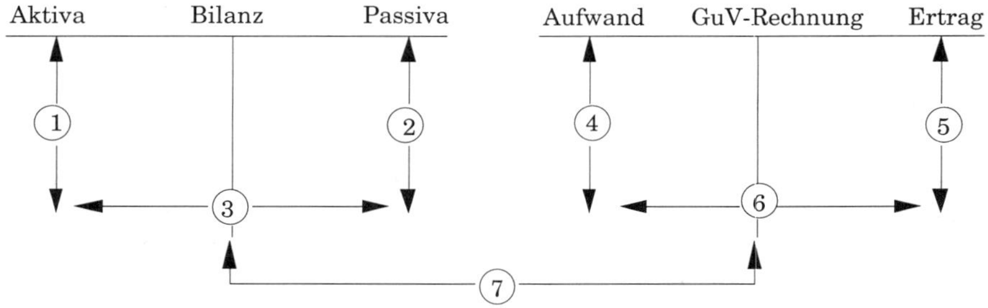


Es lassen sich auch **Kennzahlensysteme** bilden, die nicht nur einzelne, isoliert nebeneinanderstehende Kennzahlen betrachten, sondern betriebswirtschaftliche Zusammenhänge in ihren Wechselwirkungen offenlegen. Kennzahlensysteme gehen von einer bestimmten Ausgangskennzahl aus und entwickeln sich baumförmig weiter. Die Ausgangskennzahl bestimmt das Untersuchungsziel.

Gebräuchliche Kennzahlensysteme sind beispielsweise - siehe ausführlicher *Olfert / Körner / Langenbeck* :

- das DuPont-System
- das ZVEI-Kennzahlensystem.

Für die **Kennzahlenanalyse** können die Jahresabschlüsse in der üblicherweise vorgelegten Form aber nicht verwendet werden, auch wenn sie nach den Vorschriften des HGB erstellt sind. Wichtig ist deshalb, die

- Bilanzen
- GuV-Rechnungen

einheitlich und nach betriebswirtschaftlichen Gesichtspunkten **umzugestalten**, um die Vergleichbarkeit verschiedener Jahresabschlüsse zu gewährleisteten und die Auswertung zu ermöglichen.

Zwei **Schritte** müssen den Kennzahlenanalysen dabei vorangehen:

- Die **Bilanzbereinigung**, die folgende Umgestaltungen umfaßt:
  - **Wertberichtigungen** (bei Einzelunternehmen und Personengesellschaften) sind mit den entsprechenden Posten zu saldieren.
  - **Aktive Rechnungsabgrenzungsposten** werden den kurzfristigen Forderungen zugerechnet.
  - **Passive Rechnungsabgrenzungsposten** erhöhen die kurzfristigen Verbindlichkeiten.
  - **Sonderposten mit Rücklagenanteil** sind grundsätzlich zu 50 % dem Eigenkapital zuzurechnen.
  - **Rückstellungen** und **Verbindlichkeiten** müssen nach ihrer Restlaufzeit dem kurz-, mittel- oder langfristigen Fremdkapital zugeordnet werden.
  - **Pensionsrückstellungen** können bei einigen Analysen wie Eigenkapital eingestuft werden.
  - Der zur Ausschüttung vorgesehene **Gewinn** zählt zum kurzfristigen Fremdkapital, der Rest gehört zum Eigenkapital.
  - Ein **Bilanzverlust** ist vom Eigenkapital abzusetzen.

- Die **Bilanzaufbereitung**, mit der die Bilanzpositionen in zweckmäßiger Weise zusammengefaßt und gruppiert werden.
  - Die Vermögensseite wird nach Liquiditätsgesichtspunkten geordnet.
  - Die Kapitalseite wird nach Herkunft und Fristigkeit des Kapitals gruppiert.

**Beispiel:** Bilanz

| Aktiva | Passiva |
|---|---|
| Anlagevermögen | Eigenkapital |
| Umlaufvermögen | Fremdkapital |
| Mittel 1. Grades | kurzfristig |
| Mittel 2. Grades | mittelfristig |
| Mittel 3. Grades | langfristig |

| **Niederlassung/Filiale:** | | **Bilanz** | | | | | |
|---|---|---|---|---|---|---|---|
| **Firma/Branche:** | | | | | | | |
| 1 | Kasse, Bank, Wechsel | | | | | | |
| 2 | börsengängige Wertpapiere | | | | | | |
| 3 | Warenforderungen | | | | | | |
| 4 | | | | | | | |
| 5 | flüssige Mittel | | | | | | |
| 6 | Vorräte: Roh-, Hilfs- u. Betriebsstoffe | | | | | | |
| 7 | unfertige Erzeugnisse | | | | | | |
| 8 | fertige Erzeugnisse | | | | | | |
| 9 | | | | | | | |
| 10 | liquides Umlaufvermögen | | | | | | |
| 11 | sonstige Forderungen | | | | | | |
| 12 | | | | | | | |
| 13 | | | | | | | |
| 14 | Beteiligungen | | | | | | |
| 15 | Grundstücke/Gebäude | | | | | | |
| 17 | im Bau befindliche Anlagen/Anzahlungen | | | | | | |
| 18 | | | | | | | |
| 19 | Ford. an Inh./Eigene Anteile/ausst. Einlagen | | | | | | |
| 20 | Verlust einschl. Vortrag | | | | | | |
| 21 | Bilanzsumme | | | | | | |
| 22 | Warenschulden | | | | | | |
| 23 | Akzepte | | | | | | |
| 24 | Bankschulden bei uns | | | | | | |
| 25 | Bankschulden bei anderen Instituten | | | | | | |
| 26 | Anzahlungen | | | | | | |
| 27 | sonstige Verbindlichkeiten | | | | | | |
| 28 | | | | | | | |
| 29 | | | | | | | |
| 30 | kurzfristige Rückstellungen | | | | | | |
| 31 | Wertber. z. liq. Umlaufvermögen | | | | | | |
| 32 | kurzfristige Verbindlichkeiten | | | | | | |
| 33 | mittel- und langfristige Darlehen, Hypotheken | | | | | | |
| 34 | | | | | | | |
| 35 | | | | | | | |
| 36 | | | | | | | |
| 37 | Unterstützungs./Pensionsrückst. | | | | | | |
| 38 | langfristige Verbindlichkeiten | | | | | | |
| 39 | (davon innerhalb von 5 Jahren fällig) | | | | | | |
| 40 | unversteuerte Rücklagen | | | | | | |
| 41 | gezeichnetes Kapital | | | | | | |
| 42 | | | | | | | |
| 43 | | | | | | | |
| 44 | Rücklagen | | | | | | |
| 45 | Jahresüberschuß einschl. Vortrag | | | | | | |
| 46 | Summe der eigenen Mittel<br>(40 bis 45) – (19 + 20) | | | | | | |
| 47 | Liquidität I. Ordnung | | | | | | |
| 48 | Liquidität II. Ordnung | | | | | | |
| 49 | Nettoverschuldung<br>(32 + 38 + 52) –. (1 + 2 + 31 + 37) | | | | | | |
| 50 | Avale | | | | | | |
| 51 | Giroverbindlichkeiten | | | | | | |
| 52 | | | | | | | |
| 53 | Steuerschulden (soweit nicht passiviert) | | | | | | |
| 54 | Leasingverpflichtungen p.a. | | | | | | |
| 55 | haftendes Vermögen außerhalb der Bilanz | | | | | | |
| 56 | Entnahmen/Ausschüttungen | | | | | | |
| 57 | Sonstige Kapitalveränderungen<br>(sep. erläutern) | | | | | | |
| 58 | Zugang im Sachanlagevermögen | | | | | | |
| 59 | | | | | | | |

| Niederlassung/Filiale: | | Erfolgsrechnung | | | | | |
|---|---|---|---|---|---|---|---|
| **Firma/Branche:** | | | | | | | |
| 1 | Geschäftsumsatz (ohne MwSt) * | | | | | | |
| 2 | Erlösschmälerungen | | | | | | |
| 3 | Bestandsveränd. der Erzeugnisse + – | | | | | | |
| 4 | aktivierte Eigenleistungen | | | | | | |
| 5 | Gesamtleistung | | | | | | |
| 6 | Materialaufwand, Fremdleistungen | | | | | | |
| 7 | Materialaufwand in % der Gesamtleistung | | | | | | |
| 8 | Handelswareneinsatz | | | | | | |
| 9 | (darin berücksichtigt Lieferantenskonti) | | | | | | |
| 10 | Rohertrag | | | | | | |
| 11 | Rohertrag in % der Geamtleistung | | | | | | |
| 12 | Erträge/Verluste aus Beteiligungen + – | | | | | | |
| 13 | Erträge aus Zinsen | | | | | | |
| 14 | sonstige ordentliche Erträge | | | | | | |
| 15 | | | | | | | |
| 16 | | | | | | | |
| 17 | Summe der ordentlichen Erträge | | | | | | |
| 18 | Personalaufwendungen | | | | | | |
| 19 | Personalaufwwendungen in % der Gesamtleistung | | | | | | |
| 20 | Steuern (ohne St. v. Einkommen und Ertrag) | | | | | | |
| 21 | sonstige ordentliche Aufwendungen | | | | | | |
| 22 | | | | | | | |
| 23 | | | | | | | |
| 24 | Summe der ordentlichen Aufwendungen | | | | | | |
| 25 | Betriebsergebnis | | | | | | |
| 26 | Zinsaufwendungen | | | | | | |
| 27 | Geschäftserg. vor Anlagenabschr. + – | | | | | | |
| 28 | Geschäftserg. in % des Geschäftsumsatzes | | | | | | |
| 29 | planmäßige Abschreibung auf Anlagen | | | | | | |
| 30 | außerplanmäßige Abschreibung auf Anlagen | | | | | | |
| 31 | | | | | | | |
| 32 | a.o. Aufwand | | | | | | |
| 33 | Zuführung zur Pensionsrückstellung | | | | | | |
| 34 | | | | | | | |
| 35 | | | | | | | |
| 36 | a.o. Ertrag | | | | | | |
| 37 | | | | | | | |
| 38 | | | | | | | |
| 39 | unversteuertes Ergebnis + – | | | | | | |
| 40 | Steuern v. Einkommen und Ertrag | | | | | | |
| 41 | Jahresüberschuß/Fehlbetrag | | | | | | |
| 42 | | | | | | | |
| 43 | Auflösung/Zuweisung zu Rückl. + – | | | | | | |
| 44 | Jahresgewinn/-verlust (Auch ausfüllen, falls auf Organmutter übertragen) | | | | | | |
| 45 | Cash Flow (27 - 40) | | | | | | |
| 46 | Nettoverschuldung: Cash-flow | | | | | | |
| 47 | Nettoverschuldung: Cash-flow (ohne Anzahlung) | | | | | | |
| 48 | Geschäftsumsatz: Vorräten | | | | | | |
| 49 | Geschäftsumsatz: Warenforderungen | | | | | | |
| 50 | | | | | | | |
| 51 | Beschäftigtenzahl | | | | | | |
| 52 | Auftragsbestand | | | | | | |
| 53 | | | | | | | |
| 54 | | | | | | | |
| 55 | | | | | | | |
| 56 | * davon Exportanteil (in %) | | | | | | |
| 57 | | | | | | | |

# 2. Investitionsanalyse

Die Investitionsanalyse ist die **Analyse der Vermögensseite** der Bilanz. Sie bezieht sich vor allem auf folgende Fragestellungen:

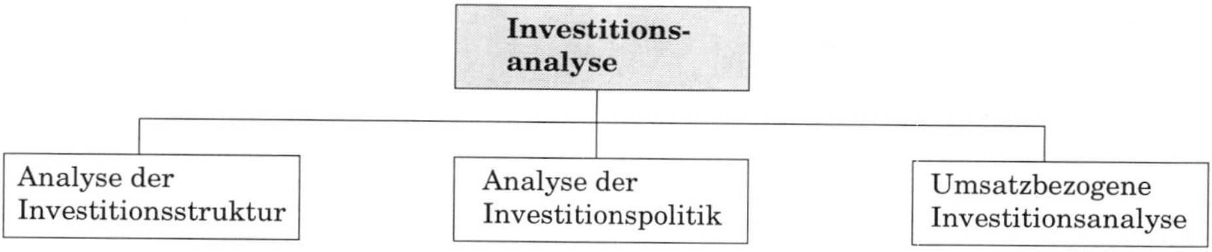


## 2.1 Analyse der Investitionsstruktur

Die Kennzahlen der Investitionsstruktur sollen die Flexibilität und damit die Stabilität eines Unternehmens sowie den **Umfang der Kapazitätsnutzung** anzeigen. Beide Gesichtspunkte sind grundsätzlich um so positiver zu beurteilen, je geringer der Anteil des Anlagevermögens ist. Kennzahlen sind:

- Die **Vermögenskonstitution**, welche die Art der Beziehung zwischen dem Anlagevermögen und Umlaufvermögen ausdrückt.

$$\text{Vermögenskonstitution} = \frac{\text{Anlagevermögen}}{\text{Umlaufvermögen}} \cdot 100$$

  Die Verwendung dieser Kennzahl hat beim **Vergleich der Entwicklung über mehrere Perioden** in einem bestimmten Unternehmen einen Sinn. Zwischenbetriebliche Vergleiche sind wegen unterschiedlicher Größe und Strukturierung der Unternehmen von geringer Aussagekraft.

- Die **Anlageintensität**, die über den Grad der Beweglichkeit des Unternehmens Auskunft gibt.

$$\text{Anlageintensität} = \frac{\text{Anlagevermögen}}{\text{Gesamtvermögen}} \cdot 100$$

  Ein **umfangreiches Anlagevermögen** birgt eine gewisse Starrheit in sich, da bei rückläufigen Unternehmensentwicklungen die erforderliche Verringerung des Anlagevermögens nur schwer vorgenommen werden kann. Außerdem können hohe Fixkosten bei nicht voll ausgenutzten Kapazitäten finanzielle Belastungen mit sich bringen.

Eine **große Anlageintensität** kann:

- branchenbedingt sein, beispielsweise beim Schiffsbau und bei Transportunternehmen.
- durch Rationalisierungsmaßnahmen hervorgerufen worden sein, beispielsweise beim Einsatz von Automatenstraßen.
- durch einen überalterten Maschinenpark verursacht worden sein, der möglicherweise in mangelhaftem Management begründet ist.

• Die **Umlaufintensität**, welche die Beziehung zwischen dem Umlaufvermögen und Gesamtvermögen angibt.

$$\text{Umlaufintensität} = \frac{\text{Umlaufvermögen}}{\text{Gesamtvermögen}} \cdot 100$$

Ein überdurchschnittlich hoher Grad der Umlaufintenstität läßt bei materialintensiven Unternehmen auf einen hohen Lagerbestand von Material und Umsatzgütern schließen und damit auf erhebliche Lagerhaltungskosten. Er kann aber auch auf einem hohen Forderungsbestand beruhen.

## 2.2 Analyse der Investitionspolitik

Von großer Wichtigkeit im Rahmen der Investitionsanalyse ist auch, das **Verhalten** eines Unternehmens **als Investor** zu beurteilen. Kennzahlen sind:

• Die **Investitionsquote**, die Aufschluß darüber geben soll, welche **Investitionsneigung** in einem Unternehmen besteht.

$$\text{Investitionsquote} = \frac{\text{Nettoinvestition bei Sachanlagen}}{\text{Anfangsbestand der Sachanlagen}} \cdot 100$$

Der Vergleich der Investitionsquote eines Unternehmens im Zeitablauf gibt Hinweise darauf, inwieweit sich seine Investitionstätigkeit verändert hat.

• Die **Investitionsdeckung**, mit der offengelegt wird, inwieweit ein wirkliches Wachstum eines Unternehmens gegeben ist. Sie zeigt, ob und in welchem Umfang Anlagenzugänge aus Abschreibungen finanziert werden.

$$\text{Investitionsdeckung} = \frac{\text{Abschreibungen auf Sachanlagen}}{\text{Zugänge an Sachanlagen}} \cdot 100$$

Liegt die Investitionsdeckung über 100 %, wurden die Abschreibungen nicht voll reinvestiert. Bei einem Wert von unter 100 % liegt die Quote der Reinvestition über den Abschreibungen.

- Die **Abschreibungsquote**, die bei Betrachtung mehrerer aufeinanderfolgender Perioden transparent macht, ob - bei steigender Quote - stille Reserven zu Lasten des Gewinnes gebildet oder - bei sinkender Quote - zugunsten des Gewinnes aufgelöst werden.

$$\text{Abschreibungsquote} = \frac{\text{Abschreibung auf Sachanlagen}}{\text{Endbestand an Sachanlagen}} \cdot 100$$

## 2.3 Umsatzbezogene Investitionsanalyse

Bei der umsatzbezogenen Investitionsanalyse wird untersucht, welche Beziehung zwischen den Vermögensteilen eines Unternehmens und den Umsatzerlösen besteht. Damit lassen sich Informationen über die geschäftliche Entwicklung gewinnen. Kennzahlen sind:

- Die **Anlagennutzung**, mit der offengelegt werden soll, inwieweit eine Ausnutzung der Sachanlagen gegeben ist.

$$\text{Anlagennutzung} = \frac{\text{Umsatz}}{\text{Sachanlagen}} \cdot 100$$

Ein Ansteigen der Kennzahl läßt den Schluß zu, daß die Sachanlagen eine verbesserte Ausnutzung erfahren, d.h. die Beschäftigung sich erhöhte.

- Die **Vorratshaltung**, die anzeigt, in welchem Verhältnis die Vorräte zum Umsatz eines Unternehmens stehen.

$$\text{Vorratshaltung} = \frac{\text{Vorräte}}{\text{Umsatz}} \cdot 100$$

Ein Sinken der Vorratshaltung deutet auf wirtschaftliche Vorratshaltung hin. Sie wird erreicht, indem die Vorräte bei steigenden Umsätzen nicht (ebenso stark) erhöht werden, bei gleichbleibenden Umsätzen vermindert werden oder bei sinkenden Umsätzen stärker abnehmen als die Umsätze.

- Die **Umschlagshäufigkeit**, die angibt, wie oft ein Vermögensposten in einer Periode umgeschlagen wurde. Sie kann ermittelt werden als:

$$\begin{array}{l}\text{Umschlagshäufigkeit} \\ \text{des Anlagevermögens}\end{array} = \frac{\begin{array}{c}\text{Abschreibungen des Anlagevermögens} \\ + \text{Abgänge}\end{array}}{\text{Ø Bestand des Anlagevermögens}} \cdot 100$$

$$\text{Umschlagshäufigkeit des Umlaufvermögens} = \frac{\text{Umsatz}}{\varnothing \text{ Bestand des Umlaufvermögens}} \cdot 100$$

$$\text{Umschlagshäufigkeit des Gesamtvermögens} = \frac{\text{Umsatz}}{\text{Gesamtvermögen}} \cdot 100$$

Der durchschnittliche Bestand ergibt sich dabei aus:

$$\text{Durchschnittlicher Bestand} = \frac{\text{Anfangsbestand} + \text{Endbestand}}{2}$$

Die Umschlagshäufigkeit zeigt die Bindungsdauer des Vermögens bzw. von Vermögensteilen und gibt Hinweise auf die Höhe des Kapitalbedarfes. Sie ist um so positiver zu beurteilen, je höher sie ist.

- Die **Laufzeit der Forderungen**, mit der sich Rückschlüsse auf das Zahlungsverhalten der Kunden ziehen lassen. Es läßt sich feststellen, wie lange es dauert, bis die Umsatzerlöse liquiditätswirksam werden.

$$\text{Laufzeit der Forderungen} = \frac{\varnothing \text{ Bestand an Warenforderung}}{\text{Umsatz}} \cdot 360$$

Eine lange Laufzeit läßt meist auf schlechte Zahlungsmoral der Kunden schließen. Andererseits bedeutet dies, daß sich ein Unternehmen bei einem Liquiditätsengpaß durch entsprechende Gestaltung der Zahlungsbedingungen finanzielle Mittel beschaffen kann.

# 3. Finanzierungsanalyse

Die Finanzierungsanalyse ist die **Analyse der Kapitalseite** mit dem Ziel, Informationen über die Quellen sowie die Zusammensetzung des Kapitals nach Art, Sicherheit und Fristigkeit zu gewinnen. Sie bezieht sich auf:

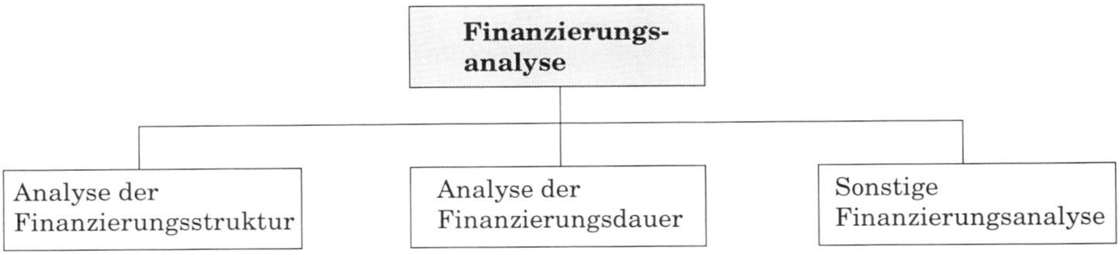

## 3.1 Analyse der Finanzierungsstruktur

Die Finanzierungsstruktur eines Unternehmens kann mit Hilfe der folgenden Kennzahlen analysiert werden:

- Dem **Eigenkapitalanteil**, der die Beziehung zwischen Eigenkapital und Gesamtkapital ausdrückt.

$$\text{Eigenkapitalanteil} = \frac{\text{Eigenkapital}}{\text{Gesamtkapital}} \cdot 100$$

Die Kennzahl kann keine präzise Aussage liefern, da das Eigenkapital sich beispielsweise aus dem gezeichneten Kapital und den Rücklagen sowie den stillen Reserven zusammensetzt. Inwieweit Bewertungsschwankungen auf der Vermögensseite die Größe des Eigenkapitals beeinflußt haben, ist ungewiß.

- Dem **Anpassungskoeffizienten**, der auch **Kapitalanspannung** genannt wird und den relativen Anteil des Fremdkapitals am gesamten Kapital angibt.

$$\text{Anspannungskoeffizient} = \frac{\text{Fremdkapital}}{\text{Gesamtkapital}} \cdot 100$$

Wie hoch der Anteil der Schulden am Gesamtkapital sein darf, ist nicht generell festlegbar, sondern von Branche, Unternehmen und Situation her unterschiedlich zu beurteilen.

- Dem **Verschuldungskoeffizienten**, der aus der Beziehung zwischen Fremdkapital und Eigenkapital ermittelt wird.

$$\text{Verschuldungskoeffizient} = \frac{\text{Fremdkapital}}{\text{Eigenkapital}} \cdot 100$$

Der Verschuldungskoeffizient ist eine besonders wichtige Kennzahl. Er gibt an, inwieweit das Unternehmen von außenstehenden Dritten finanziert wurde im Verhältnis zu dem Anteil der Unternehmenseigentümer.

Wie hoch der Verschuldungskoeffizient sein darf, wird in vertikalen **Finanzierungsregeln** als »Qualitätsnormen« dargestellt:

| | | |
|---|---|---|
| **Vertikale Finanzierungs-regeln** | 1 : 1-Regel | $\frac{\text{Fremdkapital}}{\text{Eigenkapital}} \leq 1$ |
| | 2 : 1-Regel | $\frac{\text{Fremdkapital}}{\text{Eigenkapital}} \leq 2$ |

Sie sind sowohl finanz- als auch erfolgswirtschaftlich gesehen nicht geeignet, bei Einhaltung den Bestand des Unternehmens zu sichern. Dennoch können sie eine gewisse Bedeutung erlangen, wenn Fremdkapitalgeber das Unternehmen hinsichtlich seiner Kreditwürdigkeit anhand dieser Finanzierungsregeln beurteilen.

Eine ausreichende Beurteilung des Verhältnisses der verschiedenen Kapitalarten zueinander ist erst gegeben, wenn bekannt ist, wie lange die fremden Mittel in dem Unternehmen verbleiben, ob sie als kurz-, mittel- oder langfristig fällig sind. Um die Aussagefähigkeit der Kapitalkennzahlen zu erhöhen, sind weitere Relationen zu bilden:

$$\frac{\text{Langfristiges Fremdkapital}}{\text{Gesamtkapital}}$$

$$\frac{\text{Mittel- und kurzfristiges Fremdkapital}}{\text{Gesamtkapital}}$$

Für die Gestaltung des Fremdkapital-Eigenkapital-Verhältnisses sind besonders die **Rentabilitätswirkungen** des Fremdkapitals von Bedeutung - siehe ausführlich Olfert.

## 3.2 Analyse der Finanzierungsdauer

Die Analyse der Laufzeit kurzfristiger Finanzierungsmittel, die von einem Unternehmen in Anspruch genommen wurden, ermöglicht es, Informationen über die Finanzlage dieses Unternehmens zu erlangen. Kennzahlen sind:

- Die **Lieferantenkreditdauer**, bei welcher der durchschnittliche Bestand an

$$\text{Lieferantenkreditdauer} = \frac{\text{Ø Kreditorenbestand}}{\text{Wareneingang}} \cdot 360$$

  Kreditoren und der Wareneingang gegenübergestellt werden:
  Eine hohe Lieferantenkreditdauer läßt vermuten, daß Skonti nicht ausgenutzt wurden, was sich rentabilitätsmindernd auswirkt. Ein Grund dafür könnten Liquiditätsengpässe beim betrachteten Unternehmen sein.

$$\text{Wechselkreditdauer} = \frac{\text{Ø Schuldwechselbestand}}{\text{Wareneingang}} \cdot 360$$

- Die **Wechselkreditdauer**, die ermittelt wird:
  Eine hohe Wechselkreditdauer kann auf kurzfristige Überbrückungen zwischen Beschaffung und Absatz hindeuten. Es ist aber auch möglich, daß die Wech-

selfinanzierung nur noch die einzige Finanzierungsmöglichkeit für das Unternehmen darstellt.

- Die **Bankkreditdauer**, die errechnet werden kann:

$$\text{Bankkreditdauer} = \frac{\text{Ø Geschäftskontenbestand}}{\text{Wareneingang}} \cdot 360$$

Eine genaue Wertung einer bestimmten Bankkreditdauer ist nur dann möglich, wenn die Einflußgrößen auf die Kontenbestände im einzelnen bekannt sind.

## 3.3 Sonstige Finanzierungsanalyse

Die Finanzierungsanalyse ist schließlich noch mit Hilfe von zwei aufschlußreichen Kennzahlen möglich:

- Dem **Bilanzkurs**, der die einer Aktie innewohnende Substanz aufzeigt:

$$\text{Bilanzkurs} = \frac{\text{Eigenkapital}}{\text{Gezeichnetes Kapital}} \cdot 100$$

Im Vergleich mit dem Börsenkurs der Aktie kann offengelegt werden, inwieweit Faktoren den Wert eines Unternehmens verändern, die nicht aus der Bilanz ersichtlich sind, beispielsweise die stillen Reserven und der Goodwill.

- Der **Kreditanspannung**, mit deren Hilfe die Möglichkeiten der Finanzierung durch Lieferantenkredite angedeutet werden können:

$$\text{Kreditanspannung} = \frac{\text{Wechselverbindlichkeiten}}{\text{Warenschulden}} \cdot 100$$

Steigende Kreditanspannung läßt vermuten, daß Lieferantenkredite weitgehend ausgeschöpft sein könnten, was - bedingt durch die Nichtausnutzung von Skonti - zu einer Verminderung der Rentabilität führen würde.

# 4. Liquiditätsanalyse

Bei der Liquiditätsanalyse werden sowohl Positionen der **Vermögensseite** als auch der **Kapitalseite** der Bilanz untersucht:

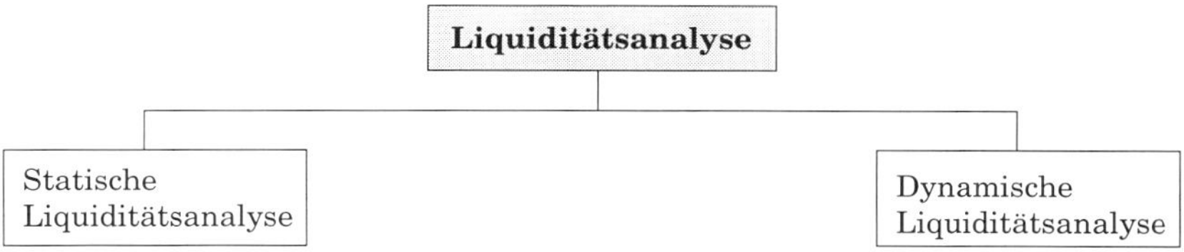


# 4.1 Statische Liquiditätsanalyse

Die statische Liquiditätsanalyse bezieht sich auf einen **bestimmten Zeitpunkt** im Unternehmensleben. Sie kann sein:

- Eine **langfristige Liquiditätsanalyse**, bei der unterschieden werden:

  - Der **Deckungsgrad A**, der besagt, in welchem Umfang die langfristig investierten Vermögensteile durch Eigenkapital gedeckt sind.

$$\text{Deckungsgrad A} = \frac{\text{Eigenkapital}}{\text{Anlagevermögen}} \cdot 100$$

  - Der **Deckungsgrad B**, der berücksichtigt, daß für langfristige Investitionen neben dem Eigenkapital auch langfristiges Fremdkapital Einsatz finden kann.

$$\text{Deckungsgrad B} = \frac{\text{Eigenkapital + langfristiges Fremdkapital}}{\text{Anlagevermögen}} \cdot 100$$

  - Der **Deckungsgrad C** berücksichtigt, daß mit Eigenkapital und langfristigem Fremdkapital nicht nur Anlagevermögen, sondern auch langfristig gebundenes Umlaufvermögen finanziert werden kann.

$$\text{Deckungsgrad C} = \frac{\text{Eigenkapital + langfristiges Fremdkapital}}{\text{Anlagevermögen + langfristig gebundenes Umlaufvermögen}} \cdot 100$$

Wie bei der Finanzierungsanalyse gibt es auch bei den Deckungsgraden Überlegungen, welches Verhältnis zwischen den einzelnen Werten als günstig anzusehen wäre. Sie finden in den **horizontalen Finanzierungsregeln** als »Qualitätsnormen« ihren Niederschlag, die sein können:

<table>
<tr><td rowspan="3">Horizontale Finanzierungs-regeln</td><td rowspan="2">Goldene Bilanzregeln</td><td>im engeren Sinne:</td><td>$\frac{\text{Anlagevermögen}}{\text{Eigenkapital}} \leq 1$</td></tr>
<tr><td>im weiteren Sinne:</td><td>$\frac{\text{Anlagevermögen}}{\text{Eigenkapital} + \text{langfristiges Fremdkapital}} \leq 1$</td></tr>
<tr><td>Goldene Finanzierungs-regeln</td><td></td><td>$\frac{\text{Kurzfristiges Vermögen}}{\text{Kurzfristiges Kapital}} \geq 1$<br>$\frac{\text{Langfristiges Vermögen}}{\text{Langfristiges Kapital}} \leq 1$</td></tr>
</table>

Auch die horizontalen Finanzierungsregeln ermöglichen es nicht, den Bestand des Unternehmens zu sichern.

- Eine **kurzfristige Liquiditätsanalyse**, bei der zu unterscheiden sind:

| | |
|---|---|
| **Bar-liquidität** | $\text{Liquidität 1. Grades} = \frac{\text{Zahlungsmittel*}}{\text{Kurzfristige Verbindlichkeiten**}}$ |

| | |
|---|---|
| **Liquidität auf kurze Sicht** | $\text{Liquidität 2. Grades} = \frac{\text{Zahlungsmittel} + \text{kurzfristige Forderungen***}}{\text{Kurzfristige Verbindlichkeiten}}$ |

| | |
|---|---|
| **Liquidität auf mittlere Sicht** | $\text{Liquidität 3. Grades} = \frac{\text{Zahlungsmittel} + \text{kurzfristige Forderungen} + \text{Vorräte}}{\text{Kurzfristige Verbindlichkeiten}}$ |

Die genannten Liquiditätsgrade sind zu eng mit der Bilanz verknüpft. Ob ein Unternehmen liquide ist, wird aus einzelnen aktiven und passiven Bilanzpositionen nicht ohne weiteres zu entnehmen sein.

---

* Zahlungsmittel sind Kasse, Bundesbank, Postgiroguthaben, Guthaben bei Kreditinstituten, diskontfähige Wechsel, Schecks.

** Kurzfristige Verbindlichkeiten sind Verbindlichkeiten aus Warenlieferungen und Leistungen, Schuldwechsel, Schulden bei Kreditinstituten, erhaltene Anzahlungen, Dividenden, wenn diese Positionen innerhalb von 3 Monaten fällig werden.

*** Sofern die Forderungen innerhalb von 3 Monaten fällig werden.

## 4.2 Dynamische Liquiditätsanalyse

Die dynamische Liquiditätsanalyse ist zeitraumbezogen. Es lassen sich unterscheiden:

- Der **Cash Flow,** der sein kann:
  - Der **Cash Flow im engeren Sinne**, der das Ausmaß der Unternehmensfinanzierung aus den Umsatzerlösen als »Kassenüberschuß« zeigt, der über die reine Aufwandsdeckung hinausreicht und dem Unternehmen zur Verfügung steht
    - zur (Innen)-Finanzierung von Investitionen,
    - zur Rückzahlung von Verbindlichkeiten
    - zur Ausschüttung von Gewinn

  Neben der Ertragslage dokumentiert der Cash Flow den **Selbstfinanzierungsspielraum** eines Unternehmens.

| | |
|---|---|
| | Nichtentnommener Gewinn |
| + | Neu gebildete Rücklagen |
| + | Abschreibungen |
| + | Pauschalwertberichtigungen |
| = | **Cash Flow im engeren Sinne** |

  - Der **Cash Flow im weiteren Sinne**, der nicht nur die aus der Selbstfinanzierung stammenden Mittel erfaßt, sondern auch fremdfinanzierte Mittel, die bis zum Zeitpunkt ihrer Inanspruchnahme im Unternehmen verbleiben. Leitgedanke ist, sämtliche Liquiditätszuflüsse einzubeziehen.

| | |
|---|---|
| | Jahresgewinn bzw. -verlust |
| – | Gewinnvortrag |
| + | Verlustvortrag |
| + | Erhöhung der Rücklagen zu Lasten des Ergebnisses |
| – | Auflösung der Rücklagen zugunsten des Ergebnisses |
| + | Erhöhung der langfristigen Rückstellungen |
| – | Auflösung langfristiger Rückstellungen zugunsten des Ergebnisses |
| + | Abschreibungen und Wertberichtigungen auf Sachanlagen und Beteiligungen |
| + | außerordentliche, betriebs- und periodenfremde Aufwendungen |
| – | außerordentliche, betriebs- und periodenfremde Erträge |
| = | **Cash Flow im weiteren Sinne** |

Der Cash Flow ist ein **Indikator für die Finanzkraft** des Unternehmens insofern, als der Spielraum zur Innenfinanzierung, Schuldentilgung und Dividendenzahlung zum Ausdruck gebracht wird.

Aus dem Cash Flow wird geschlossen, inwieweit das Unternehmen dauernd fähig ist, die erforderlichen Finanzmittel aus eigener Kraft für Ersatz- und Erweiterungsinvestitionen zur Verfügung zu stellen.

Zudem geben die im Cash Flow enthaltenen Posten an, in welchem Maße das Unternehmen fähig ist, Schulden zu tilgen und Zinsverbindlichkeiten zu erfüllen, so daß im Rahmen der Analyse nicht nur die **Kreditfähigkeit** aus unternehmensinterner Sicht, sondern darüber hinaus auch die **Kreditwürdigkeit** extern beurteilt werden kann.

- Die **Bewegungsbilanz**, in der Mittelverwendung und Mittelherkunft gegenübergestellt werden.

Im Gegensatz zur Beständebilanz stellt die Bewegungsbilanz keine Zeitpunktrechnung, sondern eine Zeitraumrechnung dar, in der die Veränderungen der Bilanzpositionen während einer Rechnungsperiode aufgezeigt werden.

Die Bewegungsbilanz weist auf der Aktivseite die Mittelverwendung, auf der Passivseite die Mittelherkunft aus:

| Mittelverwendung **Bewegungsbilanz** | Mittelherkunft |
|---|---|
| Aktivmehrungen<br>Passivminderungen | Aktivminderungen<br>Passivmehrungen |

Da die Bewegungsbilanz die Bestandsveränderungen erfaßt, ist sie primär als Mittel zu sehen, finanzwirtschaftliche Vorgänge aufzuzeigen und zudem als Nebenprodukt den Erfolg der Unternehmenstätigkeit zu offenbaren.

- Die **Kapitalflußrechnung**, die dadurch ermöglicht wird, daß

  - die Bilanzen
  - die GuV-Rechnungen

  zu Beginn und Ende einer Rechnungsperiode gegenübergestellt werden. Sie kann nach folgendem **Schema** erfolgen:

| **Mittelherkunft** | |
|---|---|
| | Einstellung in die Rücklage |
| | • gesetzliche Rücklage |
| | • Rücklage für eigene Anteile |
| | • satzungsmäßige Rücklagen |
| | • andere Gewinnrücklagen |
| – | Entnahmen aus der Rücklage |
| + | Abschreibungen auf Sachanlagen (einschließlich Abgänge) |
| + | Abschreibungen auf Beteiligungen |
| + | Erhöhung des Grundkapitals |
| + | Zunahme der langfristigen Verbindlichkeiten |
| + | Zunahme der mittelfristigen Verbindlichkeiten |
| + | Erhöhung der Rückstellungen |
| + | Verringerte Vorratshaltung |
| = | Gesamtbetrag der verfügbaren Mittel (1) |

**Mittelverwendung**

Investitionen in
- Sachanlagen
- Beteiligungen

\+ Erhöhung der Vorräte
\+ Zunahme der Forderungen aus langfristigen Geschäften
\+ Zunahme der Forderungen aus mittelfristigen Geschäften
\+ Verminderung der kurzfristigen Verbindlichkeiten

= Gesamtbetrag der eingesetzten Mittel (2)

Die Differenz zwischen (1) und (2) ergibt die Zu- oder Abnahme der flüssigen Mittel.

Die Kapitalflußrechnung verdeutlicht die durch die Bilanz und die GuV-Rechnung nicht zum Ausdruck gebrachten Vorgänge im Bereich der Finanzierung und der Investierung. Sie ist damit eine **ergänzende Informationsquelle** zum Jahresabschluß und enthält insbesondere Aussagen über

- die Höhe der Betriebseinnahmen aus Umsatzerlösen,
- die Betriebsausgaben für Material, Personal, Fremdleistungen, Abgaben,
- den Überschuß der Betriebseinnahmen über die Betriebsausgaben,
- die Ausgaben für Investitionen, Entwicklung, Markterschließung,
- den Finanzbedarf, wenn die Ausgaben für Investitionen den Überschuß der Betriebseinnahmen über die Betriebsausgaben übersteigen,
- die Außenfinanzierung aus Eigen- und Fremdkapital,
- die Veränderung der liquiden Mittel.

50

# 5. Ergebnisanalyse

Die Ergebnisanalyse kann durchgeführt werden, indem Relationen von Positionen der Aufwandseite und Ertragsseite* gebildet werden. Sie beziehen sich dabei auf:

- Die **Struktur des Aufwandes**, bei der mehrere Kennzahlen zu unterscheiden sind:
  - Die **Personalintensität**, die ein Maßstab für die Wirtschaftlichkeit des Faktors Arbeit ist.

$$\text{Personalintensität} = \frac{\text{Personalaufwand}}{\text{Gesamtaufwand}} \cdot 100$$

Der Personalaufwand umfaßt die Löhne und Gehälter, die sozialen Abgaben und die Aufwendungen für Altersversorgung und Unterstützung. Mit Hilfe der Personalintensität kann die Entwicklung der **Wirtschaftlichkeit des Personaleinsatzes** im Zeitablauf überprüft werden. Eine Verschlechterung muß nicht vom Management zu vertreten sein, sondern kann darauf beruhen, daß Lohn- und Gehaltserhöhungen stärker gestiegen sind als der Gesamtaufwand.

* Damit erfolgt eine **Strukturanalyse**. Die Ergebnisanalyse kann sich aber auch auf die **Analyse der Erfolgsquellen** beziehen - siehe ausführlich *Olfert / Körner / Langenbeck*.

Im zwischenbetrieblichen Vergleich ist diese Kennzahl für die Beurteilung des Mechanisierungs- und Automationsniveaus der Unternehmen nützlich.

- Die **Materialintensität,** die den Anteil des Materialaufwandes am Gesamtaufwand offenlegt.

$$\text{Materialintensität} = \frac{\text{Materialaufwand}}{\text{Gesamtaufwand}} \cdot 100$$

Als Materialaufwand dient der Aufwand für Roh-, Hilfs- und Betriebsstoffe sowie bezogene Waren.

Grundsätzlich ist mit der Materialintensität die **Wirtschaftlichkeit des Materialeinsatzes** festzustellen. Auch hier ist aber zu beachten, daß Veränderungen in den Beschaffungspreisen diese Wirtschaftlichkeit ebenfalls beeinflussen.

- Die **Abschreibungsintensität**, die ein Maßstab für die Wirtschaftlichkeit des eingesetzten Sachanlagevermögens ist.

$$\text{Abschreibungsintensität} = \frac{\text{Abschreibungsaufwand}}{\text{Gesamtaufwand}} \cdot 100$$

Diese Kennzahl ist insofern schwierig zu ermitteln, als der Abschreibungsaufwand durch bilanzpolitische Maßnahmen stark beeinflußt ist.

- Die **Struktur des Ertrages**, bei der als informative Kennzahl die Umsatzdominanz gilt.

$$\text{Umsatzdominanz} = \frac{\text{Umsatz}}{\text{Gesamtertrag}} \cdot 100$$

Sie zeigt den Anteil der Umsatzerlöse am Gesamtertrag.

# 6. Rentabilitätsanalyse

Die Rentabilitätsanalyse soll Aufschluß über den **Erfolg** eines Unternehmens geben. Ihre **Problematik** liegt in der richtigen Ermittlung des Gewinnes.

Die handelsrechtliche Erfolgsrechnung zeigt beispielsweise nur den verteilungsfähigen Reingewinn, also den Gewinn nach Abzug von Steuern, die aus dem Gewinn zu zahlen sind, und nach Abzug von Gewinnanteilen, die auf Rücklagen überführt worden sind. Der ausgewiesene Gewinn kann außerdem durch Bildung stiller Rücklagen verfälscht sein. Er ist ferner nicht nur durch den Umsatzprozeß der Betriebsleistungen, sondern auch durch außerordentliche Erträge entstanden.

Es lassen sich unterscheiden:

- **Gewinnorientierte Rentabilitätsanalyse**

  - Die **Eigenkapitalrentabilität** ergibt sich:

$$\text{Eigenkapitalrentabilität} = \frac{\text{Gewinn}}{\text{Eigenkapital}} \cdot 100$$

Als **Gewinn** wird hier der Jahresüberschuß der Handelsbilanz verstanden, der um die Steuern vom Einkommen, Ertrag und Vermögen vermindert wird. Das **Eigenkapital** besteht aus dem gezeichneten Kapital, den Rücklagen und dem nicht ausgeschütteten Teil des Jahresgewinnes.

  - Die **Gesamtkapitalrentabilität** wird ermittelt:

$$\text{Gesamtkapitalrentabilität} = \frac{\text{Gewinn} + \text{Fremdkapitalzinsen}}{\text{Gesamtaufwand}} \cdot 100$$

Die Gesamtkapitalrentabilität stellt die Verzinsung des in einem Unternehmen insgesamt eingesetzten Kapitals dar.

  - Die **Umsatzrentabilität** läßt sich errechnen:

$$\text{Umsatzrentabilität} = \frac{\text{Gewinn}}{\text{Umsatz}} \cdot 100$$

Zweckmäßigerweise kann anstelle des Gewinnes das ordentliche Betriebsergebnis verwendet werden, weil damit betriebsfremde oder außerordentliche Aktivitäten des Unternehmens unberücksichtigt bleiben.

$$\text{Umsatzrentabilität} = \frac{\text{Ordentliches Betriebsergebnis}}{\text{Umsatz}} \cdot 100$$

- **Cash Flow-orientierte Rentabilitätsanalyse**

Sie hat den **Vorteil**, daß sie über den Gewinn hinaus auch andere Einflußgrößen berücksichtigt und somit ein umfassenderes Bild ermöglicht, insbesondere unter finanzwirtschaftlichen Aspekten.

  - Die **Eigenkapitalrentabilität** ergibt sich:

$$\text{Eigenkapitalrentabilität} = \frac{\text{Cash Flow}}{\text{Eigenkapital}} \cdot 100$$

Die so errechnete Eigenkapitalrentabilität gibt Auskunft darüber, wieviel Prozent des Eigenkapitals der Cash Flow ausmacht. Dadurch kann die Finanzierungs- und Ertragskraft eines Unternehmens fundierter analysiert werden als bei der gewinnorientierten Betrachtung.

- Die **Gesamtkapitalrentabilität** wird ermittelt :

$$\text{Gesamtkapitalrentabilität} = \frac{\text{Cash Flow}}{\text{Gesamtkapital}} \cdot 100$$

- Die **Umsatzrentabilität** läßt sich errechnen:

$$\text{Umsatzrentabilität} = \frac{\text{Cash Flow}}{\text{Umsatz}} \cdot 100$$

- **Return on Investment**

Beim RoI handelt es sich um eine erweiterte Form der Gesamtkapitalrentabilität. Durch Einbeziehung der Umschlagshäufigkeit des investierten Kapitals werden die Beziehungen zwischen Gewinn, Umsatz und eingesetztem Kapital dargestellt. Die Umsatzrendite wird nicht isoliert, sondern im Zusammenhang mit dem investierten Kapital gesehen.

Die Kennziffer ist auch unter dem Namen »DuPont-Formel« bekannt.

Die ursprüngliche Kennziffer des RoI knüpft an die Gesamtkapitalrentabilität an:

$$\text{RoI} = \frac{\text{Gewinn}}{\text{Investiertes Kapital}} \cdot 100$$

Sie wird durch die Einbeziehung des Umsatzes erweitert :

$$\text{Erweiterung} = \frac{\text{Umsatz}}{\text{Umsatz}}$$

Anschließend erfolgt eine Zerlegung der Formel in die Teile

- Umsatzrentabilität
- Kapitalumschlag

$$\text{RoI} = \frac{\text{Gewinn}}{\text{Umsatz}} \cdot \frac{\text{Umsatz}}{\text{Investiertes Kapital}} \cdot 100$$

Die Kennziffer kann auch definiert werden:

$$\text{RoI} = \text{Umsatzrentabilität} \cdot \text{Umschlagshäufigkeit des investierten Kapitals}$$

Der RoI erteilt Auskunft darüber, ob eine Veränderung der Gesamtkapitalrentabilität auf einer Veränderung der Umsatzrentabilität oder des Kapitalumschlags beruht.

Die Kennziffer kann beeinflußt werden durch

- Umsatzsteigerungen
  (Preiserhöhung)
- Verringerung des betriebsnotwendigen Kapitals
  (Erhöhung der Umschlagsgeschwindigkeit)
- Kostensenkungen.

| | **Kontrollfragen** | bear-beitet | Lösungs-hinweis | Lösung + | Lösung - |
|---|---|---|---|---|---|
| 01 | Welche Aufgabe hat die finanzwirtschaftliche Analyse? | | 301 | | |
| 02 | Welche Möglichkeiten der Information hat ein externer Analytiker? | | 301 | | |
| 03 | Was versteht man unter einem Objekt- und Zeitvergleich? | | 301 | | |
| 04 | Welche Ziele können mit der finanzwirtschaftlichen Analyse verfolgt werden? | | 301 f. | | |
| 05 | Womit wird eine Informationsverdichtung erreicht? | | 301 | | |
| 06 | Erläutern Sie, worauf sich die Urteilsbildung bezieht! | | 301 f. | | |
| 07 | Was sind die Subjekte bzw. Objekte der Entscheidungsfindung? | | 302 | | |
| 08 | Welche Arten von finanzwirtschaftlichen Analysen lassen sich unterscheiden? | | 302 f. | | |
| 09 | Wozu dienen Substanzanalysen? | | 303 | | |
| 10 | Was sind Kennzahlen? | | 303 | | |
| 11 | Welche Arten von Kennzahlen können unterschieden werden? | | 303 | | |
| 12 | Geben Sie Beispiele für relative Kennzahlen! | | 304 | | |
| 13 | Zeigen Sie, welche Relationen bei der Bilanz und GuV-Rechnung grundsätzlich gebildet werden können! | | 304 | | |
| 14 | Wie können Kennzahlen systematisiert werden? | | 304 f. | | |
| 15 | Inwieweit ist der handelsrechtliche Jahresabschluß zur Kennzahlenanalyse geeignet? | | 305 | | |
| 16 | Was geschieht bei der Bereinigung der Bilanz? | | 305 | | |
| 17 | Wie wird die Bilanz aufbereitet? | | 305 | | |
| 18 | Auf welche Fragestellungen bezieht sich die Investitionsanalyse? | | 308 | | |
| 19 | Wozu dienen die Kennzahlen zur Investitionsstruktur? | | 308 | | |
| 20 | Erläutern Sie die Kennzahlen zur Investitionsstruktur! | | 308 f. | | |
| 21 | Beschreiben Sie die Kennzahlen, welche die Investitionspolitik beurteilen sollen! | | 309 f. | | |
| 22 | Welche umsatzbezogenen Kennzahlen lassen sich unterscheiden? | | 310 f. | | |
| 23 | Worauf bezieht sich die Finanzierungsanalyse? | | 311 | | |
| 24 | Welche Kennzahlen dienen der Analyse der Finanzierungsstruktur? | | 312 f. | | |
| 25 | Was sind vertikale Finanzierungsregeln? | | 312 | | |
| 26 | Wie ist ihre Eignung zu beurteilen? | | 313 | | |
| 27 | Erläutern Sie die Kennzahlen zur Finanzierungsdauer! | | 313 f. | | |

| | Kontrollfragen | bearbeitet | Lösungshinweis | Lösung + | Lösung - |
|---|---|---|---|---|---|
| 28 | Wie ermittelt man den Bilanzkurs? | | 314 | | |
| 29 | Was sagt die Kreditanspannung aus? | | 314 | | |
| 30 | Wie kann die Liquiditätsanalyse durchgeführt werden? | | 315 | | |
| 31 | Welcher Kennzahlen bedient man sich bei der langfristigen statischen Liquiditätsanalyse? | | 315 | | |
| 32 | Beschreiben Sie die horizontalen Finanzierungsregeln! | | 316 | | |
| 33 | Inwieweit können horizontale Finanzierungsregeln helfen, den Bestand eines Unternehmens zu sichern? | | 316 | | |
| 34 | Nennen Sie die kurzfristigen statischen Liquiditätskennzahlen! | | 316 | | |
| 35 | Wie sind sie zu beurteilen? | | 316 | | |
| 36 | Welche Möglichkeiten der dynamischen Liquiditätsanalyse lassen sich unterscheiden? | | 317 f. | | |
| 37 | Was ist der Cash Flow? | | 317 | | |
| 38 | Welche Arten des Cash Flow gibt es? | | 317 | | |
| 39 | Wie ist die Aussagekraft des Cash Flow zu beurteilen? | | 317 | | |
| 40 | Was versteht man unter einer Bewegungsbilanz? | | 318 | | |
| 41 | Was ist eine Kapitalflußrechnung? | | 318 | | |
| 42 | Wie kann eine Kapitalflußrechnung aussehen? | | 318 f. | | |
| 43 | Welchen Zwecken dient die Kapitalflußrechnung? | | 319 | | |
| 44 | Wozu dient die Ergebnisanalyse? | | 319 | | |
| 45 | Mit Hilfe welcher Kennzahlen kann die Aufwandsstruktur analysiert werden? | | 319 f. | | |
| 46 | Welche Kennzahl gibt über die Ertragstruktur Auskunft? | | 320 | | |
| 47 | Welchen Zweck verfolgt die Rentabilitätsanalyse? | | 320 | | |
| 48 | Worin liegt die Problematik bei der Rentabilitätsanalyse? | | 320 | | |
| 49 | Welche Kennzahlen dienen der Gewinn- und Cash Flow-orientierten Rentabilitätsanalyse? | | 321 f. | | |
| 50 | Was ist der Return on Investment, welche Aussagen sind mit seiner Hilfe möglich? | | 322 f. | | |
| | | | | | |

# Anhang

| | | |
|---|---|---|
| $q^n$ | $(1+i)^n$ | Aufzinsungsfaktor |
| $\frac{1}{q^n}$ | $\frac{1}{(1+i)^n}$ | Abzinsungsfaktor |
| $\frac{q-1}{q^n-1}$ | $\frac{i}{(1+i)^n-1}$ | Restwert-verteilungsfaktor |
| $\frac{q^n(q-1)}{q^n-1}$ | $\frac{i(1+i)^n}{(1+i)^n-1}$ | Kapitalwieder-gewinnungsfaktor |
| $\frac{q^n-1}{q-1}$ | $\frac{(1+i)^n-1}{i}$ | Endwertfaktor |
| $\frac{q^n-1}{q^n(q-1)}$ | $\frac{(1+i)^n-1}{i(1+i)^n}$ | Barwertfaktor |

Eine ausführliche Darstellung finanzmathematischer Tabellen findet sich bei *Däumler*, Finanzmathematisches Tabellenwerk.

| **5,0 %** n | $q^n$ | $\frac{1}{q^n}$ | $\frac{q-1}{q^n-1}$ | $\frac{q^n(q-1)}{q^n-1}$ | $\frac{q^n-1}{q-1}$ | $\frac{q^n-1}{q^n(q-1)}$ |
|---|---|---|---|---|---|---|
| 1 | 1,050000 | 0,952381 | 1,000000 | 1,050000 | 1,000000 | 0,952381 |
| 2 | 1,102500 | 0,907029 | 0,487805 | 0,537805 | 2,050000 | 1,859410 |
| 3 | 1,157625 | 0,863838 | 0,317209 | 0,367209 | 3,152500 | 2,723248 |
| 4 | 1,215506 | 0,822702 | 0,232012 | 0,282012 | 4,310125 | 3,545951 |
| 5 | 1,276282 | 0,783526 | 0,180975 | 0,230975 | 5,525631 | 4,329477 |
| 6 | 1,340096 | 0,746215 | 0,147018 | 0,197017 | 6,801913 | 5,075692 |
| 7 | 1,407100 | 0,710681 | 0,122820 | 0,172820 | 8,142008 | 5,786373 |
| 8 | 1,477455 | 0,676839 | 0,104722 | 0,154722 | 9,549109 | 6,463213 |
| 9 | 1,551328 | 0,644609 | 0,090690 | 0,140690 | 11,026564 | 7,107822 |
| 10 | 1,628895 | 0,613913 | 0,079505 | 0,129505 | 12,577893 | 7,721735 |
| 11 | 1,710339 | 0,584679 | 0,070389 | 0,120389 | 14,206787 | 8,306414 |
| 12 | 1,795856 | 0,556837 | 0,062825 | 0,112825 | 15,917127 | 8,863252 |
| 13 | 1,885649 | 0,530321 | 0,056456 | 0,106456 | 17,712983 | 9,393573 |
| 14 | 1,979932 | 0,505068 | 0,051024 | 0,101024 | 19,598632 | 9,898641 |
| 15 | 2,078928 | 0,481017 | 0,046342 | 0,096342 | 21,578564 | 10,379658 |
| 16 | 2,182875 | 0,458112 | 0,042270 | 0,092270 | 23,657492 | 10,837770 |
| 17 | 2,292018 | 0,436297 | 0,038699 | 0,088699 | 25,840366 | 11,274066 |
| 18 | 2,406619 | 0,415521 | 0,035546 | 0,085546 | 28,132385 | 11,689587 |
| 19 | 2,526950 | 0,395734 | 0,032745 | 0,082745 | 30,539004 | 12,085321 |
| 20 | 2,653298 | 0,376889 | 0,030243 | 0,080243 | 33,065954 | 12,462210 |

| **6,0 %** n | $q^n$ | $\frac{1}{q^n}$ | $\frac{q-1}{q^n-1}$ | $\frac{q^n(q-1)}{q^n-1}$ | $\frac{q^n-1}{q-1}$ | $\frac{q^n-1}{q^n(q-1)}$ |
|---|---|---|---|---|---|---|
| 1 | 1,060000 | 0,943396 | 1,000000 | 1,060000 | 1,000000 | 0,943396 |
| 2 | 1,123600 | 0,889996 | 0,485437 | 0,545437 | 2,060000 | 1,833393 |
| 3 | 1,191016 | 0,839619 | 0,314110 | 0,374110 | 3,183600 | 2,673012 |
| 4 | 1,262477 | 0,792094 | 0,228592 | 0,288591 | 4,374616 | 3,465106 |
| 5 | 1,338226 | 0,747258 | 0,177396 | 0,237396 | 5,637093 | 4,212364 |
| 6 | 1,418519 | 0,704961 | 0,143363 | 0,203363 | 6,975319 | 4,917324 |
| 7 | 1,503630 | 0,665057 | 0,119135 | 0,179135 | 8,393838 | 5,582381 |
| 8 | 1,593848 | 0,627412 | 0,101036 | 0,161036 | 9,897468 | 6,209794 |
| 9 | 1,689479 | 0,591898 | 0,087022 | 0,147022 | 11,491316 | 6,801692 |
| 10 | 1,790848 | 0,558395 | 0,075868 | 0,135868 | 13,180795 | 7,360087 |
| 11 | 1,898299 | 0,526788 | 0,066793 | 0,126793 | 14,971643 | 7,886875 |
| 12 | 2,012196 | 0,496969 | 0,059277 | 0,119277 | 16,869941 | 8,383844 |
| 13 | 2,132928 | 0,468839 | 0,052960 | 0,112960 | 18,882138 | 8,852683 |
| 14 | 2,260904 | 0,442301 | 0,047585 | 0,107585 | 21,015666 | 9,294984 |
| 15 | 2,396558 | 0,417265 | 0,042963 | 0,102963 | 23,275970 | 9,712249 |
| 16 | 2,540352 | 0,393646 | 0,038952 | 0,098952 | 25,672528 | 10,105895 |
| 17 | 2,692773 | 0,371364 | 0,035445 | 0,095445 | 28,212880 | 10,477260 |
| 18 | 2,854339 | 0,350344 | 0,032357 | 0,092357 | 30,905653 | 10,827603 |
| 19 | 3,025600 | 0,330513 | 0,029621 | 0,089621 | 33,759992 | 11,158116 |
| 20 | 3,207135 | 0,311805 | 0,027185 | 0,087185 | 36,785591 | 11,469921 |

| 7,0 % n | $q^n$ | $\frac{1}{q^n}$ | $\frac{q-1}{q^n-1}$ | $\frac{q^n(q-1)}{q^n-1}$ | $\frac{q^n-1}{q-1}$ | $\frac{q^n-1}{q^n(q-1)}$ |
|---|---|---|---|---|---|---|
| 1 | 1,070000 | 0,934579 | 1,000000 | 1,070000 | 1,000000 | 0,934579 |
| 2 | 1,144900 | 0,873439 | 0,483092 | 0,553092 | 2,070000 | 1,808018 |
| 3 | 1,225043 | 0,816298 | 0,311052 | 0,381052 | 3,214900 | 2,624316 |
| 4 | 1,310796 | 0,762895 | 0,225228 | 0,295228 | 4,439943 | 3,387211 |
| 5 | 1,402552 | 0,712986 | 0,173891 | 0,243891 | 5,750739 | 4,100197 |
| 6 | 1,500730 | 0,666342 | 0,139796 | 0,209796 | 7,153291 | 4,766540 |
| 7 | 1,605781 | 0,622750 | 0,115553 | 0,185553 | 8,654021 | 5,389289 |
| 8 | 1,718186 | 0,582009 | 0,097468 | 0,167468 | 10,259803 | 5,971299 |
| 9 | 1,838459 | 0,543934 | 0,083487 | 0,153486 | 11,977989 | 6,515232 |
| 10 | 1,967151 | 0,508349 | 0,072378 | 0,142378 | 13,816448 | 7,023582 |
| 11 | 2,104852 | 0,475093 | 0,063357 | 0,133357 | 15,783599 | 7,498674 |
| 12 | 2,252192 | 0,444012 | 0,055902 | 0,125902 | 17,888451 | 7,942686 |
| 13 | 2,409845 | 0,414964 | 0,049651 | 0,119651 | 20,140643 | 8,357651 |
| 14 | 2,578534 | 0,387817 | 0,044345 | 0,114345 | 22,550488 | 8,745468 |
| 15 | 2,759032 | 0,362446 | 0,039795 | 0,109795 | 25,129022 | 9,107914 |
| 16 | 2,952164 | 0,338735 | 0,035858 | 0,105858 | 27,888054 | 9,446649 |
| 17 | 3,158815 | 0,316574 | 0,032425 | 0,102425 | 30,840217 | 9,763223 |
| 18 | 3,379932 | 0,295864 | 0,029413 | 0,099413 | 33,999033 | 10,059087 |
| 19 | 3,616528 | 0,276508 | 0,026753 | 0,096753 | 37,378965 | 10,335595 |
| 20 | 3,869684 | 0,258419 | 0,024393 | 0,094393 | 40,995492 | 10,594014 |

| 8,0 % n | $q^n$ | $\frac{1}{q^n}$ | $\frac{q-1}{q^n-1}$ | $\frac{q^n(q-1)}{q^n-1}$ | $\frac{q^n-1}{q-1}$ | $\frac{q^n-1}{q^n(q-1)}$ |
|---|---|---|---|---|---|---|
| 1 | 1,080000 | 0,925926 | 1,000000 | 1,080000 | 1,000000 | 0,925926 |
| 2 | 1,116400 | 0,857339 | 0,480769 | 0,560769 | 2,080000 | 1,783265 |
| 3 | 1,259712 | 0,793832 | 0,308034 | 0,388034 | 3,246400 | 2,577097 |
| 4 | 1,360489 | 0,735030 | 0,221921 | 0,301921 | 4,506112 | 3,312127 |
| 5 | 1,469328 | 0,680583 | 0,170457 | 0,250456 | 5,866601 | 3,992710 |
| 6 | 1,586874 | 0,630170 | 0,136315 | 0,216315 | 7,335929 | 4,622880 |
| 7 | 1,713824 | 0,583490 | 0,112072 | 0,192072 | 8,922803 | 5,206370 |
| 8 | 1,850930 | 0,540269 | 0,094015 | 0,174015 | 10,636628 | 5,746639 |
| 9 | 1,999005 | 0,500249 | 0,080080 | 0,160080 | 12,487558 | 6,246888 |
| 10 | 2,158925 | 0,463193 | 0,069030 | 0,149029 | 14,486562 | 6,710081 |
| 11 | 2,331639 | 0,428883 | 0,060076 | 0,140076 | 16,645487 | 7,138964 |
| 12 | 2,518170 | 0,397114 | 0,052695 | 0,132695 | 18,977126 | 7,536078 |
| 13 | 2,719624 | 0,367698 | 0,046522 | 0,126522 | 21,495297 | 7,903776 |
| 14 | 2,937194 | 0,340461 | 0,041297 | 0,121297 | 24,214920 | 8,244237 |
| 15 | 3,172169 | 0,315242 | 0,036830 | 0,116830 | 27,152114 | 8,559479 |
| 16 | 3,425943 | 0,291890 | 0,032977 | 0,112977 | 30,324283 | 8,851369 |
| 17 | 3,700018 | 0,270269 | 0,029629 | 0,109629 | 33,750226 | 9,121638 |
| 18 | 3,996019 | 0,250249 | 0,026702 | 0,106702 | 37,450244 | 9,371887 |
| 19 | 4,315701 | 0,231712 | 0,024128 | 0,104128 | 41,446263 | 9,603599 |
| 20 | 4,660957 | 0,214548 | 0,021852 | 0,101852 | 45,761964 | 9,818147 |

| **9,0 %** n | $q^n$ | $\frac{1}{q^n}$ | $\frac{q-1}{q^n-1}$ | $\frac{q^n(q-1)}{q^n-1}$ | $\frac{q^n-1}{q-1}$ | $\frac{q^n-1}{q^n(q-1)}$ |
|---|---|---|---|---|---|---|
| 1 | 1,090000 | 0,917431 | 1,000000 | 1,090000 | 1,000000 | 0,917431 |
| 2 | 1,188100 | 0,841680 | 0,478469 | 0,568469 | 2,090000 | 1,759111 |
| 3 | 1,295029 | 0,772183 | 0,305055 | 0,395055 | 3,278100 | 2,531295 |
| 4 | 1,411582 | 0,708425 | 0,218669 | 0,308669 | 4,573129 | 3,239720 |
| 5 | 1,538624 | 0,649931 | 0,167093 | 0,257092 | 5,984711 | 3,889651 |
| 6 | 1,677100 | 0,596267 | 0,132920 | 0,222920 | 7,523335 | 4,485919 |
| 7 | 1,828039 | 0,547034 | 0,108691 | 0,198691 | 9,200435 | 5,032953 |
| 8 | 1,992563 | 0,501866 | 0,090674 | 0,180674 | 11,028474 | 5,534819 |
| 9 | 2,171893 | 0,460428 | 0,076799 | 0,166799 | 13,021036 | 5,995247 |
| 10 | 2,367364 | 0,422411 | 0,065820 | 0,155820 | 15,192930 | 6,417658 |
| 11 | 2,580426 | 0,387533 | 0,056947 | 0,146947 | 17,560293 | 6,805191 |
| 12 | 2,812665 | 0,355535 | 0,049651 | 0,139651 | 20,140720 | 7,160725 |
| 13 | 3,065805 | 0,326179 | 0,043567 | 0,133567 | 22,953385 | 7,486904 |
| 14 | 3,341727 | 0,299246 | 0,038433 | 0,128433 | 26,019189 | 7,786150 |
| 15 | 3,642482 | 0,274538 | 0,034059 | 0,124059 | 29,360916 | 8,060688 |
| 16 | 3,970306 | 0,251870 | 0,030300 | 0,120300 | 33,003399 | 8,312558 |
| 17 | 4,327633 | 0,231073 | 0,027046 | 0,117046 | 36,973705 | 8,543631 |
| 18 | 4,717120 | 0,211994 | 0,024212 | 0,114212 | 41,301338 | 8,755625 |
| 19 | 5,141661 | 0,194490 | 0,021730 | 0,111730 | 46,018458 | 8,950115 |
| 20 | 5,604411 | 0,178431 | 0,019546 | 0,109546 | 51,160120 | 9,128546 |

| **10,0 %** n | $q^n$ | $\frac{1}{q^n}$ | $\frac{q-1}{q^n-1}$ | $\frac{q^n(q-1)}{q^n-1}$ | $\frac{q^n-1}{q-1}$ | $\frac{q^n-1}{q^n(q-1)}$ |
|---|---|---|---|---|---|---|
| 1 | 1,100000 | 0,909091 | 1,000000 | 1,100000 | 1,000000 | 0,909091 |
| 2 | 1,210000 | 0,826446 | 0,476191 | 0,576190 | 2,100000 | 1,735537 |
| 3 | 1,331000 | 0,751315 | 0,302115 | 0,402115 | 3,310000 | 2,486852 |
| 4 | 1,464100 | 0,683013 | 0,215471 | 0,315471 | 4,641000 | 3,169865 |
| 5 | 1,610510 | 0,620921 | 0,163798 | 0,263797 | 6,105100 | 3,790787 |
| 6 | 1,771561 | 0,564474 | 0,129607 | 0,229607 | 7,715610 | 4,355261 |
| 7 | 1,948717 | 0,513158 | 0,105406 | 0,205405 | 9,487171 | 4,868419 |
| 8 | 2,143589 | 0,466507 | 0,087444 | 0,187444 | 11,435888 | 5,334926 |
| 9 | 2,357948 | 0,424098 | 0,073641 | 0,173641 | 13,579477 | 5,759024 |
| 10 | 2,593742 | 0,385543 | 0,062745 | 0,162745 | 15,937425 | 6,144567 |
| 11 | 2,853117 | 0,350494 | 0,053963 | 0,153963 | 18,531167 | 6,495061 |
| 12 | 3,138428 | 0,318631 | 0,046763 | 0,146763 | 21,384284 | 6,813692 |
| 13 | 3,452271 | 0,289664 | 0,040779 | 0,140779 | 24,522712 | 7,103356 |
| 14 | 3,797498 | 0,263331 | 0,035746 | 0,135746 | 27,974983 | 7,366687 |
| 15 | 4,177248 | 0,239392 | 0,031474 | 0,131474 | 31,772482 | 7,606080 |
| 16 | 4,594973 | 0,217629 | 0,027817 | 0,127817 | 35,949730 | 7,823709 |
| 17 | 5,054470 | 0,197845 | 0,024664 | 0,124664 | 40,544703 | 8,021553 |
| 18 | 5,559917 | 0,179859 | 0,021930 | 0,121930 | 45,599173 | 8,201412 |
| 19 | 6,115909 | 0,163508 | 0,019547 | 0,119547 | 51,159090 | 8,364920 |
| 20 | 6,727500 | 0,148644 | 0,017460 | 0,117460 | 57,274999 | 8,513564 |

| 11,0 % n | $q^n$ | $\frac{1}{q^n}$ | $\frac{q-1}{q^n-1}$ | $\frac{q^n(q-1)}{q^n-1}$ | $\frac{q^n-1}{q-1}$ | $\frac{q^n-1}{q^n(q-1)}$ |
|---|---|---|---|---|---|---|
| 1 | 1,110000 | 0,900901 | 1,000000 | 1,110000 | 1,000000 | 0,900901 |
| 2 | 1,232100 | 0,811622 | 0,473934 | 0,583934 | 2,110000 | 1,712523 |
| 3 | 1,367631 | 0,731191 | 0,299213 | 0,409213 | 3,342100 | 2,443715 |
| 4 | 1,518070 | 0,658731 | 0,212326 | 0,322326 | 4,709731 | 3,102446 |
| 5 | 1,685058 | 0,593451 | 0,160570 | 0,270570 | 6,227801 | 3,695897 |
| 6 | 1,870415 | 0,534641 | 0,126377 | 0,236377 | 7,912860 | 4,230538 |
| 7 | 2,076160 | 0,481658 | 0,102215 | 0,212215 | 9,783274 | 4,712196 |
| 8 | 2,304538 | 0,433926 | 0,084321 | 0,194321 | 11,859434 | 5,146123 |
| 9 | 2,558037 | 0,390925 | 0,070602 | 0,180602 | 14,163972 | 5,537048 |
| 10 | 2,839421 | 0,352184 | 0,059801 | 0,169801 | 16,722009 | 5,889232 |
| 11 | 3,151757 | 0,317283 | 0,051121 | 0,161121 | 19,561430 | 6,206515 |
| 12 | 3,498451 | 0,285841 | 0,044027 | 0,154027 | 22,713187 | 6,492356 |
| 13 | 3,883280 | 0,257514 | 0,038151 | 0,148151 | 26,211638 | 6,749870 |
| 14 | 4,310441 | 0,231995 | 0,033228 | 0,143228 | 30,094918 | 6,981865 |
| 15 | 4,784589 | 0,209004 | 0,029065 | 0,139065 | 34,405359 | 7,190870 |
| 16 | 5,310894 | 0,188292 | 0,025517 | 0,135517 | 39,189948 | 7,379162 |
| 17 | 5,895093 | 0,169633 | 0,022471 | 0,132471 | 44,500843 | 7,548794 |
| 18 | 6,543553 | 0,152822 | 0,019843 | 0,129843 | 50,395936 | 7,701617 |
| 19 | 7,263344 | 0,137678 | 0,017563 | 0,127563 | 56,939488 | 7,839294 |
| 20 | 8,062312 | 0,124034 | 0,015576 | 0,125576 | 64,202832 | 7,963328 |

| 12,0 % n | $q^n$ | $\frac{1}{q^n}$ | $\frac{q-1}{q^n-1}$ | $\frac{q^n(q-1)}{q^n-1}$ | $\frac{q^n-1}{q-1}$ | $\frac{q^n-1}{q^n(q-1)}$ |
|---|---|---|---|---|---|---|
| 1 | 1,120000 | 0,892857 | 1,000000 | 1,120000 | 1,000000 | 0,892857 |
| 2 | 1,254400 | 0,797194 | 0,471698 | 0,591698 | 2,120000 | 1,690051 |
| 3 | 1,404928 | 0,711780 | 0,296349 | 0,416349 | 3,374400 | 2,401831 |
| 4 | 1,573519 | 0,635518 | 0,209234 | 0,329234 | 4,779328 | 3,037349 |
| 5 | 1,762342 | 0,567427 | 0,157410 | 0,277410 | 6,352847 | 3,604776 |
| 6 | 1,973823 | 0,506631 | 0,123226 | 0,243226 | 8,115189 | 4,111407 |
| 7 | 2,210681 | 0,452349 | 0,099118 | 0,219118 | 10,089012 | 4,563757 |
| 8 | 2,475963 | 0,403883 | 0,081303 | 0,201303 | 12,299693 | 4,967640 |
| 9 | 2,773079 | 0,360610 | 0,067679 | 0,187679 | 14,775656 | 5,328250 |
| 10 | 3,105848 | 0,321973 | 0,056984 | 0,176984 | 17,548735 | 5,650223 |
| 11 | 3,478550 | 0,287476 | 0,048415 | 0,168415 | 20,654583 | 5,937699 |
| 12 | 3,895976 | 0,256655 | 0,041437 | 0,161437 | 24,133133 | 6,194374 |
| 13 | 4,363493 | 0,229144 | 0,035677 | 0,155677 | 28,029109 | 6,423548 |
| 14 | 4,887112 | 0,204620 | 0,030871 | 0,150871 | 32,392602 | 6,628168 |
| 15 | 5,473566 | 0,182696 | 0,026824 | 0,146824 | 37,279715 | 6,810864 |
| 16 | 6,130394 | 0,163122 | 0,023390 | 0,143390 | 42,753280 | 6,973986 |
| 17 | 6,866041 | 0,145644 | 0,020457 | 0,140457 | 48,883674 | 7,119630 |
| 18 | 7,689966 | 0,130040 | 0,017937 | 0,137937 | 55,749715 | 7,249670 |
| 19 | 8,612762 | 0,116107 | 0,015763 | 0,135763 | 63,439681 | 7,365777 |
| 20 | 9,646293 | 0,103667 | 0,013879 | 0,133879 | 72,052442 | 7,469444 |

| **13,0 %** n | $q^n$ | $\frac{1}{q^n}$ | $\frac{q-1}{q^n-1}$ | $\frac{q^n(q-1)}{q^n-1}$ | $\frac{q^n-1}{q-1}$ | $\frac{q^n-1}{q^n(q-1)}$ |
|---|---|---|---|---|---|---|
| 1 | 1,130000 | 0,884956 | 1,000000 | 1,130000 | 1,000000 | 0,884956 |
| 2 | 1,276900 | 0,783147 | 0,469484 | 0,599484 | 2,130000 | 1,668102 |
| 3 | 1,442897 | 0,693050 | 0,293522 | 0,423522 | 3,406900 | 2,361153 |
| 4 | 1,630474 | 0,613319 | 0,206194 | 0,336194 | 4,849797 | 2,974471 |
| 5 | 1,842435 | 0,542760 | 0,154315 | 0,284315 | 6,480271 | 3,517231 |
| 6 | 2,081952 | 0,480319 | 0,120153 | 0,250153 | 8,322706 | 3,997550 |
| 7 | 2,352605 | 0,425061 | 0,096111 | 0,226111 | 10,404658 | 4,422610 |
| 8 | 2,658444 | 0,376160 | 0,078387 | 0,208387 | 12,757263 | 4,798770 |
| 9 | 3,004042 | 0,332885 | 0,064869 | 0,194869 | 15,415707 | 5,131655 |
| 10 | 3,394567 | 0,294588 | 0,054290 | 0,184290 | 18,419749 | 5,426243 |
| 11 | 3,835861 | 0,260698 | 0,045842 | 0,175841 | 21,814317 | 5,686941 |
| 12 | 4,334523 | 0,230706 | 0,038986 | 0,168986 | 25,650178 | 5,917647 |
| 13 | 4,898011 | 0,204165 | 0,033350 | 0,163350 | 29,984701 | 6,121812 |
| 14 | 5,534753 | 0,180677 | 0,028668 | 0,158667 | 34,882712 | 6,302488 |
| 15 | 6,254270 | 0,159891 | 0,024742 | 0,154742 | 40,417464 | 6,462379 |
| 16 | 7,067326 | 0,141496 | 0,021426 | 0,151426 | 46,671735 | 6,603875 |
| 17 | 7,986078 | 0,125218 | 0,018608 | 0,148608 | 53,739060 | 6,729093 |
| 18 | 9,024268 | 0,110812 | 0,016201 | 0,146201 | 61,725138 | 6,839905 |
| 19 | 10,197423 | 0,098064 | 0,014134 | 0,144134 | 70,749406 | 6,937969 |
| 20 | 11,523088 | 0,086782 | 0,012354 | 0,142354 | 80,946829 | 7,024752 |

| **14,0 %** n | $q^n$ | $\frac{1}{q^n}$ | $\frac{q-1}{q^n-1}$ | $\frac{q^n(q-1)}{q^n-1}$ | $\frac{q^n-1}{q-1}$ | $\frac{q^n-1}{q^n(q-1)}$ |
|---|---|---|---|---|---|---|
| 1 | 1,140000 | 0,877193 | 1,000000 | 1,140000 | 1,000000 | 0,877193 |
| 2 | 1,299600 | 0,769468 | 0,467290 | 0,607290 | 2,140000 | 1,646661 |
| 3 | 1,481544 | 0,674972 | 0,290732 | 0,430731 | 3,439600 | 2,321632 |
| 4 | 1,688960 | 0,592080 | 0,203205 | 0,343205 | 4,921144 | 2,913712 |
| 5 | 1,925415 | 0,519369 | 0,151284 | 0,291284 | 6,610104 | 3,433081 |
| 6 | 2,194973 | 0,455587 | 0,117158 | 0,257157 | 8,535519 | 3,888668 |
| 7 | 2,502269 | 0,399637 | 0,093192 | 0,233192 | 10,730491 | 4,288305 |
| 8 | 2,852586 | 0,350559 | 0,075570 | 0,215570 | 13,232760 | 4,638864 |
| 9 | 3,251949 | 0,307508 | 0,062168 | 0,202168 | 16,085347 | 4,946372 |
| 10 | 3,707221 | 0,269744 | 0,051714 | 0,191714 | 19,337295 | 5,216116 |
| 11 | 4,226232 | 0,236617 | 0,043394 | 0,183394 | 23,044516 | 5,452733 |
| 12 | 4,817905 | 0,207559 | 0,036669 | 0,176669 | 27,270749 | 5,660292 |
| 13 | 5,492411 | 0,182069 | 0,031164 | 0,171164 | 32,088654 | 5,842362 |
| 14 | 6,261349 | 0,159710 | 0,026609 | 0,166609 | 37,581065 | 6,002072 |
| 15 | 7,137938 | 0,140096 | 0,022809 | 0,162809 | 43,842414 | 6,142168 |
| 16 | 8,137249 | 0,122892 | 0,019615 | 0,159615 | 50,980352 | 6,265060 |
| 17 | 9,276464 | 0,107800 | 0,016915 | 0,156915 | 59,117601 | 6,372859 |
| 18 | 10,575169 | 0,094561 | 0,014621 | 0,154621 | 68,394066 | 6,467420 |
| 19 | 12,055693 | 0,082948 | 0,012663 | 0,152663 | 79,969235 | 6,550369 |
| 20 | 13,743490 | 0,072762 | 0,010986 | 0,150986 | 91,024928 | 6,623131 |

# Gesamtliteraturverzeichnis

## A. Grundlagen


***Bächtold, R.V.,*** Investitionsrechnung, 2. Auflage, Bern/Stuttgart 1975
***Benner, W.,*** Betriebliche Finanzwirtschaft als monetäres System, Göttingen 1983
***Bestmann, U.*** (Hrsg.), Kompendium der Betriebswirtschaftslehre, 7. Auflage, München/Wien 1994
***Biehler, R.,*** Methoden der Investitionsrechnung, Stuttgart 1976
***Biergans, E.,*** Investitionsrechnung, Nürnberg 1979
***Bischoff, S.,*** Investitionsmanagement, München 1980
***Blohm/Lüder,*** Investition, 7. Auflage, München 1991
***Brandt, H.,*** Investitionspolitik des Industriebetriebs, 3. Auflage, Wiesbaden 1970
***Büschgen, H.E.,*** Grundlagen betrieblicher Finanzwirtschaft, 3. Auflage, Frankfurt/Main 1991
***Chmielewicz, K.,*** Betriebliche Finanzwirtschaft, Berlin 1976
***Däumler, K.-D.,*** Grundlagen der Investitions- und Wirtschaftlichkeitsrechnungen, 7. Auflage, Herne/Berlin 1992
***Eilenberger, G.,*** Betriebliche Finanzwirtschaft, 4. Auflage, München/Wien 1991
***Frischmuth, G.,*** Daten als Grundlage für Investitionsentscheidungen, Berlin 1969
***Grabbe, H.W.,*** Investitionsrechnung in der Praxis, Köln 1976
***Grandi, O.,*** Betriebliche Finanzwirtschaft, Wiesbaden 1978
***Grill/Perczynski,*** Wirtschaftslehre des Kreditwesens, 25. Auflage, Bad Homburg 1990
***Grochla, E.***, Unternehmensorganisation, 9. Auflage, Reinbek 1983
***Größl, L.,*** Betriebliche Finanzwirtschaft, 3. Auflage, Grafenau/Stuttgart 1994
***Hahn, O.,*** Finanzwirtschaft, 2. Auflage, Landsberg 1983
***Hax, H.,*** Finanzierung, in: Bitz/Dellmann/Domsch/Egner (Hrsg.), Vahlens Kompendium der Betriebswirtschaftslehre, Band 1, 2. Auflage, München 1989
***Heinen, E.,*** Industriebetriebslehre, 9. Auflage, Wiesbaden 1991
***Heinold, M.,*** Arbeitsbuch zur Investitionsrechnung, 2. Auflage, München 1985
***Herbst, G.,*** Investitionen, Bonn 1974
***Hopfenbeck, W.,*** Allgemeine Betriebswirtschafts- und Managementlehre, 8. Auflage, Landsberg 1994
***Jacob, H.,*** Investitionsrechnung, 3. Auflage, Wiesbaden 1984
***Jehle/Blazek/Deyhle,*** Finanzcontrolling, 2. Auflage, Gauting/München 1982
***Kern, W.,*** Grundzüge der Investitionsrechnung, Stuttgart 1976
***Kern, W.,*** Investitionsrechnung, Stuttgart 1974
***Krause, W.,*** Investitionsrechnungen und unternehmerische Entscheidungen, Berlin 1973
***Kruschwitz, L.,*** Investitionsrechnung, 5. Auflage, Berlin/New York 1993
***Lücke, W.,*** Investitionslexikon, 2. Auflage, München 1991
***Masse, P.,*** Investitionskriterien, 2. Auflage, München 1989
***Meißner, W.,*** Investitionslenkung, Frankfurt/M. 1974
***Müller-Hedrich, B.,*** Betriebliche Investitionswirtschaft, 3. Auflage, Stuttgart 1983
***Neumann, F.,*** Kaum noch Wachstum der realen Industrieinvestitionen, in: ifo-Schnelldienst, 31/1987
***Olfert, K.,*** Finanzierung, 8. Auflage, Ludwigshafen (Rhein) 1994
***Olfert/Körner/Langenbeck,*** Bilanzen, 6. Auflage, Ludwigshafen (Rhein) 1992
***Perridon/Steiner,*** Finanzwirtschaft der Unternehmung, 7. Auflage, München 1993
***Pfohl/Zettelmeyer,*** Strategisches Controlling?, in: ZfB, 1987
***Priewasser, E.,*** Betriebliche Investitionsentscheidung, Berlin/New York 1972
***Rahn, H.-J.,*** Betriebliche Führung, 2. Auflage, Ludwigshafen/Rhein 1992
***Schierenbeck, H.,*** Grundzüge der Betriebswirtschaftslehre, 11. Auflage, München/Wien 1993
***Schmid, R.B.,*** Unternehmungsinvestitionen, 4. Auflage, Opladen 1984
***Schneider, D.,*** Investition, Finanzierung und Besteuerung, 7. Auflage, Wiesbaden 1992
***Schulte, K.W.,*** Wirtschaftlichkeitsrechnung, 4. Auflage, Würzburg/Wien 1986
***Seicht, G.,*** Investitionsentscheidungen richtig treffen, Wien 1973
***Süchting, J.,*** Finanzmanagement, 5. Auflage, Wiesbaden 1989
***Swoboda, P.,*** Investition und Finanzierung, 4. Auflage, Göttingen 1992
***ter Horst, K.W.,*** Investitionsplanung, Stuttgart 1980

***Trechsel, F.,*** Investitionsplanung und Investitionsrechnung, 2. Auflage, Bern 1973
***Ulrich/Fluri,*** Management, 6. Auflage, Bern/Stuttgart 1992
***Ziegenbein, K.,*** Controlling, 5. Auflage, Ludwigshafen/Rhein, 1995

## B. Investitionsplanung

***Bamberg/Coenenberg,*** Betriebswirtschaftliche Entscheidungslehre, 6. Auflage, München 1991
***Berthel, J.,*** Zielorientierte Unternehmenssteuerung, Stuttgart 1978
***Betriebswirtschaftlicher Ausschuß des Verbandes der chemischen Industrie e.V. (Hrsg.),*** Unternehmerische Investitionskontrolle, Herne/Berlin 1974
***Biehler, R.,*** Methoden der Investitionsrechnung, Stuttgart 1976
***Biergans, E.,*** Investitionsrechnung, Nürnberg 1979
***Bircher, B.,*** Langfristige Unternehmensplanung, Bern 1976
***Bischoff, S.,*** Investitionsmanagement, München 1980
***Bitz, M.,*** Investition, in: Bitz/Dellmann/Domsch/Egner (Hrsg.), Vahlens Kompendium der Betriebswirtschaftslehre, Band 1, 2. Auflage, München 1989
***Blohm/Lüder,*** Investition, 7. Auflage, München 1991
***Brandt, H.,*** Investitionspolitik des Industriebestriebs, 3. Auflage, Wiesbaden 1970
***Bühler/Gering/Glaser,*** Kurzfristige Finanzplanung unter Sicherheit, Risiko und Ungewißheit, Wiesbaden 1979
***Chmielewicz, K.,*** Integrierte Finanz- und Erfolgsplanung, Stuttgart 1972
***Däumler, K.-D.,*** Grundlagen der Investitions- und Wirtschaftlichkeitsrechnung, 7. Auflage, Herne/Berlin 1992
***Däumler, K.-D.,*** Sonderprobleme der Investitions- und Wirtschaftlichkeitsrechnung, Herne/Berlin 1981
***Dinkelbach, W.,*** Sensitivitätsanalysen und parametrische Programmierung, Berlin/Heidelberg/New York 1969
***Ehrmann, H.,*** Planung, Ludwigshafen (Rhein) 1995
***Eilenberger, G.,*** Betriebliche Finanzwirtschaft, 4. Auflage, München/Wien 1991
***Förstner/Henn,*** Dynamische Produktionstheorie und lineare Programmierung, Meisenheim 1957
***Frischmuth, G.,*** Daten als Grundlage für Investitionsentscheidungen, Berlin 1969
***Grabbe, H.-W.,*** Investitionsrechnung in der Praxis, Köln 1976
***Griese, J.,*** Adaptive Verfahren im betrieblichen Entscheidungsprozeß, Würzburg/Wien 1972
***Gutenberg, E.,*** Grundlagen der Betriebswirtschaftslehre, Bd. 3, Die Finanzen, 8. Auflage, Berlin/Heidelberg/New York 1980
***Hahn, D.,*** Planungs- und Kontrollrechnung, 3. Auflage, Wiesbaden 1985
***Hahn, O.,*** Finanzwirtschaft, 2. Auflage, Landsberg 1983
***Hax, H.,*** Investitionstheorie, 5. Auflage, Würzburg/Wien 1985
***Hax. H.,*** Entscheidungsmodelle in der Unternehmung, Reinbek 1974
***Hax, H.*** (Hrsg.), Entscheidungen bei unsicheren Erwartungen, Köln/Opladen 1970
***Hax, H.,*** Finanzierung, in: Bitz/Dellmann/Domsch/Egner (Hrsg.), Vahlens Kompendium der Betriebswirtschaftslehre, Band 1, 2. Auflage, München 1989
***Hederer, G.,*** Die Motivation von Investitionsentscheidungen in der Unternehmung, Meisenheim 1971
***Heinen, E.,*** Das Zielsystem der Unternehmung, 3. Auflage, Wiesbaden 1976
***Heinen, E.,*** Industriebetriebslehre, 9. Auflage, Wiesbaden 1991
***Heinhold, M.,*** Arbeitsbuch zur Investitionsrechnung, 2. Auflage, München 1985
***Herbst, G.,*** Investitionen, Bonn 1974
***Hertz, D.B.,*** Risk Analysis in Capital Investment, in: HBR 1, 1964
***Hill, W.,*** Unternehmensplanung, 2. Auflage, Stuttgart 1971
***Hilier, F.S.,*** Derivation of Probabilistic Information for the Evaluation of Risky Investments , in: M.Sc. 3, 1963
***Jacob, H.,*** Investitionsplanung und Investitionsentscheidung mit Hilfe der Linearprogrammierung, 2. Auflage, Wiesbaden 1971
***Jehle/Blazek/Deyhle,*** Finanzcontrolling, 2. Auflage, Gauting/München 1982
***Kern, W.,*** Grundzüge der Investitionsrechnung, Stuttgart 1976
***Kern, W.,*** Investitionsrechnung, Stuttgart 1974

***Kilger/Scheer*** (Hrsg.), Investitions- und Finanzplanung im Wechsel der Konjunktur, Würzburg/Wien 1981
***Knappmann, G.***, Betriebliche Investitionswirtschaft, Köln/Opladen 1970
***Koch, H.***, Aufbau der Unternehmensplanung, Wiesbaden 1977
***Krause, W.***, Investitionsrechnungen und unternehmerische Entscheidungen, Berlin 1973
***Kruschwitz, L.***, Investitionsrechnung, 5. Auflage, Berlin/New York 1993
***Lahrmann, W.***, Rationale unternehmerische Entscheidungen bei unvollkommener Information, Frankfurt/Zürich 1973
***Laux, H.***, Flexible Investitionsplanung, Opladen 1971
***Lehneis, A.***, Langfristige Unternehmensplanung bei unsicheren Erwartungen, Neuwied/Berlin 1971
***Liebe, B.***, Strategische Investitionsplanung in einem divisional gegliederten Industrieunternehmen, in: Die Bank, 1982
***Lücke, W.***, Finanzplanung und Finanzkontrolle in der Industrie, Wiesbaden 1965
***Lücke, W.***, Investitionslexikon, 2. Auflage, München 1991
***Lüder, K.***, Investitionskontrolle, Wiesbaden 1969
***Lüder, K.*** (Hrsg.), Investitionsplanung, München 1977
***Mag, W.***, Entscheidung und Information, München 1977
***Mertens, P.***, Prognoserechnung, 5. Auflage, Berlin 1994
***Michel, R.***, Optimale Investitionspolitik, Heidelberg 1979
***Möser, H.D.***, Praktisches Lehrbuch der betrieblichen Finanz- und Investitionspolitik, München 1977
***Müller-Hederich, B.***, Betriebliche Investitionswirtschaft, 3. Auflage, Stuttgart 1983
***Müller-Merbach, H.***, Operations Research, 3. Auflage, München 1973
***Munz, M.***, Investitionsrechnung, 2. Auflage, Wiesbaden 1974
***Murdick/Deming***, Investitions-Management, Zürich 1973
***Oeldorf/Olfert***, Materialwirtschaft, 6. Auflage, Ludwigshafen (Rhein) 1993
***Olfert, K.***, Finanzierung, 8. Auflage, Ludwigshafen (Rhein) 1994
***Perridon/Steiner***, Finanzwirtschaft der Unternehmung, 7. Auflage, München 1993
***Pfeil, B.***, Planungshandbuch, 2. Auflage, Landsberg 1987
***Priewasser, E.***, Betriebliche Investitionsentscheidung, Berlin/New York 1972
***Reichmann, T.***, Controlling mit Kennzahlen, 2. Auflage, München 1990
***Schneider, D.***, Investition, Finanzierung und Besteuerung, 7. Auflage, Wiesbaden 1992
***Schneider, E.***, Wirtschaftlichkeitsrechnung, 8. Auflage, Tübingen/Zürich 1973
***Schwarz, H.***, Optimale Investitionsentscheidungen, München 1967
***Seelbach, H.***, Determinanten des Kapitalbedarfs, in: Handwörterbuch der Finanzwirtschaft, Stuttgart 1976
***Seicht, G.***, Investitionsentscheidungen richtig treffen, Wien 1973
***Sieben/Schildbach***, Betriebswirtschaftliche Entscheidungstheorie, 4. Auflage, Tübingen/Düsseldorf 1994
***Spielberger, M.***, Betriebliche Investitionskontrolle, Würzburg/Wien 1983
***Swoboda, P.***, Investition und Finanzierung, 4. Auflage, Göttingen 1992
***Teichmann, H.***, Die Investitionsentscheidung bei Unsicherheit, Berlin 1970
***ter Horst, K.***, Investitionsplanung, Stuttgart 1980
***Trechsel, F.***, Investitionsplanung und Investitionsrechnung, 2. Auflage, Bern 1973
***Volkart, R.***, Zeitgemäße Investitionsanalyse, in: io 1981
***Wild, J.***, Grundlagen der Unternehmensplanung, 5. Auflage, Reinbek 1987
***Wildenmann, H.***, Investitionsentscheidungsprozeß, Wiesbaden 1977
***Zangenmeister, C.***, Nutzwertanalyse in der Systemtechnik, 4. Auflage, Berlin 1976
***Zangenmeister, C.***, Nutzwertanalyse von Projektalternativen, Grafenau 1976

## C. Statische Investitionsrechnungen zur Beurteilung von Sachinvestitionen

***Altrogge, G.***, Investition, 3. Auflage, München 1994
***Biehler, R.***, Methoden der Investitionsrechnung, Stuttgart 1976
***Biergans, E.***, Investitionsrechnung, Nürnberg 1979
***Blohm/Lüder***, Investition, 7. Auflage, München 1991
***Brandt, H.***, Investitionspolitik des Industriebetriebes, 3. Auflage, Wiesbaden 1970

***Däumler, K.-D.,*** Investitions- und Wirtschaftlichkeitsrechnung, 7. Auflage, Herne/Berlin 1992
***Frischmuth, G.,*** Daten als Grundlagen für Investitionsentscheidungen, Berlin 1969
***Grabbe, H.-W.,*** Investitionsrechnung in der Praxis, Köln 1976
***Grandi, O.,*** Betriebliche Finanzwirtschaft, Wiesbaden 1978
***Grob, H.L.,*** Investitionsrechnung mit vollständigen Finanzplänen, München 1989
***Hahn, O.,*** Finanzwirtschaft, 2. Auflage, Landsberg 1983
***Heinen, E.,*** Industriebetriebslehre, 9. Auflage, Wiesbaden 1991
***Herbst, G.,*** Investitionen, Bonn 1974
***Kern, W.,*** Grundzüge der Investitionsrechnung, Stuttgart 1976
***Kern, W.,*** Investitionsrechnung, Stuttgart 1974
***Knappmann, G.,*** Betriebliche Investitionswirtschaft, Köln/Opladen 1970
***Krause, W.,*** Investitionsrechnungen und unternehmerische Entscheidungen, Berlin 1973
***Kruschwitz, L.,*** Investitionsrechnung, 5. Auflage, Berlin/Heidelberg/New York 1993
***Kupper, W.,*** Planung der Instandhaltung, Wiesbaden 1974
***Leffson, U.,*** Investitionsrechnung, Wiesbaden 1973
***Lücke, W.,*** Investitionslexikon, 2. Auflage, München 1991
***Michel, R.,*** Optimale Investitionspolitik, Heidelberg 1979
***Möser, H.D.,*** Praktisches Lehrbuch der betrieblichen Finanz- und Investitionspolitik, München 1977
***Müller-Hederich, B.,*** Betriebliche Investitionswirtschaft, 3. Auflage, Stuttgart 1983
***Munz, M.,*** Investitionsrechnung, 2. Auflage, Wiesbaden 1974
***Murdick/Deming,*** Investitions-Management, Zürich 1973
***Olfert, K.,*** Kostenrechnung, 9. Auflage, Ludwigshafen (Rhein) 1994
***Ordelheide, D.,*** Instandhaltungsplanung, Wiesbaden 1973
***Perridon/Steiner,*** Finanzwirtschaft der Unternehmung, 7. Auflage, München 1993
***Scheer, A.-W.,*** Instandhaltungspolitik, Wiesbaden 1974
***Schmidt, R.-H.,*** Grundzüge der Investitions- und Finanzierungstheorie, 3. Auflage, Wiesbaden 1989
***Schmidt, R.-H.,*** Unternehmungsinvestitionen, Reinbek 1970
***Schneider, D.,*** Investition, Finanzierung und Besteuerung, 7. Auflage, Wiesbaden 1992
***Schneider, E.,*** Wirtschaftlichkeitsrechnung, 8. Auflage, Tübingen/Zürich 1973
***Schulte, K. W.,*** Wirtschaftlichkeitsrechnung, 4. Auflage, Würzburg/Wien 1986
***Schwarz, H.,*** Optimale Investitionsentscheidungen, München 1967
***Schwerna, W.,*** Untersuchungen zur Theorie der Investition, Tübingen 1971
***Seicht, G.,*** Investitionsentscheidungen richtig treffen, Wien 1973
***Terborgh, G.,*** Leitfaden der betrieblichen Investitionspolitik, Wiesbaden 1962
***Trechsel, F.,*** Investitionsplanung und Investitionsrechnung, 2. Auflage, Bern 1973
***ZVEI,*** Leitfaden für die Beurteilung von Investitionen, Frankfurt/Main 1971

## D. Dynamische Investitionsrechnungen zur Beurteilung von Sachinvestitionen

***Albach, H.*** (Hrsg.), Investitionstheorie, Köln 1975
***Altrogge, G.,*** Investition, 3. Auflage, München 1994
***Bächtold, R.V.,*** Invesittionsrechnung, 2. Auflage, Bern/Stuttgart 1975
***Biehler, R.,*** Methoden der Investitionsrechnung, Stuttgart 1976
***Biergans, E.,*** Investitionsrechnung, Nürnberg 1979
***Bitz, M.,*** Investition, in: Bitz/Dellmann/Domsch/Egner (Hrsg.), Vahlens Kompendium der Betriebswirtschaftslehre, Band 1, 2. Auflage, München 1989
***Blohm/Lüder,*** Investition, 7. Auflage, München 1991
***Brandt, H.,*** Investitionspolitik des Industriebetriebes, 3. Auflage, Wiesbaden 1970
***Caprano, E.,*** Finanzmathematik, 4. Auflage, München 1990
***Däumler, K.-D.,*** Finanzmathematisches Tabellenwerk für Praktiker und Studierende, 3. Auflage, Herne/Berlin 1989
***Däumler, K.-D.,*** Sonderprobleme der Investitions- und Wirtschaftlichkeitsrechnung, Herne/Berlin 1981
***Franke/Hax,*** Finanzwirtschaft des Unternehmens und Kapitalmarkt, 2. Auflage, Berlin/Heidelberg 1990

***Gans/Loos/Zickler,*** Investitions- und Finanzierungstheorie, 3. Auflage, München 1977
***Grabbe, H.-W.,*** Investitionsrechnung in der Praxis, Köln 1976
***Grob, H. L.,*** Investitionsrechnung mit vollständigen Finanzplänen, München 1989
***Hahn, O.,*** Finanzwirtschaft, 2. Auflage, Landsberg 1983
***Hax, H.,*** Investitionstheorie, 5. Auflage, Würzburg/Wien 1985
***Heinen, E.,*** Industriebetriebslehre, 9. Auflage, Wiesbaden 1991
***Herbst, G.,*** Invesitionen, Bonn 1974
***Hoffmann, S.,*** Mathematische Grundlagen für Betriebswirte, 3. Auflage, Herne/Berlin 1991
***Kern, W.,*** Grundzüge der Investitionsrechnung, Stuttgart 1976
***Kern, W.,*** Investitionsrechnung, Stuttgart 1974
***Kobelt/Schulte,*** Finanzmathematik, 5. Auflage, Herne/Berlin 1991
***Kosiol, E.,*** Finanzmathematik, Wiesbaden 1973
***Krause, W.,*** Investitionsrechnungen und unternehmerische Entscheidungen, Berlin 1973
***Kruschwitz, L.,*** Investitionsrechnung, 5. Auflage, Berlin/Heidelberg/New York 1993
***Leffson, U.,*** Investitionsrechnung, Wiesbaden 1973
***Lücke, W.,*** Investitionslexikon, 2. Auflage, München 1991
***Lüder, K.,*** (Hrsg.), Investitionsplanung, München 1977
***Michel, R.,*** Optimale Investitionspolitik, Heidelberg 1979
***Möser, H.D.,*** Praktisches Lehrbuch der betrieblichen Finanz- und Investitionspolitik, München 1977
***Müller-Hederich, B.,*** Betriebliche Investitionswirtschaft, 3. Auflage, Stuttgart 1983
***Perridon/Steiner,*** Finanzwirtschaft der Unternehmung, 7. Auflage, München 1993
***Rahmann, J.,*** Praktikum der Finanzmathematik, 5. Auflage, Wiesbaden 1976
***Schmidt, R.B.,*** Unternehmensinvestition, Reinbek 1970
***Schmidt, R.-H.,*** Grundzüge der Investitions- und Finanzierungstheorie, 3. Auflage, Wiesbaden 1992
***Schneider, D.,*** Investition, Finanzierung und Besteuerung, 7. Auflage, Wiesbaden 1992
***Schneider, E.,*** Wirtschaftlichkeitsrechnung, 8. Auflage, Tübingen 1973
***Schulte, K.W.,*** Wirtschaftlichkeitsrechnung, 4. Auflage, Würzburg/Wien 1986
***Schwerna, W.,*** Untersuchungen zur Theorie der Investition, Tübingen 1971
***Seicht, G.,*** Investitionsentscheidungen richtig treffen, Wien 1973
***Swoboda, P.,*** Investition und Finanzierung, 4. Auflage, Göttingen 1992
***ter Horst, K.W.,*** Investitionsplanung, Stuttgart 1980
***Trechsel, F.,*** Investitionsplanung und Investitionsrechnung, 2. Auflage, Bern/Stuttgart 1973
***ZVEI,*** Leitfaden für die Beurteilung von Investitionen, Frankfurt/Main 1971

## E. Investitionsrechnungen zur Beurteilung von Finanzinvestitionen

***Bellinger/Vahl,*** Unternehmensbewertung in Theorie und Praxis, Wiesbaden 1984
***Beyer/Bestmann,*** Finanzlexikon, 2. Auflage, München 1989
***Busse von Colbe, W.,*** Der Zukunftserfolg, Wiesbaden 1957
***Coenenberg/Lieben,*** Unternehmensbewertung, in: HWB, 4. Auflage, Stuttgart 1976
***Cohen/Zinbarg/Zeikel,*** Investment Analysis and Portfolios Management, 2. Auflage, Homewood 1973
***Däumler, K.-D.,*** Finanzmathematisches Tabellenwerk für Praktiker und Studierende, 3. Auflage, Herne/Berlin 1989
***Däumler, K.-D.,*** Sonderprobleme der Investitions- und Wirtschaftlichkeitsrechnung, Herne/Berlin 1981
***Eilenberger, G.,*** Betriebliche Finanzwirtschaft, 4. Auflage, München/Wien 1991
***Engeleiter, H.J.,*** Unternehmensbewertung, Stuttgart 1970
***Feist, E.,*** Zur Bewertung von Unternehmen und Beteiligungen, 2. Auflage, Köln/Bonn 1977
***Goetzke/Sieben*** (Hrsg.), Moderne Unternehmensbewertung und Grundsätze ihrer ordnungsmäßigen Durchführung, Köln 1977
***Grandi, O.,*** Betriebliche Finanzwirtschaft, Wiesbaden 1978
***Großfeld, L.,*** Unternehmensbewertung im Gesellschaftsrecht, 1983
***Hecker, G.,*** Aktienanalyse zur Portfolio-Selection, Meisenheim 1974
***Helbling, G.,*** Unternehmensbewertung und Steuern, 4. Auflage, Düsseldorf 1982
***Hielscher, U.,*** Das optimale Aktienportefeuille, Frankfurt/Main 1969
***Jacob, H.,*** Die Methoden zur Ermittlung des Gesamtwertes einer Untersuchung, in; H. Janberg (Hrsg.), Finanzierungs-Handbuch, 2. Auflage, Wiesbaden 1970

***Jacobs, O.H.,*** Die Bedeutung der Unternehmenssubstanz und die Bedeutung der anderweitigen Kapitalanlage- und Kapitalaufnahmemöglichkeiten für den Wert eines Unternehmens, Köln/Berlin/Bonn/München 1972
***Jaensch, G.,*** Wert und Preis der ganzen Unternehmung, Köln/Opladen 1966
***Kolbe, K.,*** Theorie und Praxis des Gesamtwertes der Unternehmung, 3. Auflage, Düsseldorf 1976
***Larcier, R.,*** Kauf und Verkauf von Unternehmen, München 1973
***Lerbinger, P.,*** Aktienkursprognose durch Linienchart-Formationen und Trendlinien, München 1984
***Lücke, W.,*** Investitionslexikon, 2. Auflage, München 1991
***Matschke, M.J.,*** Der Entscheidungswert der Unternehmung, Wiesbaden 1975
***Mellerowicz, K.,*** Der Wert des Unternehmens als Ganzes, Essen 1952
***Moxter, A.,*** Grundsätze ordnungsmäßiger Unternehmensbewertung, 2. Auflage, Wiesbaden 1983
***Münstermann, H.,*** Wert und Bewertung der Unternehmung, 3. Auflage, Wiesbaden 1970
***Olbrich, G.,*** Unternehmensbewertung, Herne/Berlin 1981
***Olfert/Körner/Langenbeck,*** Sonderbilanzen, 4. Auflage, Ludwigshafen/Rhein 1994
***Olfert/Körner/Langenbeck,*** Bilanzen, 6. Auflage, Ludwigshafen (Rhein) 1992
***Olfert, K.,*** Finanzierung, 8. Auflage, Ludwigshafen (Rhein) 1994
***Perridon/Steiner,*** Finanzwirtschaft der Unternehmung, 7. Auflage, München 1993
***Raetting, L.,*** Finanzierung mit Eigenkapital, Frankfurt/Main 1974
***Schierenbeck, H.,*** Grundzüge der Betriebswirtschaftslehre, 11. Auflage, München/Wien 1993
***Schiller, W.,*** Technische Aktienanalyse - Chart Reading, München 1971
***Schmidt, R.H.,*** Aktienkursprognose, Wiesbaden 1976
***Schneider, E.,*** Wirtschaftlichkeitsrechnung, 8. Auflage, Tübingen/Zürich 1973
***Sieben, G.,*** Der Substanzwert der Unternehmung, Wiesbaden 1963
***Sieben/Zapf*** (Hrsg.), Unternehmensbewertung als Grundlage unternehmerischer Entscheidungen, Stuttgart 1981
***Siebert, G.,*** Beiträge zur Aktienanalyse, Frankfurt 1972
***Süchting, J.,*** Finanzmanagement, 5. Auflage, Wiesbaden 1989
***ter Horst, K.W.,*** Investitionsplanung, Stuttgart 1980
***Uhlir/Steiner,*** Wertpapieranalyse, 3. Auflage, Heidelberg/Wien 1994
***Viel/Bredt/Renard,*** Die Bewertung von Unternehmungen und Unternehmensanteilen, 5. Auflage, Stuttgart 1975
***Waschkowski, H.,*** Prognose von Aktienkursen, Frankfurt/Main 1971
***Welcker/Thomas,*** Finanzanalyse, München 1981
***Wöhe, G.,*** Einführung in die Allgemeine Betriebswirtschaftslehre, 18. Auflage, München 1993

## F. Nutzwertrechnungen zur Beurteilung von Investitionen

***Bischoff, M.,*** Multivariable Zielsysteme in der Unternehmung, Meisenheim 1973
***Bitz, M.,*** Investition, in: Bitz/Dellmann/Domsch/Egner (Hrsg.), Vahlens Kompendium der Betriebswirtschaftslehre, Band 1, 2. Auflage, München 1989
***Blohm/Lüder,*** Investition, 7. Auflage, München 1991
***Brandt, H.,*** Investitionspolitik des Industriebetriebes, 3. Auflage, Wiesbaden 1970
***Brockhoff, K.,*** Forschungsobjekte und Forschungsprogramme: ihre Bewertung und Auswahl, 2. Auflage, Wiesbaden 1973
***Dathe, H.M.,*** Moderne Projektplanung in Technik und Wissenschaft, Wiesbaden 1971
***Dreyer, A.,*** Scoring-Modelle bei Mehrfachzielsetzungen, in: ZfB, 1974
***Fandel, G.,*** Optimale Entscheidungen bei mehrfacher Zielsetzung, Berlin/Heidelberg/New York 1972
***Frischmuth, G.,*** Daten als Grundlagen der Investitionsentscheidung, Berlin 1969
***Gäfgen, G.,*** Theorie der wirtschaftlichen Entscheidung, 3. Auflage, Tübingen 1974
***Gas, B.,*** Wirtschaftlichkeitsrechnung bei immateriellen Investitionen, Frankfurt/Zürich 1972
***Haedrich, G.,*** Operationale Entscheidungshilfen für die Marketingplanung, Berlin/New York 1977
***Kern, W.,*** Investitionsrechnung, Stuttgart 1974
***Kruschwitz, L.,*** Investitionsrechnung, 5. Auflage, Berlin 1993
***Little, J.D.G.,*** Models and Managers, The Concept of Decision Calculus, in: M.C., 1970
***Lücke, W.,*** Investitionslexikon, 2. Auflage, München 1991
***Schröder, H.-H.,*** Forschung und Entwicklung in der Unternehmung, Reinbek 1977

***Schwarz, H.***, Optimale Investitionsentscheidungen, München 1967
***Seicht, G.***, Investitionsentscheidungen richtig treffen, Wien 1976
***Sieben/Goetzke***, Investitionskalküle unter Berücksichtigung pluralistischer Interessen, in: BFuP, 1976
***Strebel, H.***, Forschungsplanung mit Scoring-Modellen, Baden-Baden 1975
***Strebel, H.***, Scoring-Modelle im Lichte neuer Gesichtspunkte zur Konstruktion praxisorientierter Entscheidungsmodelle, in: DB, 1978
***Strebel, H.***, Zur Gewichtung von Urteilskriterien bei mehrdimensionalen Zielsystemen, in: ZfB, 1972
***ter Horst, K.W.***, Investitionsplanung, Stuttgart 1980
***Wolff, H.***, Die Bestimmung der Investitionstätigkeit unter Berücksichtigung mehrwertiger Zielfunktionen der Unternehmer, Meisenheim 1971
***Zangemeister, C.***, Nutzwertanalyse in der Systemtechnik, 4. Auflage, München 1976
***Zangemeister, C.***, Nutzwertanalyse von Projektalternativen, Grafenau 1976

## G. Finanzwirtschaftliche Analyse

***Beyer, E.***, Wie liest man Bilanzen?, 3. Auflage, Wiesbaden 1979
***Bischoff, W.***, Cash Flow und Working Capital, Wiesbaden 1972
***Buchner, R.***, Grundzüge der Finanzanalyse, München 1981
***Buchner, R.***, Finanzwirtschaftliche Statistik und Kennzahlenrechnung, München 1985
***Coenenberg, A.***, Jahresabschluß und Jahresabschlußananlyse, 10. Auflage, München 1988
***Erhard, F.***, Bilanzananlyse und steuerliche Betriebsprüfung, 2. Auflage, Wiesbaden 1975
***Frantz, U.***, Bilanzen, Bielefeld 1976
***Gerstner, P.***, Bilanz-Analyse, 11. Auflage, Berlin 1964
***Gräfer, H.***, Einführung in die Bilanzanalyse, 6. Auflage, Herne/Berlin 1994
***Harrmann, A.***, Bilanzanalyse für die Praxis, 3. Auflage, Herne/Berlin 1988
***Hauschildt, J.***, Erfolgs- und Finanzanalyse, Köln 1984
***Helbling, C.***, Bilanz- und Erfolgsananlyse, 8. Auflage, Berlin 1991
***Hesse*** (Frailing), Wie beurteilt man eine Bilanz, 7. Auflage, Gütersloh 1988
***Hofmann, R.***, Bilanzkennzahlen, 4. Auflage, Wiesbaden 1977
***Hopfenbeck, W.***, Allgemeine Betriebswirtschafts- und Managementlehre, 3. Auflage, Landsberg 1991
***Jehle/Blazek/Deyhle***, Finanzcontrolling, 2. Auflage, Gauting/München 1982
***Juesten, W.***, Cash Flow und Unternehmensbeurteilung, 4. Auflage, Berlin 1980
***Käfer, K.***, Kapitalflußrechnungen, 2. Auflage, Stuttgart 1984
***Käfer, K.***, Praxis der Kapitalflußrechnung, Stuttgart 1969
***Küting/Weber***, Bilanzananlyse und Bilanzpolitik nach neuem Bilanzrecht, Stuttgart 1987
***Lachnit, L.***, Zeitraumbilanzen, Berlin 1972
***Leffson, U.***, Bilanzanalyse, 3. Auflage, Stuttgart 1984
***Lipfert, H.***, Finanzierungsregeln und Bilanzstrukturen, in: H. Janberg (Hrsg.), Finanzierungshandbuch, Wiesbaden 1964
***Mayer/Mayer***, Bilanz- und Betriebsanalyse, 4. Auflage, Wiesbaden 1970
***Meyer, C.***, Bilanzierung nach Handels- und Steuerrecht, 10. Auflage, Herne/Berlin 1994
***Moxter, A.***, Bilanzlehre, 3. Auflage, Wiesbaden 1986
***Olfert, K.***, Finanzierung, 8. Auflage, Ludwigshafen/Rhein 1994
***Olfert/Körner/Langenbeck***, Bilanzen, 6. Auflage, Ludwigshafen/Rhein 1992
***Reichmann, T.***, Controlling mit Kennzahlen, 2. Auflage, München 1990
***Riebell, C.***, Die Praxis der Bilanzauswertung, 2. Auflage, Stuttgart 1974
***Riemer, R.***, Bilanzananlysen, Bonn 1978
***Riethmann, P.***, Bilanzananlyse, Standard-Formularsatz, Wiesbaden 1973
***Schacht, K.***, Die Bedeutung der Finanzierungsregeln für unternehmerische Entscheidungen, Wiesbaden 1971
***Schierenbeck, H.***, Grundzüge der Betriebswirtschaftslehre, 11. Auflage, München/Wien 1993
***Schott, G.***, Kennzahlen, 5. Auflage, Stuttgart 1988
***Schult***, Bilanzananlyse nach dem neuen Bilanzrichtliniengesetz, 8. Auflage, Freiburg 1991
***Serfling, K.***, Die Kapitalflußrechnung, 2. Auflage, Herne/Berlin 1988
***Serfling, K.***, Controlling, 2. Auflage, Stuttgart 1993

***Staehle, W.***, Kennzahlen und Kennzahlensysteme als Mittel der Organisation und Führung von Unternehmen, Wiesbaden 1969
***Vogler/Mattes,*** Theorie und Praxis der Bilanzanalyse, 2. Auflage, Berlin 1976
***Vogt, F.J.***, Bilanztaktik, 6. Auflage, Heidelberg 1963
***Welcker/Thomas,*** Finanzanalyse, München 1981
***Wöhe, G.***, Bilanzierung und Bilanzpolitik, 8. Auflage, München 1992
***Ziegenbein, K.***, Controlling, 5. Auflage, Ludwigshafen/Rhein 1995
***Zimmerer, C.***, Industriebilanzen lesen und beurteilen, 4. Auflage, München 1975
***Zimmermann, W.*** (Hrsg.), Bilanzen lesen und verstehen, Braunschweig 1972
***ZVEI,*** ZVEI-Kennzahlensystem, 2. Ausflage, Frankfurt/Main 1971

# Übungsteil

# Aufgaben/Fälle

# Übungsteil (Aufgaben/Fälle)

## 1 : Eigen-/Fremdkapital / Anlage-/Umlaufvermögen

Ordnen Sie die folgenden Positionen dem bilanziellen Eigenkapital, Fremdkapital, Anlagevermögen oder Umlaufvermögen zu:

| | | Eigen-kapital | Fremd-kapital | Anlage-vermögen | Umlauf-vermögen |
|---|---|---|---|---|---|
| a | Kapitalrücklage | | | | |
| b | Forderungen | | | | |
| c | Schecks | | | | |
| d | Sachanlagen | | | | |
| e | Geschäftsanteile | | | | |
| f | Rückstellungen | | | | |
| g | Vorräte | | | | |
| h | Jahresüberschuß | | | | |
| i | Wertpapiere | | | | |
| j | Kassenbestand | | | | |
| k | Finanzanlagen | | | | |
| l | Verbindlichkeiten | | | | |
| m | Gewinnrücklagen | | | | |
| n | Wertpapiere | | | | |
| o | Gewinnvortrag | | | | |

## 2 : Arten der Investition

(1) Ordnen Sie die folgenden Vorgänge den entsprechenden Arten der Investition zu:

| | | Sach-investition | Finanz-investition | Immat. Investition | Netto-Investition | Re-investition |
|---|---|---|---|---|---|---|
| a | Das Unternehmen beschafft Maschinen, um die Leistungsmenge zu vergrößern. | | | | | |
| b | Eine Maschine wird durch eine technisch verbesserte neue Maschine ersetzt. | | | | | |
| c | Das Unternehmen erwirbt eine Konzession. | | | | | |

| | | | | | | | |
|---|---|---|---|---|---|---|---|
| d | Das Unternehmen gründet eine Vertriebs GmbH. | | | | | | |
| e | Das Unternehmen kauft Rohstoffe für die laufende Produktion. | | | | | | |
| f | Das Unternehmen nimmt Umweltschutzmaßnahmen vor. | | | | | | |

(2) Wie können folgende Arten der Investition noch genannt werden?

| | |
|---|---|
| Sachinvestitionen | |
| Finanzinvestitionen | |
| Gründungsinvestitionen | |

## 3 : Arten der Finanzierung

(1) Um welche Arten von Finanzierung handelt es sich bei folgenden Vorgängen:

| | | Finanzier. mit Eigenkapital | Finanzier. mit Fremdkapital | Außenfinanzierung | Innenfinanzierung | Beteiligungsfinanzierung | Umfinanzierung |
|---|---|---|---|---|---|---|---|
| a | Es wird ein neuer Gesellschafter im Unternehmen aufgenommen. | | | | | | |
| b | Das Unternehmen bildet Pensionsrückstellungen zur Altersversorgung der Mitarbeiter. | | | | | | |
| c | Ein kurzfristiger Kredit wird in einen langfristigen Kredit umgewandelt. | | | | | | |
| d | Erzielte Gewinne werden vom Unternehmen einbehalten und für Investitionszwecke verwendet. | | | | | | |
| e | Das Unternehmen nimmt einen Kredit auf. | | | | | | |
| f | Das Unternehmen kauft für zurücklaufende Abschreibungsbeträge eine Maschine. | | | | | | |
| g | Dem Unternehmen wird eine Maschine geliefert, die erst 6 Wochen später zu bezahlen ist. | | | | | | |
| h | Das Unternehmen verkauft eine nicht mehr benötigte Maschine, um Rohstoffe zu beschaffen. | | | | | | |
| i | Das Unternehmen least einen Personenkraftwagen. | | | | | | |
| j | Eine Aktiengesellschaft erhöht ihr gezeichnetes Kapital. | | | | | | |

(2) Wie können folgende Arten der Finanzierung noch genannt werden?

| | |
|---|---|
| Beteiligungsfinanzierung | |
| Fremdfinanzierung | |
| Finanzierung aus Umsatzerlösen | |

# 4 : Zahlungsverkehr

(1) Die Metallbau GmbH hat einem Zulieferer gegenüber eine Rechnung in Höhe von 10.000 DM zu begleichen.

Inwieweit hat die Metallbau GmbH ihre Verpflichtung erfüllt, wenn der Betrag

(a) bar bezahlt wird,
(b) durch Scheck bezahlt wird,
(c) durch Banküberweisung bezahlt wird?

(2) Ergänzen Sie das Schaubild um die Arten des Zahlungsverkehrs!

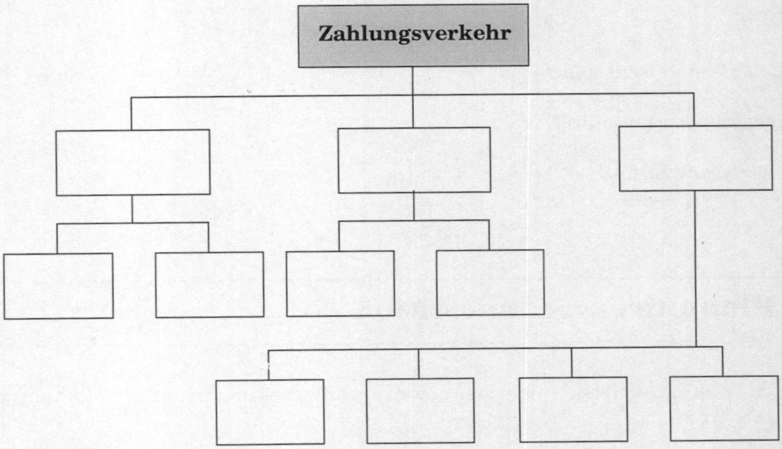

## 5 : Rentabilität

Ein Unternehmen weist folgende Daten auf:

**Bilanz**

| Aktiva | | Passiva | |
|---|---|---|---|
| Vermögen | 10.400.000 | Gezeichnetes Kapital | 2.000.000 |
| | | Rücklagen | 3.000.000 |
| | | Fremdkapital | 5.000.000 |
| | | Gewinn | 400.000 |
| | 10.400.000 | | 10.400.000 |

**Erfolgsrechnung**

| Aufwendungen | | Erträge | |
|---|---|---|---|
| Verschiedene Aufwendungen | 29.300.000 | Erträge | 30.000.000 |
| Zinsaufwendungen | 300.000 | | |
| Gewinn | 400.000 | | |
| | 30.000.000 | | 30.000.000 |

Ermitteln Sie:

(1) die Gesamtkapitalrentabilität!

(2) die Eigenkapitalrentabilität!

(3) die Umsatzrentabilität!

## 6 : Planung einer Investition

Ergänzen Sie das nachfolgende Schema, das den stufenweisen Ablauf der Planung einer Investition darstellt!

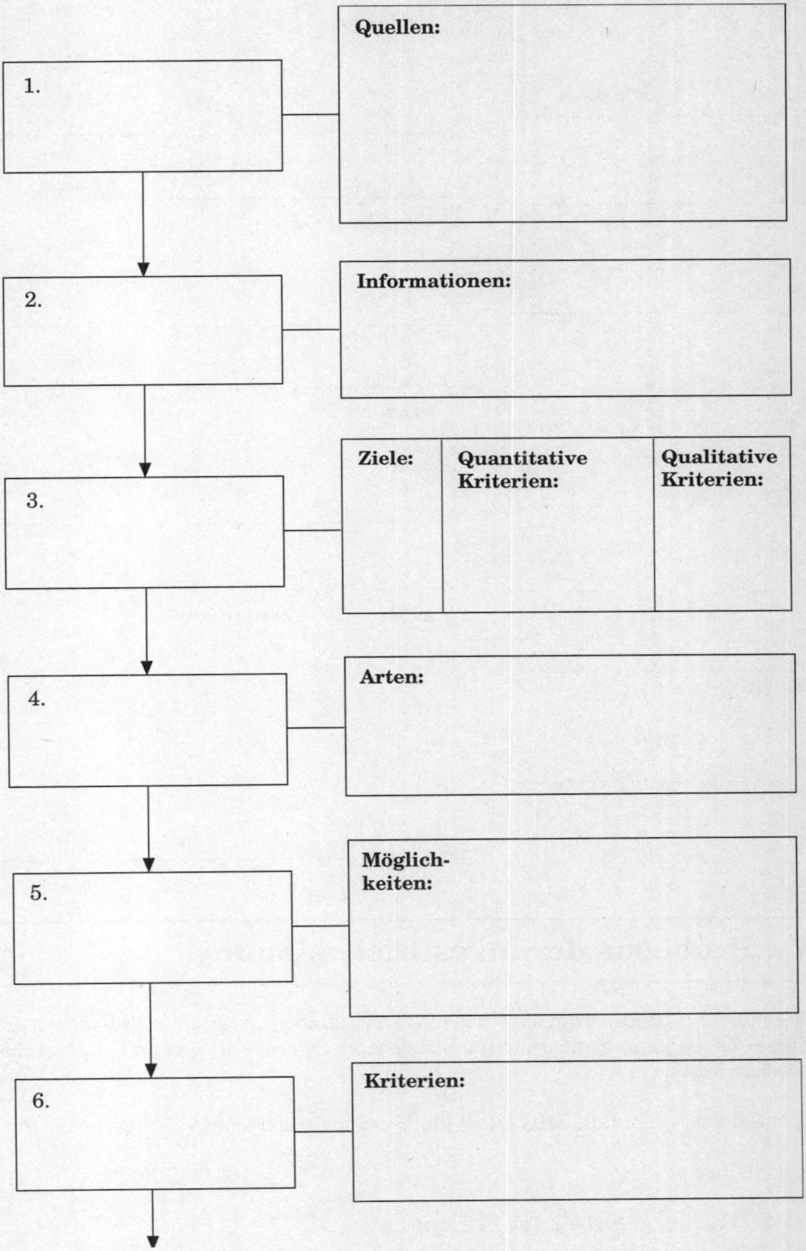
1.
Quellen:
2.
Informationen:
3.
Ziele:
Quantitative Kriterien:
Qualitative Kriterien:
4.
Arten:
5.
Möglichkeiten:
6.
Kriterien:

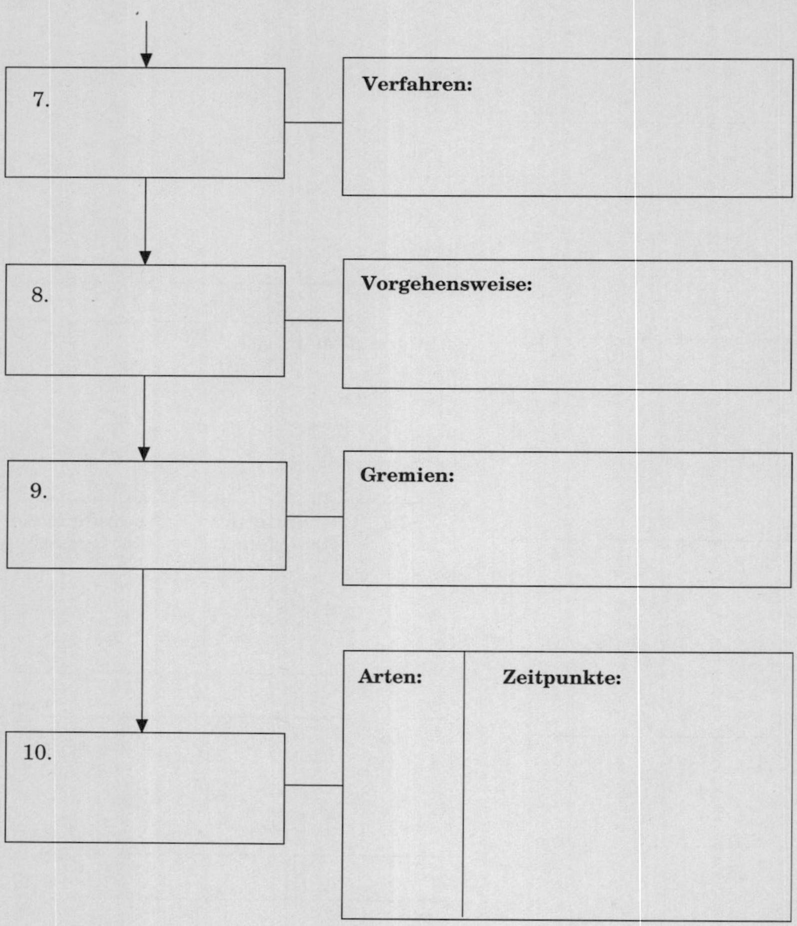


## 7 : Probleme der Investitionsplanung

Die Metall GmbH beabsichtigt, eine neue Fräsmaschine anzuschaffen. Es handelt sich dabei um eine Neuentwicklung, die computergesteuert ist. Hierüber liegen im Unternehmen noch keine Erfahrungen vor.

Die Firma Peter Schmidtke OHG bietet die Maschine zu folgenden Bedingungen an:

| | |
|---|---|
| Listenpreis (netto) | 148.000 DM |
| Rabatt | 5 % |
| Skonto (bei Zahlung innerhalb von 14 Tagen) | 2 % |
| Verpackung | 114 DM |
| Fracht | 52 DM |
| Lieferzeit | 10 Wochen |

Bei der Metall GmbH wird damit gerechnet, daß Kosten für die Installation der Fräsmaschine von 419 DM und Kosten für Probeläufe von 669 DM anfallen. Bei der Nutzungsdauer gehen die Schätzungen auseinander. Sie liegen zwischen 7 und 9 Jahren. Der Schrottwert der Fräsmaschine wird mit 4.500 DM, die Abbruchkosten mit 980 DM veranschlagt.

Die Maschine wird fremdfinanziert. Der bei der Metall GmbH verrechnete Zinssatz betrug im letzten Jahr allgemein 10 %. Der Kapitalmarktzins wird für absehbare Zeit auf 12 % bis 14 % geschätzt.

(1) Ermitteln Sie den Nettopreis der Fräsmaschine!

(2) Stimmt der Nettopreis mit den Anschaffungskosten bzw. Anschaffungsausgaben überein?

(3) Welche Nutzungsdauer empfehlen Sie für die Fräsmaschine anzusetzen?

(4) Würden Sie einen Rest(erlös)wert bzw. Liquidationserlös der Fräsmaschine berücksichtigen, gegebenenfalls welchen?

(5) Schlagen Sie den zu verwendenden Kalkulationszinssatz vor!

## 8 : Kapitalbedarf I

Gegeben sind folgende Einnahmen und Ausgaben:

| Monat | Ausgaben TDM | Einnahmen TDM |
|---|---|---|
| Januar | 100 | 0 |
| Februar | 80 | 20 |
| März | 50 | 70 |
| April | 100 | 100 |
| Mai | 100 | 70 |
| Juni | 60 | 100 |
| Juli | 60 | 110 |
| August | 60 | 240 |
| September | 80 | 90 |
| Oktober | 100 | 40 |
| November | 110 | 0 |
| Dezember | 80 | 20 |

(1) Ermiteln Sie den Kapitalbedarf jeden Monats rechnerisch!

(2) Stellen Sie den Kapitalbedarf für die einzelnen Monate graphisch dar!

(3) Wie kann der Kapitalbedarf vermindert werden, ohne daß sich die Werte der Ausgaben und Einnahmen verändern?

## 9 : Kapitalbedarf II

Die Firma Peter Schmidtke OHG fertigt gleichartige Maschinen. Dabei können die folgenden Zahlungsreihen für jede Maschine als typisch angesehen werden:

| | | |
|---|---|---|
| 1. Dekade | 7.500 DM | Ausgaben für Fertigungsstufe 1 |
| 2. Dekade | 10.500 DM | Ausgaben für Fertigungsstufe 2 |
| 3. Dekade | 2.500 DM | Ausgaben für Fertigungsstufe 3 |
| 4. Dekade | 0 DM | Lagerung der gefertigten Maschine |
| 5. Dekade | 0 DM | Verkauf auf Ziel |
| 6. Dekade | 20.500 DM | Einnahmen aus dem Verkauf |

(1) Wie entwickelt sich der Kapitalbedarf des Unternehmens, wenn mit Abschluß der Fertigung einer Maschine die Fertigung der nächsten Maschine jeweils begonnen wird?

Stellen Sie die Entwicklung tabellarisch und graphisch für 15 Dekaden dar!

(2) In welcher Weise entwickelt sich der Kapitalbedarf des Unternehmens, wenn durch Rationalisierungsmaßnahmen erreicht wird, daß die Lagerzeiten der gefertigten Maschinen sowie die Zahlungsziele eine Verminderung um 50 % erfahren?

Stellen Sie dies tabellarisch und graphisch für 15 Dekaden dar!

(3) Stellen Sie tabellarisch und graphisch dar, inwieweit sich der Kapitalbedarf durch die Rationalisierungsmaßnahmen vermindert!

## 10 : Kapitalbedarf III

Eine Firma, die Küchengeräte herstellt, soll errichtet werden. Bei der Planung der Ausgaben ist zu berücksichtigen, daß

- ein Fabrikgebäude im Werte von 750.000 DM gekauft wird,
- Maschinen im Werte von 550.000 DM benötigt werden,
- Betriebs- und Geschäftsausstattung im Werte von 350.000 DM erforderlich ist,
- Ausgaben für Roh-, Hilfs- und Betriebsstoffe von täglich 4.000 DM anfallen,
- Ausgaben für Löhne und Gehälter von täglich 7.000 DM entstehen,
- sonstige Ausgaben von täglich 1.000 DM anfallen.

Die Roh-, Hilfs- und Betriebsstoffe lagern 20 Tage, die Fertigerzeugnisse 10 Tage.

Der Fertigungsprozeß umfaßt 6 Tage.

Die Gründung und Ingangsetzung des Geschäftsbetriebes verursacht Ausgaben von 10.000 DM.

(1) Ermitteln Sie den Kapitalbedarf der Firma, wenn für die Roh-, Hilfs- und Betriebsstoffe von den Lieferanten ein Ziel von 15 Tagen eingeräumt wird und die Fertigerzeugnisse binnen 5 Tagen bezahlt werden!

(2) Wie verändert sich der Kapitalbedarf der Firma, wenn die Roh-, Hilfs- und Betriebsstoffe binnen 5 Tagen zu bezahlen sind, den Kunden aber aus Wettbewerbsgründen ein Zahlungsziel von 30 Tagen eingeräumt werden muß?

(3) In welcher Weise verändert sich der Kapitalbedarf aus (2), wenn es sich als möglich erweist, die Lagerdauer der Roh-, Hilfs- und Betriebsstoffe sowie der Fertigerzeugnisse zu halbieren?

## 11 : Kostenvergleichsrechnung I

Die Stahlbau GmbH plant die Anschaffung einer Maschine zwecks Erweiterung der Kapazität. Es liegt ein Angebot vor, das folgende Daten aufweist:

| | |
|---|---|
| Anschaffungskosten | 140.000 DM |
| Nutzungsdauer | 7 Jahre |
| Auslastung | 28.000 Stück/Jahr |
| Fixe Kosten | |
| ohne Abschreibungen und Zinsen | 15.000 DM/Jahr |
| Variable Kosten | 180.000 DM/Jahr |

Der Kalkulationszinssatz beträgt 10 %

(1) Ermitteln Sie den Kapitaldienst für die Maschine!
(2) Ermitteln Sie die Betriebskosten, die für die Maschine jährlich anfallen!
(3) Kann die Maschine als vorteilhafte Investition angesehen werden?

## 12 : Kostenvergleichsrechnung II

Zu dem Angebot aus Übung 11 liegt ein zweites Angebot mit folgenden Daten vor:

| | |
|---|---|
| Anschaffungskosten | 161.000 DM |
| Nutzungsdauer | 7 Jahre |
| Auslastung | 28.000 Stück/Jahr |
| Fixe Kosten | |
| ohne Abschreibungen und Zinsen | 14.000 DM/Jahr |
| Variable Kosten | 165.000 DM/Jahr |

Vergleichen Sie beide Angebote

- mathematisch
- tabellarisch

miteinander und stellen Sie fest, welches alternative Investitionsobjekt vorteilhafter ist.

## 13 : Kostenvergleichsrechnung III

Ein Unternehmen, das Zulieferteile herstellt, benötigt eine Maschine. Drei Alternativen stehen zur Auswahl:

| | | Investitions-objekt I | Investitions-objekt II | Investitions-objekt III |
|---|---|---|---|---|
| Anschaffungskosten | DM | 80.000 | 85.000 | 90.000 |
| Restwert | DM | 4.000 | 5.000 | 6.000 |
| Nutzungsdauer | Jahre | 8 | 8 | 8 |
| Kapazität | Stück/Jahr | 10.000 | 10.000 | 9.000 |
| Abschreibungen | DM/Jahr | ? | ? | ? |
| Zinsen | DM/Jahr | ? | ? | ? |
| Gehälter | DM/Jahr | 54.000 | 52.000 | 58.000 |
| Sonstige fixe Kosten | DM/Jahr | 14.000 | 14.000 | 15.000 |
| Löhne | DM/Jahr | 143.750 | 136.250 | 110.250 |
| Materialkosten | DM/Jahr | 122.500 | 122.500 | 109.125 |
| Sonstige variable Kosten | DM/Jahr | 11.250 | 11.250 | 10.125 |

(1) Die Auftragslage des Unternehmens läßt erwarten, daß jährlich 8.000 Stück abgesetzt werden können. Welcher Maschine ist der Vorzug zu geben, wenn der Kalkulationszinssatz im Unternehmen 12 % beträgt? Nehmen Sie einen Kostenvergleich pro Periode und pro Leistungseinheit vor!

(2) Ermitteln Sie die kritischen Ausbringungsmengen mathematisch und graphisch!

(3) Die Marketing-Abteilung des Unternehmens teilt mit, daß ein neuer, zusätzlicher Abnehmer der Produkte gefunden sei. Es ließen sich künftig um 10.000 Stück pro Jahr absetzen. Welche Maschine ist - bei gleichbleibendem Kalkulationszinssatz - die vorteilhafteste?

## 14 : Kostenvergleichsrechnung IV

Ein metallverarbeitendes Unternehmen benötigt für seine Fertigung bestimmte Drehteile. Diese können selbst hergestellt oder von außen bezogen werden. Im einzelnen bieten sich folgende Alternativen an:

- **Alternative I: Kauf einer Drehmaschine traditioneller Bauart**

| | |
|---|---|
| Anschaffungskosten | 48.000 DM |
| Nutzungsdauer | 6 Jahre |
| Kapazität | 8.000 Stück/Jahr |
| Abschreibungen | ? DM |
| Zinsen | ? DM |
| Gehälter | 10.000 DM |
| Sonstige fixe Kosten | 8.000 DM |
| Löhne | 44.000 DM |

| | |
|---|---|
| Material | 80.000 DM |
| Sonstige variable Kosten | 6.000 DM |

- **Alternative II: Kauf einer halbautomatischen Drehmaschine**

| | |
|---|---|
| Anschaffungskosten | 120.000 DM |
| Nutzungsdauer | 6 Jahre |
| Kapazität | 10.000 Stück/Jahr |
| Abschreibungen | ? DM |
| Zinsen | ? DM |
| Gehälter | 10.000 DM |
| Sonstige fixe Kosten | 10.000 DM |
| Löhne | 29.000 DM |
| Material | 96.000 DM |
| Sonstige variable Kosten | 5.000 DM |

- **Alternative III: Fremdbezug der Drehteile**

  Preis: 21,00 DM/Stück

Der Kalkulationszinssatz beträgt 8 %.

Ermitteln Sie die vorteilhafteste der Alternativen:

(1) bei einer Produktions-/Beschaffungsmenge von 5.000 Drehteilen!

(2) bei einer Produktions-/Beschaffungsmenge von 6.000 Drehteilen!

(3) Ermitteln Sie die kritischen Mengen mathematisch und graphisch!

(4) Welche der beiden Maschinen wäre die vorteilhaftere, wenn mit ihrer vollen Kapazität produziert würde?

## 15 : Kostenvergleichsrechnung V

Die Speditions GmbH verfügt über 10 Lastkraftwagen. Sie sollen prüfen, ob es vorteilhaft ist, den Lastkraftwagen Nr. 7 durch einen neuen Lastkraftwagen zu ersetzen.

Der Lastkraftwagen Nr. 7 hat bei seiner Anschaffung 80.000 DM gekostet und ist seit 5 Jahren in Betrieb. Seine Nutzungsdauer wird auf 8 Jahre geschätzt. Derzeit hat er einen Restbuchwert von 40.000 DM. Nach seiner Gesamtnutzungsdauer von 8 Jahren wird er einen Restbuchwert von 10.000 DM besitzen. Zur Zeit könnte man aus dem Verkauf des Lastkraftwagens einen Erlös von 30.000 DM, mit Ende der Gesamtnutzungsdauer von 6.000 DM erzielen.

Ein neuer Lastkraftwagen würde 100.000 DM kosten und ebenfalls 8 Jahre lang nutzbar sein. Sein Restwert würde mit 8.000 DM anzusetzen sein.

Folgende Daten sind außerdem bekannt:

| | | Alter LKW | Neuer LKW |
|---|---|---|---|
| Kapazität | Std/Jahr | 3.000 | 3.000 |
| Zinssatz | % | 10 | 10 |
| Fixe Kosten ohne Abschreibungen und Zinsen | DM/Jahr | 15.000 | 13.000 |
| Löhne | DM/Jahr | 28.000 | 28.000 |
| Energiekosten | DM/Jahr | 58.000 | 55.500 |
| Sonstige variable Kosten | DM/Jahr | 16.000 | 15.000 |

(1) Stellen Sie fest, ob es zweckmäßig ist, den alten Lastkraftwagen zum Ende des 5. Jahres durch den neuen Lastkraftwagen zu ersetzen!

(2) Wie sieht der Vergleich aus, wenn ein konkurrierendes Fabrikat einbezogen würde, das sich gegenüber dem zuvor betrachteten neuen Lastkraftwagen dadurch unterscheidet, daß die Reparatur- und Inspektionszeiten sowie der Energieverbrauch auf Grund verbesserter Technik geringer sind?

Damit könnte die Auslastung von 3.000 auf 3.200 Std./Jahr erhöht werden, die Energiekosten würden sich um 10 % im Vergleich zu dem zuvor betrachteten neuen Lastkraftwagen vermindern.

## 16 : Gewinnvergleichsrechnung I

Ein Unternehmen benötigt zwecks Kapazitätserweiterung eine Maschine.

(1) Es liegt nur ein Angebot vor, das folgende Daten aufweist:

| | |
|---|---|
| Anschaffungskosten | 80.000 DM |
| Nutzungsdauer | 8 Jahre |
| Kapazität | 12.000 Stück/Jahr |
| Kapitaldienst | 14.000 DM/Jahr |
| Betriebskosten | 62.000 DM/Jahr |

Ist das vorliegende Angebot vorteilhaft, wenn jährlich 12.000 Stück zum Preis von je 8 DM abgesetzt werden können?

(2) Die Beschaffungs-Abteilung legt noch ein weiteres Angebot vor:

| | |
|---|---|
| Anschaffungskosten | 70.000 DM |
| Nutzungsdauer | 8 Jahre |
| Kapazität | 12.000 Stück/Jahr |
| Kapitaldienst | 12.250 DM/Jahr |
| Betriebskosten | 66.000 DM/Jahr |

Vergleichen Sie das vorliegende Angebot mit dem Angebot aus (1) und ermitteln Sie, welches der Angebote vorteilhafter ist!

(3) Welche Gewinne werden von den alternativen Investitionsobjekten erzielt, wenn die Auslastung 8.000 Stück/Jahr beträgt und die gefertigte Menge zum Preis von 8 DM/Stück abgesetzt wird?

(4) Ermitteln Sie mathematisch und graphisch die kritische Menge für die Investitionsobjekte aus (1) und (2), wenn in den Betriebskosten des Investitionsobjektes I 3.400 DM/Jahr, des Investitionsobjektes II 1.600 DM/Jahr an fixen Kosten enthalten sind!

## 17 : Gewinnvergleichsrechnung II

Bei der Werkzeug GmbH wird überlegt, ob eine 5 Jahre in Betrieb befindliche Maschine durch eine neue Maschine ersetzt werden soll, die mit verbesserter Qualität fertigt. Durch die gesteigerte Oberflächengüte der zu fertigenden Produkte ist es möglich, einen um 5 % höheren Preis zu erzielen.

Folgende Daten liegen vor:

| | | **Altes Investitions-objekt** | **Neues Investitions-objekt** |
|---|---|---|---|
| Anschaffungskosten | DM | 120.000 | 140.000 |
| Restwert | DM | 10.000 | 12.000 |
| Nutzungsdauer | Jahre | 8 | 8 |
| Kapazität | Stück/Jahr | 20.000 | 25.000 |
| Fixe Kosten | DM/Jahr | 31.000 | 46.000 |
| Variable Kosten | DM/Jahr | 147.000 | 186.250 |
| Erträge | DM/Stück | 10 | 10,50 |

Die alte Maschine erbringt zum Ende des 5. Jahres einen Resterlös von 60.000 DM, zum Ende des 8. Jahres von 16.000 DM

Der Kalkulationszinssatz beträgt 8 %.

(1) Es wird davon ausgegangen, daß die Auslastung der Investitionsobjekte künftig bei 20.000 Stück/Jahr liegen wird.

In welcher Form kann der Gewinnvergleich vorgenommen werden?

Ermitteln Sie, ob es zweckmäßig ist, das alte Investitionsobjekt durch das neue Investitionsobjekt zu ersetzen!

(2) Wie fällt der Gewinnvergleich aus, wenn die Auslastung absatzbedingt auf 22.000 Stück/Jahr erhöht werden könnte?

## 18 : Rentabilitätsvergleichsrechnung I

Die Chemie AG plant die Anschaffung einer neuen Maschine. Eine Investition kommt für die Chemie AG grundsätzlich nur dann in Betracht, wenn die Rentabilität des Investitionsobjektes mindestens 20 % beträgt.

Es liegt folgendes Angebot vor:

| | | |
|---|---|---|
| Anschaffungskosten | DM | 100.000 |
| Nutzungsdauer | Jahre | 8 |
| Kapazität | Stück/Jahr | 15.000 |
| Fixe Kosten ohne Abschreibungen/Zinsen | DM/Jahr | 19.000 |
| Variable Kosten | DM/Jahr | 90.000 |

Die Kapazität des Investitionsobjektes kann voll ausgeschöpft werden. Die mit der Maschine gefertigten Erzeugnisse lassen sich für 8,50 DM/Stück absetzen.

Als Kalkulationszinssatz sind 10 % anzusetzen.

(1) Ermitteln Sie die von dem Investitionsobjekt zu erzielende Rentabilität und beurteilen Sie die Vorteilhaftigkeit der Maschine!

(2) Für ein früher der Chemie AG abgegebenes Angebot, das für die Investition ebenfalls in Betracht kommen könnte, liegt die folgende Gewinnvergleichsrechnung vor:

| | | |
|---|---|---|
| Anschaffungskosten | DM | 98.000 |
| Restwert | DM | 0 |
| Nutzungsdauer | Jahre | 8 |
| Auslastung | Stück/Jahr | 15.000 |
| Zinssatz | % | 10 |
| Erträge | DM/Jahr | 127.500 |
| Kosten | DM/Jahr | 124.000 |
| Gewinn | DM/Jahr | 3.500 |

Ermitteln Sie, ob dieses Angebot als vorteilhaft anzusehen ist!

## 19 : Rentabilitätsvergleichsrechnung II

Einem Unternehmen der Metallbranche stehen drei Angebote für eine Investition zur Verfügung:

| | | Investitionsobjekt I | Investitionsobjekt II | Investitionsobjekt III |
|---|---|---|---|---|
| Anschaffungskosten | DM | 80.000 | 120.000 | 160.000 |
| Restwert | DM | 5.000 | 7.000 | 9.000 |
| Nutzungsdauer | Jahre | 8 | 8 | 8 |
| Auslastung | Stück/Jahr | 18.000 | 20.000 | 22.000 |
| Zinssatz | % | 8 | 8 | 8 |
| Erträge | DM/Jahr | 190.950 | 212.100 | 233.020 |
| Fixe Kosten ohne Zinsen | DM/Jahr | 18.200 | 28.300 | 39.650 |
| Variable Kosten | DM/Jahr | 168.700 | 176.620 | 184.360 |

(1) Ermitteln Sie unter Verwendung der obigen Daten die Rentabilität der alternativen Investitionsobjekte!

(2) Wie sind die ermittelten Rentabilitäten zu beurteilen?

(3) Rechnen Sie die Rentabilitäten der alternativen Investitionsobjekte nochmals durch und berücksichtigen Sie dabei, daß finanzielle Mittel, die nicht durch eine Investition gebunden werden, mit einem Zinssatz von 14 % angelegt werden könnten!

(4) Stellen Sie die Ergebnisse aller Rentabilitätsberechnungen zusammen und interpretieren Sie diese!

## 20 : Rentabilitätsvergleichsrechnung III

Die Chemie AG will eine Maschine im Rahmen einer Rationalisierungsinvestition ersetzen. Als Daten liegen vor:

| | |
|---|---|
| Kosten der alten Maschine pro Jahr | 60.000 DM |
| Kosten der neuen Maschine pro Jahr | 42.000 DM |
| Anschaffungskosten der neuen Maschine | 150.000 DM |

Die von der Chemie AG grundsätzlich zu erzielende Mindestrentabilität beträgt 20 %.

(1) Ermitteln Sie die Rentabilität der Investition und beurteilen Sie ihre Vorteilhaftigkeit!

(2) Wie verändert sich die Rentabilität der Investition, wenn in Verbindung mit der Investition zusätzliches Umlaufvermögen von 15.000 DM erforderlich wird?

(3) Hat ein Resterlös der alten Maschine von 7.000 DM Einfluß auf die Höhe der Rentabilität?

## 21 : Amortisationsvergleichsrechnung I

Für eine Investition stehen zwei alternative Objekte zur Verfügung, die folgende Daten aufweisen:

| | | Investitionsobjekt I | Investitionsobjekt II |
|---|---|---|---|
| Anschaffungskosten | DM | 138.000 | 132.000 |
| Restwert | DM | 0 | 0 |
| Nutzungsdauer | Jahre | 6 | 6 |
| Gewinn 1. Jahr | DM | 24.000 | 19.000 |
| Gewinn 2. Jahr | DM | 28.000 | 24.000 |
| Gewinn 3. Jahr | DM | 32.000 | 24.000 |
| Gewinn 4. Jahr | DM | 28.000 | 32.000 |
| Gewinn 5. Jahr | DM | 20.000 | 38.000 |
| Gewinn 6. Jahr | DM | 30.000 | 25.000 |

(1) Ermitteln Sie die Amortisationszeit mit Hilfe der Durchschnittsrechnung!

(2) Welche Amortisationszeit ergibt sich bei Anwendung der Kumulationsrechnung?

(3) Interpretieren Sie die unterschiedlichen Ergebnisse!

(4) Wie ist es zu beurteilen, wenn Unternehmen eine maximal zulässige Amortisationszeit generell festlegen, anhand derer die Vorteilhaftigkeit eines Investitionsobjektes gemessen wird?

## 22 : Amortisationsvergleichsrechnung II

Bei einem Unternehmen der Textilbranche liegt die maximal zulässige Amorisationszeit bei 4 Jahren. Folgende Daten sind gegeben:

| | | **Investitions-objekt I** | **Investitions-objekt II** |
|---|---|---|---|
| Anschaffungskosten | DM | 84.000 | 96.000 |
| Restwert | DM | 4.000 | 6.000 |
| Nutzungsdauer | Jahre | 5 | 5 |
| Gewinn 1. Jahr | DM | 6.000 | 15.000 |
| Gewinn 2. Jahr | DM | 10.000 | 13.000 |
| Gewinn 3. Jahr | DM | 16.000 | 8.000 |
| Gewinn 4. Jahr | DM | 20.000 | 8.000 |
| Gewinn 5. Jahr | DM | 24.000 | 8.000 |

(1) Ermitteln Sie die Amortisationszeiten der alternativen Investitionsobjekte mit Hilfe der Kumulationsrechnung!

(2) Beurteilen Sie die errechneten Amortisationszeiten!

(3) Verbessern Sie den Amortisationsvergleich; der Kalkulationszinssatz beträgt 10 %!

(4) Wie ist das nunmehr ermittelte Ergebnis zu beurteilen?

## 23 : Amortisationsvergleichsrechnung III

Eine mehrere Jahre in Gebrauch befindliche Maschine, die einen Resterlöswert von 10.000 DM hat, soll gegebenenfalls durch eine neue Maschine ersetzt werden, die folgende Daten aufweist:

| | | |
|---|---|---|
| Anschaffungskosten | DM | 120.000 |
| Restwert | DM | 0 |
| Nutzungsdauer | Jahre | 6 |
| Kosten der alten Maschine | DM/Jahr | 168.000 |
| Kosten der neuen Maschine | DM/Jahr | 153.000 |

Die Ersatzinvestition soll nur dann vorgenommen werden, wenn die Amortisationszeit nicht über 4 Jahren liegt.

(1) Ermitteln Sie die Amortisationszeit bei Durchführung der Ersatzinvestition und stellen Sie deren Vorteilhaftigkeit fest!

(2) Inwieweit gibt die errechnete Amortisationszeit Auskunft über die Wirtschaftlichkeit des Investitionsobjektes?

## 24 : Barwert I

(1) Welchen Barwert weist eine Zahlung auf, die am Ende des 8. Jahres in Höhe von 124.500 DM geleistet wird? Der Kalkulationszinssatz beträgt 8 %.

(2) Ermitteln Sie den Barwert von drei zu leistenden Zahlungen, wenn der Kalkulationszinssatz 10 % beträgt:

| | |
|---|---|
| Ende des 3. Jahres | 70.000 DM |
| Ende des 5. Jahres | 150.000 DM |
| Ende des 7. Jahres | 150.000 DM |

(3) Es wird über 10 Jahre hinweg eine Rente von 6.800 DM gezahlt. Die Zahlungen erfolgen jeweils zum Ende des Jahres, der Kalkulationszinssatz beträgt 9 %. Ermitteln Sie den Barwert der Rente!

## 25 : Barwert II

(1) Herr Müller schuldet Herrn Meier einen bestimmten Geldbetrag. Herr Müller bietet an, Herrn Meier 5 jährliche Raten von 12.000 DM zu zahlen. Die Zahlungen sollen jeweils am Jahresende erfolgen.

Herr Meier ist grundsätzlich bereit, auf den Vorschlag einzugehen, macht aber doch einen Gegenvorschlag. Herr Müller könne ihm das Geld in 15 Jahresraten in Höhe von 6.000 DM zurückzahlen. Er geht ebenfalls davon aus, daß die Zahlungen am Jahresende erfolgen.

Welche der beiden Alternativen würden Sie Herrn Müller empfehlen, wenn der Kalkulationszinssatz 10 % beträgt?

(2) Zu welchem Barwert führen die folgenden Zahlungen bei einem Zinssatz von 12 %.

| | |
|---|---|
| 1. Jahr: | 5.000 DM |
| 2. Jahr: | 10.000 DM |
| 3. Jahr: | 15.000 DM |
| 4. Jahr: | 20.000 DM |

(3) Wie hoch ist der Barwert bei gleichem Zinssatz und folgendem Verlauf der Zahlungen:

| | |
|---|---|
| 1. Jahr: | 20.000 DM |
| 2. Jahr: | 15.000 DM |
| 3. Jahr: | 10.000 DM |
| 4. Jahr: | 5.000 DM |

(4) Weshalb sind die Barwerte aus (2) und (3) unterschiedlich hoch?

## 26 : Endwert

(1) Welcher Betrag ergibt sich, wenn 5.000 DM über 10 Jahre hinweg mit 8 % verzinst werden, am Ende des 10. Jahres?

(2) Ermitteln Sie den Wert, der sich nach 5 Jahren ergibt, wenn jährlich 2.500 DM auf ein Sparbuch eingezahlt werden. Der Zinssatz beträgt 6 %.

(3) Ist es bei einem Zinssatz von 10 % vorteilhafter, jetzt 10.000 DM oder über 6 Jahre hinweg eine jährliche Rate von 2.300 DM oder zum Ende des 6. Jahres 18.000 DM zu zahlen?

(4) Wie sieht der Vorteilsvergleich von (3) aus, wenn der Zinssatz 6 % bzw. 14 % beträgt?

## 27 : Jahreswert

(1) Ein jetzt fälliger Betrag von 50.000 DM soll in 5 gleich hohen Jahresraten ausgezahlt werden. Wie hoch sind die Jahresraten bei einem Kalkulationszinssatz von 10 %?

(2) Eine Zahlung ist nach 10 Jahren fällig. Sie beträgt 100.000 DM. Die Vertragspartner kommen überein, den Betrag nicht einmalig nach 10 Jahren, sondern in gleich hohen Jahresbeträgen über die 10 Jahre hinweg zu zahlen. Wie hoch ist der Jahresbetrag, wenn von einem Kalkulationszinssatz von 8 % ausgegangen wird?

(3) Eine Zahlung von 10.000 DM ist jetzt fällig. Es wird angeboten, anstelle der einmaligen Zahlung in 5 jährlichen Raten von 1.600 DM zu zahlen. Der Kalkulationszinssatz beträgt 10 %.

Ist das Angebot für den Schuldner vorteilhaft?

## 28 : Kapitalwertmethode I

Ein Investitionsobjekt kostet 200.000 DM und erwirtschaftet jährliche Überschüsse von 35.000 DM.

(1) Ist die Investition vorteilhaft, wenn der Kalkulationszinssatz 6 %, 10 %, 14 % beträgt und die Nutzung auf 8 Jahre begrenzt ist?

(2) Berücksichtigen Sie zusätzlich, daß ein Liquidationserlös von 28.500 DM anfallen wird! Gibt es eine Veränderung in der Vorteilhaftigkeit der Investition?

(3) Nehmen Sie an, die Investition sei unbestimmte Zeit nutzbar. Ermitteln Sie die Vorteilhaftigkeit der Investition für die gleichen Kalkulationszinssätze wie in (1).

# 29 : Kapitalwertmethode II

(1) Die Beteiligungs AG will ein Grundstück für 400.000 DM kaufen und rechnet damit, es nach 4 Jahren zum Preise von 540.000 DM wieder verkaufen zu können.

Ist diese Investition vorteilhaft, wenn mit einem Kalkulationszinssatz von 10 % gerechnet wird?

(2) Die Chemie AG beabsichtigt, eine Investition vorzunehmen. Zwei Alternativen stehen zur Auswahl:

- Maschine I kostet 90.000 DM und ist 6 Jahre nutzbar. Ihr Liquidationserlös wird mit 15.000 DM angesetzt. Als Zahlungsströme werden angenommen:

| | Einnahmen | Ausgaben |
|---|---|---|
| 1. Jahr: | 52.000 DM | 38.000 DM |
| 2. Jahr: | 56.000 DM | 35.000 DM |
| 3. Jahr: | 65.000 DM | 39.000 DM |
| 4. Jahr: | 62.000 DM | 38.000 DM |
| 5. Jahr: | 55.000 DM | 40.000 DM |
| 6. Jahr: | 48.000 DM | 37.000 DM |

- Maschine II kostet ebenfalls 90.000 DM und ist 6 Jahre nutzbar. Mit einem Liquidationserlös wird in Höhe von 5.000 DM gerechnet. Die folgenden Zahlungsströme werden erwartet:

| | Einnahmen | Ausgaben |
|---|---|---|
| 1. Jahr: | 60.000 DM | 41.000 DM |
| 2. Jahr: | 68.000 DM | 42.000 DM |
| 3. Jahr: | 67.000 DM | 40.000 DM |
| 4. Jahr: | 55.000 DM | 35.000 DM |
| 5. Jahr: | 48.000 DM | 36.000 DM |
| 6. Jahr: | 40.000 DM | 32.000 DM |

Ermitteln Sie die Vorteilhaftigkeit der Maschine und berücksichtigen Sie dabei einen Kalkulationszinssatz von 8 %!

# 30 : Kapitalwertmethode III

Ein Unternehmen plant mehrere Investitionen:

- **Investition A**

Es liegen zwei Angebote vor, die folgende Daten aufweisen:

| | | Investitionsobjekt I | Investitionsobjekt II |
|---|---|---|---|
| Anschaffungswert | DM | 140.000 | 180.000 |
| Liquidationserlös | DM | 10.000 | 20.000 |
| Nutzungsdauer | Jahre | 6 | 6 |
| Überschüsse | | | |
| 1. Jahr | DM | 23.000 | 30.000 |
| 2. Jahr | DM | 28.000 | 38.000 |
| 3. Jahr | DM | 38.000 | 42.000 |
| 4. Jahr | DM | 39.000 | 46.000 |
| 5. Jahr | DM | 34.000 | 39.000 |
| 6. Jahr | DM | 29.000 | 32.000 |

- **Investition B**

Es liegt ein Angebot vor, das als Daten aufweist:

| | | |
|---|---|---|
| Anschaffungswert | DM | 20.000 |
| Liquidationserlös | DM | 0 |
| Nutzungsdauer | Jahre | 6 |
| Überschüsse jährlich | DM | 5.100 |

- **Investition C**

Es liegt ein Angebot vor, das folgende Daten aufweist:

| | | |
|---|---|---|
| Anschaffungswert | DM | 60.000 |
| Liquidationserlös | DM | 5.000 |
| Nutzungsdauer | Jahre | 6 |
| Überschüsse jährlich | DM | 5.650 |

- **Investition D**

Es liegen zwei Angebote vor, die folgende Daten aufweisen:

| | | Investitions-objekt I | Investitions-objekt II |
|---|---|---|---|
| Anschaffungswert | DM | 20.000 | 20.000 |
| Liquidationserlös | DM | 0 | 3.000 |
| Nutzungsdauer | Jahre | 6 | 6 |
| Überschüsse jährlich | DM | 4.400 | 3.900 |

Beurteilen Sie die Investitionen unter Verwendung eines Kalkulationszinssatzes von 8 % auf ihre Vorteilhaftigkeit hin!

## 31 : Kapitalwertmethode IV

Die Metall GmbH will überprüfen, ob es vorteilhaft ist, eine in Betrieb befindliche Maschine jetzt oder später zu ersetzen.

Folgende Daten liegen vor:

| | | Alte Maschine | Neue Maschine |
|---|---|---|---|
| Anschaffungswert | DM | – | 200.000 |
| Liquidationserlös | | | |
| bei sofortigem Ersatz | DM | 10.000 | |
| bei Ersatz nächste Periode | DM | 5.000 | |
| nach Nutzungsdauer | DM | 0 | |
| Nutzungsdauer | Jahre | – | 10 |

Der Kalkulationszinssatz beträgt 10 %.

(1) An welche Voraussetzungen ist die mathematische Ermittlung des Ersatzzeitpunktes geknüpft?

(2) Ermitteln Sie den Ersatzzeitpunkt, wenn die jährlichen Überschüsse der alten Maschine 30.000 DM, die jährlichen Überschüsse der neuen Maschine 50.000 DM betragen.

(3) Verändert sich der Ersatzzeitpunkt, wenn die jährlichen Überschüsse der alten Maschine mit 30.000 DM angesetzt werden, die Überschüsse der neuen Maschine aber folgenden Verlauf nehmen:

| | |
|---|---|
| 1. Jahr | 63.000 DM |
| 2. Jahr | 63.000 DM |
| 3. Jahr | 65.000 DM |
| 4. Jahr | 63.000 DM |

| | |
|---|---|
| 5. Jahr | 61.000 DM |
| 6. Jahr | 58.000 DM |
| 7. Jahr | 56.000 DM |
| 8. Jahr | 57.000 DM |
| 9. Jahr | 52.000 DM |
| 10. Jahr | 50.000 DM |

## 32 : Interne Zinsfuß-Methode I

Ein Investitionsobjekt hat einen Anschaffungswert von 140.000 DM und erzielt jährliche Überschüsse von 21.650 DM.

Die im Unternehmen festgelegte Mindestverzinsung beträgt 14 %.

(1) Das Investitionsobjekt ist 15 Jahre nutzbar. Ermitteln Sie, ob es vorteilhaft ist!

(2) Das Investitionsobjekt aus (1) ist unbestimmte Zeit nutzbar. Wie ist seine Vorteilhaftigkeit zu beurteilen?

(3) Erläutern Sie, weshalb es sich als notwendig erweisen kann, Supplementinvestitionen zu bilden!

## 33 : Interne Zinsfuß-Methode II

Ein Unternehmen, das Zubehörteile für Kraftfahrzeuge fertigt, plant eine Investition. Zwei Möglichkeiten sind gegeben:

| | | Investitions-objekt I | Investitions-objekt II |
|---|---|---|---|
| Anschaffungswert | DM | 98.000 | 98.000 |
| Liquidationserlös | DM | 6.000 | 8.000 |
| Nutzungsdauer | Jahre | 6 | 6 |
| Überschüsse | | | |
| 1. Jahr | DM | 18.000 | 23.000 |
| 2. Jahr | DM | 22.000 | 25.000 |
| 3. Jahr | DM | 20.000 | 23.000 |
| 4. Jahr | DM | 26.000 | 23.000 |
| 5. Jahr | DM | 25.000 | 21.000 |
| 6. Jahr | DM | 24.000 | 20.000 |

(1) Ermitteln Sie rechnerisch, welches Investitionsobjekt das vorteilhaftere ist! Der Kalkulationszinssatz beträgt 10 %.

(2) Stellen Sie das Ergebnis graphisch dar!

(3) Wie ist die Vorteilhaftigkeit der Investition bei einem Kalkulationszinssatz von 12 % zu beurteilen?

## 34 : Annuitätenmethode I

Die Beteiligungs AG beabsichtigt, ein Grundstück zu kaufen. Der Preis beträgt 1.650.000 DM.

(1) Prüfen Sie die Vorteilhaftigkeit der Investition, wenn das Grundstück 5 Jahre lang für 112.000 DM/Jahr verpachtet und danach für 1.850.000 DM verkauft wird. Der Kalkulationszinssatz soll 8 % betragen.

(2) Es wird der Vorschlag gemacht, das Grundstück nicht wieder zu veräußern, sondern unbegrenzt zu nutzen. Es ließe sich eine jährliche Pacht von 127.000 DM erzielen. Errechnen Sie unter Zugrundelegung des Kalkulationszinssatzes von 8 %, ob dieser Vorschlag vorteilhafter ist als die in (1) beschriebene Vorgehensweise.

(3) Ein Baustoffgroßhändler bietet der Beteiligungs AG an, einen 20jährigen Pachtvertrag abzuschließen und das Grundstück danach für 3.528.000 DM zu erwerben. Die jährliche Pacht würde 90.000 DM betragen. Wie ist die Vorteilhaftigkeit bei dem Kalkulationszinssatz von 8 % zu beurteilen?

(4) Kann die vorteilhafteste der Alternativen auch dann noch positiv beurteilt werden, wenn der Kalkulationszinssatz auf 9 % erhöht wird?

## 35 : Annuitätenmethode II

Für eine Investition kommen zwei Objekte in Betracht:

- Maschine I kostet 100.000 DM und ist 5 Jahre nutzbar. Die jährlichen Überschüsse betragen

| | |
|---|---|
| 1. Jahr | 28.000 DM |
| 2. Jahr | 36.000 DM |
| 3. Jahr | 35.000 DM |
| 4. Jahr | 32.000 DM |
| 5. Jahr | 30.000 DM |

Der Liquidationserlös wird mit 5.000 DM veranschlagt.

- Maschine II kostet 80.000 DM und ist ebenfalls 5 Jahre nutzbar. Die jährlichen Überschüsse betragen

| | |
|---|---|
| 1. Jahr | 22.000 DM |
| 2. Jahr | 30.000 DM |
| 3. Jahr | 28.000 DM |
| 4. Jahr | 28.000 DM |
| 5. Jahr | 20.000 DM |

Ein Liquidationserlös fällt nicht an.

Aufgabe:

(1) Ermitteln Sie unter Verwendung eines Kalkulationszinssatzes von 8 %, welches Investitionsobjekt vorteilhafter ist!

(2) Weshalb ist es bei der Annuitätenmethode nicht erforderlich, bei unterschiedlichen Anschaffungswerten und/oder Nutzungsdauern Differenzinvestitionen vorzunehmen?

## 36 : Annuitätenmethode III

Es soll geprüft werden, ob es vorteilhaft ist, eine in Betrieb befindliche Maschine jetzt oder später zu ersetzen.

Daten sind:

| | | Alte Maschine | Neue Maschine |
|---|---|---|---|
| Anschaffungswert | DM | – | 200.000 |
| Liquidationserlös | | | |
| bei sofortigem Ersatz | DM | 10.000 | |
| bei Ersatz nächste Periode | DM | 5.000 | |
| nach Nutzungsdauer | DM | 0 | 2.000 |
| Nutzungsdauer | Jahre | | 10 |

Der Kalkulationszinssatz beträgt 10 %.

(1) Ermitteln Sie den Ersatzzeitpunkt, wenn die jährlichen Überschüsse der alten Maschine 30.000 DM, die jährlichen Überschüsse der neuen Maschine 50.000 DM betragen.

(2) Verändert sich der Ersatzzeitpunkt, wenn die jährlichen Überschüsse der alten Maschine mit 30.000 DM angesetzt werden, die Überschüsse der neuen Maschine aber folgenden Verlauf nehmen:

| | |
|---|---|
| 1. Jahr | 63.000 DM |
| 2. Jahr | 63.000 DM |
| 3. Jahr | 65.000 DM |
| 4. Jahr | 63.000 DM |
| 5. Jahr | 61.000 DM |
| 6. Jahr | 58.000 DM |
| 7. Jahr | 56.000 DM |
| 8. Jahr | 57.000 DM |
| 9. Jahr | 52.000 DM |
| 10. Jahr | 50.000 DM |

## 37 : Ertragswert-Verfahren I

Ein Unternehmen wird für 300.000 DM zum Verkauf angeboten. Seine Lebensdauer wird noch mit 8 Jahren angesetzt. Die Gewinnerwartungen sehen folgendermaßen aus.

| | |
|---|---|
| 1. Jahr | 48.000 DM |
| 2. Jahr | 52.000 DM |
| 3. Jahr | 55.000 DM |
| 4. Jahr | 55.000 DM |
| 5. Jahr | 50.000 DM |
| 6. Jahr | 49.000 DM |
| 7. Jahr | 41.000 DM |
| 8. Jahr | 34.000 DM |

Der Kalkulationszinssatz beträgt 10 %.

(1) Welche Aussage ermöglicht der Zukunftserfolgswert für den Käufer und den Verkäufer?

(2) Ermitteln Sie den Zukunftserfolgswert!

(3) Würden Sie dazu raten, das Unternehmen zu kaufen?

## 38 : Ertragswert-Verfahren II

Die Beteiligungs AG plant, einen kleinen Fertigungsbetrieb zu übernehmen, der einen durchschnittlichen jährlichen Gewinn von 93.500 DM erwirtschaftet.

(1) Ermitteln Sie den maximalen Kaufpreis für den Fertigungsbetrieb, wenn dem Investitionsobjekt noch eine Lebensdauer von 20 Jahren gegeben und ein Kalkulationszinssatz von 8 % angesetzt wird!

(2) Wie hoch liegt der maximale Kaufpreis bei gleichem Kalkulationszinssatz, jedoch unbegrenzter Lebensdauer?

(3) Die Forderung des Verkäufers beträgt bei Annahme einer 20jährigen Restnutzungsdauer 1.000.000 DM. Kann sie bei einem Kalkulationszinssatz von 6 % von der Beteiligungs AG akzeptiert werden?

## 39 : Substanzwert-Verfahren

(1) Welche Zusammenhänge bestehen zwischen dem Teilreproduktionswert, Substanzwert und zukunftsorientierten Substanzwert?

(2) Ermitteln Sie den Substanzwert der Peter Schmidtke KG aus der folgenden Bilanz:

| Aktiva | | Bilanz zum ... | | | Passiva |
|---|---|---|---|---|---|
| | | DM | | | DM |
| I. | Anlagevermögen | | I. | Kapital Schmidtke | 120.000 |
| | Grundstücke und Gebäude | 80.000 | | Kapital Heimann | 40.000 |
| | Maschinen und Werkzeuge | 60.000 | II. | Neubaurücklagen | 60.000 |
| | Betriebs- und Geschäftsausstattung | 10.000 | III. | Verbindlichkeiten | |
| | | | | Hypothek | 50.000 |
| II. | Umlaufvermögen | | | Lieferschulden | 100.000 |
| | Roh-, Hilfs- und Betriebsstoffe | 60.000 | | | |
| | Halb- und Fertigerzeugnisse | 90.000 | | | |
| | Kundenforderungen | 50.000 | | | |
| | Bank | 20.000 | | | |
| | | 370.000 | | | 370.000 |

In der Bilanz ist ein Grundstück ausgewiesen, das nicht betriebsnotwendig ist und dessen Wert 15.000 DM beträgt.

(3) Ein zu bewertendes Unternehmen weist als Zahlungsreihen auf:

| | Einnahmen | Ausgaben |
|---|---|---|
| 1. Jahr | 600.000 DM | 490.000 DM |
| 2. Jahr | 680.000 DM | 540.000 DM |
| 3. Jahr | 670.000 DM | 520.000 DM |
| 4. Jahr | 600.000 DM | 460.000 DM |
| 5. Jahr | 540.000 DM | 390.000 DM |
| 6. Jahr | 450.000 DM | 360.000 DM |

Würde ein gleichartiges Unternehmen neu errichtet, ergäben sich folgende Ausgaben:

| | |
|---|---|
| 1. Jahr | 540.000 DM |
| 2. Jahr | 500.000 DM |
| 3. Jahr | 500.000 DM |
| 4. Jahr | 430.000 DM |
| 5. Jahr | 340.000 DM |
| 6. Jahr | 300.000 DM |

Ermitteln Sie - bei einem Kalkulationszinssatz von 10 % - die Preisobergrenze für den Käufer!

## 40 : Mittelwert-Verfahren

Ermitteln Sie den Wert eines Unternehmens nach dem Mittelwert-Verfahren, wobei folgende Informationen vorliegen:

| | |
|---|---|
| Anlagevermögen | 288.000 DM |
| Umlaufvermögen | 320.000 DM |
| Nicht betriebsnotwendiges Vermögen | 160.000 DM |
| Jährlicher Gewinn | 70.000 DM |

Der Kalkulationszinssatz soll 8 % betragen.

(1) Dem Unternehmen wird eine 10jährige Lebensdauer unterstellt.

(2) Es wird angenommen, daß die Lebensdauer des Unternehmens unbegrenzt ist.

## 41 : Übergewinn-Verfahren

Wie sieht der Unternehmenswert des in (40) angesprochenen Unternehmens aus, wenn er mit Hilfe der Methode der Übergewinnkapitalisierung ermittelt wird?

Die Daten sind:

| | |
|---|---|
| Anlagevermögen | 288.000 DM |
| Umlaufvermögen | 320.000 DM |
| Nicht betriebsnotwendiges Vermögen | 160.000 DM |
| Jährlicher Gewinn | 70.000 DM |
| Kalkulationszinssatz | 8 % |
| Zinssatz für Übergewinne | 15 % |

## 42 : Einheitskurs/Kurszusätze

(1) Folgende Kaufaufträge und Verkaufaufträge liegen an der Wertpapierbörse vor:

| Kaufaufträge | Verkaufaufträge |
|---|---|
| 100 billigst | 150 Stück bestens |
| 150 Stück zu 190,- DM | 100 Stück zu 184,- DM |
| 200 Stück zu 188,- DM | 130 Stück zu 186,- DM |
| 175 Stück zu 186,- DM | 190 Stück zu 188,- DM |
| 150 Stück zu 184,- DM | 240 Stück zu 190,- DM |

Wie hoch ist der Einheitskurs an diesem Tag?

(2) Was heißt:

(a) bG
(b) – G
(c) exD
(d) B
(e) *

# 43 : Fundamentalanalyse I

Die Kosmetik AG weist folgende, vereinfachte Bilanz auf:

| Aktiva | | Bilanz | Passiva |
|---|---|---|---|
| | DM | | DM |
| Anlagevermögen | 750.000 | Gezeichnetes Kapital | 600.000 |
| Umlaufvermögen | 390.000 | Gewinnrücklagen | |
| | | Gesetzliche Rücklage | 30.000 |
| | | Andere Rücklagen | 65.000 |
| | | Verbindlichkeiten | 440.000 |
| | | Gewinnvortrag | 5.000 |
| | 1.140.000 | | 1.140.000 |

Jahresgewinn: 115.000 DM

Kalkulationszinsfuß: 10 %

Ein Konkurrenzunternehmen, die Beauty AG, hat folgende, vereinfachte Bilanz:

| Aktiva | | Bilanz | Passiva |
|---|---|---|---|
| | DM | | DM |
| Anlagevermögen | 340.000 | Gezeichnetes Kapital | 300.000 |
| Umlaufvermögen | 246.000 | Gewinnrücklagen | |
| | | Gesetzliche Rücklage | 15.000 |
| | | Andere Rücklagen | 130.000 |
| | | Verbindlichkeiten | 140.000 |
| | | Gewinnvortrag | 1.000 |
| | 586.000 | | 586.000 |

Jahresgewinn: 62.000 DM

Kalkulationszinsfuß: 10 %

(1) Ermitteln Sie den Bilanzkurs und Ertragswertkurs für beide Unternehmen und interpretieren Sie die Ergebnisse!

(2) Der Kaufmann Peter Merseburger hat eine 50 DM-Aktie der Beauty AG zum Kurs von 180 gekauft. Als Dividende erhält er 10,30 DM. Hat sich seine Investition gelohnt, wenn der effektive Zinssatz am Kapitalmarkt bei 7,5 % liegt?

## 44 : Fundamentalanalyse II

Zwei Unternehmen sollen verglichen werden, deren Bilanzen vorliegen:

**Werkzeug AG**

| Aktiva | **Bilanz** | | Passiva |
|---|---|---|---|
| | DM | | DM |
| Anlagevermögen | 580.000 | Gezeichnetes Kapital | 600.000 |
| Umlaufvermögen | 480.000 | Gesetzliche Rücklage | 20.000 |
| | | Andere Rücklagen | 50.000 |
| | | Verbindlichkeiten | 390.000 |
| | 1.060.000 | | 1.060.000 |

**Metall AG**

| Aktiva | **Bilanz** | | Passiva |
|---|---|---|---|
| | DM | | DM |
| Anlagevermögen | 460.000 | Gezeichnetes Kapital | 500.000 |
| Umlaufvermögen | 610.000 | Gesetzliche Rücklage | 15.000 |
| | | Andere Rücklagen | 10.000 |
| | | Verbindlichkeiten | 545.000 |
| | 1.070.000 | | 1.070.000 |

Die Werkzeug AG erwirtschaftet einen jährlichen Gewinn von 118.000 DM.

Bei der Metall AG beträgt der jährliche Gewinn 107.000 DM.

Der Kalkulationszinssatz beträgt 8 %.

(1) Ermitteln Sie die Bilanzkurse beider Unternehmen und beurteilen Sie diese!

(2) Wie hoch sind die Ertragswertkurse beider Unternehmen und wie sind sie zu beurteilen?

(3) Wie verändern sich die Bilanzkurse der Unternehmen, wenn bei der Werkzeug AG stille Reserven von 40.000 DM, bei der Metall AG von 25.000 DM vermutet werden?

## 45 : Darlehens-Verzinsung

Die Computer GmbH hat einen finanziellen Überschuß, den sie über mehrere Jahre anlegen will. Es ist daran gedacht, 200.000 DM über 6 Jahre hinweg an ein zulieferndes Unternehmen als Darlehen zu gewähren.

(1) Ermitteln Sie, welche einfache und finanzmathematisch korrigierte Effektivverzinsung sich erzielen ließe, wenn folgende Konditionen vereinbart würden:

| | |
|---|---|
| Zinssatz | 8 % |
| Auszahlung | 98 % |
| Tilgung | Jährlich in gleichen Raten |

(2) Wie würde die einfache und die finanzmathematisch korrigierte Effektivverzinsung bei folgenden Konditionen aussehen:

| | |
|---|---|
| Zinssatz | 7 % |
| Auszahlung | 95 % |
| Tilgung | Nach 2 tilgungsfreien Jahren in gleichen Raten |

(3) Wie hoch würde der einfache und der finanzmathematisch korrigierte Effektivzinssatz sein, wenn das Darlehen erst mit Ende der Laufzeit getilgt würde?

## 46 : Wertpapier-Verzinsung

Ein Unternehmen investiert in Industrieobligationen, die zu folgenden Konditionen ausgegeben werden:

| | |
|---|---|
| Auszahlungskurs | 96 % |
| Rückzahlungskurs | 100 % |
| Nominalzinssatz | 7 % |
| Laufzeit | 10 Jahre |

(1) Ermitteln Sie die einfache Effektivverzinsung und die finanzmathematisch korrigierte Effektivverzinsung der Industrieobligationen, wenn sie jährlich in gleichen Raten getilgt werden!

(2) Wie entwickeln sich der einfache Effektivzinssatz und der finanzmathematisch korrigierte Effektivzinssatz, wenn die Industrieobligationen 4 Jahre tilgungsfrei sind und danach in gleichen jährlichen Raten getilgt wird?

(3) Wie hoch würden der einfache und der finanzmathematisch korrigierte Effektivzinssatz sein, wenn die Konditionen aus (2) gelten, deren Rückzahlungskurs aber 104 % betragen würde?

(4) Auf welche Weise ließe sich die Effektivverzinsung noch genauer ermitteln?

## 47 : Qualitative Bewertungskriterien

(1) Systematisieren Sie die nachfolgenden qualitativen Bewertungskriterien anhand geeigneter Oberbegriffe:

Ästhetik, Patente, Arbeitszufriedenheit, Qualifikationssicherung, Störanfälligkeit, Garantie, Marktanteil, Kundendienst, Energieverbrauch, Lärmentwicklung, Bedienbarkeit, Transportmöglichkeit, Umweltschutzvorschriften, Abfallentsorgung, Kartellgesetze, Distributionsfähigkeit.

(2) Erläutern Sie, was unter Sreening- und Scoring-Modellen zu verstehen ist und welche Bedeutung sie für die betriebliche Praxis haben!

## 48 : Gewichtung der Bewertungskriterien

| Bewertungskriterium | Vergleich der Bewertungskriterien | Vorzugshäufigkeiten | Gewichtungsfaktor | Rangfolge |
|---|---|---|---|---|
| A | 1 1 1 1 1 1 1 1 1 1 1 1 1 1<br>1 2 3 4 5 6 7 8 9 10 11 12 13 14 | | | |
| D | 2 2 2 2 2 2 2 2 2 2 2 2 2<br>2 3 4 5 6 7 8 9 10 11 12 13 14 | | | |
| C | 3 3 3 3 3 3 3 3 3 3 3 3<br>3 4 5 6 7 8 9 10 11 12 13 14 | | | |
| D | 4 4 4 4 4 4 4 4 4 4 4<br>4 5 6 7 8 9 10 11 12 13 14 | | | |
| E | 5 5 5 5 5 5 5 5 5 5<br>5 6 7 8 9 10 11 12 13 14 | | | |
| F | 6 6 6 6 6 6 6 6 6<br>6 7 8 9 10 11 12 13 14 | | | |
| G | 7 7 7 7 7 7 7 7<br>7 8 9 10 11 12 13 14 | | | |
| H | 8 8 8 8 8 8 8<br>8 9 10 11 12 13 14 | | | |
| I | 9 9 9 9 9 9<br>9 10 11 12 13 14 | | | |
| J | 10 10 10 10 10<br>10 11 12 13 14 | | | |
| K | 11 11 11 11<br>11 12 13 14 | | | |
| L | 12 12 12<br>12 13 14 | | | |
| M | 13 13<br>13 14 | | | |
| N | 14<br>14 | | | |
| | | | | |

(1) Ermitteln Sie durch paarweisen Vergleich die Vorzugshäufigkeiten der Bewertungskriterien!

(2) Errechnen Sie die auf 1 normierten Gewichtsfaktoren!

(3) Geben Sie die Rangfolge der Gewichte an!

## 49 : Nutzenbestimmung

Drei alternative Investitionsobjekte stehen zur Auswahl, die unter Verwendung der Gewichtungsfaktoren aus (48) einer Nutzenbestimmung unterworfen werden.

Folgende Urteile liegen vor:

| **Bewertungskriterium** | **Investitionsobjekt I** | **Investitionsobjekt II** | **Investitionsobjekt III** |
|---|---|---|---|
| | **Rangklasse** | **Rangklasse** | **Rangklasse** |
| A | 1 | 3 | 2 |
| B | 1 | 1 | 3 |
| C | 1 | 1 | 3 |
| D | 1 | 3 | 3 |
| E | 3 | 2 | 1 |
| F | 1 | 2 | 3 |
| G | 3 | 2 | 1 |
| H | 3 | 2 | 1 |
| I | 1 | 2 | 3 |
| J | 3 | 1 | 2 |
| K | 1 | 2 | 3 |
| L | 3 | 1 | 2 |
| M | 2 | 3 | 1 |
| N | 3 | 2 | 1 |

Rangklasse 1: 3 Punkte
Rangklasse 2: 2 Punkte
Rangklasse 3: 1 Punkt

1) Ermitteln Sie die Nutzwerte!

2) Stellen Sie die Rangfolge der in (48) und (49) untersuchten Investitionsobjekte dar!

## 50 : Finanzwirtschaftliche Analyse

Die nachstehenden Bilanzen und Gewinn- und Verlustrechnungen liegen Ihnen zur Analyse des Jahresabschlusses vor. Die Darstellung wurde für interne Zwecke teilweise über die Gliederungsvorschriften der §§ 266 und 275 HGB hinaus aufgegliedert.

| Bilanzen | Vorjahr TDM | | Berichtsjahr TDM | |
|---|---|---|---|---|
| **Aktiva** | | | | |
| A. Anlagevermögen | | | | |
| I. Sachanlagen: | | | | |
| 1. Grundstücke und Bauten | | | | |
| – bebaute Grundstücke | | 80 | | 95 |
| – unbebaute Grundstücke | | 5 | | 5 |
| 2. technische Anlagen und Maschinen | | 17 | | 20 |
| 3. andere Anlagen, Betriebs- und Geschäftsausstattung | | 10 | | 10 |
| II. Finanzanlagen | | | | |
| 1. Beteiligungen | | 5 | | 10 |
| 2. sonstige Ausleihungen | | 1 | | 1 |
| B. Umlaufvermögen | | | | |
| I. Vorräte | | | | |
| 1. Roh-, Hilfs- und Betriebsstoffe | | 20 | | 24 |
| 2. unfertige Erzeugnisse | | 30 | | 28 |
| 3. fertige Erzeugnisse | | 25 | | 20 |
| II. Forderungen und sonstige Vermögensgegenstände | | | | |
| 1. Forderungen aus L. und L. | | | | |
| – Forderungen | | 68 | | 78 |
| – Wechsel | | 1 | | 2 |
| 2. sonstige Vermögensgegenstände | | 6 | | 10 |
| III. Scheck, Kassenbestand, Bundesbank- und Postgiroguthaben, Guthaben bei Kreditinstituten | | 26 | | 30 |
| C. Rechnungsabgrenzungsposten | | 4 | | 5 |
| | | 298 | | 338 |
| **Passiva** | | | | |
| A. Eigenkapital | | | | |
| I. Gezeichnetes Kapital | | 70 | | 70 |
| II. Gewinnrücklagen | | | | |
| 1. gesetzliche Rücklage | | 7 | | 7 |
| 2. andere Gewinnrücklagen | | 25 | | 40 |
| III. Bilanzgewinn | | 40 | | 30 |
| B. Rückstellungen | | | | |
| 1. Rückstellungen für Pensionen | | 30 | | 36 |
| 2. sonstige Rückstellungen | | 20 | | 24 |
| C. Verbindlichkeiten | | | | |
| 1. Verbindlichkeiten gegenüber Kreditinstituten | | 81 | | 103 |
| – davon Restlaufzeit bis 1 Jahr | 24 | | 30 | |
| – davon Restlaufzeit mehr als 5 Jahre | 57 | | 73 | |
| 2. Verbindlichkeiten aus L. u. L. | | 12 | | 18 |
| 3. sonstige Verbindlichkeiten | | 12 | | 8 |
| D. Rechnungsabgrenzungsposten | | 1 | | 2 |
| | | 298 | | 338 |

| Gewinn- und Verlustrechnung | Vorjahr TDM | Vorjahr TDM | Berichtsjahr TDM | Berichtsjahr TDM |
|---|---|---|---|---|
| 1. Umsatzerlöse | 441 | | 510 | |
| 2. Erhöhung oder Verminderung des Bestands an fertigen und unfertigen Erzeugnissen | + 3 | 444 | − 7 | 503 |
| 3. Aufwendungen für Roh-, Hilfs- und Betriebsstoffe | | 95 | | 115 |
| **Rohergebnis** | | 349 | | 388 |
| 4. Personalaufwand | | | | |
| a) Löhne und Gehälter | 150 | | 160 | |
| b) soziale Abgaben | 20 | | 38 | |
| 5. Abschreibungen auf Sachanlagen | 29 | | 40 | |
| 6. sonstige betriebliche Aufwendungen | 50 | | 45 | |
| 7. Zinsen und ähnliche Aufwendungen | 15 | 264 | 20 | 303 |
| 8. **Ergebnis aus der gewöhnlichen Geschäftstätigkeit** | | 85 | | 85 |
| 9. Steuern vom Einkommen und vom Ertrag | 30 | | 35 | |
| 10. sonstige Steuern | 5 | 35 | 5 | 40 |
| 11. **Jahresüberschuß** | | 50 | | 45 |
| 12. Einstellung in andere Gewinnrücklagen | | 10 | | 15 |
| 13. Bilanzgewinn | | 40 | | 30 |

**Zusatzinformationen**

- Das unbebaute Grundstück betrifft einen Zufahrtsweg mit einer Fläche von 100 qm. Der qm-Preis lag im Vorjahr bei 80 DM und im Berichtsjahr bei 100 DM.
- Die Position technische Anlagen und Maschinen enthält stille Reserven von 2 TDM im Vorjahr und 4 TDM im Berichtsjahr.
- Bei den anderen Anlagen, Betriebs- und Geschäftsausstattung wurden bis einschließlich Vorjahr 10 TDM stille Reserven gelegt, im Berichtsjahr wurden hier Abschreibungen in Höhe des Zugangs von 15 TDM vorgenommen. Bestimmen Sie die stillen Reserven näherungsweise!
- Entsprechend den Vorjahren ist mit einer Inanspruchnahme aus Pensionsverpflichtungen in Höhe von 2/3 der eingestellten Pensionsrückstellungen zu rechnen.

(1) Bereiten Sie die Bilanzen beider Jahre auf!

(2) Beurteilen Sie die Entwicklung der Vermögensstruktur!

(3) Beurteilen Sie die Entwicklung der Kapitalstruktur!

(4) Beurteilen Sie die Entwicklung der Finanzstruktur!

(5) Beurteilen Sie die Entwicklung der Liquidität anhand der statischen Liquiditätsanalyse!

# Lösungen

## 1 : Eigen-/Fremdkapital/Anlage-/Umlaufvermögen

| | | Eigen-kapital | Fremd-kapital | Anlage-vermögen | Umlauf-vermögen |
|---|---|---|---|---|---|
| a | Kapitalrücklage | ● | | | |
| b | Forderungen | | | | ● |
| c | Schecks | | | | ● |
| d | Sachanlagen | | | ● | |
| e | Geschäftsanteile | ● | | | |
| f | Rückstellungen | | ● | | |
| g | Vorräte | | | | ● |
| h | Jahresüberschuß | ● | | | |
| i | Wertpapiere | | | | ● |
| j | Kassenbestand | | | | ● |
| k | Finanzanlagen | | | ● | |
| l | Verbindlichkeiten | | ● | | |
| m | Gewinnrücklagen | ● | | | |
| n | Wertpapiere | | | | ● |
| o | Gewinnvortrag | ● | | | |

## 2 : Arten der Investition

| | | Sach-investition | Finanz-investition | Immat. Investition | Netto-Investition | Re-investition |
|---|---|---|---|---|---|---|
| a | Das Unternehmen beschafft Maschinen, um die Leistungsmenge zu vergrößern. | ● | | | ● | |
| b | Eine Maschine wird durch eine technisch verbesserte neue Maschine ersetzt. | ● | | | | ● |
| c | Das Unternehmen erwirbt eine Konzession. | | | ● | ● | |
| d | Das Unternehmen gründet eine Vertriebs GmbH. | | ● | | ● | |
| e | Das Unternehmen kauft Rohstoffe für die laufende Produktion. | ● | | | | ● |
| f | Das Unternehmen nimmt Umweltschutzmaßnahmen vor. | ● | | | | ● |

(2)

| | |
|---|---|
| Sachinvestitionen | Leistungswirtschaftliche Investitionen<br>Produktionswirtschaftliche Investitionen<br>Realinvestitionen |
| Finanzinvestitionen | Finanzwirtschaftliche Investitionen<br>Nominalinvestitionen |
| Gründungsinvestitionen | Anfangsinvestitionen<br>Erstinvestitionen<br>Errichtungsinvestitionen<br>Neuinvestitionen |

## 3 : Arten der Finanzierung

| | | Finanzier. mit Eigen-kapital | Finanzier. mit Fremd-kapital | Außen-finan-zierung | Innen-finan-zierung | Beteili-gungs-zierung | Um-finan-zierung |
|---|---|---|---|---|---|---|---|
| a | Es wird ein neuer Gesellschafter im Unternehmen aufgenommen. | ● | | | | ● | |
| b | Das Unternehmen bildet Pensionsrückstellungen zur Altersversorgung der Mitarbeiter. | | ● | | ● | | |
| c | Ein kurzfristiger Kredit wird in einen langfristigen Kredit umgewandelt. | | ● | ● | | | ● |
| d | Erzielte Gewinne werden vom Unternehmen einbehalten und für Investitionszwecke verwendet. | ● | | | ● | | |
| e | Das Unternehmen nimmt einen Kredit auf. | | ● | ● | | | |
| f | Das Unternehmen kauft für zurücklaufende Abschreibungsbeträge eine Maschine. | * | | | ● | | |
| g | Dem Unternehmen wird eine Maschine geliefert, die erst 6 Wochen später zu bezahlen ist. | | ● | ● | | | |
| h | Das Unternehmen verkauft eine nicht mehr benötigte Maschine, um Rohstoffe zu beschaffen. | * | | | ● | | |
| i | Das Unternehmen least einen Personenkraftwagen. | | ● | ● | | | |
| j | Eine Aktiengesellschaft erhöht ihr gezeichnetes Kapital. | ● | | ● | | | |

* Dieser Vorgang wird vielfach als Finanzierung mit Eigenkapital angesehen. Eine solche Zuordnung ist aber in der Praxis nicht ohne weiteres möglich.

(2)

| | |
|---|---|
| Beteiligungsfinanzierung | Einlagenfinanzierung |
| Fremdfinanzierung | Kreditfinanzierung |
| Finanzierung aus Umsatzerlösen | Überschußfinanzierung<br>Cash-Flow-Finanzierung |

## 4 : Zahlungsverkehr

(1) Die Verpflichtung der Metallbau GmbH ist

(a) bei Barzahlung mit der Zahlung erfüllt (Zahlung an Erfüllungs Statt),
(b) bei Zahlung durch Scheck erst dann erfüllt, wenn der Scheck eingelöst wurde (Zahlung erfüllungshalber),
(c) bei Zahlung durch Überweisung mit der Überweisung erfüllt (Zahlung an Erfüllungs Statt).

(2)

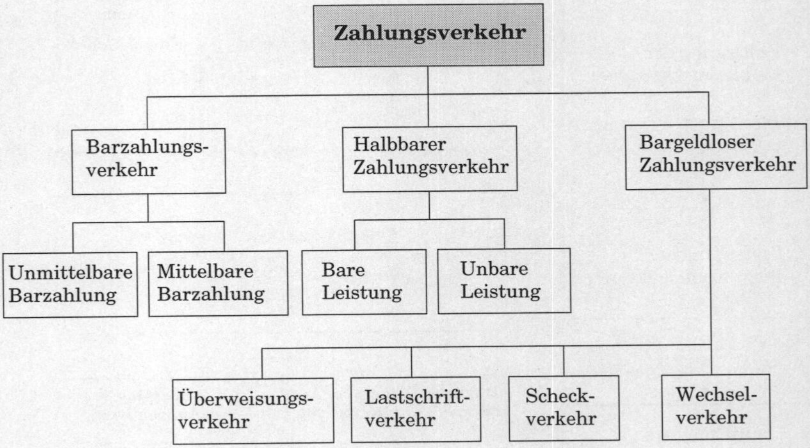


## 5 : Rentabilität

(1) Gesamtkapital-rentabilität $= \dfrac{400.000 + 300.000}{5.000.000 + 5.000.000} \cdot 100 = \underline{\underline{7{,}00\ \%}}$

(2) Eigenkapital-rentabilität $= \dfrac{400.000}{2.000.000 + 3.000.000} \cdot 100 = \underline{\underline{8{,}00\ \%}}$

(3) Umsatz-rentabilität $= \dfrac{400.000}{30.000.000} \cdot 100 = \underline{\underline{1{,}33\ \%}}$

# 6 : Planung einer Investition

**1. Anregung der Investition**

**Quellen:**

| unternehmensintern | unternehmensextern |
|---|---|
| Fertigungswirtschaft<br>Forschung und Entwicklung<br>Absatzwirtschaft<br>Rechnungswesen<br>Investitionsplanung<br>Vorschlagswesen | Marktpartner<br>Beratungsunternehmen<br>Gesetzgeber |

↓

**2. Beschreibung der Investition**

**Informationen:** Darstellung des Investitionsproblems, Begründung des Investitionsproblems, Dringlichkeit der Investition, Vorteile der Investition, Nachteile der Investition

↓

**3. Festlegung der Bewertungskriterien**

**Ziele:**

| | Quantitative Kriterien: | | Qualitative Kriterien: |
|---|---|---|---|
| Formalziele<br>Sachziele | Kosten<br>Gewinn<br>Rentabilität<br>Amortisationszeit | Kapitalwert<br>Interner Zinsfuß<br>Annuität | wirtschaftlich<br>technisch<br>sozial<br>rechtlich |

↓

**4. Festlegung der Begrenzungsfaktoren**

**Arten:**
Wirtschaftliche Begrenzungsfaktoren
Technische Begrenzungsfaktoren
Soziale Begrenzungsfaktoren
Rechtliche Begrenzungsfaktoren

↓

**5. Ermittlung der Investitionskriterien**

**Möglichkeiten:**

| Sammlung der Alternativen | Schaffung der Alternativen |
|---|---|
| Kataloge, Preislisten<br>Prospekte, Zeitungen,<br>Fachzeitschriften,<br>Branchenhandbücher<br>Bezugsquellenverzeichnisse, Lieferantenkarteien | Brainstorming<br>Methode 635<br>Morphologische Methode |

↓

**6. Vorauswahl der Investitionsalternativen**

**Kriterien:**
Wirtschaftliche Begrenzungsfaktoren
Technische Begrenzungsfaktoren
Soziale Begrenzungsfaktoren
Rechtliche Begrenzungsfaktoren

↓

**7. Bewertung der Investitionsalternativen**

**Verfahren:** Statische Investitionsrechnungen
Dynamische Investitionsrechnungen
Nutzwertrechnungen

**8. Bestimmung der vorteilhaftesten Investitionsalternative**

**Vorgehensweise:** Bildung einer Rangordnung

**9. Realisierung der Investition**

**Gremien:** Unternehmensleitung
Investitionsplanung
Investitionsausschuß
Abteilungsleitung

**10. Kontrolle der Investition**

**Arten:**
Individuelle Kontrolle
Summarische Kontrolle

**Zeitpunkte:**
Ende der Anlaufperiode
Verfügbarkeit verbesserter Investitionsobjekte
Zeitpunkt größerer Reparaturen
Zeitpunkt von Programmumstellungen
Ende der Amortisationszeit
Zeitpunkt der Anschaffung zusätzlicher Investitionsobjekte
Ende der geplanten wirtschaftlichen Nutzungsdauer

# 7 : Probleme der Investitionsplanung

| | | |
|---|---|---|
| (1) | Listenpreis (netto) | 148.000 DM |
| – | Rabatt (5 % von 148.000) | 7.400 DM |
| – | Skonto (2 % von 140.600) | 2.812 DM |
| = | Zieleinkaufspreis | 137.788 DM |
| + | Verpackung | 114 DM |
| + | Fracht | 52 DM |
| = | **Nettopreis** | **137.954 DM** |

(2) Der Nettopreis stimmt nicht mit den Anschaffungskosten bzw. Anschaffungsausgaben überein, da noch weitere Kosten bzw. Ausgaben anfallen, um die Fräsmaschine nutzbar zu machen.

Für die Investitionsrechnung sind noch zu berücksichtigen:

| | | |
|---|---|---|
| | Nettopreis | 137.954 DM |
| + | Kosten für Installation | 419 DM |
| + | Kosten für Probeläufe | 669 DM |
| = | **Anschaffungskosten/-ausgaben** | **139.042 DM** |

(3) Aus Gründen der Vorsicht sollte die Nutzungsdauer mit dem niedrigsten Schätzwert, also mit 7 Jahren angesetzt werden, insbesondere weil Erfahrungswerte fehlen.

(4) Aus Gründen der Genauigkeit ist ein möglicher Rest(erlös)wert bzw. Liquidationserlös anzusetzen, wenngleich dieser vorsichtig geschätzt werden sollte.

Für die Fräsmaschine ergibt er sich aus der Differenz zwischen dem Schrottwert - als Einnahme bzw. Ertrag - und den zur Realisierung des Schrottwertes noch aufzuwendenden Abbruchkosten - als Ausgabe bzw. Kosten:

| | | |
|---|---|---|
| | Schrottwert | 4.500 DM |
| – | Abbruchkosten | 980 DM |
| = | **Rest(erlös)wert/Liquidationserlös** | **3.520 DM** |

(5) Aus Gründen der Vorsicht sollte der Kalkulationszinssatz für die Fräsmaschine nicht - wie im letzten Jahr allgemein - 10 %, sondern zwischen 12 % und 14 % betragen. Dies ist insbesondere deshalb gerechtfertigt, weil die Maschine fremdfinanziert wird und der Zinssatz des Kapitalmarktes eine Grundlage für den Kalkulationszinssatz darstellt.

## 8 : Kapitalbedarf I

(1)

| Monat | Ausgaben TDM | | Einnahmen TDM | | Kapital-bedarf |
|---|---|---|---|---|---|
| | monatlich | kumuliert | monatlich | kumuliert | |
| Januar | 100 | 100 | 0 | 0 | 100 |
| Februar | 80 | 180 | 20 | 20 | 160 |
| März | 50 | 230 | 70 | 90 | 140 |
| April | 100 | 330 | 100 | 190 | 140 |
| Mai | 100 | 430 | 70 | 260 | 170 |
| Juni | 60 | 490 | 100 | 360 | 130 |
| Juli | 60 | 550 | 110 | 470 | 80 |
| August | 60 | 610 | 240 | 710 | – 100 |
| September | 80 | 690 | 90 | 800 | – 110 |
| Oktober | 100 | 790 | 40 | 840 | – 50 |
| November | 110 | 900 | 0 | 840 | 60 |
| Dezember | 80 | 980 | 20 | 860 | 120 |

(2)

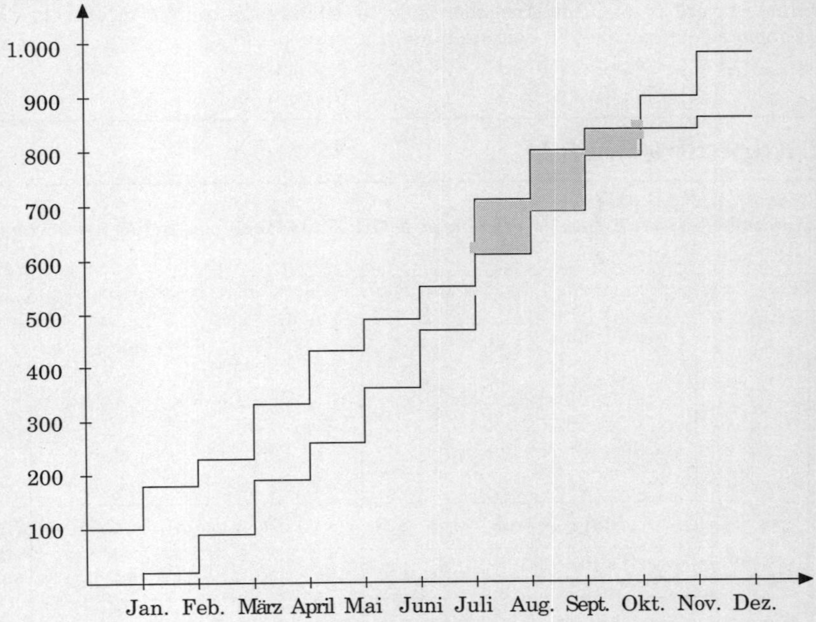
TDM
1.000
900
800
700
600
500
400
300
200
100
Jan. Feb. März April Mai Juni Juli Aug. Sept. Okt. Nov. Dez.

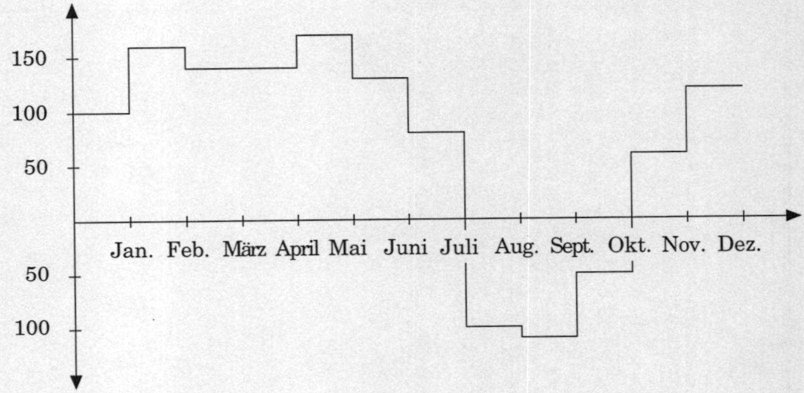
150
100
50
Jan. Feb. März April Mai Juni Juli Aug. Sept. Okt. Nov. Dez.
50
100

(3) Der Kapitalbedarf kann - ohne daß die Werte der Ausgaben und Einnahmen sich verändern - vermindert werden, indem die Ausgaben auf einen späteren Zeitpunkt verlagert bzw. die Einnahmen zu einem früheren Zeitpunkt bewirkt werden.

## 9 : Kapitalbedarf II

(1) Der Kapitalbedarf der Firma Peter Schmittke OHG entwickelt sich in folgender Weise:

| Dekade / Prozeß | 1 | 2 | 3 | 4 | 5 | 6 | 7 | 8 | 9 | 10 | 11 | 12 | 13 | 14 | 15 |
|---|---|---|---|---|---|---|---|---|---|---|---|---|---|---|---|
| 1 | 7.500 | 10.500 | 2.500 | 0 | 0 | 20.500 | | | | | | | | | |
| 2 | | | | 7.500 | 10.500 | 2.500 | 0 | 0 | 20.500 | | | | | | |
| 3 | | | | | | | 7.500 | 10.500 | 2.500 | 0 | 0 | 20.500 | | | |
| 4 | | | | | | | | | | 7.500 | 10.500 | 2.500 | 0 | 0 | 20.500 |
| 5 | | | | | | | | | | | | | 7.500 | 10.500 | 2.500 |
| Kumulierte Ausgaben | 7.500 | 18.000 | 20.500 | 28.000 | 38.500 | 41.000 | 48.500 | 59.000 | 61.500 | 69.000 | 79.500 | 82.000 | 89.500 | 100.000 | 102.500 |
| Kumulierte Einnahmen | 0 | 0 | 0 | 0 | 0 | 20.500 | 20.500 | 20.500 | 41.000 | 41.000 | 41.000 | 61.500 | 61.500 | 61.500 | 82.000 |
| **Kapital-bedarf** | **7.500** | **18.000** | **20.500** | **28.000** | **38.500** | **20.500** | **28.000** | **38.500** | **20.500** | **28.000** | **38.500** | **20.500** | **28.000** | **38.500** | **20.500** |

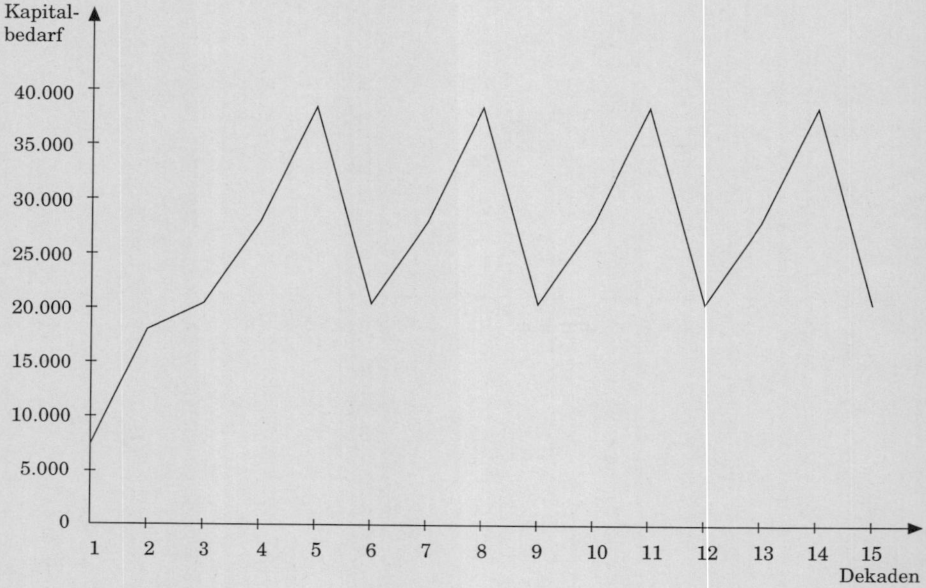

(2) Mit der Verminderung der Lagerzeiten und Zahlungsziele um 50 % ergibt sich, daß der Zahlungsmittelrückfluß bereits in der 5. Dekade erfolgt:

| Dekade / Prozeß | 1 | 2 | 3 | 4 | 5 | 6 | 7 | 8 | 9 | 10 | 11 | 12 | 13 | 14 | 15 |
|---|---|---|---|---|---|---|---|---|---|---|---|---|---|---|---|
| 1 | 7.500 | 10.500 | 2.500 | 0 | 20.500 | | | | | | | | | | |
| 2 | | | | 7.500 | 10.500 | 2.500 | 0 | 20.500 | | | | | | | |
| 3 | | | | | | | 7.500 | 10.500 | 2.500 | 0 | 20.500 | | | | |
| 4 | | | | | | | | | | 7.500 | 10.500 | 2.500 | 0 | | |
| 5 | | | | | | | | | | | | | 7.500 | 10.500 | 2.500 |
| Kumulierte Ausgaben | 7.500 | 18.000 | 20.500 | 28.000 | 38.500 | 41.000 | 48.500 | 59.000 | 61.500 | 69.000 | 79.500 | 82.000 | 89.500 | 100.000 | 102.500 |
| Kumulierte Einnahmen | 0 | 0 | 0 | 0 | 20.500 | 20.500 | 20.500 | 41.000 | 41.000 | 41.000 | 61.500 | 61.500 | 61.500 | 82.000 | 82.000 |
| **Kapitalbedarf** | **7.500** | **18.000** | **20.500** | **28.000** | **18.000** | **20.500** | **28.000** | **18.000** | **20.500** | **28.000** | **18.000** | **20.500** | **28.000** | **18.000** | **20.500** |

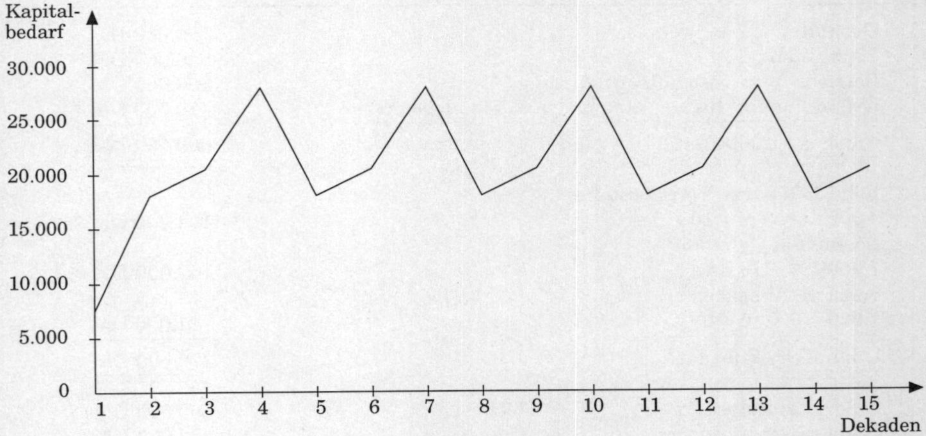


(3) Durch die getroffenen Rationalisierungsmaßnahmen vermindert sich der Kapitalbedarf der Firma Peter Schmittke OHG um:

| Dekade | 1 | 2 | 3 | 4 | 5 | 6 | 7 | 8 | 9 | 10 | 11 | 12 | 13 | 14 | 15 |
|---|---|---|---|---|---|---|---|---|---|---|---|---|---|---|---|
| Kapitalbedarf vor Rationalisierung | 7.500 | 18.000 | 20.500 | 28.000 | 38.500 | 20.500 | 28.000 | 38.500 | 20.500 | 28.000 | 38.500 | 20.500 | 28.000 | 38.500 | 20.500 |
| Kapitalbedarf nach Rationalisierung | 7.500 | 18.000 | 20.500 | 28.000 | 18.000 | 20.500 | 28.000 | 18.000 | 20.500 | 28.000 | 18.000 | 20.500 | 28.000 | 18.000 | 20.500 |
| **Verminderung des Kapitalbedarfes durch Rationalisierung** | **0** | **0** | **0** | **0** | **20.500** | **0** | **0** | **20.500** | **0** | **0** | **20.500** | **0** | **0** | **20.500** | **0** |

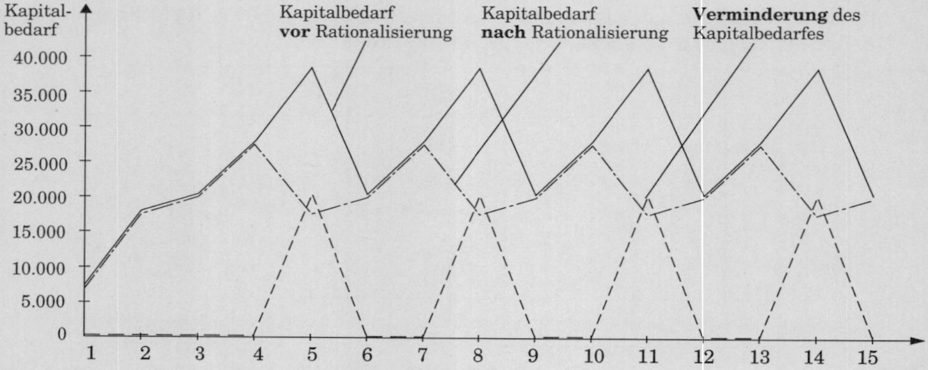


# 10 : Kapitalbedarf III

(1)

| | |
|---|---|
| Gebäude | 750.000 DM |
| Maschinen | 550.000 DM |
| Betriebs- und Geschäftsausstattung | 350.000 DM |
| Gründung und Ingangsetzung des Geschäftsbetriebes | 10.000 DM |
| Anlagekapitalbedarf | 1.660.000 DM |
| Roh-, Hilfs- und Betriebsstoffe<br>4.000 · (20 + 6 + 10 + 5 – 15) | 104.000 DM |
| Löhne und Gehälter<br>7.000 · (6 + 10 + 5) | 147.000 DM |
| Sonstige Ausgaben<br>1.000 · (6 + 10 + 5) | 21.000 DM |
| Umlaufkapitalbedarf | 272.000 DM |
| Anlagekapitalbedarf | 1.660.000 DM |
| Umlaufkapitalbedarf | 272.000 DM |
| **Gesamtkapitalbedarf** | **1.932.000 DM** |

(2)

| | |
|---|---|
| Anlagekapitalbedarf | 1.660.000 DM |
| Roh-, Hilfs- und Betriebsstoffe<br>4.000 · (20 + 6 + 10 + 30 – 5) | 244.000 DM |
| Löhne und Gehälter<br>7.000 · (6 + 10 + 30) | 322.000 DM |
| Sonstige Ausgaben<br>1.000 · (6 + 10 + 30) | 46.000 DM |
| Umlaufkapitalbedarf | 612.000 DM |
| Anlagekapitalbedarf | 1.660.000 DM |
| Umlaufkapitalbedarf | 612.000 DM |
| **Gesamtkapitalbedarf** | **2.272.000 DM** |

| | |
|---|---|
| (3) Anlagekapitalbedarf | 1.660.000 DM |
| Roh-, Hilfs- und Betriebsstoffe<br>4.000 · (10 + 6 + 5 + 30 – 5) | 184.000 DM |
| Löhne und Gehälter<br>7.000 · (6 + 5 + 30) | 287.000 DM |
| Sonstige Ausgaben<br>1.000 · (6 + 5 + 30) | 41.000 DM |
| Umlaufkapitalbedarf | 512.000 DM |
| Anlagekapitalbedarf | 1.660.000 DM |
| Umlaufkapitalbedarf | 512.000 DM |
| **Gesamtkapitalbedarf** | **2.172.000 DM** |

# 11 : Kostenvergleichsrechnung I

(1) $KD = \frac{A}{n} + \frac{A}{2} \cdot i$

$KD = \frac{140.000}{7} + \frac{140.000}{2} \cdot 0{,}10$

$KD = 20.000 + 7.000$

$KD = \underline{\underline{27.000 \text{ DM}}}$

(2) $B = 15.000 + 180.000$

$B = \underline{\underline{195.000 \text{ DM}}}$

(3) Mit Hilfe der Kostenvergleichsrechnung ist es nicht möglich, ein einzelnes Investitionsobjekt auf seine Vorteilhaftigkeit hin zu beurteilen.

Die für ein Investitionsobjekt anfallenden Kosten müßten mit den Kosten bei einem anderen alternativen Investitionsobjekt oder mit dem aus dem Investitionsobjekt zu erzielenden Gewinn verglichen werden, um eine Aussage zu ermöglichen.

# 12 : Kostenvergleichsrechnung II

**Mathematischer Vergleich:**

| | | |
|---|---|---|
| $B_I + \frac{A_I}{2} \cdot i + \frac{A_I}{n_I}$ | $\gtrless$ | $B_{II} + \frac{A_{II}}{2} \cdot i + \frac{A_{II}}{n_{II}}$ |
| 195.000 + 7.000 + 20.000 | | 179.000 + 8.050 + 23.000 |
| = 222.000 DM | | = **210.050 DM** |
| | $K_I > K_{II}$ | |

**Tabellarischer Vergleich:**

| | | Investitions-objekt I | | Investitions-objekt II | |
|---|---|---|---|---|---|
| Anschaffungskosten | DM | 140.000 | | 161.000 | |
| Restwert | DM | 0 | | 0 | |
| Nutzungsdauer | Jahre | 7 | | 7 | |
| Auslastung | Stück/Jahr | 28.000 | | 28.000 | |
| Zinssatz | % | 10 | | 10 | |
| Abschreibungen | DM/Jahr | 20.000 | | 23.000 | |
| Zinsen | DM/Jahr | 7.000 | | 8.050 | |
| Sonstige fixe Kosten | DM/Jahr | 15.000 | | 14.000 | |
| Fixe Kosten | DM/Jahr | | 42.000 | | 45.050 |
| Variable Kosten | DM/Jahr | | 180.000 | | 165.000 |
| Gesamte Kosten | DM/Jahr | | 222.000 | | 210.050 |
| Kostendifferenz I - II | DM/Jahr | **11.950** | | | |

Das Investitionsobjekt II ist vorteilhafter als das Investitionsobjekt I, da es jährlich um 11.950 DM geringere Kosten verursacht.

# 13 : Kostenvergleichsrechnung III

(1) Die variablen Kosten sind von 10.000 Stück/Jahr bzw. 9.000 Stück/Jahr auf die Auslastung von 8.000 Stück/Jahr umzurechnen.

Der Kostenvergleich kann wegen der gleich hohen Auslastung der Investitionsalternativen pro Periode oder pro Leistungseinheit vorgenommen werden.

**Kostenvergleich pro Periode:**

| | | Investitionsobjekt I | | Investitionsobjekt II | | Investitionsobjekt III | |
|---|---|---|---|---|---|---|---|
| Anschaffungskosten | DM | 80.000 | | 85.000 | | 90.000 | |
| Restwert | DM | 4.000 | | 5.000 | | 6.000 | |
| Nutzungsdauer | Jahre | 8 | | 8 | | 8 | |
| Auslastung | Stück/Jahr | 8.000 | | 8.000 | | 8.000 | |
| Zinssatz | % | 12 | | 12 | | 12 | |
| Abschreibungen | DM/Jahr | 9.500 | | 10.000 | | 10.500 | |
| Zinsen | DM/Jahr | 5.040 | | 5.400 | | 5.760 | |
| Gehälter | DM/Jahr | 54.000 | | 52.000 | | 58.000 | |
| Sonstige fixe Kosten | DM/Jahr | 14.000 | | 14.000 | | 15.000 | |
| Fixe Kosten | DM/Jahr | | 82.540 | | 81.400 | | 89.260 |
| Löhne* | DM/Jahr | 115.000 | | 109.000 | | 98.000 | |
| Materialkosten* | DM/Jahr | 98.000 | | 98.000 | | 97.000 | |
| Sonstige variable Kosten* | DM/Jahr | 9.000 | | 9.000 | | 9.000 | |
| Variable Kosten | | | 222.000 | | 216.000 | | 204.000 |
| Gesamte Kosten | | | 304.540 | | 297.400 | | 293.260 |
| Kostendifferenz | | | **+ 7.140** | | **+ 4.140** | | |

Das Investitionsobjekt III ist das vorteilhafteste, da es die geringsten Kosten verursacht.

---

* Löhne: $\frac{143.750 \cdot 8.000}{10.000} = 115.000$ $\frac{136.250 \cdot 8.000}{10.000} = 109.000$ $\frac{110.250 \cdot 8.000}{9.000} = 98.000$

Materialkosten: $\frac{122.500 \cdot 8.000}{10.000} = 98.000$ $\frac{122.500 \cdot 8.000}{10.000} = 98.000$ $\frac{109.125 \cdot 8.000}{9.000} = 97.000$

Sonstige variable Kosten: $\frac{11.250 \cdot 8.000}{10.000} = 9.000$ $\frac{11.250 \cdot 8.000}{10.000} = 9.000$ $\frac{10.125 \cdot 8.000}{9.000} = 9.000$

**Kostenvergleich pro Leistungseinheit:**

| | | Investitionsobjekt I | Investitionsobjekt II | Investitionsobjekt III |
|---|---|---|---|---|
| Anschaffungskosten | DM | 80.000 | 85.000 | 90.000 |
| Restwert | DM | 4.000 | 5.000 | 6.000 |
| Nutzungsdauer | Jahre | 8 | 8 | 8 |
| Auslastung | Stück/Jahr | 8.000 | 8.000 | 8.000 |
| Zinssatz | % | 12 | 12 | 12 |
| Abschreibungen | DM/Stück | | | |
| 9.500 : 8.000 | | 1,19 | | |
| 10.000 : 8.000 | | | 1,25 | |
| 10.500 : 8.000 | | | | 1,31 |
| Zinsen | DM/Stück | | | |
| 5.040 : 8.000 | | 0,63 | | |
| 5.400 : 8.000 | | | 0,68 | |
| 5.760 : 8.000 | | | | 0,72 |
| Gehälter | DM/Stück | | | |
| 54.000 : 8.000 | | 6,75 | | |
| 52.000 : 8.000 | | | 6,50 | |
| 58.000 : 8.000 | | | | 7,25 |
| Sonstige fixe Kosten | DM/Stück | | | |
| 14.000 : 8.000 | | 1,75 | | |
| 14.000 : 8.000 | | | 1,75 | |
| 15.000 : 8.000 | | | | 1,88 |
| Fixe Kosten | DM/Stück | 10,32 | 10,18 | 11,16 |
| Löhne | DM/Stück | | | |
| 115.000 : 8.000 | | 14,38 | | |
| 109.000 : 8.000 | | | 13,63 | |
| 98.000 : 8.000 | | | | 12,25 |
| Materialkosten | DM/Stück | | | |
| 98.000 : 8.000 | | 12,25 | | |
| 98.000 : 8.000 | | | 12,25 | |
| 97.000 : 8.000 | | | | 12,13 |
| Sonstige variable Kosten | DM/Stück | | | |
| 9.000 : 8.000 | | 1,13 | | |
| 9.000 : 8.000 | | | 1,13 | |
| 9.000 : 8.000 | | | | 1,13 |
| Variable Kosten | DM/Stück | 27,76 | 27,01 | 25,51 |
| Gesamte Kosten | DM/Stück | 38,08 | 37,19 | 36,67 |
| Kostendifferenz | DM/Stück | **+ 0,89** | **+ 0,52** | |

Das Investitionsobjekt III ist auch beim Kostenvergleich pro Leistungseinheit das vorteilhafteste, da es die geringsten Kosten verursacht.

(2) Ermittlung der kritischen Ausbringungsmenge:

| | | Investitions-objekt I | Investitions-objekt II | Investitions-objekt III |
|---|---|---|---|---|
| Fixe Kosten | DM/Jahr | 82.540 | 81.400 | 89.260 |
| Variable Kosten | DM/Jahr | 222.000 | 216.000 | 204.000 |
| Gesamte Kosten | DM/Jahr | 304.540 | 297.400 | 293.260 |

$$K_{fI} + k_{vI}\,x = K_{fII} + k_{vII}\,x$$

$$82.540 + \frac{222.000}{8.000}\,x = 81.400 + \frac{216.000}{8.000}\,x$$

$$82.540 + 27{,}75\,x = 81.400 + 27{,}00\,x$$

$$\underline{\underline{x = -\,1.520}}$$

$$K_{fII} + k_{vII}\,x = K_{fIII} + k_{vIII}\,x$$

$$81.400 + \frac{216.000}{8.000}\,x = 89.260 + \frac{204.000}{8.000}\,x$$

$$81.400 + 27{,}00\,x = 89.260 + 25{,}50\,x$$

$$\underline{\underline{x = 5.240}}$$

$$K_{fI} + k_{vI}\,x = K_{fIII} + k_{vIII}\,x$$

$$82.540 + 27{,}75\,x = 89.260 + 25{,}50\,x$$

$$\underline{\underline{x = 2.987}}$$

Das Investitionsobjekt I ist für die Investitionsentscheidung völlig uninteressant. Es liegt in seiner Kostenentwicklung bei jeder Produktionsmenge über den Kosten des Investitionsobjektes II. Eine kritische Menge ergibt sich zum Investitionsobjekt II erst im Minusbereich. Zum Investitionsobjekt II gibt es eine kritische Menge, die aber ebenfalls nicht von Bedeutung ist, weil sie auf einem höheren Kostenniveau liegt als das Investitionsobjekt II.

Für die Investitionsobjekte II und III gibt es eine kritische Menge, die beachtet werden muß. Liegt die Produktionsmenge unter 5.240 Stück/Jahr, ist das Investitionsobjekt II das vorteilhaftere. Bei einer Auslastung über 5.240 Stück/Jahr empfiehlt es sich, das Investitionsobjekt III anzuschaffen.

Graphisch läßt sich dies zeigen:

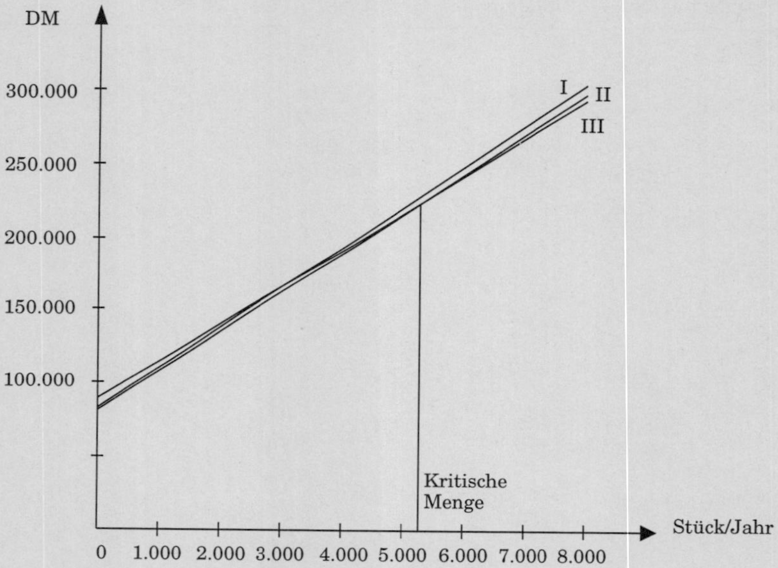

(3) Es lassen sich nach Angaben der Marketing-Abteilung künftig um 10.000 Stück absetzen. Diese Auslastung ist bei den Investitionsobjekten I und II möglich und deshalb beim Kostenvergleich anzusetzen. Mit dem Investitionsobjekt III hingegen lassen sich nur 9.000 Stück fertigen, die dem Kostenvergleich zugrundezulegen sind.

Bei unterschiedlicher Auslastung der alternativen Investitionsobjekte muß der Kostenvergleich pro Leistungseinheit vorgenommen werden:

| | | Investitionsobjekt I | Investitionsobjekt II | Investitionsobjekt III |
|---|---|---|---|---|
| Anschaffungskosten | DM | 80.000 | 85.000 | 90.000 |
| Restwert | DM | 4.000 | 5.000 | 6.000 |
| Nutzungsdauer | Jahre | 8 | 8 | 8 |
| Auslastung | Stück/Jahr | 10.000 | 10.000 | 9.000 |
| Zinssatz | % | 12 | 12 | 12 |
| Abschreibungen | DM/Stück | | | |
| 9.500 : 10.000 | | 0,95 | | |
| 10.000 : 10.000 | | | 1,00 | |
| 10.500 : 9.000 | | | | 1,17 |
| Zinsen | DM/Stück | | | |
| 5.040 : 10.000 | | 0,50 | | |
| 5.400 : 10.000 | | | 0,54 | |
| 5.760 : 9.000 | | | | 0,64 |
| Gehälter | DM/Stück | | | |
| 54.000 : 10.000 | | 5,40 | | |
| 52.000 : 10.000 | | | 5,20 | |
| 58.000 : 9.000 | | | | 6,44 |
| Sonstige fixe Kosten | DM/Stück | | | |
| 14.000 : 10.000 | | 1,40 | | |
| 14.000 : 10.000 | | | 1,40 | |
| 15.000 : 9.000 | | | | 1,67 |
| Fixe Kosten | DM/Stück | 8,25 | 8,14 | 9,92 |
| Variable Kosten* | DM/Stück | 27,76 | 27,01 | 25,51 |
| Gesamte Kosten | DM/Stück | 36,01 | 35,15 | 35,43 |
| **Kostendifferenz** | DM/Stück | **+ 0,86** | | **– 0,28** |

Bei der Veränderung der Auslastung auf 10.000 Stück bzw. 9.000 Stück ist das Investitionsobjekt III nicht mehr das vorteilhafteste, sondern das Investitionsobjekt II, das um 0,28 DM/Stück kostengünstiger als das Investitionsobjekt III und um 0,86 DM/Stück kostengünstiger als das Investitionsobjekt I fertigt.

* Die variablen Kosten pro Stück können unmittelbar aus (1) übernommen werden, da sie bei einer Veränderung der Ausbringungsmenge gleich bleiben. Sie können aber auch aus den gesamten variablen Kosten errechnet werden. In diesem Falle lägen sie 0,01 DM/Stück niedriger als in (1) ermittelt, was an den dort vorgenommenen Rundungen der Einzelbeträge liegt.

# 14 : Kostenvergleichsrechnung IV

(1) **Produktion / Beschaffung von 5.000 Drehteilen**

| | | Investitions-objekt I | | Investitions-objekt II | | Fremd-bezug |
|---|---|---|---|---|---|---|
| Anschaffungskosten | DM | 48.000 | | 120.000 | | |
| Restwert | DM | 0 | | 0 | | |
| Nutzungsdauer | Jahre | 6 | | 6 | | |
| Auslastung | Stück/Jahr | 5.000 | | 5.000 | | |
| Zinssatz | % | 8 | | 8 | | |
| Abschreibungen | DM/Stück | 1,60 | | 4,00 | | |
| Zinsen | DM/Stück | 0,38 | | 0,96 | | |
| Gehälter | DM/Stück | 2,00 | | 2,00 | | |
| Sonstige fixe Kosten | DM/Stück | 1,60 | | 2,00 | | |
| Fixe Kosten | DM/Stück | | 5,58 | | 8,96 | |
| Löhne | DM/Stück | 5,50 | | 2,90 | | |
| Material | DM/Stück | 10,00 | | 9,60 | | |
| Sonst. variable Kosten | DM/Stück | 0,75 | | 0,50 | | |
| Variable Kosten | DM/Stück | | 16,25 | | 13,00 | |
| Gesamte Kosten | DM/Stück | | 21,83 | | 21,96 | 21,00 |
| **Kostendifferenz** | DM/Stück | | **– 0,13** | | **+ 0,96** | |

Es ist vorteilhafter, die 5.000 benötigten Drehteile durch Fremdbezug zu beschaffen, da dies im Vergleich zum Investitionsobjekt I um 0,83 DM, zum Investitionsobjekt II um 0,96 DM pro Stück kostengünstiger ist.

Die Vorteilhaftigkeit könnte auch durch Periodenvergleich ermittelt werden.

(2) **Produktion / Beschaffung von 6.000 Drehteilen**

| | | Investitions-objekt I | | Investitions-objekt II | | Fremd-bezug |
|---|---|---|---|---|---|---|
| Anschaffungskosten | DM | 48.000 | | 120.000 | | |
| Restwert | DM | 0 | | 0 | | |
| Nutzungsdauer | Jahre | 6 | | 6 | | |
| Auslastung | Stück/Jahr | 6.000 | | 6.000 | | |
| Zinssatz | % | 8 | | 8 | | |
| Abschreibungen | DM/Stück | 1,33 | | 3,33 | | |
| Zinsen | DM/Stück | 0,32 | | 0,80 | | |
| Gehälter | DM/Stück | 1,67 | | 1,67 | | |
| Sonstige fixe Kosten | DM/Stück | 1,33 | | 1,67 | | |
| Fixe Kosten | DM/Stück | | 4,65 | | 7,47 | |
| Variable Kosten | DM/Stück | | 16,25 | | 13,00 | |
| Gesamte Kosten | DM/Stück | | 20,90 | | 20,47 | 21,00 |
| **Kostendifferenz** | DM/Stück | | **+ 0,43** | | **– 0,53** | |

Bei einem jährlichen Bedarf von 6.000 Drehteilen ist es von Vorteil, das Investitionsobjekt II anzuschaffen, da es im Vergleich zum Fremdbezug um 0,53 DM pro Stück, zum Investitionsobjekt I um 0,43 DM pro Stück kostengünstiger ist.

Die Vorteilhaftigkeit könnte auch durch Periodenvergleich ermittelt werden.

(3) **Ermittlung der kritischen Mengen**

| | | Investitions-objekt I | Investitions-objekt II | Fremd-bezug |
|---|---|---|---|---|
| Fixe Kosten* | DM/Jahr | 27.900 | 44.800 | |
| Variable Kosten** | DM/Jahr | 81.250 | 65.000 | |
| Gesamte Kosten | DM/Jahr | 109.150 | 109.800 | |
| Gesamte Kosten | DM/Stück | 21,83 | 21,96 | 21,00 |

$$K_{fI} + k_{vI}\,x = K_{fII} + k_{vII}\,x$$

$$27.900 + 16{,}25\,x = 44.800 + 13\,x$$

$$x = \underline{\underline{5.200 \text{ Stück}}}$$

$$K_{fI} + k_{vI}\,x = K_{fIII} + k_{vIII}\,x$$

$$27.900 + 16{,}25\,x = 21\,x$$

$$x = \underline{\underline{5.874 \text{ Stück}}}$$

$$K_{fII} + k_{vII}\,x = K_{fIII} + k_{vIII}\,x$$

$$44.800 + 13\,x = 21\,x$$

$$x = \underline{\underline{5.600 \text{ Stück}}}$$

Liegt der jährliche Bedarf an Drehteilen unter 5.600 Stück, ist ein Fremdbezug vorzunehmen. Bei einem jährlichen Bedarf über 5.600 Stück sollte das Investitionsobjekt II angeschafft werden.

Die kritischen Mengen 5.200 und 5.874 haben keine Bedeutung, weil es dort jeweils eine bereits kostengünstigere Alternative gibt. In der graphischen Darstellung läßt sich dies erkennen:

---

* 5,58 DM · 5.000 = 27.900 DM
8,96 DM · 5.000 = 44.800 DM

** 16,25 DM · 5.000 = 81.250 DM
13,00 DM · 5.000 = 65.000 DM

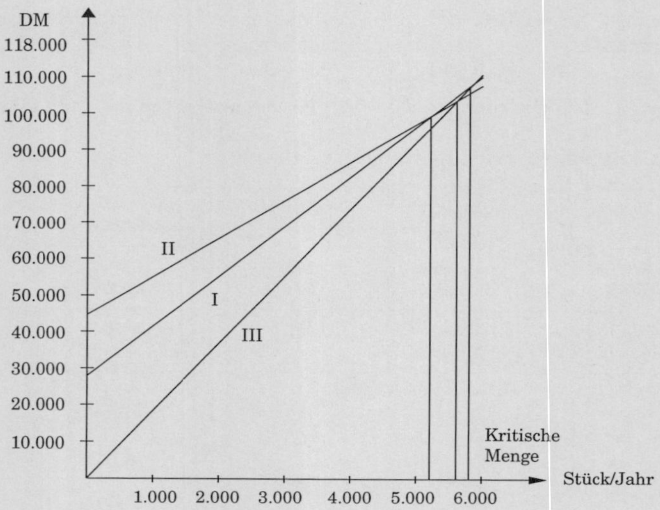


(4) **Produktion mit voller Kapazität**

| | | **Investitionsobjekt I** | | **Investitionsobjekt II** | |
|---|---|---|---|---|---|
| Anschaffungskosten | DM | 48.000 | | 120.000 | |
| Restwert | DM | 0 | | 0 | |
| Nutzungsdauer | Jahre | 6 | | 6 | |
| Auslastung | Stück/Jahr | 8.000 | | 10.000 | |
| Zinssatz | % | 8 | | 8 | |
| Abschreibungen | DM/Jahr | 8.000 | | 20.000 | |
| Zinsen | DM/Jahr | 1.920 | | 4.800 | |
| Gehälter | DM/Jahr | 10.000 | | 10.000 | |
| Sonstige fixe Kosten | DM/Jahr | 8.000 | | 10.000 | |
| Fixe Kosten | DM/Jahr | 27.920 | | 44.800 | |
| 27.920 : 8.000 | DM/Stück | | 3,49 | | |
| 44.800 : 10.000 | DM/Stück | | | | 4,48 |
| Löhne | DM/Jahr | 44.000 | | 29.000 | |
| Material | DM/Jahr | 80.000 | | 96.000 | |
| Sonstige variable | DM/Stück | | | | |
| Kosten | DM/Jahr | 6.000 | | 5.000 | |
| Variable Kosten | DM/Jahr | 130.000 | | 130.000 | |
| 130.000 : 8.000 | DM/Stück | | 16,25 | | |
| 130.000 : 10.000 | DM/Stück | | | | 13,00 |
| Gesamtkosten | DM/Stück | | 19,74 | | 17,48 |
| **Kostendifferenz** | DM/Stück | | **+ 2,26** | | |

Das Investitionsobjekt II ist bei einer Produktion mit voller Kapazität das um 2,26 DM pro Stück kostengünstigere.

# 15 : Kostenvergleichsrechnung V

(1)

| | | Altes Investitionsobjekt | | Neues Investitionsobjekt | |
|---|---|---|---|---|---|
| Anschaffungskosten | DM | | 80.000 | | 100.000 |
| Restwert | DM | | 10.000 | | 8.000 |
| Nutzungsdauer | Jahre | | 8 | | 8 |
| Auslastung | Stück/Jahr | | 3.000 | | 3.000 |
| Zinssatz | % | | 10 | | 10 |
| Restnutzungsdauer | Jahre | | 3 | | – |
| Resterlöswert Ende 5. Jahr | DM | | 30.000 | | – |
| Resterlöswert Ende 8. Jahr | DM | | 6.000 | | – |
| Abschreibungen | DM/Jahr | – | | 11.500 | |
| Verringerung des Liquidationswertes | DM/Jahr | 8.000 | | – | |
| Zinsen | DM/Jahr | 1.800 | | 5.400 | |
| Sonstige fixe Kosten | DM/Jahr | 15.000 | | 13.000 | |
| Fixe Kosten | DM/Jahr | | 24.800 | | 29.900 |
| Löhne | DM/Jahr | 28.000 | | 28.000 | |
| Energiekosten | DM/Jahr | 58.000 | | 55.500 | |
| Sonstige variable Kosten | DM/Jahr | 16.000 | | 15.000 | |
| Variable Kosten | DM/Jahr | | 102.000 | | 98.500 |
| Gesamtkosten | DM/Jahr | | 126.800 | | 128.400 |
| **Differenz A - N** | DM/Jahr | | **– 1.600** | | |

Der Kostenvergleich zeigt, daß es zum Ende des 5. Jahres nicht vorteilhaft ist, den alten Lastkraftwagen durch den neuen Lastkraftwagen zu ersetzen, weil der neue Lastkraftwagen um 1.600 DM/Jahr höhere Kosten verursacht als der alte Lastkraftwagen.

Der Kostenvergleich könnte auch durch Vergleich pro Leistungseinheit ermittelt werden.

(2)

| | | Altes Investitions-objekt | | Neues Investitions-objekt | |
|---|---|---|---|---|---|
| Anschaffungskosten | DM | | 80.000 | | 100.000 |
| Restwert | DM | | 10.000 | | 8.000 |
| Nutzungsdauer | Jahre | | 8 | | 8 |
| Auslastung | Stück/Jahr | | 3.000 | | 3.200 |
| Zinssatz | % | | 10 | | 10 |
| Restnutzungsdauer | Jahre | | 3 | | – |
| Resterlöswert Ende 5. Jahr | DM | | 30.000 | | – |
| Resterlöswert Ende 8. Jahr | DM | | 6.000 | | – |
| Abschreibungen | DM/Stück | – | | 3,59 | |
| Verringerung des Liquidationswertes | DM/Stück | 2,67 | | – | |
| Zinsen | DM/Stück | 0,60 | | 1,69 | |
| Sonstige fixe Kosten | DM/Stück | 5,00 | | 4,06 | |
| Fixe Kosten | DM/Stück | | 8,27 | | 9,34 |
| Löhne | DM/Stück | 9,33 | | 9,33 | |
| Energiekosten | DM/Stück | 19,33 | | 16,65 | |
| Sonstige variable Kosten | DM/Stück | 5,33 | | 5,00 | |
| Variable Kosten | DM/Stück | | 33,99 | | 30,98 |
| Gesamte Kosten | DM/Stück | | 42,26 | | 40,32 |
| **Kostendifferenz A - N** | DM/Stück | | **+ 1,94** | | |

Es läßt sich erkennen, daß der neue Lastkraftwagen der konkurrierenden Marke gekauft werden sollte, da er um 1,94 DM pro Betriebsstunde kostengünstiger ist als der alte Lastkraftwagen.

## 16 : Gewinnvergleichsrechnung I

(1)

| | | | |
|---|---|---|---|
| Anschaffungskosten | DM | 80.000 | |
| Nutzungsdauer | Jahre | 8 | |
| Auslastung | Stück/Jahr | 12.000 | |
| Erträge | DM/Jahr | | 96.000 |
| Kapitaldienst | DM/Jahr | 14.000 | |
| Betriebskosten | DM/Jahr | 62.000 | |
| Gesamte Kosten | DM/Jahr | | 76.000 |
| **Gewinn** | DM/Jahr | | **20.000** |

Das vorliegende Angebot ist vorteilhaft, da sich ein Gewinn von 20.000 DM/Jahr mit dem Investitionsobjekt erzielen läßt.

(2)

| | | Investitionsobjekt I | | Investitionsobjekt II | |
|---|---|---|---|---|---|
| Anschaffungskosten | DM | 80.000 | | 70.000 | |
| Nutzungsdauer | Jahre | 8 | | 8 | |
| Auslastung | Stück/Jahr | 12.000 | | 12.000 | |
| Erträge | DM/Jahr | | 96.000 | | 96.000 |
| Kapitaldienst | DM/Jahr | 14.000 | | 12.250 | |
| Betriebskosten | DM/Jahr | 62.000 | | 66.000 | |
| Gesamte Kosten | DM/Jahr | | 76.000 | | 78.250 |
| Gewinn | DM/Jahr | | 20.000 | | 17.750 |
| **Gewinndifferenz I-II** | DM/Jahr | | **+ 2.250** | | |

Das zuerst betrachtete Investitionsobjekt I ist das vorteilhaftere, weil es einen um 2.250 DM/Jahr höheren Gewinn erzielen läßt als das Investitionsobjekt II.

(3) Es läßt sich nicht hinreichend genau ermitteln, welche Gewinne von den alternativen Investitionsobjekten bei einer Auslastung von 8.000 Stück/Jahr erzielt werden, weil die für die Berechnung erforderliche Auflösung der Kosten in fixe und variable Teile nicht vorliegt.

(4)

| | | Investitionsobjekt I | Investitionsobjekt II |
|---|---|---|---|
| Auslastung | Stück/Jahr | 12.000 | 12.000 |
| Erträge | DM/Stück | 8 | 8 |
| Fixe Kosten | DM/Jahr | | |
| 14.000 + 3.400 | | 17.400 | |
| 12.250 + 1.600 | | | 13.850 |
| Variable Kosten | DM/Stück | | |
| (62.000 - 3.400) : 12.000 | | 4,88 | |
| (66.000 - 1.600) : 12.000 | | | 5,37 |

$G_I = p_I x - k_{vI} x - K_{fI}$ $\qquad$ $G_{II} = p_{II} x - k_{vII} x - K_{fII}$

$G_I = 8x - 4{,}88x - 17.400$ $\qquad$ $G_{II} = 8x - 5{,}37x - 13.850$

$$G_I = G_{II}$$

$$8x - 4{,}88x - 17.400 = 8x - 5{,}37x - 13.850$$

$$\underline{\underline{x = 7.245}}$$

Die kritische Menge beträgt 7.245 Stück/Jahr. Liegt die Auslastung unter 7.245 Stück/Jahr, dann ist das Investitionsobjekt II das vorteilhaftere. Bei einer Auslastung über 7.245 Stück/Jahr sollte das Investitionsobjekt I angeschafft werden.

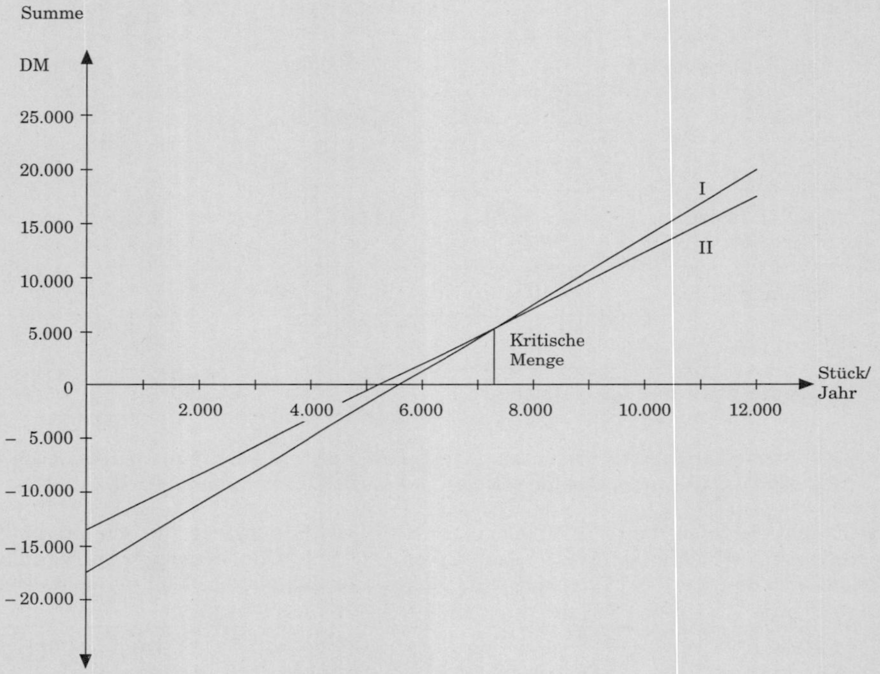


# 17 : Gewinnvergleichsrechnung II

(1) Da von einer gleich hohen Auslastung beider Investitionsobjekte pro Jahr ausgegangen wird, kann der Gewinnvergleich als

- Vergleich pro Periode
- Vergleich pro Leistungseinheit

vorgenommen werden.

Es wird unterstellt, daß die Problematik der Kostenermittlung für das alte Investitionsobjekt bereits bei den im Kasten angegebenen fixen Kosten berücksichtigt wurde.

| | | Altes Investitions-objekt | Neues Investitions-objekt |
|---|---|---|---|
| Anschaffungskosten | DM | 120.000 | 140.000 |
| Restwert | DM | 10.000 | 12.000 |
| Nutzungsdauer | Jahre | 8 | 8 |
| Auslastung | Stück/Jahr | 20.000 | 20.000 |
| Zinssatz | % | 8 | 8 |
| Restnutzungsdauer | Jahre | 3 | – |
| Resterlöswert Ende 5. Jahr | DM | 60.000 | – |
| Resterlöswert Ende 8. Jahr | DM | 16.000 | – |
| Erträge | DM/Jahr | 200.000 | 210.000 |
| Fixe Kosten | DM/Jahr | 31.000 | 46.000 |
| Variable Kosten | DM/Jahr | 147.000 | 149.000 |
| Gesamte Kosten | DM/Jahr | 178.000 | 195.000 |
| Gewinn | DM/Jahr | 22.000 | 15.000 |
| **Gewinndifferenz A - N** | DM/Jahr | **+ 7.000** | |

Es ist nicht vorteilhaft, das alte Investitionsobjekt ausscheiden zu lassen und das neue Investitionsobjekt zu beschaffen, da es einen um 7.000 DM/Jahr höheren Gewinn erwirtschaftet als das neue Investitionsobjekt.

(2) Beim alten Investitionsobjekt ist eine Erhöhung der Auslastung nicht möglich. Beim neuen Investitionsobjekt kann sie vorgenommen werden. Wegen unterschiedlicher Auslastung beider Investitionsobjekte kann nur ein Periodenvergleich erfolgen.

| | | Altes Investitions-objekt | Neues Investitions-objekt |
|---|---|---|---|
| Anschaffungskosten | DM | 120.000 | 140.000 |
| Restwert | DM | 10.000 | 12.000 |
| Nutzungsdauer | Jahre | 8 | 8 |
| Auslastung | Stück/Jahr | 20.000 | 22.000 |
| Zinssatz | % | | |
| Restnutzungsdauer | Jahre | 3 | – |
| Resterlöswert Ende 5. Jahr | DM | 60.000 | – |
| Resterlöswert Ende 8. Jahr | DM | 16.000 | – |
| Erträge | DM/Jahr | 200.000 | 231.000 |
| Fixe Kosten | DM/Jahr | 31.000 | 46.000 |
| Variable Kosten | DM/Jahr | 147.000 | 163.900 |
| Gesamte Kosten | DM/Jahr | 178.000 | 209.900 |
| Gewinn | DM/Jahr | 22.000 | 21.100 |
| **Gewinndifferenz A - N** | DM/Jahr | **+ 900** | |

Auch bei einer Erhöhung der Ausbringungsmenge auf 22.000 Stück/Jahr ist es nicht vorteilhaft, das alte Investitionsobjekt ausscheiden zu lassen.

# 18 : Rentabilitätsvergleichsrechnung I

(1)

| | | | |
|---|---|---|---|
| Anschaffungskosten | DM | | 100.000 |
| Restwert | DM | | 0 |
| Nutzungsdauer | Jahre | | 8 |
| Auslastung | Stück/Jahr | | 15.000 |
| Zinssatz | % | | 10 |
| Erträge | DM/Jahr | | 127.500 |
| Abschreibungen | DM/Jahr | 12.500 | |
| Zinsen | DM/Jahr | – | |
| Sonstige fixe Kosten | DM/Jahr | 19.000 | |
| Fixe Kosten | DM/Jahr | 31.500 | |
| Variable Kosten | DM/Jahr | 90.000 | |
| Gesamte Kosten | DM/Jahr | | 121.500 |
| **Gewinn** | DM/Jahr | | **6.000** |

$$R = \frac{E - K}{D} \cdot 100$$

$$R = \frac{6.000}{50.000} \cdot 100 = \underline{\underline{12,00\ \%}}$$

Die Investition ist nicht vorteilhaft, weil die von der Chemie AG festgelegte Mindestrentabilität nicht erreicht wird.

(2) Zunächst ist der sich aus der Gewinnvergleichsrechnung ergebende Gewinn zu korrigieren. Da in der Gewinnvergleichsrechnung kalkulatorische Zinsen angesetzt wurden, die den Gewinn gemindert haben, werden diese Zinsen dem Gewinn hinzugerechnet:

$$G = 3.500 + \frac{98.000}{2} \cdot 0,10 = \underline{\underline{8.400\ DM}}$$

$$R = \frac{G}{D}$$

$$R = \frac{8.400}{49.000} \cdot 100 = \underline{\underline{17,14\ \%}}$$

Die Rentabilität des nunmehr betrachteten Investitionsobjektes ist zwar erheblich höher als beim zuvor überprüften Investitionsobjekt, wird aber ebenso nicht der Forderung der Chemie AG gerecht, die Rentabilität müsse mindestens 20 % betragen.

Die Investition ist nicht vorteilhaft.

# 19 : Rentabilitätsvergleichsrechnung II

(1)

| | | Investitions-objekt I | | Investitions-objekt II | | Investitions-objekt III | |
|---|---|---|---|---|---|---|---|
| Anschaffungskosten | DM | 80.000 | | 120.000 | | 160.000 | |
| Restwert | DM | 5.000 | | 7.000 | | 9.000 | |
| Nutzungsdauer | Jahre | 8 | | 8 | | 8 | |
| Auslastung | Stück/Jahr | 18.000 | | 20.000 | | 22.000 | |
| Zinssatz | % | 8 | | 8 | | 8 | |
| Erträge | DM/Jahr | | 190.950 | | 212.100 | | 233.020 |
| Fixe Kosten ohne Zinsen | DM/Jahr | 18.200 | | 28.300 | | 39.650 | |
| Variable Kosten | DM/Jahr | 168.700 | | 176.620 | | 184.360 | |
| Gesamte Kosten | DM/Jahr | | 186.900 | | 204.920 | | 224.010 |
| **Gewinn** | DM/Jahr | | **4.050** | | **7.180** | | **9.010** |

$$R_I = \frac{G_I}{D_I} \cdot 100$$

$$R_I = \frac{4.050}{(80.000 + 5.000) : 2} \cdot 100$$

$$R_I = \underline{\underline{9{,}53\ \%}}$$

$$R_{II} = \frac{G_{II}}{D_{II}} \cdot 100$$

$$R_{II} = \frac{7.180}{(120.000 + 7.000) : 2} \cdot 100$$

$$R_{II} = \underline{\underline{11{,}31\ \%}}$$

$$R_{III} = \frac{G_{III}}{D_{III}} \cdot 100$$

$$R_{III} = \frac{9.010}{(160.000 + 9.000) : 2} \cdot 100$$

$$R_{III} = \underline{\underline{10{,}66\ \%}}$$

(2) Die ermittelten Rentabilitäten sind **nicht aussagefähig,** weil die Anschaffungskosten der alternativen Investitionsobjekte erheblich auseinanderliegen.

Der vorliegende Rentabilitätsvergleich kann nur vorgenommen werden, wenn Differenzinvestitionen berücksichtigt werden, mit denen die Anschaffungskosten vergleichbar gemacht werden.

(3) **Investitionsobjekt I:**

Dieses Investitionsobjekt muß um eine Differenzinvestition erweitert werden:

| Investitionsobjekt III | – | Investitionsobjekt I | = | Differenzinvestition |
|---|---|---|---|---|
| (160.000 - 9.000) | – | (80.000 – 5.000) | = | 76.000 DM |

Gewinn aus der Differenzinvestition:

76.000 · 0,14 = 10.640 DM

$$R_I = \frac{G_I + G_{Diff.}}{(D_I + D_{Diff.}) : 2} \cdot 100$$

$$R_I = \frac{4.050 + 10.640}{(75.000 + 76.000) : 2} \cdot 100$$

$$R_I = \underline{\underline{19{,}46\ \%}}$$

**Investitionsobjekt II:**

Ebenso muß dieses Investitionsobjekt um eine Differenzinvestition erweitert werden:

| Investitionsobjekt III | – | Investitionsobjekt II | = | Differenzinvestition |
|---|---|---|---|---|
| (160.000 - 9.000) | – | (120.000 – 7.000) | = | 38.000 DM |

Gewinn aus der Differenzinvestition:

38.000 · 0,14 = 5.320 DM

$$R_{II} = \frac{G_{II} + G_{Diff.}}{(D_I + D_{Diff.}) : 2} \cdot 100$$

$$R_{II} = \frac{7.180 + 5.320}{(113.000 + 38.000) : 2} \cdot 100$$

$$R_{II} = \underline{\underline{16{,}56\ \%}}$$

**Investitionsobjekt III:**

Hier ist die Bildung einer Differenzinvestition nicht erforderlich. Die in (1) ermittelte Rentabilität ist zutreffend:

$R_{III} \; = \; \underline{\underline{11{,}93\ \%}}$

(4) Die berechneten Rentabilitäten ergeben folgendes Bild:

| | **Investitions-objekt I** | **Investitions-objekt II** | **Investitions-objekt III** |
|---|---|---|---|
| Rentabilität **ohne** Differenzinvestition | 9,53 % | 11,31 % | 10,66 % |
| Rentabilität **mit** Differenzinvestition | 19,46 % | 16,56 % | 11,93 % |

Die relativ hohe Verzinsung der Differenzinvestition läßt das in (1) am schlechtesten beurteilte Investitionsobjekt I nun am vorteilhaftesten erscheinen.

Auch beim Investitionsobjekt II führt die Differenzinvestition zu einer Erhöhung der Rentabilität, allerdings nicht im Umfang wie beim Investitionsobjekt I, weil der Umfang der Differenzinvestition erheblich geringer ist.

Das Investitionsobjekt III kann nicht an der vorteilhaften Verzinsung der Differenzinvestition teilhaben und erfährt deshalb keine Verbesserung der Rentabilität.

## 20 : Rentabilitätsvergleichsrechnung III

(1) $$R = \frac{K_A - K_N}{D_N} \cdot 100$$

$$R = \frac{60.000 - 42.000}{150.000 : 2} \cdot 100$$

$$R = \underline{\underline{24{,}00\ \%}}$$

Die Investition ist vorteilhaft, weil sie die von der Chemie AG geforderte Mindestrentabilität um 4 % übersteigt.

(2) $$R = \frac{K_A - K_N}{D_N} \cdot 100$$

$$R = \frac{60.000 - 42.000}{(150.000 : 2) + 15.000} \cdot 100$$

$$R = \underline{\underline{20{,}00\ \%}}$$

Die Investition ist noch immer vorteilhaft, denn sie erzielt die von der Chemie AG geforderte Mindestrentabilität von 20 %.

(3) Ein Resterlös der alten Maschine hat Einfluß auf die Rentabilität der Investition. Er ist im Nenner des Bruches zu berücksichtigen.

**Ergänzung zu (1):**

$$R = \frac{60.000 - 42.000}{(150.000 : 2) - 7.000} \cdot 100$$

$$R = \underline{\underline{26{,}47\ \%}}$$

**Ergänzung zu (2):**

$$R = \frac{60.000 - 42.000}{(150.000 : 2) + 15.000 - 7.000} \cdot 100$$

$$R = \underline{\underline{21{,}69\ \%}}$$

Die Rentabilität des Investitionsobjektes wird durch die Einbeziehung des Resterlöses erhöht. Die Investition ist vorteilhaft.

## 21 : Amortisationsvergleichsrechnung I

(1) $$t_{wI} = \frac{138.000}{(24.000 + 28.000 + 32.000 + 28.000 + 20.000 + 30.000) : 6 + (138.000 : 6)}$$

$$t_{wI} = \underline{\underline{2{,}76 \text{ Jahre}}}$$

$$t_{wII} = \frac{132.000}{(19.000 + 24.000 + 24.000 + 32.000 + 38.000 + 25.000) : 6 + (132.000 : 6)}$$

$$t_{wII} = \underline{\underline{2{,}69 \text{ Jahre}}}$$

Das Investitionsobjekt II ist dem Investitionsobjekt I vorzuziehen, da es eine geringere Amortisationszeit hat.

(2)

| | Investitions-objekt I | | Investitions-objekt II | |
|---|---|---|---|---|
| | Jährlich | Kumuliert | Jährlich | Kumuliert |
| Rückfluß 1. Jahr DM | 24.000 + 23.000 | 47.000 | 19.000 + 22.000 | 41.000 |
| Rückfluß 2. Jahr DM | 28.000 + 23.000 | 98.000 | 24.000 + 22.000 | 87.000 |
| Rückfluß 3. Jahr DM | 32.000 + 23.000 | **153.000** | 24.000 + 22.000 | **133.000** |
| Rückfluß 4. Jahr DM | 28.000 + 23.000 | 204.000 | 32.000 + 22.000 | 187.000 |
| Rückfluß 5. Jahr DM | 20.000 + 23.000 | 247.000 | 38.000 + 22.000 | 247.000 |
| Rückfluß 6. Jahr DM | 30.000 + 23.000 | 300.000 | 25.000 + 22.000 | 294.000 |

(3) Die Kumulationsrechnung führt zu einem genaueren Ergebnis als die Durchschnittsrechnung. Sie zeigt auch eine veränderte Vorteilhaftigkeit der Investitionsobjekte.

Während bei der Durchschnittsrechnung das Investitionsobjekt II mit 2,69 Jahren Amortisationszeit vorteilhafter war, ergibt sich bei der Kumulationsrechnung eine Amortisationszeit von knapp 3 Jahren, die damit über der Amortisationszeit des Investitionsobjektes I liegt.

(4) Die generelle Festlegung einer maximal zulässigen Amortisationszeit kann problematisch sein, da sie sich überwiegend an mittelfristigen Investitionen orientieren wird. Längerfristige Investitionen werden damit benachteiligt, kürzerfristige Investitionen bevorzugt.

Liegt beispielsweise die maximal zulässige Amortisationszeit bei 4 Jahren, dann kann dies für Investitionen mit einer Nutzungsdauer von 5 bis 10 Jahren durchaus vertretbar sein. Ist hingegen ein Gebäude auf seine Vorteilhaftigkeit hin zu beurteilen, ist denkbar, daß eine längere Amortisationszeit durchaus noch positiv zu bewerten ist.

Es ist demnach nicht vorteilhaft, pauschal eine maximal zulässige Amortisationszeit im Unternehmen festzulegen. Vorgegebene Amortisationszeiten sollten sich an den Nutzungsdauern der Investitionsobjekte orientieren. Eine Bildung von 2 oder 3 Amortisationszeiten für entsprechende Gruppen von Investitionsobjekten kann nützlich sein.

## 22 : Amortisationsvergleichsrechnung II

(1)

| | Investitions-objekt I | | Investitions-objekt II | |
|---|---|---|---|---|
| | Jährlich | Kumuliert | Jährlich | Kumuliert |
| Rückfluß 1. Jahr DM | 22.000 | 22.000 | 33.000 | 33.000 |
| Rückfluß 2. Jahr DM | 26.000 | 48.000 | 31.000 | 64.000 |
| Rückfluß 3. Jahr DM | 32.000 | 80.000 | 26.000 | 90.000 |
| Rückfluß 4. Jahr DM | 36.000 | 116.000 | 26.000 | 116.000 |
| Rückfluß 5. Jahr DM | 40.000 | 156.000 | 26.000 | 142.000 |

Die Amortisationszeit beträgt für beide Investitionsobjekte 3 Jahre und liegt damit unter der im Unternehmen zulässigen Amortisationszeit.

(2) Die Investitionsobjekte scheinen formal gleich vorteilhaft zu sein. Dies ist aber bei näherer Betrachtung nicht zutreffend:

- Die Rückflüsse der einzelnen Jahre innerhalb der Amortisationszeit verlaufen bei den Investitionsobjekten unterschiedlich. Das Investitionsobjekt I hat ansteigende jährliche Rückflüsse, das Investitionsobjekt II zeichnet sich durch fallende jährliche Rückflüsse aus.

  Da ein Investitionsobjekt grundsätzlich um so positiver zu beurteilen ist, je früher es hohe Rückflüsse zu erwirtschaften vermag, kann das Investitionsobjekt II doch als das vorteilhaftere angesehen werden.

- Die Rückflüsse der Investitionsobjekte nach der Amortisationszeit bleiben bei der Amortisationsvergleichsrechnung unberücksichtigt. Dies ist bei ähnlich hohen jährlichen Rückflüssen der Investitionsobjekte nicht problematisch. Wenn die jährlichen Rückflüsse aber - wie oben dargestellt - erheblich voneinander abweichen, möglicherweise sogar gegensätzlichen Verlauf haben, birgt eine Entscheidung, die ausschließlich auf Amortisationszeiten beruht, eine Gefahr für das Unternehmen.

(3) Eine Verbesserung des Amortisationsvergleiches kann durch Dynamisierung vorgenommen werden:

| | Abzinsungsfaktor | Investitionsobjekt I | | | Investitionsobjekt II | | |
|---|---|---|---|---|---|---|---|
| | | Jährlich | Barwert | Kumuliert | Jährlich | Barwert | Kumuliert |
| Rückfluß 1. Jahr DM | 0,909091 | 22.000 | 20.000 | | 33.000 | 30.000 | |
| Rückfluß 2. Jahr DM | 0,826446 | 26.000 | 21.488 | 41.488 | 31.000 | 25.620 | 55.620 |
| Rückfluß 3. Jahr DM | 0,751315 | 32.000 | 24.042 | 65.530 | 26.000 | 19.534 | 75.154 |
| Rückfluß 4. Jahr DM | 0,683013 | 36.000 | 24.588 | **90.118** | 26.000 | 17.758 | **92.912** |
| Rückfluß 5. Jahr DM | 0,620921 | 40.000 | 24.837 | 114.955 | 26.000 | 16.144 | 109.056 |

Die dynamische Amortisationsvergleichsrechnung läßt das Investitionsobjekt I als das vorteilhaftere erscheinen. Seine Amortisationszeit liegt bei 3,6 Jahren.

Das Investitionsobjekt II hat eine höhere Amortisationszeit, die bei 3,8 Jahren liegt.

(4) Die mit Hilfe der dynamischen Amortisationsvergleichsrechnung ermittelten Amortisationszeiten stellen zweifellos eine Verbesserung dar, weil sie die unterschiedlichen Rückflüsse im Zeitablauf entsprechend berücksichtigt.

Allerdings erfolgt auch hier keine Einbeziehung der sich unterschiedlich gestaltenden Rückflüsse nach Ende der Amortisationszeit.

## 23 : Amortisationsvergleichsrechnung III

(1) $t_w = \dfrac{120.000 - 10.000}{15.000 + 20.000}$

$t_w = \underline{\underline{3{,}14 \text{ Jahre}}}$

Die Ersatzinvestition ist vorteilhaft, da ihre Amortisationszeit um 0,9 Jahre unter der vom Unternehmen maximal festgelegten Amortisationszeit liegt.

(2) Die Wirtschaftlichkeit einer Investition läßt sich mit Hilfe der Amortisationszeit nicht ermitteln, sondern es sind lediglich Aussagen über das relativ vorteilhaftere bzw. vorteilhafteste Investitionsobjekt möglich. Deshalb bietet es sich an, neben der Amortisationsvergleichsrechnung noch eine Rentabilitätsvergleichsrechnung oder - wenn möglich - ein dynamisches Verfahren der Investitionsrechnung anzuwenden.

## 24 : Barwert I

(1) $K_o = K_8 \cdot \frac{1}{q^8}$

$K_o = 124.500 \cdot 0{,}540269$

$K_o = \underline{\underline{67.263 \text{ DM}}}$

(2) $K_o = K_3 \cdot \frac{1}{q^3} + K_5 \cdot \frac{1}{q^5} + K_7 \cdot \frac{1}{q^7}$

$K_o = 70.000 \cdot 0{,}751315 + 150.000 \cdot 0{,}620921 + 150.000 \cdot 0{,}513158$

$K_o = \underline{\underline{222.704 \text{ DM}}}$

(2) $Ko = e \cdot \frac{q^{10} - 1}{q^{10}(q-1)}$

$K_o = 6.800 \cdot 6{,}417658$

$K_o = \underline{\underline{43.640 \text{ DM}}}$

## 25 : Barwert II

(1) **Angebot Müller:**

$Ko = e \cdot \frac{q^5 - 1}{q^5(q-1)}$

$K_o = 12.000 \cdot 3{,}790787$

$K_o = \underline{\underline{45.489 \text{ DM}}}$

**Angebot Meier:**

$$K_o = e \cdot \frac{q^{15} - 1}{q^{15}(q-1)}$$

$$K_o = 6.000 \cdot 7{,}606080$$

$$K_o = \underline{\underline{45.636 \text{ DM}}}$$

Herr Müller würde 147 DM einsparen, wenn er auf seinem Angebot bestehen würde.

(2)

| | Abzinsungs-faktor | Zahlung | Barwert |
|---|---|---|---|
| 1. Jahr | 0,892857 | 5.000 | 4.464 |
| 2. Jahr | 0,797194 | 10.000 | 7.972 |
| 3. Jahr | 0,711780 | 15.000 | 10.677 |
| 4. Jahr | 0,635518 | 20.000 | 12.710 |
| Summe | | 50.000 | 35.823 |

(3)

| | Abzinsungs-faktor | Zahlung | Barwert |
|---|---|---|---|
| 1. Jahr | 0,892857 | 20.000 | 17.857 |
| 2. Jahr | 0,797194 | 15.000 | 11.958 |
| 3. Jahr | 0,711780 | 10.000 | 7.118 |
| 4. Jahr | 0,635518 | 5.000 | 3.178 |
| Summe | | 50.000 | 40.111 |

(4) Die Barwerte sind unterschiedlich hoch, weil die Entwicklung der Zahlungen gegensätzlich verläuft und ein um so höherer Barwert erreicht wird, je früher hohe Zahlungen geleistet werden.

## 26 : Endwert

(1) $K_{10} = K_o \cdot q^{10}$

$$K_{10} = 5.000 \cdot 2{,}158925$$

$$K_{10} = \underline{\underline{10.795 \text{ DM}}}$$

(2) $K_5 = e \cdot \dfrac{q^5 - 1}{q - 1}$

$$K_5 = 2.500 \cdot 5{,}637093$$

$$K_5 = \underline{\underline{14.093 \text{ DM}}}$$

(3) $K_6 = K_o \cdot q^6$

$K_6 = 10.000 \cdot 1{,}771561$

$K_6 = \underline{\underline{17.716 \text{ DM}}}$

$K_6 = e \cdot \frac{q^6 - 1}{q - 1}$

$K_6 = 2.300 \cdot 7{,}715610$

$K_6 = \underline{\underline{17.746 \text{ DM}}}$

$K_6 = \underline{\underline{18.000 \text{ DM}}}$

Es ist am vorteilhaftesten, jetzt 10.000 DM zu zahlen, weil diese Zahlung den geringsten Endwert ergibt.

(4) **Zinssatz 6 %**

$K_6 = K_o \cdot q^6$

$K_6 = 10.000 \cdot 1{,}418519$

$K_6 = \underline{\underline{14.185 \text{ DM}}}$

$K_6 = e \cdot \frac{q^6 - 1}{q - 1}$

$K_6 = 2.300 \cdot 6{,}975319$

$K_6 = \underline{\underline{16.043 \text{ DM}}}$

$K_6 = \underline{\underline{18.000 \text{ DM}}}$

Auch bei einem Zinssatz von 6 % ist es am vorteilhaftesten, jetzt 10.000 DM zu zahlen.

**Zinssatz 14 %**

$K_6 = K_o \cdot q^6$

$K_6 = 10.000 \cdot 2{,}194973$

$K_6 = \underline{\underline{21.950 \text{ DM}}}$

$K_6 = e \cdot \frac{q^6 - 1}{q - 1}$

$K_6 = 2.300 \cdot 8{,}535519$

$K_6 = \underline{\underline{19.632 \text{ DM}}}$

$K_6 = \underline{\underline{18.000 \text{ DM}}}$

Der Zinssatz von 14 % läßt die jetzige Zahlung von 10.000 DM nicht mehr vorteilhaft erscheinen. Am günstigsten ist es, zum Ende des 6. Jahres 18.000 DM zu zahlen.

## 27 : Jahreswert

(1) $e = K_o \cdot \frac{q^5 (q-1)}{q^5 - 1}$

$e = 50.000 \cdot 0{,}263797$

$e = \underline{\underline{13.190 \text{ DM}}}$

(2) $e = K_{10} \cdot \frac{q-1}{q^{10} - 1}$

$e = 100.000 \cdot 0{,}069030$

$e = \underline{\underline{6.903 \text{ DM}}}$

(3) $e = K_o \cdot \frac{q-1}{q^5 - 1}$

$e = 10.000 \cdot 0{,}163798$

$e = \underline{\underline{1.638 \text{ DM}}}$

$e = \underline{\underline{1.600 \text{ DM}}}$

Das Angebot ist für den Schuldner vorteilhaft, da seine jährliche Rate geringer ist als die finanzmathematisch errechnete Rate.

## 28 : Kapitalwertmethode I

(1) $C_o = ü \cdot \frac{q^8 - 1}{q^8 (q-1)} - a_o$

**Kalkulationszinssatz 6 %:**

$C_o = 35.000 \cdot 6{,}209794 - 200.000$

$C_o = \underline{\underline{17.343 \text{ DM}}}$

Die Investition ist vorteilhaft, da sie einen positiven Kapitalwert aufweist.

**Kalkulationszinssatz 10 %:**

$C_o = 35.000 \cdot 5{,}334926 - 200.000$

$C_o = \underline{\underline{-13.278 \text{ DM}}}$

Die Investition ist nicht vorteilhaft, da sie einen negativen Kapitalwert hat.

**Kalkulationszinssatz 14 %:**

$C_o = 35.000 \cdot 4{,}638864 - 200.000$

$C_o = \underline{\underline{-37.640 \text{ DM}}}$

Die Investition ist nicht vorteilhaft, da sie einen negativen Kapitalwert aufweist.

(2) $C_o = C_{o \text{ aus (1)}} + L \cdot \frac{1}{q^8}$

**Kalkulationszinssatz 6 %:**

$C_o = 17.343 + 28.500 \cdot 0{,}627412$

$C_o = \underline{\underline{35.224 \text{ DM}}}$

Die Investition weist unter Berücksichtigung des Liquidationserlöses eine noch höhere Vorteilhaftigkeit auf, da ihr Kapitalwert weiter angewachsen ist.

**Kalkulationszinssatz 10 %:**

$C_o = -13.278 + 28.500 \cdot 0{,}466507$

$C_o = \underline{\underline{17 \text{ DM}}}$

Unter Berücksichtigung des Liquidationserlöses ist die Investition (gerade noch) vorteilhaft, da der Kapitalwert positiv ist.

**Kalkulationszinssatz 14 %:**

$C_o = -37.640 + 28.500 \cdot 0{,}350559$

$C_o = \underline{\underline{-27.649 \text{ DM}}}$

Auch beim Ansatz des Liquidationserlöses ist die Investition nicht vorteilhaft, da sie einen negativen Kapitalwert aufweist.

(3) $C_o = ü \cdot \frac{1}{i} - a_o$

**Kalkulationszinssatz 6 %:**

$$C_o = 35.000 \cdot \frac{1}{0{,}06} - 200.000$$

$$C_o = \underline{\underline{383.333 \text{ DM}}}$$

Die Investition ist vorteilhaft, da sie einen positiven Kapitalwert hat.

**Kalkulationszinssatz 10 %:**

$$C_o = 35.000 \cdot \frac{1}{0{,}10} - 200.000$$

$$C_o = \underline{\underline{150.000 \text{ DM}}}$$

Die Investition ist vorteilhaft, da sie einen positiven Kapitalwert aufweist.

**Kalkulationszinssatz 14 %:**

$$C_o = 35.000 \cdot \frac{1}{0{,}14} - 200.000$$

$$C_o = \underline{\underline{50.000 \text{ DM}}}$$

Die Investition ist vorteilhaft, da sie einen positiven Kapitalwert aufweist.

## 29 : Kapitalwertmethode II

(1) $C_o = C_E - C_A$

$$C_o = 540.000 \cdot 0{,}683013 - 400.000$$

$$C_o = \underline{\underline{-31.173 \text{ DM}}}$$

Da der Kapitalwert negativ ist, kann zu der Investition nicht geraten werden.

(2)

| Jahr | Abzinsungs-faktor | Maschine I | | Maschine II | |
|---|---|---|---|---|---|
| | | Überschuß | Barwert | Überschuß | Barwert |
| 1. Jahr | 0,925926 | 14.000 | 12.963 | 19.000 | 17.593 |
| 2. Jahr | 0,857339 | 21.000 | 18.004 | 26.000 | 22.291 |
| 3. Jahr | 0,793832 | 26.000 | 20.640 | 27.000 | 21.433 |
| 4. Jahr | 0,735030 | 24.000 | 17.641 | 20.000 | 14.701 |
| 5. Jahr | 0,680583 | 15.000 | 10.209 | 12.000 | 8.167 |
| 6. Jahr | 0,630170 | 11.000 | 6.932 | 8.000 | 5.041 |
| + Liquidationserlös | 0,630170 | 15.000 | 9.453 | 5.000 | 3.151 |
| = Summe | | | 95.842 | | 92.377 |
| – Anschaffungswert | | | 90.000 | | 90.000 |
| **= Kapitalwert** | | | **5.842** | | **2.377** |

Beide Maschinen erzielen einen positiven Kapitalwert. Da die Maschine I jedoch einen um 3.465 DM höheren Kapitalwert erreicht als die Maschine II, ist ihr der Vorzug zu geben.

# 30 : Kapitalwertmethode III

Um die Investitionen alle beurteilen zu können, ist es erforderlich, für die Investition A eine Differenzinvestition zu berücksichtigen, weil die Anschaffungswerte der alternativen Investitionsobjekte um 40.000 DM auseinanderliegen.

Investition C kommt als Differenzinvestition nicht in Betracht. Die Nutzungsdauer wäre zwar richtig, nicht aber der Anschaffungswert, der um 20.000 DM über der erforderlichen Differenzinvestition liegt.

Die Investitionen B und D ergeben zusammen den für die Differenzinvestition erforderlichen Anschaffungswert von 40.000 DM, die Nutzungsdauern entsprechen der Investition A. Um die Investitionen B und D als Differenzinvestition ansetzen zu können, ist es zunächst aber noch notwendig, bei der Investition D die günstigere Alternative zu ermitteln.

**Investition D**

$$C_{oI} = ü \cdot \frac{q^6 - 1}{q^6 (q-1)} - a_o$$

$$C_{oI} = 4.400 \cdot 4{,}622880 - 20.000$$

$$C_{oI} = \underline{\underline{341 \text{ DM}}}$$

$$C_{oII} = ü \cdot \frac{q^6 - 1}{q^6 (q-1)} + L \cdot \frac{1}{q^6} - a_o$$

$$C_{oII} = 3.900 \cdot 4{,}622880 + 3.000 \cdot 0{,}630170 - 20.000$$

$$C_{oII} = \underline{\underline{-80 \text{ DM}}}$$

Die Alternative I ist vorteilhafter als die Alternative II, da sie einen positiven Kapitalwert aufweist.

**Investition B**

$$C_o = ü \cdot \frac{q^6 - 1}{q^6 (q - 1)} - a_o$$

$$C_o = 5.100 \cdot 4{,}622880 - 20.000$$

$$C_o = \underline{\underline{3.577 \text{ DM}}}$$

**Investition A**

| Jahr | Abzinsungs-faktor | Investitions-alternative I | | | | Investitions-alternative II | |
|---|---|---|---|---|---|---|---|
| | | Überschüsse $A_I$ | Barwert $A_I$ | Barwert B | Barwert D | Überschüsse A | Barwert $A_{II}$ |
| 1. Jahr | 0,925926 | 23.000 | 21.296 | | | 30.000 | 27.778 |
| 2. Jahr | 0,857339 | 28.000 | 24.005 | | | 38.000 | 32.579 |
| 3. Jahr | 0,793832 | 38.000 | 30.166 | | | 42.000 | 33.341 |
| 4. Jahr | 0,735030 | 39.000 | 28.666 | | | 46.000 | 33.811 |
| 5. Jahr | 0,680583 | 34.000 | 23.140 | | | 39.000 | 26.543 |
| 6. Jahr | 0,630170 | 29.000 | 18.275 | | | 32.000 | 20.165 |
| = Summe | | | 145.548 | | | | 174.217 |
| + Liquidations-erlös | 0,630170 | 10.000 | 6.302 | | | 20.000 | 12.603 |
| = Barwert | | | 151.850 | 23.577 | 20.341 | | 186.820 |
| – Anschaffungswert | | | 140.000 | 20.000 | 20.000 | | 180.000 |
| | | | 11.850 | 3.577 | 341 | | |
| = **Kapitalwert** | | | **15.768** | | | | **6.820** |

Es ist vorteilhafter, die Investitionsalternative I der Investition A zusammen mit der Investition B und der Investitionsalternative I der Investition D zu realisieren als die Investitionsalternative II der Investition A, weil sie zu einem höheren Kapitalwert führt.

**Investition C**

$$C_o = ü \cdot \frac{q^6 - 1}{q^6 (q - 1)} + L \cdot \frac{1}{q^6} - a_o$$

$$C_o = 5.650 \cdot 4{,}622880 + 5.000 \cdot 0{,}630170 - 20.000$$

$$C_o = \underline{\underline{9.270 \text{ DM}}}$$

Die Investition C ist vorteilhaft, da ihr Kapitalwert positiv ist.

# 31 : Kapitalwertmethode IV

(1) Die mathematische Ermittlung des Ersatzzeitpunktes ist an drei Voraussetzungen geknüpft:

- Die jährlichen Überschüsse und die Restwerte des alten Investitionsobjektes nehmen im Zeitablauf ab.
- Das neue Investitionsobjekt wird nach Ablauf seiner Nutzungsdauer unendlich oft identisch wiederholt.
- Die Identität zwischen altem und neuem Investitionsobjekt läßt technischen Fortschritt unberücksichtigt.

(2) **Ersatz in der jetzigen Periode**

$$C_o^{t_o} = L_A + (ü_N \cdot \frac{q^{10}-1}{q^{10}(q-1)} + \frac{L_N}{q^{10}} - a_{oN}) \cdot \frac{q^{10}}{q^{10}-1}$$

$$C_o^{t_o} = 10.000 + (50.000 \cdot 6{,}144567 + \frac{2.000}{2{,}593742} - 200.000) \cdot \frac{2.593742}{2{,}593742-1}$$

$$C_o^{t_o} = 10.000 + 107.999 \cdot 1{,}627454$$

$$C_o^{t_o} = \underline{\underline{185.764 \text{ DM}}}$$

**Ersatz in der nächsten Periode**

$$C_o^{t_1} = [ü_A + L_A + (ü_N \cdot \frac{q^{10}-1}{q^{10}(q-1)} + \frac{L_N}{q^{10}} - a_{oN}) \cdot \frac{q^{10}}{q^{10}-1}] \cdot \frac{1}{q}$$

$$C_o^{t_1} = [30.000 + 5.000 + (50.000 \cdot 6{,}144567 + \frac{2.000}{2{,}593742} - 200.000) \cdot \frac{2{,}593742}{2{,}593742-1}] \cdot \frac{1}{1{,}1}$$

$$C_o^{t_1} = [35.000 + 107.999 \cdot 1{,}627454] \cdot \frac{1}{1{,}1}$$

$$C_o^{t_1} = \frac{210.764}{1{,}1}$$

$$C_o^{t_1} = \underline{\underline{191.604 \text{ DM}}}$$

Es ist vorteilhaft, die Maschine jetzt noch nicht, sondern erst in der nächsten Periode zu ersetzen, weil der Kapitalwert dann höher ist.

(3) **Ersatz in der jetzigen Periode**

$$C_o^{t_o} = LA + (\frac{ü_1}{q} + \frac{ü_2}{q^2} + \frac{ü_3}{q^3} + \frac{ü_4}{q^4} + \frac{ü_5}{q^5} + \frac{ü_6}{q^6} + \frac{ü_7}{q^7} + \frac{ü_8}{q^8} + \frac{ü_9}{q^9} + \frac{ü_{10}}{q^{10}} + \frac{L_N}{q^{10}} - a_o) \cdot \frac{q^{10}}{q^{10}-1}$$

$$C_o^{t_o} = 10.000 + (\frac{63.000}{1{,}100000} + \frac{63.000}{1{,}210000} + \frac{65.000}{1{,}331000} + \frac{63.000}{1{,}464100} + \frac{61.000}{1{,}610510} + \frac{58.000}{1{,}771561} +$$

$$+ \frac{56.000}{1{,}948717} + \frac{57.000}{2{,}143589} + \frac{52.000}{2{,}357948} + \frac{50.000}{2{,}593742} + \frac{2.000}{2{,}593742} - 200.000) \cdot \frac{2{,}593742}{2{,}593742-1}$$

$$C_0^{t_0} = 10.000 + 169.249 \cdot 1,627454$$

$$C_0^{t_0} = \underline{\underline{285.445 \text{ DM}}}$$

**Ersatz in der nächsten Periode**

$$C_0^{t_1} = [ü_A + L_A + (\frac{ü_1}{q} + \frac{ü_2}{q^2} + \frac{ü_3}{q^3} + \frac{ü_4}{q^4} + \frac{ü_5}{q^5} + \frac{ü_6}{q^6} + \frac{ü_7}{q^7} + \frac{ü_8}{q^8} + \frac{ü_9}{q^9} + \frac{ü_{10}}{q^{10}} + \frac{L_N}{q^{10}} - a_o) \cdot \frac{q^{10}}{q^{10} - 1}] \cdot \frac{1}{q}$$

$$C_0^{t_1} = [30.000 + 5.000 + 169.249 \cdot 1,627454] \cdot \frac{1}{1,1}$$

$$C_0^{t_1} = \underline{\underline{282.223 \text{ DM}}}$$

Es ist vorteilhaft, die Maschine bereits jetzt zu ersetzen, da sich ein höherer Kapitalwert ergibt, als wenn der Ersatz erst in der nächsten Periode erfolgen würde.

## 32 : Interne Zinsfuß-Methode I

(1)
$$0 = ü \cdot \frac{(1+i)^{15} - 1}{i\,(1+i)^{15}} - a_o$$

$$\frac{(1+i)^{15} - 1}{i\,(1+i)^{15}} = \frac{a_o}{ü}$$

$$\frac{(1+i)^{15} - 1}{i\,(1+i)^{15}} = \frac{140.000}{21.650}$$

$$\frac{(1+i)^{15} - 1}{i\,(1+i)^{15}} = \underline{\underline{6,466513}}$$

Das Investitionsobjekt hat einen internen Zinsfuß von 13 % und liegt damit unter der Minimalforderung des Unternehmens.

(2)
$$r = \frac{ü}{a_o}$$

$$r = \frac{21.650}{140.000}$$

$$r = \underline{\underline{0,15}}$$

Das Investitionsobjekt hat einen internen Zinsfuß von 15 % und übersteigt damit den Minimalzinssatz des Unternehmens.

(3) Die Interne Zinsfuß-Methode ist darauf angelegt, daß die Investitionsobjekte keine negativen Überschüsse erwirtschaften.

Nur unter dieser Voraussetzung liefert sie geeignete Ergebnisse. Indes kann es viele Gründe dafür geben, daß die Ausgaben einer Periode über den Einnahmen liegen, beispielsweise:

- Anlaufverluste
- Geringe Kapazitätsauslastung
- Großreparaturen.

Die Supplementinvestitionen werden angesetzt, um negative Überschüsse bei der Ermittlung des internen Zinsfußes nicht auftreten zu lassen.

## 33 : Interne Zinsfuß-Methode II

(1)

| **Jahr** | **Abzinsungsfaktor** | **Investitionsobjekt I** | | **Investitionsobjekt II** | |
|---|---|---|---|---|---|
| | 0,08 | Überschuß | Barwert | Überschuß | Barwert |
| 1. Jahr | 0,925926 | 18.000 | 16.667 | 23.000 | 21.296 |
| 2. Jahr | 0,857339 | 22.000 | 18.861 | 25.000 | 21.433 |
| 3. Jahr | 0,793832 | 20.000 | 15.877 | 23.000 | 18.258 |
| 4. Jahr | 0,735030 | 26.000 | 19.111 | 23.000 | 16.906 |
| 5. Jahr | 0,680583 | 25.000 | 17.015 | 21.000 | 14.292 |
| 6. Jahr | 0,630170 | 24.000 | 15.124 | 20.000 | 12.603 |
| = Summe | | | 102.655 | | 104.788 |
| + Liquidationserlös | 0,630170 | 6.000 | 3.781 | 8.000 | 5.041 |
| = Barwert | | | 106.436 | | 109.829 |
| – Anschaffungswert | | | 98.000 | | 98.000 |
| **= Kapitalwert** | | | **8.436** | | **11.829** |

| **Jahr** | **Abzinsungsfaktor** | **Investitionsobjekt I** | | **Investitionsobjekt II** | |
|---|---|---|---|---|---|
| | 0,12 | Überschuß | Barwert | Überschuß | Barwert |
| 1. Jahr | 0,892857 | 18.000 | 16.071 | 23.000 | 20.536 |
| 2. Jahr | 0,797194 | 22.000 | 17.538 | 25.000 | 19.930 |
| 3. Jahr | 0,711780 | 20.000 | 14.236 | 23.000 | 16.371 |
| 4. Jahr | 0,635518 | 26.000 | 16.523 | 23.000 | 14.617 |
| 5. Jahr | 0,567427 | 25.000 | 14.186 | 21.000 | 11.916 |
| 6. Jahr | 0,506631 | 24.000 | 12.159 | 20.000 | 10.133 |
| = Summe | | | 90.713 | | 93.503 |
| + Liquidationserlös | 0,506631 | 6.000 | 3.040 | 8.000 | 4.053 |
| = Barwert | | | 93.753 | | 97.556 |
| – Anschaffungswert | | | 98.000 | | 98.000 |
| **= Kapitalwert** | | | **- 4.247** | | **- 444** |

$$r = i_1 - C_{o1} \cdot \frac{i_2 - i_1}{C_{o2} - C_{o1}}$$

$$r_I = 0{,}08 - 8.436 \cdot \frac{0{,}12 - 0{,}08}{-4.247 - 8.436}$$

$$r_I = \underline{\underline{0{,}107}}$$

$$r_{II} = 0{,}08 - 11.829 \cdot \frac{0{,}12 - 0{,}08}{-444 - 11.829}$$

$$r_{II} = \underline{\underline{0{,}1186}}$$

Beide Investitionsobjekte liegen über dem Kalkulationszinssatz. Das vorteilhaftere Investitionsobjekt ist die Alternative II mit einem internen Zinsfuß von 11,9 %.

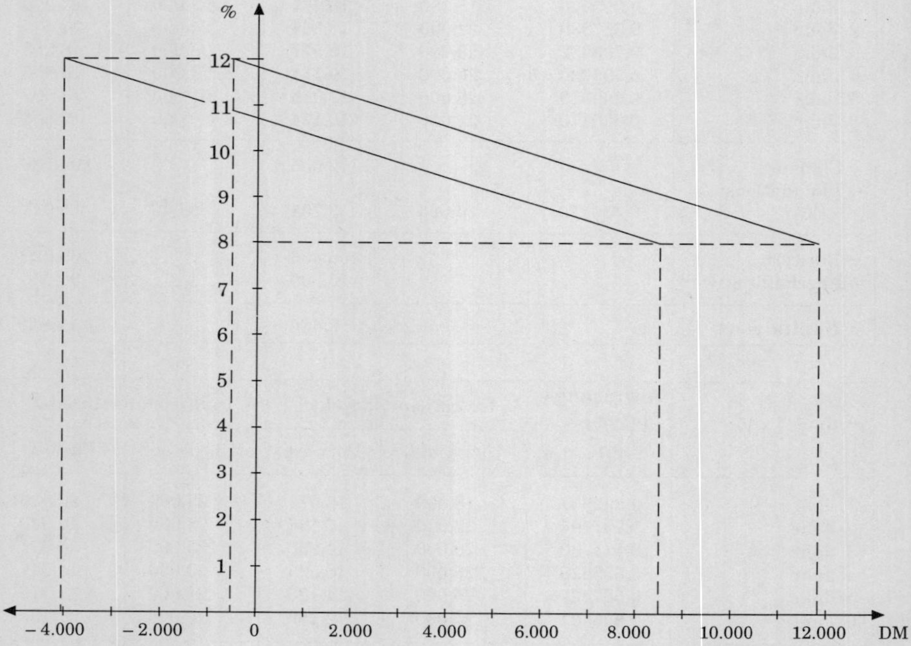


(3) Bei einem Kalkulationszinssatz von 12 % ist keiner der alternativen Investitionsobjekte als vorteilhaft anzusehen.

# 34 : Annuitätenmethode I

(1) $d = ü - (a_o - \frac{L}{q^5}) \cdot \frac{q^5 (q-1)}{q^5 - 1}$

$d = 112.000 - (1.650.000 - \frac{1.850.000}{1,469328}) \cdot 0,250456$

$d = \underline{\underline{14.091 \text{ DM/Jahr}}}$

Die Investition ist vorteilhaft, da sie eine positive Annuität ergibt.

(2) $d = ü - a_o \cdot i$

$d = 127.000 - 1.650.000 \cdot 0,08$

$d = \underline{\underline{-5.000 \text{ DM/Jahr}}}$

Die Investition ist in keinem Falle vorteilhaft, auch nicht im Vergleich zu (1).

(3) $d = ü - (a_o - \frac{L}{q^{20}}) \cdot \frac{q^{20} (q-1)}{q^{20} - 1}$

$d = 90.000 - (1.650.000 - \frac{3.528.000}{4,660957}) \cdot 0,101852$

$d = \underline{\underline{-961 \text{ DM/Jahr}}}$

Auch diese Investition ist keinesfalls vorteilhaft, auch nicht im Vergleich zu (1).

(4) $d = ü - (a_o - \frac{L}{q^5}) \cdot \frac{q^5 (q-1)}{q^5 - 1}$

$d = 112.000 - (1.650.000 - \frac{1.850.000}{1,538624}) \cdot 0,257092$

$d = \underline{\underline{3.081 \text{ DM/Jahr}}}$

Die Investition ist auch noch vorteilhaft, wenn der Kalkulationszinssatz auf 9 % erhöht wird.

## 35 : Annuitätenmethode II

(1)

| Jahr | Abzinsungsfaktor | Investitionsobjekt I | | Investitionsobjekt II | |
|---|---|---|---|---|---|
| | | Überschuß | Barwert | Überschuß | Barwert |
| 1. Jahr | 0,925926 | 28.000 | 25.926 | 22.000 | 20.370 |
| 2. Jahr | 0,857339 | 36.000 | 30.864 | 30.000 | 25.720 |
| 3. Jahr | 0,793832 | 35.000 | 27.784 | 28.000 | 22.227 |
| 4. Jahr | 0,735030 | 32.000 | 23.521 | 28.000 | 20.581 |
| 5. Jahr | 0,680583 | 30.000 | 20.417 | 20.000 | 13.612 |
| = Summe | | | 128.512 | | 102.510 |
| + Liquidationserlös | 0,680583 | 5.000 | 3.403 | 0 | 0 |
| = Barwert | | | 131.915 | | 102.510 |
| – Anschaffungswert | | | 100.000 | | 80.000 |
| = **Kapitalwert** | | | **31.915** | | **22.510** |

$$d = C_o \cdot \frac{q^5 \, (q-1)}{q^5 - 1}$$

$$d_I = 31.915 \cdot 0{,}250456$$

$$d_I = \underline{\underline{7.993 \text{ DM/Jahr}}}$$

$$d_{II} = 22.510 \cdot 0{,}250456$$

$$d_{II} = \underline{\underline{5.638 \text{ DM/Jahr}}}$$

Investitionsobjekt I ist vorteilhafter als Investitionsobjekt II, da es eine um 2.355 DM höhere Annuität erzielt.

(2) Differenzinvestitionen müssen bei der Annuitätenmethode nicht vorgenommen werden, weil eine Umformung in gleich hohe jährliche Überschüsse bei den alternativen Investitionsobjekten erfolgt.

## 36 : Annuitätenmethode III

(1) $$d_N = ü_N - \left(a_o - \frac{L}{q^{10}}\right) \cdot \frac{q^{10} \, (q-1)}{q^{10} - 1}$$

$$d_N = 50.000 - \left(200.000 - \frac{2.000}{2{,}593742}\right) \cdot 0{,}162745$$

$$d_N = \underline{\underline{17.576 \text{ DM/Jahr}}}$$

$$d_A = ü_A - L_A^{t_o} \cdot i - (L_A^{t_o} - L_A^{t_1})$$

$$d_A = 30.000 - 10.000 \cdot 0{,}10 - (10.000 - 5.000)$$

$$d_A = \underline{\underline{24.000 \text{ DM/Jahr}}}$$

Es ist vorteilhaft, die alte Maschine noch nicht jetzt, sondern erst in der nächsten Periode zu ersetzen, weil der Kapitalwert dann höher ist.

(2) $$d_N = C_{oN} \cdot \frac{q^{10}\ (q-1)}{q^{10}-1}$$

$$d_N = \left(\frac{63.000}{1{,}100000} + \frac{63.000}{1{,}210000} + \frac{65.000}{1{,}331000} + \frac{63.000}{1{,}464100} + \frac{61.000}{1{,}610510} + \frac{58.000}{1{,}771561} + \right.$$
$$\left. + \frac{56.000}{1{,}948717} + \frac{57.000}{2{,}143589} + \frac{52.000}{2{,}357948} + \frac{50.000}{2{,}593742} + \frac{2.000}{2{,}593742} - 200.000\right) \cdot 0{,}162745$$

$$d_N = \underline{\underline{27.544 \text{ DM}}}$$

$$d_A = ü_A - L_A^{t_o} \cdot i - (L_A^{t_o} - L_A^{t_1})$$

$$d_A = 30.000 - 10.000 \cdot 0{,}1 - (10.000 - 5.000)$$

$$d_A = \underline{\underline{24.000 \text{ DM}}}$$

Es ist vorteilhaft, die Maschine bereits jetzt zu ersetzen, da sich für das neue Investitionsobjekt eine höhere Annuität ergibt als für das alte Investitionsobjekt.

## 37 : Ertragswert-Verfahren I

(1) Der Zukunftserfolgswert ist ein kritischer Wert. Für den Käufer stellt er eine Obergrenze dar, die zu einem negativen Kapitalwert führt, wenn sie überschritten wird. Damit wird die Investition investitionsrechnerisch uninteressant. Hingegen können aber andere Bewertungskriterien vorliegen, beispielsweise die Stärkung der Marktmacht, die ein Überschreiten dieser Obergrenze dennoch rechtfertigen.

(2)

| Jahr | Gewinn | Abzinsungs-faktor | Barwert |
|---|---|---|---|
| 1 | 48.000 | 0,909091 | 43.636 |
| 2 | 52.000 | 0,826446 | 42.975 |
| 3 | 55.000 | 0,751315 | 41.322 |
| 4 | 55.000 | 0,683013 | 37.566 |
| 5 | 50.000 | 0,620921 | 31.046 |
| 6 | 49.000 | 0,564474 | 27.659 |
| 7 | 41.000 | 0,513158 | 21.039 |
| 8 | 34.000 | 0,466507 | 15.861 |
| **Zukunftserfolgswert** | | | **261.104** |

(3) Es ist davon abzuraten, das Unternehmen für 300.000 DM zu kaufen, weil der Zukunftserfolgswert lediglich 261.104 DM beträgt.

## 38 : Ertragswert-Verfahren II

(1) $EW = G \cdot \frac{q^{20} - 1}{q^{20}(q-1)}$

$EW = 93.500 \cdot 9{,}818147$

$EW = \underline{\underline{917.997 \text{ DM}}}$

Der maximale Kaufpreis sollte 917.997 DM nicht überschreiten.

(2) $EW = \frac{G}{i}$

$EW = \frac{93.500}{0{,}08}$

$EW = \underline{\underline{1.168.750 \text{ DM}}}$

Der maximale Kaufpreis sollte nicht über 1.168.750 DM liegen.

(3) $EW = G \cdot \frac{q^{20} - 1}{q^{20}(q-1)}$

$EW = 93.500 \cdot 11{,}469921$

$EW = \underline{\underline{1.072.438 \text{ DM}}}$

Es ist der Beteiligungs-AG zu empfehlen, das Angebot zu akzeptieren, da es um 72.438 DM niedriger liegt als der Zukunftserfolgswert.

## 39 : Substanzwert-Verfahren

(1) Der Substanzwert und Teilreproduktionswert sind identisch. Beide sind gegenwartsbezogen. Im Gegensatz dazu bezieht sich der zukunftsorientierte Substanzwert nicht auf die Gegenwart, sondern auf die künftige Entwicklung des Unternehmens.

(2) Substanzwert = Gesamtvermögen – Nicht betriebsnotwendiges Vermögen
Substanzwert = 370.000 – 15.000
Substanzwert = $\underline{\underline{355.000 \text{ DM}}}$

(3) Um die Preisobergrenze für den Käufer ermitteln zu können, ist es erforderlich, den Zukunftssubstanzwert und den Zukunftserfolgswert zu ermitteln.

| Jahr | Abzinsungs-faktor | Bestehendes Unternehmen | | Zu errichtendes Unternehmen | |
|---|---|---|---|---|---|
| | | Ausgaben | Barwert | Ausgaben | Barwert |
| 1. Jahr | 0,909091 | 490.000 | 445.455 | 540.000 | 490.909 |
| 2. Jahr | 0,826446 | 540.000 | 446.281 | 500.000 | 413.223 |
| 3. Jahr | 0,751315 | 520.000 | 390.684 | 500.000 | 375.658 |
| 4. Jahr | 0,683013 | 460.000 | 314.186 | 430.000 | 293.696 |
| 5. Jahr | 0,620921 | 390.000 | 242.159 | 340.000 | 211.113 |
| 6. Jahr | 0,564474 | 360.000 | 203.211 | 300.000 | 169.342 |
| Summe | | | 2.041.976 | | 1.953.941 |
| **Zukunftssubstanzwert** | | | **88.035** | | |

| Jahr | Abzinsungs-faktor | Gewinn | Barwert |
|---|---|---|---|
| 1. Jahr | 0,909091 | 110.000 | 100.000 |
| 2. Jahr | 0,826446 | 140.000 | 115.702 |
| 3. Jahr | 0,751315 | 150.000 | 112.697 |
| 4. Jahr | 0,683013 | 140.000 | 95.622 |
| 5. Jahr | 0,620921 | 150.000 | 93.138 |
| 6. Jahr | 0,564474 | 90.000 | 50.803 |
| **Zukunftserfolgswert** | | | **567.962** |

Da der Zukunftssubstanzwert kleiner ist als der Zukunftserfolgswert, beträgt die Preisobergrenze für den Käufer 88.035 DM.

## 40 : Mittelwert-Verfahren

(1) $$UW = \frac{EW + SW}{2}$$

$$UW = \frac{G \cdot \frac{q^{20} - 1}{q^{20}(q-1)} + AV + UV - NBV}{2}$$

$$UW = \frac{70.000 \cdot 6{,}710081 + 288.000 + 320.000 - 160.000}{2}$$

$$UW = \underline{\underline{458.853 \text{ DM}}}$$

(2) $UW = \frac{EW + SW}{2}$

$$UW = \frac{\frac{G}{i} + AV + UV - NBV}{2}$$

$$UW = \frac{\frac{70.000}{0,08} + 288.000 + 320.000 - 160.000}{2}$$

$$UW = \underline{\underline{661.500\ DM}}$$

## 41 : Übergewinn-Verfahren

$$UW = SW + \frac{G - i \cdot SW}{h}$$

$$UW = (288.000 + 320.000 - 160.000) + \frac{70.000 - 0,08\ (288.000 + 320.000 - 160.000)}{0,15}$$

$$UW = 448.000 + 227.733$$

$$UW = \underline{\underline{675.733\ DM}}$$

## 42 : Einheitskurs / Kurszusätze

(1)

| Ausführbar zum Kurs | Käufe | Verkäufe | Umsatz |
|---|---|---|---|
| 184 DM | 775 | 250 | 250 |
| 186 DM | 625 | 380 | 380 |
| **188 DM** | **450** | **570** | **450** |
| 190 DM | 250 | 810 | 250 |

Der größte Umsatz erfolgt bei einem Kurs von 188. Dieser Kurs ist der Einheitskurs.

(2) Die Kurszusätze / Hinweise bedeuten:

(a) bezahlt Geld
Die zum festgelegten Kurs limitierten Kaufaufträge müssen nicht vollständig ausgeführt sein. Es bestand weitere Nachfrage.

(b) gestrichen Geld
Ein Kurs konnte nicht festgestellt werden, da überwiegend Nachfrage bestand.

(c) ohne Dividende
Notierung am Tag des Abschlages der Dividende.

(d) Brief
Zu diesem Preis bestand nur Angebot.

(e) Kleine Beträge konnten nicht gehandelt werden.

## 43 : Fundamentalanalyse I

(1) Bilanzkurs der Kosmetik AG

$$= \frac{600.000 + 30.000 + 65.000 + 5.000}{600.000} \cdot 100 = \underline{\underline{116{,}67\ \%}}$$

Bilanzkurs der Beauty AG

$$= \frac{300.000 + 15.000 + 130.000 + 1.000}{300.000} \cdot 100 = \underline{\underline{148{,}67\ \%}}$$

Der Bilanzkurs gibt Aufschluß über den inneren Wert der Aktien. Dieser ist bei der Beauty AG erheblich positiver zu beurteilen als bei der Kosmetik AG. Stille Reserven bleiben dabei unbeachtet. Ihre Aufdeckung kann zu einer Veränderung der ermittelten Werte führen.

Ertragswertkurs der Kosmetik AG

$$= \frac{115.000}{0{,}10 \cdot 600.000} \cdot 100 = \underline{\underline{191{,}67\ \%}}$$

Ertragswertkurs der Beauty AG

$$= \frac{62.000}{0{,}10 \cdot 300.000} \cdot 100 = \underline{\underline{206{,}67\ \%}}$$

Auch der Ertragswertkurs der Beauty AG wird günstiger zu beurteilen sein als der Ertragswertkurs der Kosmetik AG.

Weder der Bilanzkurs noch der Ertragswertkurs entsprechen dem Marktpreis, der - weil überwiegend an der Börse ermittelt - auch Börsenkurs genannt wird.

(2) Die effektive Verzinsung der von Peter Merseburger erworbenen 50 DM-Aktie der Beauty AG beträgt 5,72 %, da die Verzinsung sich auf den Kurswert, nicht auf den Nominalwert bezieht:

$$\frac{\text{Dividende}}{\text{Anschaffungskosten}} \cdot 100 = \frac{10{,}30}{180} \cdot 100 = \underline{\underline{5{,}72\ \%}}$$

Beim Vergleich der effektiven Zinssätze erweist sich die Investition des Peter Merseburger nicht als vorteilhaft.

# 44 : Fundamentalanalyse II

(1) $\text{Bilanzkurs} = \frac{\text{Bilanziertes Eigenkapital}}{\text{Gezeichnetes Kapital}} \cdot 100$

$\text{Bilanzkurs}_{W\ AG} = \frac{670.000}{600.000} \cdot 100$

$\text{Bilanzkurs}_{W\ AG} = \underline{\underline{111{,}67\ \%}}$

$\text{Bilanzkurs}_{M\ AG} = \frac{525.000}{500.000} \cdot 100$

$\text{Bilanzkurs}_{M\ AG} = \underline{\underline{105{,}00\ \%}}$

Der Bilanzkurs der Werkzeug AG ist höher als der Bilanzkurs der Metall AG. Die Werkzeug AG ist damit positiver zu beurteilen als die Metall AG.

(2) $\text{Ertragswertkurs} = \frac{\text{Zukunftserfolgswert}}{\text{Gezeichnetes Kapital}} \cdot 100$

$\text{Ertragswertkurs}_{W\ AG} = \frac{\frac{118.000}{0{,}08}}{600.000} \cdot 100$

$\text{Ertragswertkurs}_{W\ AG} = \underline{\underline{245{,}83\ \%}}$

$\text{Ertragswertkurs}_{M\ AG} = \frac{\frac{107.000}{0{,}08}}{500.000} \cdot 100$

$\text{Ertragswertkurs}_{M\ AG} = \underline{\underline{267{,}50\ \%}}$

Im Gegensatz zu dem Bilanzkurs ist die Metall AG beim Ertragswertkurs besser zu beurteilen. Ihr Ertragswertkurs liegt höher als der Ertragswertkurs der Werkzeug AG.

(3) $\text{Korrigierter Bilanzkurs} = \frac{\text{Bilanziertes Eigenkapital} + \text{Stille Reserven}}{\text{Gezeichnetes Kapital}} \cdot 100$

$\text{Korrigierter Bilanzkurs}_{W\ AG} = \frac{670.000 + 40.000}{600.000} \cdot 100$

$\text{Korrigierter Bilanzkurs}_{W\ AG} = \underline{\underline{118{,}33\ \%}}$

$$\text{Korrigierter Bilanzkurs}_{M\ AG} = \frac{525.000 + 25.000}{500.000} \cdot 100$$

$$\text{Korrigierter Bilanzkurs}_{M\ AG} = \underline{\underline{110{,}00\ \%}}$$

Die Einbeziehung der stillen Reserven führt bei beiden Unternehmen zu einer Erhöhung des Bilanzkurses. Die Werkzeug AG ist dabei wiederum besser zu bewerten als die Metall AG.

# 45 : Darlehens-Verzinsung

(1) **Einfache Effektivverzinsung**

$$r = \frac{Z + \frac{D}{t_m}}{K} \cdot 100$$

$$r = \frac{8 + \frac{2}{3{,}5}}{98} \cdot 100$$

$$r = \underline{\underline{8{,}75\ \%}}$$

**Finanzmathematisch korrigierte Effektivverzinsung**

Hier wird der oben ermittelte Zinssatz von 8,75 % auf 9 % aufgerundet, um in der Formel verwendet werden zu können.

$$r = \frac{Z + D \cdot \frac{q - 1}{q^n - 1}}{K} \cdot 100$$

$$r = \frac{8 + 2 \cdot (0{,}305055 + 0{,}218669) : 2}{98} \cdot 100$$

$$r = \underline{\underline{8{,}92\ \%}}$$

(2) **Einfache Effektivverzinsung**

$$r = \frac{Z + \dfrac{D}{t_f + \dfrac{(t - t_f) + 1}{2}}}{K} \cdot 100$$

$$r = \frac{7 + \frac{5}{2 + 2{,}5}}{95} \cdot 100$$

$$r = \underline{\underline{8{,}54\ \%}}$$

**Finanzmathematisch korrigierte Effektivverzinsung**

Hier wird der oben ermittelte Zinssatz von 8,54 % auf 9 % aufgerundet, um in der Formel verwendet werden zu können.

$$r = \frac{Z + D \cdot \frac{q - 1}{q^n - 1}}{K} \cdot 100$$

$$r = \frac{7 + 5 \cdot (0{,}218669 + 0{,}167093) : 2}{95} \cdot 100$$

$$r = \underline{\underline{8{,}38\ \%}}$$

Die in (1) genannten Konditionen sind für die Computer GmbH vorteilhafter als die in (2) genannten Konditionen.

(3) **Einfache Effektivverzinsung**

| | |
|---|---|
| Zinssatz | 8 % |
| Auszahlung | 98 % |

$$r = \frac{8 + \frac{2}{6}}{98} \cdot 100$$

$$r = \underline{\underline{8{,}50\ \%}}$$

| | |
|---|---|
| Zinssatz | 7 % |
| Auszahlung | 95 % |

$$r = \frac{7 + \frac{5}{6}}{95} \cdot 100$$

$$r = \underline{\underline{8{,}25\ \%}}$$

**Finanzmathematisch korrigierte Effektivverzinsung**

| | |
|---|---|
| Zinssatz | 8 % |
| Auszahlung | 98 % |

Hier wird der oben ermittelte Zinssatz auf 9 % aufgerundet, um in der Formel verwendet werden zu können.

$$r = \frac{Z + D \cdot \frac{q - 1}{q^n - 1}}{K} \cdot 100$$

$$r = \frac{8 + 2 \cdot 0{,}132920}{98} \cdot 100$$

$$r = \underline{\underline{8{,}43\ \%}}$$

| | |
|---|---|
| Zinssatz | 7 % |
| Auszahlung | 95 % |

Hier wird der oben ermittelte Zinssatz von 8,25 % auf 8 % abgerundet, um in der Formel verwendet werden zu können.

$$r = \frac{Z + D \cdot \frac{q - 1}{q^n - 1}}{K} \cdot 100$$

$$r = \frac{7 + 5 \cdot 0{,}136315}{95} \cdot 100$$

$$r = \underline{\underline{8{,}09\ \%}}$$

Die in (1) genannten Konditionen sind für die Computer AG vorteilhafter als die in (3) zugrundegelegten Konditionen.

## 46 : Wertpapier-Verzinsung

(1) **Einfache Effektivverzinsung**

$$r = \frac{Z + \frac{R - K}{n}}{K} \cdot 100$$

$$r = \frac{7 + \frac{4}{(10 + 1) : 2}}{96} \cdot 100$$

$$r = \underline{\underline{8{,}05\ \%}}$$

**Finanzmathematisch korrigierte Effektivverzinsung**

Hier wird der oben ermittelte Zinssatz von 8,05 % auf 8,00 % abgerundet, um in der Formel verwendet werden zu können.

$$r = \frac{Z + (R - K)\,\frac{q - 1}{q^n - 1}}{K} \cdot 100$$

$$r = \frac{7 + 4 \cdot (0{,}170457 + 0{,}136315) : 2}{96} \cdot 100$$

$$r = \underline{\underline{7{,}93\ \%}}$$

(2) **Einfache Effektivverzinsung**

$$r = \frac{7 + \frac{4}{4 + 3{,}5}}{96} \cdot 100$$

$$r = \underline{\underline{7{,}85\ \%}}$$

**Finanzmathematisch korrigierte Effektivverzinsung**

Hier wird der oben ermittelte Zinssatz von 7,85 % auf 8,00 % aufgerundet, um in der Formel verwendet werden zu können.

$$r = \frac{Z + (R - K)\,\frac{q - 1}{q^n - 1}}{K} \cdot 100$$

$$r = \frac{7 + 4 \cdot (0{,}112072 + 0{,}094015) : 2}{96} \cdot 100$$

$$r = \underline{\underline{7{,}72\ \%}}$$

(3) **Einfache Effektivverzinsung**

$$r = \frac{7 + \frac{8}{4 + 3{,}5}}{96} \cdot 100$$

$$r = \underline{\underline{8{,}40\ \%}}$$

**Finanzmathematisch korrigierte Effektivverzinsung**

Hier wird der oben ermittelte Zinssatz von 8,40 % auf 8 % abgerundet, um in der Formel verwendet werden zu können.

$$r = \frac{Z + (R - K)\,\frac{q - 1}{q^n - 1}}{K} \cdot 100$$

$$r = \frac{7 + 8 \cdot (0{,}112072 + 0{,}094015) : 2}{96} \cdot 100$$

$$r = \underline{\underline{8{,}15\ \%}}$$

(4) Die Effektivverzinsung könnte mit Hilfe der Internen Zinsfuß-Methode ganz genau ermittelt werden.

## 47 : Qualitative Bewertungskriterien

(1)

**Bewertungskriterien**

- Wirtschaftliche Bewertungskriterien
  - **Absatzbezogene Kriterien**
    - Marktanteile
    - Distributionsfähigkeit
  - **Beschaffungsbezogene Kriterien**
    - Garantie
    - Kundendienst
- Technische Bewertungskriterien
  - **Betriebsmittelbezogene Kriterien**
    - Störunanfälligkeit
    - Energieverbrauch
  - **Arbeitsphysiologische Kriterien**
    - Lärmentwicklung
    - Bedienbarkeit
  - **Infrastrukturelle Kriterien**
    - Transportmöglichkeit
    - Abfallentsorgung
- Soziale Bewertungskriterien
  - Ästhetik
  - Arbeitszufriedenheit
  - Qualifikationssicherung
- Rechtliche Bewertungskriterien
  - Patente
  - Umweltschutzvorschriften
  - Kartellgesetze

(2) Screening-Modelle sind Bewertungsverfahren mit nominaler Skalierung, die dazu dienen, diejenigen Investitionsalternativen rasch offenzulegen, die grundlegenden Anforderungen des Unternehmens nicht gerecht werden.

Scoring-Modelle sind Bewertungsverfahren mit ordinaler oder kardinaler Skalierung. Sie ermöglichen es, eine Bewertung von Investitionsalternativen trotz Informations- und Quantifizierungsproblemen vornehmen zu können.

# 48 : Gewichtung der Bewertungskriterien

| Bewertungs-kriterium | Vergleich der Bewertungskriterien | (1) Vorzugs-häufig-keiten | (2) Gewich-tungs-faktor | (3) Rang-folge |
|---|---|---|---|---|
| A | ① 1 ① 1 ① 1 ① 1 1 1 ① 1 1 ①<br>1 2 3 4 5 6 7 8 9 10 11 12 13 14 | 6 | 0,057 | 8 |
| D | ② ② ② ② 2 ② 2 ② 2 ② 2 2 ②<br>2 3 4 5 6 7 8 9 10 11 12 13 14 | 9 | 0,085 | 5 |
| C | ③ ③ 3 3 ③ 3 3 3 3 3 3 ③<br>3 4 5 6 7 8 9 10 11 12 13 14 | 4 | 0,038 | 11 |
| D | ④ 4 4 ④ 4 ④ 4 4 4 4 ④<br>4 5 6 7 8 9 10 11 12 13 14 | 5 | 0,048 | 10 |
| E | ⑤ 5 ⑤ 5 5 5 ⑤ 5 5 ⑤<br>5 6 7 8 9 10 11 12 13 14 | 6 | 0,057 | 8 |
| F | ⑥ ⑥ 6 6 6 ⑥ 6 6 ⑥<br>6 7 8 9 10 11 12 13 14 | 9 | 0,085 | 5 |
| G | ⑦ 7 7 7 ⑦ 7 7 7<br>7 8 9 10 11 12 13 14 | 2 | 0,019 | 14 |
| H | ⑧ 8 [8] ⑧ [8] 8 ⑧<br>8 9 [10] 11 [12] 13 14 | 11 | 0,105 | 4 |
| I | ⑨ 9 ⑨ 9 9 ⑨<br>9 10 11 12 13 14 | 9 | 0,085 | 5 |
| J | ⑩ ⑩ [10] [10] ⑩<br>10 11 [12] [13] 14 | 12,5 | 0,119 | 2 |
| K | ⑪ 11 11 11<br>11 12 13 14 | 3 | 0,029 | 12 |
| L | ⑫ [12] ⑫<br>12 [13] 14 | 12,5 | 0,119 | 2 |
| M | ⑬ ⑬<br>13 14 | 13 | 0,125 | 1 |
| N | ⑭<br>14 | 3 | 0,029 | 12 |
| | | **105** | **1,000** | |

# 49 : Nutzenbestimmung

(1)

| Bewertungskriterium | Gewichtungsfaktoren | Investitionsobjekt I | | Investitionsobjekt II | | Investitionsobjekt III | |
|---|---|---|---|---|---|---|---|
| | | Punkte | Teilnutzwerte | Punkte | Teilnutzwerte | Punkte | Teilnutzwerte |
| A | 0,057 | 3 | 0,171 | 1 | 0,057 | 2 | 0,114 |
| B | 0,085 | 2,5 | 0,213 | 2,5 | 0,213 | 1 | 0,085 |
| C | 0,038 | 2,5 | 0,095 | 2,5 | 0,095 | 1 | 0,038 |
| D | 0,048 | 3 | 0,144 | 1,5 | 0,072 | 1,5 | 0,072 |
| E | 0,057 | 1 | 0,057 | 2 | 0,114 | 3 | 0,171 |
| F | 0,085 | 3 | 0,255 | 2 | 0,170 | 1 | 0,085 |
| G | 0,019 | 1 | 0,019 | 2 | 0,038 | 3 | 0,057 |
| H | 0,105 | 1 | 0,105 | 2 | 0,210 | 3 | 0,315 |
| I | 0,085 | 3 | 0,255 | 2 | 0,170 | 1 | 0,085 |
| J | 0,119 | 1 | 0,119 | 3 | 0,357 | 2 | 0,238 |
| K | 0,029 | 3 | 0,087 | 2 | 0,058 | 1 | 0,029 |
| L | 0,119 | 1 | 0,119 | 3 | 0,357 | 2 | 0,238 |
| M | 0,125 | 2 | 0,250 | 1 | 0,125 | 3 | 0,375 |
| N | 0,029 | 2 | 0,029 | 2 | 0,058 | 3 | 0,087 |
| **Nutzwert** | | | **1,918** | | **2,094** | | **1,989** |

(2)

| Rangfolge | Investitionsobjekt | Nutzwert |
|---|---|---|
| 1 | II | 2,094 |
| 2 | III | 1,989 |
| 3 | I | 1,918 |

Das Investitionsobjekt II ist als das vorteilhaftere anzusehen.

# 50 : Finanzwirtschaftliche Analyse

(1) Die Aufbereitung einer Bilanz umfaßt Umwertungen und Umgliederungen:

- Unter **Umwertungen** ist die Auflösung von stillen Reserven zu verstehen.
- **Umgliederungen** betreffen:
  - Bilanzbereinigung, beispielsweise Saldierungen von Wertberichtungen mit den entsprechenden Gegenposten der Bilanz
  - Zusammenfassung der einzelnen Bilanzpositionen zu einem brauchbaren Schema.

Die Aufbereitung erfolgt in einem Zug, d.h. Umgliederungen und Umwertungen werden **gleichzeitig** vorgenommen:

| | Vorjahr TDM | Berichtsjahr TDM |
|---|---|---|
| **Aktiva** | | |
| I. Anlagevermögen | | |
| Bilanzansätze »Sachanlagen« | 112 | 130 |
| + stille Reserven: | | |
| a) Grundstück | 3 | 5 |
| b) Maschinen | 2 | 4 |
| c) Betriebs- u. Geschäftsausstattungen | 10 | 20 |
| | 127 | 159 |
| Bilanzansätze »Finanzanlagen« | 6 | 11 |
| | 133 | 170 |
| II. Umlaufvermögen | | |
| 1. Mittel I. Grades | | |
| Schecks, Kassenbestand, Bundesbank- und Postgiroguthaben, Guthaben bei Kreditinstituten | 26 | 30 |
| 2. Mittel II. Grades | | |
| Wechsel | 1 | 2 |
| Forderungen L. u. L. 50 % | 34 | 39 |
| sonstige Vermögensgegenstände 50 % | 3 | 5 |
| | 38 | 46 |
| 3. Mittel III. Grades | | |
| Forderungen L. u. L. 50 % | 34 | 39 |
| sonstige Vermögensgegenstände 50 % | 3 | 5 |
| Vorräte | 75 | 72 |
| Aktive Rechnungsabgrenzung | 4 | 5 |
| | 116 | 121 |
| **Summe Aktiva** | **313** | **367** |

| | | |
|---|---|---|
| **Passiva** | | |
| I. Eigenkapital | | |
| Gezeichnetes Kapital | 70 | 70 |
| Rücklagen | 32 | 47 |
| Bilanzgewinn | 40 | 30 |
| Stille Reserven Aktiva | 15 | 29 |
| Stille Reserven Passiva | 10 | 12 |
| | 167 | 188 |
| II. Fremdkapital | | |
| 1. kurzfristig | | |
| Andere Rückstellungen | 20 | 24 |
| Verbindlichkeiten aus L. u. L. | 12 | 18 |
| Verbindlichkeiten gegenüber Kreditinstituten 50 % | 12 | 15 |
| Sonstige Verbindlichkeiten 50 % | 6 | 4 |
| Passive Rechnungsabgrenzung | 1 | 2 |
| | 51 | 63 |
| 2. mittelfristig | | |
| Verbindlichkeiten gegenüber Kreditinstituten 50 % | 12 | 15 |
| Sonstige Verbindlichkeiten 50 % | 6 | 4 |
| | 18 | 19 |
| 3. langfristig | | |
| Pensionsrückstellungen | 20 | 24 |
| Verbindlichkeiten gegenüber Kreditinstituten | 57 | 73 |
| | 77 | 97 |
| **Summe Passiva** | **313** | **367** |

**Erläuterungen zur Aufbereitung**

Die Einteilung des Umlaufvermögens in Mittel I., II. und III. Grades sowie des Fremdkapitals in kurz-, mittel- und langfristig kann keinen Anspruch auf volle Richtigkeit erheben. Auf jeden Fall wurde im Interesse des Gläubigerschutzprinzips die Aufbereitung vorsichtig vorgenommen, d.h. Mittel, bei denen es fraglich ist, welchem Grad sie zuzuordnen sind, wurden in den höheren Grad eingestellt.

Die stillen Reserven wurden zu den entsprechenden Aktivposten addiert, bei den Pensionsrückstellungen auf der Passivseite dagegen abgezogen. Zum Ausgleich erhöhte sich das Eigenkapital um den Betrag der gesamten stillen Reserve. Der Näherungswert im Berichtsjahr bei der Bilanzposition andere Anlagen, Betriebs- und Geschäftsausstattung errechnet sich wie folgt:

Die im Vergleich zum Buchwert hohen Abschreibungen deuten auf das Vorhandensein von geringwertigen Wirtschaftsgütern hin. Unterstellt man hier eine durchschnittliche Nutzungsdauer von vier Jahren, ergibt sich wirtschaftlich eine Abschreibung von einem

Viertel der Zugänge. Bei einem durchschnittlichen Anschaffungszeitpunkt um die Jahresmitte sind demnach 12,5 % von 15 TDM, etwa 2 TDM gerechtfertigt. Die Abschreibung auf den Restbuchwert per 1.1. kann ohne Anhaltspunkt ebenfalls nur geschätzt werden. Sie wird mit rund einem Drittel von 10 TDM, und zwar mit 3 TDM angenommen. Insgesamt belaufen sich somit die wirtschaftlich vertretbaren Abschreibungen auf 5 TDM gegenüber einem Bilanzansatz von 15 TDM, die im Berichtsjahr zusätzlich gelegten stillen Reserven betragen 10 TDM.

**Überblick** über die Relationen für (2) bis (5) mit Prozentausweis

| | Vorjahr TDM | Vorjahr % | Berichtsjahr TDM | Berichtsjahr % |
|---|---|---|---|---|
| **Aktiva** | | | | |
| I. Anlagevermögen | 133 | 42,5 | 170 | 46,3 |
| II. Umlaufvermögen | | | | |
| Mittel I. Grades | 26 | 8,3 | 30 | 8,2 |
| Mittel II. Grades | 38 | 12,1 | 46 | 12,5 |
| Mittel III. Grades | 116 | 37,1 | 121 | 33,0 |
| | 180 | 57,5 | 197 | 53,7 |
| | 313 | 100,0 | 367 | 100,0 |
| **Passiva** | | | | |
| I. Eigenkapital | 167 | 53,4 | 188 | 51,2 |
| II. Fremdkapital | | | | |
| kurzfristig | 51 | 16,3 | 63 | 17,2 |
| mittelfristig | 18 | 5,7 | 19 | 5,2 |
| langfristig | 77 | 24,6 | 97 | 26,4 |
| | 146 | 46,6 | 179 | 48,8 |
| | 313 | 100,0 | 367 | 100,0 |

(2) **Vermögensstruktur**

| | | |
|---|---|---|
| Anlagevermögen | 42,5 % | 46,3 % |
| Umlaufvermögen | 57,5 % | 53,7 % |

Das Unternehmen ist nicht sehr anlageintensiv. Die Steigerung des Vorjahres gegenüber dem Berichtsjahr könnte auf Kapazitätserweiterung und/oder Rationalisierungsmaßnahmen schließen lassen.

Weiteren Aufschluß gibt eventuell ein Vergleich mit Branchendurchschnittszahlen, die im Einzelfall dem Statistischen Jahrbuch der Bundesrepublik Deutschland zu entnehmen sind.

(3) **Kapitalstruktur**

| | Vorjahr | Berichtsjahr |
|---|---|---|
| Eigenkapital | 53,4 % | 51,2 % |
| Fremdkapital | 46,6 % | 48,8 % |

Ebenso wie bei der Vermögensstruktur kann man auch hier nicht ein bestimmtes Verhältnis als gut oder schlecht bezeichnen. Dementsprechend ist wiederum ein Vergleich mit dem Branchendurchschnitt sehr aufschlußreich.

Allgemein besteht die Forderung, daß das Eigenkapital möglichst hoch sein soll, um seine investitionsrechnische, kreditwirtschaftliche und betriebspolitische Funktion optimal erfüllen zu können.

Die Eigenkapitalstruktur hat sich im Vergleich Vorjahr zu Berichtsjahr leicht verschlechtert, da die Steigerung des Eigenkapitals durch den gleichzeitigen Anstieg des Fremdkapitals mehr als kompensiert wurde. Die Stärkung der Kapitaldecke dürfte wahrscheinlich ein unternehmenspolitisches Ziel der Zukunft sein.

(4) **Finanzstruktur**

| | Vorjahr | Berichtsjahr |
|---|---|---|
| Eigenkapital | 53,4 % | 51,2 % |
| Anlagevermögen | 42,5 % | 46,3 % |
| | + 10,9 % | + 4,9 % |
| Langfristiges Fremdkapital | 24,6 % | 26,4 % |
| | 35,5 % | 31,3 % |

Das Anlagevermögen wird in beiden Jahren voll durch Eigenkapital gedeckt. Diese Situation kann als zufriedenstellend bezeichnet werden, auch wenn mit dem Anstieg des Anlagevermögens eine Minderung der Eigenkapitaldecke verbunden ist. Es ist gelungen, die Zugänge im Anlagevermögen größtenteils durch Aufnahme zusätzlicher langfristiger Mittel zu finanzieren.

(5) **Liquidität**

Eine externe Liquiditätsbeurteilung anhand des Jahresabschlusses enthält aus verschiedenen Gründen Ungenauigkeiten. Der Feststellung der einzelnen Liquiditätsgrade und der Ermittlung der Über-/Unterdeckung kommt deshalb nur Näherungscharakter zu.

| | Vorjahr TDM | Vorjahr % | Berichtsjahr TDM | Berichtsjahr % |
|---|---|---|---|---|
| **Liquidität I. Grades** | | | | |
| Mittel I. Grades | 26 | 8,3 | 30 | 8,2 |
| Fremdkapital (kurzfristig) | 51 | 16,3 | 63 | 17,2 |
| Unterdeckung | 25 | 8,0 | 33 | 9,0 |

| | | | | |
|---|---|---|---|---|
| **Liquidität II. Grades** | | | | |
| Mittel II. Grades | 38 | 12,1 | 46 | 12,5 |
| Fremdkapital (mittelfristig) | 18 | 5,7 | 19 | 5,2 |
| Überdeckung | 20 | 6,4 | 27 | 7,3 |
| :/. Unterdeckung I. Grades | 25 | 8,0 | 33 | 9,0 |
| Unterdeckung | 5 | 1,6 | 6 | 1,7 |
| **Liquidität III. Grades** | | | | |
| Mittel III. Grades | 116 | 37,1 | 121 | 33,0 |
| Fremdkapital (langfristig) | 77 | 24,6 | 97 | 26,4 |
| Überdeckung | 39 | 12,5 | 24 | 6,6 |
| ./. Unterdeckung II. Grades | 5 | 1,6 | 6 | 1,7 |
| Überdeckung | 34 | 10,9 | 18 | 4,9 |

Die Liquiditätslage des Unternehmens ist zufriedenstellend. Es ergibt sich zwar erst bei der Liquidität III. Grades eine Überdeckung. Dem ist aber entgegenzuhalten, daß die Aufteilung der Mittel und des Fremdkapitals mit großer Vorsicht vorgenommen wurde. Zudem ist zu berücksichtigen, daß der Jahresabschluß nach dem Stichtagsprinzip erstellt wird, während die Liquidität eine zeitraumbezogene Rechnung ist.

# Stichwortverzeichnis